财智睿读

教师失范行为的结构探索及形成机制研究

魏祥迁◎著

中国财经出版传媒集团

经济科学出版社
Economic Science Press

图书在版编目（CIP）数据

教师失范行为的结构探索及形成机制研究/魏祥迁
著 . -- 北京：经济科学出版社，2022. 11
ISBN 978 - 7 - 5218 - 4339 - 2

Ⅰ. ①教…　Ⅱ. ①魏…　Ⅲ. ①教师 - 行为规范 - 研究
Ⅳ. ①G451. 6

中国版本图书馆 CIP 数据核字（2022）第 221223 号

责任编辑：宋　涛　冯　蓉
责任校对：齐　杰
责任印制：范　艳

教师失范行为的结构探索及形成机制研究

魏祥迁　著

经济科学出版社出版、发行　新华书店经销
社址：北京市海淀区阜成路甲 28 号　邮编：100142
总编部电话：010 - 88191217　发行部电话：010 - 88191522
网址：www. esp. com. cn
电子邮箱：esp@ esp. com. cn
天猫网店：经济科学出版社旗舰店
网址：http：//jjkxcbs. tmall. com
北京密兴印刷有限公司印装
710 × 1000　16 开　23. 5 印张　328000 字
2022 年 12 月第 1 版　2022 年 12 月第 1 次印刷
ISBN 978 - 7 - 5218 - 4339 - 2　定价：92. 00 元
（图书出现印装问题，本社负责调换。电话：010 - 88191510）
（版权所有　侵权必究　打击盗版　举报热线：010 - 88191661
QQ：2242791300　营销中心电话：010 - 88191537
电子邮箱：dbts@ esp. com. cn）

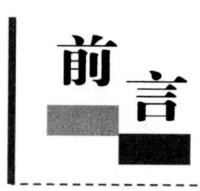

前言

　　人类社会的发展历史表明，教育对每个国家和民族的发展都十分重要。对于我们这样一个人口众多的发展中国家，尤其要把发展教育摆在更加突出的位置。教育是民族振兴、社会进步的基石，是提高国民素质、促进人的全面发展的根本途径，对我国全面建设社会主义现代化国家具有决定性意义。然而，要优先发展教育，必须要优先发展教师。教师是教育体系的基础，没有卓越的教师，就没有卓越的学校和教育。因此，教育品质不是取决于学校建筑多么漂亮，教学设施多么先进，而是取决于站在讲台上的教师素质如何。

　　教育是培养人的社会活动，教师负责传递社会及文化的价值观念和标准。人们常说，教师是一个特殊的职业，其特殊性表现在它是灵魂的启迪者和唤醒者，是一种价值引导者。著名教育学家夸美纽斯（Comenius，2014）曾经说过："我们对于国家的贡献哪里还有比教导青年和教育青年更好或者更伟大的呢？"他还把教师的职业称为"太阳底下最光辉的职业。"① 在教育过程中，教师扮演着社会榜样的角色，被视为"社会的代表"。教师在青少年知识的拓展、文明习惯的培养以至人格的形成中起着主要的甚至是决定性的作用。教师不仅是学生知

---

　　① ［捷］夸美纽斯：《大教学论》，傅任敢译，教育科学出版社 2014 年版，致读者（第 2 页）。

识的传授者，更是学生人格形成的影响者和道德塑造的示范者。教师作为道德的示范者，其举手投足都可能会对学生产生道德影响。而中小学生具有很强的塑造性和模仿能力，教师往往成为他们最可信赖的模仿对象。教师的人格魅力时刻感染并影响学生的世界观、人生观、价值观、道德观的形成及文明习惯的养成。教师的行为表现不仅仅是个人的自由，更是学生学习的榜样，其行为表现必须符合社会主流的价值观念和行为规范。

教师的一言一行都蕴含着丰富的道德含义，对学生的成长成才起着至关重要的作用。而教师教学行为是教师行为的重要组成部分，是其主体和核心。美国学者芬斯特马赫（Fenstermacher，1999）认为，"在教学中教师行为（conduct）通常体现在三个方面：方法（method）、风格（style）及行为举止（manner）。方法是指教师有意承担的能够带给学习者改变的行为；风格是指能够体现教师个性的行为；行为举止是指能体现一个教师道德以及理智性格的特点和性情。"①② 教师作为教育活动的直接组织者和实践者，其行为具有丰富的道德含义是教育活动道德性的必然要求。教师从三个方面扮演着道德代言人和道德教育者的角色：第一，他们可以非常直接地进行道德教育，这种指导形式被称为说教式指导；第二，教师可以向学生传授与道德有关的内容；第三，教师以身作则，以自己的道德行为来感染学生，让学生从教师身上看到诸如诚实、公平竞争、替他人着想、宽容和共享等品质。因此，作为人类灵魂的工程师，教师应当把立德树人作为从业的根本要求，树立育人为本、德育为先的思想，强化自己作为学生成长成才的指导者和引路人的职责，在课程教授、道德评价和以身示范中向学生渗透道德知识、澄清道德观念、树立道德榜样，以自己良好

---

① Fenstermacher, G. D.. Method, Style, and Manner in Classroom Teaching. *Paper Presented at the Annual Meeting of the American Educational Research Association*, Montreal, Ouebec. Canada, 1999.

② 陈黎明：《教师行为的道德思考——基于亚里士多德对善、幸福与德行的论述》，载于《教育理论与实践》2015年第4期，第43页。

的道德思想和道德行为影响学生。

教师行为研究已经成为教育研究的重要组成部分。作为教育活动的直接组织者和实施者，教师拥有一定的权力。他们的权力蕴含在其说与不说、做与不做、教与不教之中。他们有权决定表扬学生还是批评学生，促进学生进步还是抑制学生发展，其行为更多体现在细节上，诸如教师教育行为、教师教学行为、教师管理行为、教师学习行为以及教师日常行为等五个方面的细节上。例如，"育人是教师工作的重要内容。教师的教育行为要想发挥理想的效果，必须摆脱枯燥与乏味的单一说教，关注自身行为的细节，从细小之处来影响学生。给学生留下深刻印象的教育片段，常常源自不经意间的一个细节。一句平常不过的话，一个细小不过的动作，都有可能给学生的心灵烙下痕迹。一次无意的非言语行为失误，一句脱口而出的伤人之语，则有可能疏远师生之间的关系，使教育产生的真实影响与预期的目标背道而驰。"[①]像其他权力一样，教师的这种权力如果不加以控制，就极易产生负面效应。尤其当教师成为对学生的犯罪侵害的主体时，其行为具有隐蔽性、长期性、中和性、恶劣性及广泛性，会严重影响学生的身心健康发展。因此，对教师失范行为的防控尤为重要。

基础教育为民族复兴筑牢稳固根基。在基础教育课程改革不断推进的今天，对教师行为的研究也越来越受到人们的关注，而多角度地探讨并认识教师行为将有助于我们更好地开展教师行为研究。然而，人不仅仅是单个的个体，而且是环境的产物，是社会动物。可以说，人类所有的活动都是有意识、有组织的社会活动或社会实践活动，单独的、孤立的个人是无法生存与生活的。"人的本质并不是单个人所固有的抽象物。在现实性上，人是一切社会关系的总和。……马克思在《〈政治经济学批判〉导言》中强调：人是天生的社会动物，不可能在孤立状态下单独从事生产活动。"[②] 所以，人的行为不仅受到行为主体

[①] 林存华：《教师行为的50个细节》，福建教育出版社2011年版，第1页。

[②] 陈果：《马克思主义哲学视域下的美好生活——逻辑起点、内涵意蕴与实践向度》，载于《四川师范大学学报（社会科学版）》2020年第3期，第15页。

的影响，也受到外在情境的影响。心理学家勒温（Lewin）则利用心理场论对人的行为进行了解释，把人及其环境看作一种相互依存因素的集合，行为是人与环境的函数，是个体变量与环境变量相互作用的结果，并用 $B = f(P * E)$ 来表示三者的逻辑关系，其中，B 表示行为，P 表示行为主体，E 表示环境。这个行为模型对我们全面理解人的行为具有重要的指导意义。因此，我们在理解教师失范行为时不能仅仅从教师个体的内在因素（如人格、动机、智力等）去理解。教师失范行为有时并不仅仅是教师个体的品德问题，有时有可能是学校文化或者学校制度等导致的产物。而从教师所处的社会环境以及学校组织环境去理解教师失范行为，将使我们能更加全面了解教师失范行为发生的根本原因。

然而，教师失范行为的发生并不是偶然的，它具有深刻的历史和现实的根源。正如康德所说的，从"是"（实然）中引不出"应当"（应然），应先有"应当"的理念，进而将"应当"应用到现实中的"是"。从逻辑上来说，"应当"的理念先于"是"的理念。在现代社会中，市场经济的规则早已流入本应"清洁、高尚、纯净"的学校，在利益追逐中，有些教师迷失了方向，他们为了功利性的目标放弃了教育本真的追求，教师行为的"实然"表现离"应然"状态越来越远。所以说，教师行为尽管是教师个人的行为表现，但是人的行为除了受其内在心理或信念的影响外，还在一定程度上受到来自环境因素的影响。所以，我们在研究教师失范行为时不能忽视环境因素对教师行为的制约作用。既然人的行为的产生和变化总是有原因、有目标的，它具有自发性、因果性、目的性、持久性、效果性、可变性等特点。那么，教师失范行为的产生也是有原因、有目的的。有研究表明，当教师在一个支持性的工作环境中授课时，他们的效率会有更大的提高。这说明，学校环境在促进教师发展方面具有潜在的重要性。所以，我们应该从组织管理的层面来看待与理解教师行为，才不至于忽视学校的制度、文化以及社会环境对教师个体行为的影响。而从教育组织行为学的视角来研究教师行为将是一个重要的研究领域。

　　在教育组织中，创造不断发展的组织环境，这包括组织文化、组织氛围、管理制度、领导行为等，将有助于教师失范行为的管理。长期以来，我们比较重视教师的社会价值，而忽略了教师自身的个体价值。在重视个体发展的价值观念日渐显现的今天，我们已不能单纯地只考虑教师的社会价值，而忽视教师自我价值的实现。我们应该同时关注如何让教师在日常的教育生活中找到自己的尊严和快乐。因此，我们不能脱离社会现实来绝对地看待或者要求教师行为的道德性。毫无疑问，由于教师职业具有崇高性，我们应当倡导教师具有奉献精神和责任感，但在强调教师职业道德感的同时，我们不能把教师抽象化为某种道德上完美的象征而忽略他们作为普通人的一面。教师同样生活在一定的社会现实中，也有着自己作为正常社会人的欲望和需要。因此，我们需要全面理解和研究教师失范行为产生的心理机制，为制定相关措施与政策提供必要的理论支撑。

　　客观公正地讲，绝大多数教师的个人道德素质是较高的。长期以来，我国广大教师牢记使命、不忘初心，爱岗敬业、教书育人，改革创新、服务社会，作出了重大贡献，受到党和国家的高度肯定以及学生、家长和社会的普遍尊重。但是，也有个别教师放松自我要求，不能认真履职尽责，甚至出现严重违反师德行为，损害教师队伍的整体形象。为此，教育部高度重视师德师风建设工作，针对群众反映强烈的突出问题，持续加大查处和通报力度，深化巩固师德师风的治理成果。各地各校对师德违规问题主动出击、及时处置，坚决执行师德师风的铁律，把严管与厚爱的原则体现在师德师风建设与管理中，把"害群之马"及时清除出教师队伍，努力营造教育领域良好生态。因此，广大教师要引以为戒，牢固树立底线意识，切实增强遵守教师职业行为十项准则的思想自觉和行动自觉，坚守为党育人、为国育才的初心，不断涵养高尚师德，以德施教、以德育德，做党和人民满意的"四有"好老师。

　　总之，教师是教书育人的楷模，其必然是"身正为师"。当前在素质教育和新课程改革的强烈冲击下，多数教师都很重视自身行为的规范性。但现实中仍有相当一部分教师在教育教学活动中并没有表现出与其道德素质或素养要求相一致的教育行为，甚至出现"集体"不负责的现象。然而，教师失范行为是复杂多样的，认识的角度也各种各样。我们首先要认识到教师行为是一种角色行为，是为其所扮演的特定社会角色服务的。社会心理学的角色理论认为，当个体根据其在社会中所处的地位实现自己的权利和义务时，他就扮演着相应的角色。角色是人们对具体特定身份的人的行为期望，它构成社会群体或组织的基础。在社会中每个人都有意无意地扮演着某种角色。教师也是如此，每一位教师都扮演着多种角色，如社会中的公民、学校中的教师、家庭中的成员等。所以，除了人类行为的共同特征之外，教师行为还有其教师角色的行为特征，是基于教师角色的使命职责、职业精神和个性特征的行为，是教师从事职业活动中所采取的行为方式总和。一旦教师行为不能符合特定的角色行为所规定的行为模式，不能符合大众对其教师角色行为的期望，就会被人们认为教师行为是失范的。教师只有在从事相应角色行为时才能称之为教师行为，其他时候其需要承担的是一般的公民行为，不能要求教师行为的绝对道德性，否则就容易把教师行为的道德性理想化与绝对化。但是，我们依然发现教师在从事自己的特有的角色行为时往往会出现一些不当行为，致使被社会各界认为教师行为是失范的。

教师行为失范是在我国社会与教育转型时期值得探讨的课题，而如何减少教师失范行为则一直困扰着学术界与管理界。已有的对教师失范行为的研究仅描述了教师失范行为的某些特征和常见类型，但对失范行为产生的解释较为空洞。由于社会对教师失范行为的归因表面化，从而导致很多消除教师失范行为的教育策略和手段失效，对失范行为的矫正并未起到很大的作用。而如何从多视角多层面研究影响教师失范行为形成的重要变量和路径，揭示教师失范行为形成的心理机制则是一个长期而艰巨的任务。众所周知，政治、经济、历史、文化等社会现实条件都会制约人类的每一项活动。首先，从宏观层面来看，国家和地方政府会发布各种相关管理政策，制定教师的职业行为规范。

其次，从微观层面来看，学校将根据他们自身的情况制定规章制度和管理方法来约束教师行为。其中教师所在学校的工作环境、工作条件和校风都可能导致教师失范行为出现，而制度重建是消解失范现象的关键。

因此，我们需要深入了解与揭示教师失范行为的形成机制，以便制定相应的制度与措施来减少或抑制教师失范行为的产生。为此，本书以心理学的量化实证研究范式来探讨教育组织中的教师行为失范问题。本书的研究结果将有助于我们从教师个体、家庭、学校以及社会等多个层面多个视角来看待教师失范行为的形成机制。这对于我国中小学对教师失范行为的管理有着重要的实践价值与现实意义，对相关教育主管部门以及教育组织（中小学）的领导者制定教师失范行为的防范措施提供一个重要的参考框架。总之，我们不应把教师失范行为仅仅归咎于教师个人的道德品性问题，而应全面而深刻地剖析其深层的原因。

魏祥迁

2022 年秋

内 容 概 要

本书以笔者申请的教育部人文社会科学研究规划基金项目《基于心理学范式的教师失范行为的形成研究》（15YJA880075）的研究成果为主体内容。通过回顾国内外关于教师失范行为的研究现状，笔者从四个方面指出了目前教师失范行为研究中存在的不足：一是缺乏对教师失范行为的实证量化研究，二是缺乏对教师失范行为结构的建构研究，三是缺乏对教师失范行为的心理视角研究，四是缺乏对教师失范行为的形成机制研究。为此，在综合前人研究成果的基础上，笔者采用心理学的研究范式对教师失范行为的基本结构进行探索，并从个体层面、家庭层面以及组织层面等多个角度分析了教师失范行为的形成原因，初步深入探索了教师失范行为的形成机制。

本书首先回顾了产生失范行为的社会基础，以及失范行为产生的理论解释。而有关失范行为的理论解释较为复杂，涉及生物学、心理学、社会学等诸多学科。从总体上来看，本书对中小学教师失范行为的研究大致可以分为两个阶段：第一个阶段是初步探索阶段，时间大致为2010年9月到2015年8月。主要工作是研究中小学教师工作伦理与教师工作绩效的关系。为了研究教师工作绩效中的反生产行为，而初步提出了作为教师越轨行为的教师失范行为是一种教师工作中的反生产行为。为此，初步开发了《中小学教师失范行为量表》，并以此为测量工具进行了一些有关教师失范行为影响因素的实证研究。第二个阶段是拓展阶段，时间从2015年9月到2021年8月。其间开展了一系列相关研究工作，以2020年6月编制的《中小学教师失范行为结构量表》为标志。

　　立足于从心理学视角解释教师失范行为的产生机制，笔者通过研究重点探讨了教师失范行为的基本结构，并从伦理型领导、组织伦理气氛、组织公平、工作满意度、心理契约破裂、婚姻满意度、道德推脱、工作伦理以及人格特质9个方面分析了这些内外因素与教师失范行为的关系，在一定程度上揭示了中小学教师失范行为形成的心理机制，得出了一些有价值的结论，为我们做好学校管理工作提供了重要的理论支持。最后，根据研究结果提出有关加强教师失范行为管理与防范的政策建议，为减少或抑制教师失范行为的产生而提供一个理论上的参考框架。

一、教师失范行为的基本结构研究

　　通过梳理国内研究者对教师失范行为的理论研究与实证调查结果，总结归纳出了教师失范行为的三种典型类型：情绪情感失范行为、价值观念失范行为、职业品德失范行为。然后，经过探索性因素分析与验证性因素分析对教师失范行为的基本结构进行了探索性研究，编制了教师失范行为的测量工具。具体来说，在初步探索阶段，把教师失范行为理解为一种单一的不当教师行为，然后进行量表的问题设计与结构分析。通过探索性因素分析形成了一个包含16个题目3个维度的测量工具——《中小学教师失范行为量表》。而进一步的验证性因素分析表明，中小学教师失范行为不仅是一个一阶的三因素结构，而且还可以是一个二阶潜因子结构。结果验证了中小学教师失范行为是一个三因素结构。

　　但是，在现实中教师失范行为的表现应该是多元的、多层面的，而不仅仅是一个单一内涵的不当教师行为。为此，本书通过进一步对中小学教师失范行为的文献梳理，发现教师失范行为应该是一个多元成分的概念，而不仅仅是一个概念下的三个维度。我们不能把教师失范行为简单化地作为一个单一概念来理解与研究，需要从多维度多构面的思路来加以比较分析，建构一个包含三个构面的教师失范行为多维概念。最终研制了一个具有较好的心理学测量信度与效度的《中小学教师失范行为结构量表》。该量表共有45个题目构成，包含情绪情感失范行为、价值观念失范行为、职业品德失范行为三个构面。这一研究结果表明：教师失范行为是一个包含着不同结构的构念。

总之，通过两个阶段的研究，形成了两个教师失范行为的测量量表，但是，从教师失范行为研究的丰富性来看，第二个阶段编制的《中小学教师失范行为结构量表》更具合理性。

二、个体因素对教师失范行为的影响研究

（一）人格特质与教师失范行为

人格特质是个体具有的内在的稳定的不易改变的个性心理特征。本书重点探讨了尽责性、宜人性、神经质（情绪稳定性）三种人格特质与教师失范行为的关系，研究结果显示：人格特质与教师失范行为及其三个维度（情绪情感失范、价值取向失范、职业品德失范）的相关系数都是显著的，但是，这三种人格特质对教师失范行为的预测力是不同的。其中，尽责性人格特质显著负向预测教师的失范行为，神经质人格特质显著正向预测教师的失范行为，而宜人性人格特质则不能显著预测教师的失范行为。

（二）工作伦理与教师失范行为

工作伦理是指个人价值观在工作行为中的价值观表现，体现了个体内在的道德美德和积极的工作价值观。研究结果显示：工作伦理是教师失范行为的影响因素，负向预测教师失范行为；教师工作伦理在人格特质影响教师失范行为中起着中介作用。在目标追求、工作意义和行为品质三种工作伦理影响教师失范行为中，行为品质可以占到解释教师失范行为变异量的61.80%，这说明了行为品质工作伦理是教师失范行为的核心预测变量。

（三）道德推脱与教师失范行为

道德推脱是认知失调理论在道德心理学中的一个运用，是指个体在行为中产生的一些特定的认知倾向，包括重新定义自己的行为使其造成的伤害显得更小、最大限度地减少自己在行为后果中的责任和降低对受伤者痛苦的认同。研究结果显示：道德推脱是教师失范行为的重要影响因素，而且道德推脱对教师失范行为的正向影响会受到组织

公平感的负向调节。

三、学校组织情境对教师失范行为的影响研究

（一）组织公平感与教师失范行为

组织公平感是一种心理建构，是员工在组织内所体会到的主观公正感受。本书主要探讨了组织公平感对教师失范行为影响的心理机制，涉及两个重要的中介变量：一个是认知类的变量——心理契约破裂；另一个是态度类的变量——工作满意度。研究结果显示：（1）组织公平感显著正向预测工作满意度，工作满意度显著负向预测教师失范行为，工作满意度在组织公平感和教师失范行为之间起完全中介作用；（2）组织公平感负向显著预测心理契约破裂，心理契约破裂正向显著预测教师失范行为，且心理契约破裂在组织公平感和教师失范行为之间起完全中介作用。总之，本书不仅验证了组织公平是教师失范行为的重要影响变量，而且公平的组织环境不仅可以通过影响教师工作满意度进而影响教师失范行为，而且还可以通过影响教师的心理契约进而影响教师失范行为。

（二）组织伦理气氛与教师失范行为

伦理气氛是指组织内关于什么是道德行为和对道德问题如何处理的共同认识，而学校伦理气氛反映了学校重要的道德观和社会价值观。不管是采用单维构念的教师失范行为量表，还是多维构念的教师失范行为量表，本课题组的调查结果都表明：组织伦理气氛可以显著预测教师失范行为，是教师失范行为的重要影响变量。这两项研究都证明了学校的组织伦理气氛是教师失范行为的一个重要影响变量，并且进一步验证了自利导向伦理、关怀导向伦理、规则导向伦理以及独立导向伦理四种不同的组织伦理气氛对教师失范行为影响的效应大小不同，而且影响的方向也不同。其中，规则导向伦理气氛与关怀导向伦理气氛都负向影响教师失范行为，独立导向伦理气氛对教师失范行为没有影响，而自利导向伦理气氛则正向影响教师失范行为。因此，今后中小学学校需要建立有利于组织发展的伦理气氛，即增强学校组织中的规则导向伦理气氛与关怀导向伦理气氛，而减少学校组织中的自利导

向伦理气氛。

四、工作与家庭的互动关系对教师失范行为的影响研究

工作与家庭的互动关系已成为组织行为学研究中的一个重要研究领域。为此，本书选择了工作满意度与婚姻满意度分别作为工作与家庭领域的研究变量，以研究两者与教师失范行为的关系。调查结果显示：（1）工作满意度与教师失范行为是显著的负相关，负向预测教师失范行为。这说明当教师工作满意度下降时，更容易出现教师失范行为；（2）婚姻满意度与教师失范行为也是显著的负相关，负向预测教师失范行为，即当教师婚姻满意度下降时，更容易出现教师失范行为；（3）工作满意度与婚姻满意度是显著的正相关，这说明高的教师工作满意度会促进教师个体婚姻满意度的提升，工作满意度对教师婚姻满意度的正向影响说明工作对家庭的增益性。

而中介效应的检验结果进一步显示，婚姻满意度在工作满意度对教师失范行为的影响中起着完全中介作用。这表明在工作与家庭的互动中，工作满意度有助于提高婚姻满意度，而婚姻满意度越高越有助于抑制教师失范行为的发生。因此，我们认为中小学教师体验到的工作满意度会影响他们的家庭关系以及婚姻质量，而良好的家庭关系所产生的积极的婚姻体验又会进一步影响他们的工作行为表现，即降低教师失范行为。因此，本研究结果进一步证明工作与婚姻有着密不可分的联系，彼此相互影响。良好的工作与家庭关系有利于教师进行工作与家庭之间的调适与平衡，使工作与家庭婚姻生活两者之间和谐统一。

五、学校领导者的领导方式对教师失范行为的影响研究

领导行为是影响员工越轨行为的重要前因变量，包括高度关注伦理实践的伦理领导行为，且实证研究证实伦理型领导显著负向影响员工的越轨行为，即能够有效抑制工作场所中的员工越轨行为。为此，本书选择了伦理型领导这一变量作为影响教师失范行为形成的一个组织变量。

首先，层级回归分析的结果显示：伦理型领导分别显著负向影响情绪情感、价值观念以及职业品德等三种教师失范行为；伦理型领导正向预测规则导向的伦理气氛、独立导向的伦理气氛以及关怀导向的伦理气氛，但是，伦理型领导则是负向预测自利导向的伦理气氛。因此，可以说伦理型领导会有利于促进组织中的规则导向伦理、关怀导向伦理以及独立导向伦理三种组织气氛的形成，但是，伦理型领导会抑制或减少自利导向组织伦理气氛的形成。

其次，伦理型领导、组织伦理气氛与教师失范行为关系的中介效应检验的结果表明：组织伦理气氛在伦理型领导对教师失范行为的影响中起着中介作用。具体来说，不同的组织伦理气氛在伦理型领导对教师失范行为的影响中所起的中介效应不同，其中规则导向、关怀导向以及自利导向三种组织伦理气氛在伦理型领导与教师失范行为之间具有中介作用，但是，独立导向的组织伦理气氛在两者之间不具有中介作用。

最后，通过结构方程模型的路径分析技术，从整体视角分析伦理型领导对教师失范行为的影响。结构方程模型的检验结果显示：伦理型领导只能通过两条路径间接影响教师失范行为，其一是通过组织伦理气氛间接影响教师失范行为（简单中介），其二是通过影响组织伦理气氛与个体的道德推脱进而影响教师失范行为（链式中介）。简单中介与链式中介的研究结果说明，组织伦理气氛中不同的具体的伦理气氛对教师失范行为的影响机制是不同的。具体来说，链式中介关系可以分别表述为三种情况：（1）伦理型领导可以通过负向影响组织中的自利导向伦理气氛而影响教师个体的道德推脱水平，进而影响教师失范行为；（2）伦理型领导可以通过正向影响组织中的规则导向伦理气氛而影响教师个体的道德推脱水平，进而影响教师失范行为；（3）伦理型领导可以通过正向影响组织中的关怀导向伦理气氛而影响教师个体的道德推脱水平，进而影响教师失范行为。

所以说，学校管理者可通过提高伦理型领导水平而抑制或减少教师失范行为，并且伦理型领导水平的提高不仅可以直接影响教师失范行为，而且还可以通过影响组织伦理气氛与道德推脱等变量，进一步抑制或减少教师失范行为。

六、政策建议

基于心理学的研究范式，本书通过对教师失范行为的基本结构及其形成机制的实证研究，从个体变量和组织情境变量等多层面与多视角揭示了影响教师失范行为的形成机制。由于从组织层面去挖掘教师失范行为的前因变量是现在和未来研究教师失范行为的重点之所在，为此，本书从伦理型领导与组织伦理气氛两个角度研究了组织情境变量对教师失范行为的影响，从而为学校从制度设计和文化建设等层面抑制教师失范行为提供了有效的理论支持和政策建议。

基于研究结果，本书从四个方面为中小学教师失范行为的管理提出了建设性的政策建议，为减少或抑制教师失范行为的产生提供了一个理论上的参考框架。首先，通过加强教师职业培训，增强教师道德型的工作价值观与降低教师道德推脱等措施来提升教师自身的专业修养，进而抑制教师失范行为的产生；其次，依据工作与家庭增益理论，可以通过提高教师工作满意度，来促进教师婚姻满意度，进而抑制教师失范行为的产生；再次，通过建立公平公正的制度环境提高教师的工作满意度以及维护教师心理契约等措施，构建良好的组织环境，进而抑制教师失范行为的产生；最后，通过加强学校伦理型领导建设和组织伦理气氛建设等措施，建设有利于教师道德行为成长的组织伦理情境，进而抑制教师失范行为的产生。

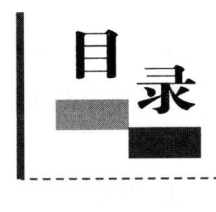

目 录

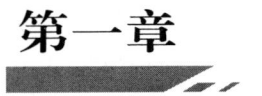

第一章

提 出 研 究 问 题

　　教育是国家的根基，一切发展以教育为本。长久以来，我国都十分重视教育事业，并且把教育事业放在首位。学校是进行教育事业的主阵地，是开展教育活动的重要场所，教书育人是学校所有活动开展的着眼点与最终目的，而教师行为与学校的教育质量、声望有着密切的关系。随着教师教育研究的不断发展深化，有关教师行为的研究越来越受到人们的关注（李彦良，2013）。

　　教师行为研究不仅能促进教学理论的发展，同时也是整合课程论与教学论研究的新视角，成为课程与教学论研究的重要方向（林正范、贾群生，2006；李彦良，2013）。但是，教师的行为失范在现实教学环境中并不罕见（夏小红，2019）。因此，从教育组织行为学的角度来看，要想促进教师的道德成长，必须激发教师的道德行为。如何激发教师的道德行为，是学校管理者不得不面对和思考的一个重要问题。所以说，教师道德成长一直是学校德育、学校管理及教师队伍建设的热点问题（杨炎轩，2011），而其中教师失范行为是该热点问题的一个重要研究方向。

　　客观公正地讲，绝大多数教师的个人道德素质是比较好的。教师行为是教师素质的外在表征，也是教师专业发展水平的主要标志（李彦良，2013）。当前，在素质教育和新课程改革的强烈冲击下，多数教师都很重视自身行为的规范（李彦良，2013）。但现实中仍有相当一部分教师在教育教学活动中并没有表现出与其道德素质或素养要求相一致的教育行为，甚至出现"集体"不负责的现象（杨炎轩，2011）。教师失范行为可以理解为在教师专业规范范畴内的"非正常行为"，是在教师的教育教学行为中所出现的一些不符合社会规范要求的行为和手段（郭颖，2004）。然而，教师失范行为的发生并不是偶然的，它具有深刻的历史和现实的根源（李彦良，2013）。

第一节　教师失范行为研究的回顾

一、教师失范行为研究的背景与缘起

（一）教师失范行为研究的背景

中小学教育是我国学校教育的重要阶段，而教师是学校的核心力量。教师的功劳是由启迪式劳动获得的，教师的言行对学生的成长及身心发展有着极其重要的作用。教师在传播人类文明、培育民族希望等方面有着非常重要的作用，在传达科学文化知识、造就国家未来栋梁等方面有着十分关键的作用。因此，教师是一种崇高的社会职业，肩负着培养人才的重任。而教师作为一个学校教育过程中的主体，如今越来越多的研究者开始关注教师失范行为。

教师作为犯罪侵害的主体具有隐蔽性、长期性、中和性、恶劣性及广泛性等特点（王大伟，2003），这决定了对教师失范行为的防控尤为重要。教师在青少年知识的拓展、文明习惯的培养以至人格的形成中起着主要的甚至是决定性的作用（朱建民等，2009）。由于未成年的中小学生可塑性大，模仿性强，在品格上还不成熟。他们对教师有一种特殊的信任感和依附感，常把教师看作是自己的榜样。而教师又是学生知识增长和思想进步的导师，教师的人格力量时刻感染着学生的世界观、人生观、价值观、道德观的形成及文明习惯的养成。因此，教师的失范行为会严重影响学生的心理与行为表现。

　　目前教师失范行为已成为一个广为社会关注的问题，主要表现为：教学行为失范、举止行为失范、管理行为失范、交往行为失范等（李彦良，2013）。肖美艳和曾令泰（2007）曾调查 26 项教师教学中出现的失范行为，结果表明教师的失范行为越来越普遍。尽管教师教学失范行为的产生和存在是不可避免的（马会梅，2007），然而在教学过程中教师的任何失范行为都会造成学生对教育的错误认识或抵触情绪，导致教学质量严重下降（刘芳，2015）。在实际的教学管理工作中，大多数教师的失范行为常常影响到学校的教育教学质量，时常困扰教育管理者，导致教育管理者与教师之间产生许多矛盾和问题，也会影响到学生的心理与行为表现，甚至侵蚀着学校的组织健康（马会梅，2007）。

　　总之，当今存在的教师失范行为及其危害性已经引起社会各界的广泛关注。由于影响教师失范行为的因素是多方面的，学者们对此从不同的角度进行了解释（马会梅，2007）。许多研究者已开始从教育学和社会学的角度阐明了教师失范行为存在的严重性，以及对学校、学生乃至教师个体存在的不利影响。

（二）教师失范行为研究的缘起

　　长期以来，教育研究者普遍从假想的和理想的教学理念来研究和实践现有的教学，但对教学异常现象的研究却很少。良好的知识传授、能力培养、道德修养等都与教师的教育教学有着紧密的联系，因为它对促进人的发展、社会的发展、科学的进步有积极的作用。然而，目前我国正处在从传统型社会向现代型社会快速转型的时期。由于作为社会规范基础的价值观念发生了重大变化，从而影响到社会规范的内容和作用，并相应影响到社会控制的力度，致使形形色色的失范行为层出不穷，甚至越演越烈（杨振福，1995），其几乎存在于社会的每个领域（贾高建，2003）。

　　但是，我们很少认真考虑在教学过程中出现的各种各样的问题行为。例如，在科研工作中为提高个人工作成绩而弄虚作假，故意抄袭篡改他人学术成果；从事影响正常教育教学工作的兼职或从事有偿的职业；对学生实施体罚或变相体罚；职业态度不端正等。这些问题行为都在某种程度上违背了教师职业道德规范，因此，这些行为表现被称为教师教学行为的"失范行为"。总之，在社会转型期的社会价值分化以及社会道德判断标准混乱，无疑会影响到教师群体。教师的失德行为使得"世范"变成了"失范"。

教师的失范行为不仅会对教师自身成长与发展产生影响，而且影响学校正常的教育活动、教学秩序及教学效果，导致教学人际关系恶化，损害教师的职业形象，影响学生的身心健康发展（郭颖，2004；陈林，2020）；制约教育事业的发展，影响到社会的全面进步和中华民族的兴衰（高晓然、么加利，2011）。这使得教师失范行为正在成为人们关注的教育问题之一，也是在我国社会转型时期值得探讨的课题（何智明，2009）。

在许多社会学著作中提到的"越轨行为""离轨行为""偏离行为""偏差行为""反常行为""异常行为"等术语，都是来自英文"deviance"一词的汉译。但是，我国学者杨振福（1995）认为这几个术语都无不具有明显的贬义，只适于表示消极的偏离或违反社会规范的活动与行为，并认为唯有"失范行为"是一个中性的词语，没有明显的褒贬义。并且从词语意义来说，"越轨行为""离轨行为""偏离行为""偏差行为""反常行为""异常行为"等与"失范行为"基本相同。既能用来表示积极的违反或偏离社会规范的活动与行为，也能用来表示消极的违反或偏离社会规范的活动与行为（杨振福，1995）。因此，本书研究采用"失范行为"这一术语来描述教师的"偏离或违反社会规范的活动与行为"。

当前我国基础教育领域正在进行全面改革。聘任制、工资奖金与学生考试成绩挂钩的教育评价制度以及新课程改革给中小学教师带来了普遍性的职业危机与生存挑战，同时，管教学生带来的挫败感、同行竞争使中小学教师日益感到更大的工作压力。而这些工作压力可能会导致教师们做出某些失范行为。从宏观上讲，教师失范行为是对社会公认规范的破坏（许健，崔楠，2011）。

目前已有文献从法律、教育学、社会学、心理学以及伦理学等角度分析了教师行为失范产生的原因及其后果（傅道春，2001；许健、崔楠，2011；陈芳等，2011；齐军，2012；李彦良，2013；郭晓冉，2017）。但是，学界仍然没有对教师教学过程中的一些失范问题进行过深入研究，尤其是关于教师失范行为的产生机制进行过系统研究，总是用传统的教学理念来研究教学过程中出现的情况（肖美艳，2006）。所以说，无论从政策还是学术研究的角度来看，教师失范行为都没有得到社会有效的关注（高晓然、么加利，2011）。因此，我们有必要去探索教师行为中社会失范的矫正机制，在最大程度上去缓解和减少教师失范行为所带来的危害。所以，探索教师失范行为的形成机理及相关问题将是未来研究教师失范行为的核心问题。而如何从心理学的视角来研究教师的失范行为是一个值得开拓的研究课题。

二、国外对教师失范行为研究的回顾

在西方，最早对教师行为进行研究的是美国学者克雷茨（Kratz）。他于1896年调查了一大群小学生对于优秀教师特征的意见，制定出有关教师特征的量表，作为培育师资的参考和改进教师行为的依据（张建琼，2005；周成海，2010）。这标志着教师行为的研究已经具备了专门性。直到1968年，菲利普·杰克逊（Philip W. Jackson）才真正系统地研究教师的教学失范行为，他的一本《课堂生活》让西方开始重视这方面的研究。该书是教育界的一部里程碑式的作品，呈现了作者对于课堂生活复杂性及其教育后果的洞察，为人们理解教师、学生和学校提供了全新的路径。

20世纪80年代前后英国研究人员做了一些相关研究，从各类学校的教师、学生、家长、学校领导等群体中收集到许多数据和资料。他们试图从中界定"称职教师"和"不称职教师"的基本特征，比较一下专业人员与非专业人员持有的不同观点。调查证明，绝大多数教师的表现是良好的，但是，确实有一部分教师处于某种压力之下，或者出于某种主观或客观的原因，对学生采取了不正确的态度，引起了师生之间的冲突，导致了学生的异常行为，妨碍了教学工作。当然，学校倒闭、学校合并、新措施出台频率太高以及教师的个人问题等都会影响教师的工作态度。如乔丹（Jordan）在研究"称职教师"的特征的同时，也研究了"不称职教师"的特征。他认为，不称职教师的表现通常为8个方面：（1）对学生的正常行为总是采取不正确的态度，从而诱发了学生的异常行为；（2）对学生的行为和成就不抱期望；（3）认为维持纪律是师生之间的一场较量，教师必须通过敌对的手段，取得这场较量的胜利；（4）不信任班级集体；（5）不愿意向差生提供某些学习条件，不相信这些学生会像其他学生一样获得成功；（6）惩罚的标准不能一以贯之；（7）经常在学生和同事面前冷嘲热讽；（8）经常下最后通牒，相信敌对的价值（王斌华，1996）。

美国著名的教育心理学家奥林奇（Orange）博士从1992年开始对教师教育活动中的错误言行进行大量的案例收集和研究，把194个情节归纳为教师易犯的25类错误（吴海玲，2002）：（1）不当的教育策略；（2）体罚；（3）有意疏远；（4）公开嘲讽；（5）偏袒；（6）生理歧视；（7）人身攻击；（8）不当的师生关系；（9）故意虐待；（10）种族、文化歧视；（11）侮辱；（12）不当的班级策略；（13）不当的厕所使用习惯；（14）不当的教育策略；（15）不当的评估；（16）教师麻木；（17）学术不足；（18）拙劣的管理；（19）教师的名声；（20）老师判断失误；（21）教师偏见与期望；（22）不道德行为；（23）错误地指责；（24）不当的反应；（25）性骚扰。这些错误大部分都属于教师言行失范行为。

1928年美国学者韦克曼（Wakeman）最先开展了问题行为的研究（陈林，2020）。学界早期对问题行为的研究主要涉及儿童（各阶段学生）领域，而将问题行为指向教师这一主体的研究兴起较晚。不同的学者对教师问题行为的定义有各自的理解。目前国外关于教师不当教学行为的描述或分类主要是从学生的角度出发，即从学生的视角来归纳教师的不当教学行为（章婧，2011）。国外学者科尔尼等（Kearney et al., 1991）认为"学生问题行为是指那些干扰课堂教和学的学生行为，那么教师问题行为即指干扰教和学的教师行为，例如教师早退、不按时上班、对家庭作业进行非特定的评价、使考试太难（或太容易）等都可以被归纳为教师问题行为"，等等。科尔尼等根据学生描述的2000 种教师的不当教学行为编译为 28 种常见的不当教学行为，并归纳为"无资格、不胜任""冒犯的，攻击的""心不在焉的"3 个维度（Kearney et al., 2002）。

总之，从能查到的相关国外文献中，已有的研究还缺乏对教师失范行为形成的心理机制的研究，多数研究仅仅表现为对不同的教师失范行为的描述性报告，如巴雷特等（Barrett et al., 2006）研究了中小学教师的侵犯行为；科比特等（Corbett et al., 1993）研究了高中教师对学生的性骚扰行为；一项跨文化研究描述了中德日美四国大学教师的漠视、冒犯和懒散等不端行为（Zhang, 2007）。然而这些研究都局限于对教师失范行为的现象描述与原因分析，缺乏必要的教师失范行为形成机制的研究。

三、国内对教师失范行为研究的回顾

作为一种社会失范行为，教师行为失范现象越来越普遍，这种行为几乎是每个学校都存在的现象（刘娟娟，2008；马会梅，2007）。而有关教师失范行为也经常见诸媒体报道中，如不尊重学生人格，讽刺挖苦学生，甚至谩骂、侮辱学生，尤其是侵害青少年的失范行为应引起社会的广泛重视（许健、崔楠，2011）。我国研究者已经认识到教师失范行为对教师、学生以及学校带来的危害性，已经开始着手对教师失范行为进行研究。

我国《教育大辞典》（1992）将问题行为界定为"由情绪障碍导致的社会适应困难，分为非社会性和反社会性两类。前者不影响、危害他人，后者在生理、心理或社会等方面对他人构成现实或潜在威胁"。在我国，学者孙煌明（1982）较早关注儿童的问题行为，他认为"问题行为指那些有害儿童身心健康、影响儿童智能发展，或给家庭、学校、社会带来麻烦的行为",并从心理挫折和动机角度分析了儿童问题行为产生的心理机制。此后,一些研究者把问题行为延伸到教学领域,将主体从学生指向教师,开始了对教师问题行为的研究。而教师问题行为是教师在教育教学过程中,对其教育对象所发生的各种有违教育要求和教育规律,影响学生身心健康,甚至对其造成严重伤害、损失的那些不适当的或过激的教育行为(马晓春、张爱宁,2005)。

我国学者石鸥在 1999 年出版的《教学病理学》是较早研究教师失范行为的著作。从石鸥 1999 年关于教师失范行为的论述算起,到现在已经历了 20 多年的时间,陆续有相关的中小学教师失范行为的研究论文发表。目前教师失范行为研究涉及的主题有:教师教学失范行为、教师课堂教学失范行为、教师道德失范行为、教师不当教学行为等。

(一) 国内教师失范行为的研究历程

国内关于教师问题行为或者失范行为等相关现象的研究开始于 21 世纪之初,如檀传宝(2000)依照罪恶论专家对罪恶归因的方式,将教师道德病态归纳为四种类型:物欲型、权欲型、名欲型及情欲型。2000 年冯江平在《云南师范大学学报》发表了题目为《中小学教师的问题行为及其改进》的文章,对中小学教师目前存在的问题行为进行了界定和分类,分析了这些问题行为对中小学生的危害性及其形成的原因,探讨并提出了对中小学教师的问题行为矫正与改进的主要方法和措施。2001 年陈桂生在《教育研究与实验》发表了题目为《"师德"研究》的文章,采用实证的定量方法对师德失范现象进行了专项调查,把教师失范行为归纳为 5 类(39 种):对待学生态度、利用公职谋私、不尽职、对待家长态度、不文明行为等。但这只是一项较为粗糙的调查。而从已有的文献来看,我国较早关注"教师失范行为"这一个概念的是马和民(2002)在其著作《新编教育社会学》中首次论述了学校中的失范行为,并把教师失范行为界定为"教师职业规范范畴内的"非正常行为(不包括教师的违法、犯罪行为),并将教师的非正常行为归纳为:教师人际的非正常行为、教师的失职行为、教师的挫折行为、教师的焦虑行为。

郭颖（2004）首次使用"教师失范行为"这一概念撰写了一篇有关教师失范行为及其干预的文章。而开始对"教师失范行为"进行实证调查研究的学者是肖美艳（2006），较全面分析了教师失范行为的主要类型。但对"教师失范行为"进行量化研究的则是杨金国（2004）与林立新（2007）。而魏祥迁（2013a）在其博士论文中初步量化分析了教师工作伦理、人格特质以及学校的组织伦理气氛对教师失范行为的影响效应。另外，郑全全团队（如沈杰等，2005；毛华配，郑全全，2006；朱建民等，2009）则从教师问题行为的视角开发了教师问题行为量表，初步探索了教师问题行为的结构与特点以及工作压力对其产生的影响。

总之，目前国内关于教师失范行为的研究已经关注了"教师不当行为""教师行为失范""教师问题行为"等重要方面。例如，张艺铭和刘万海（2014）梳理了近10年关于教师教学失范行为的相关研究文献，把国内研究者的研究归纳为职业道德失范、教学发展规律失范、价值失范3个方面。章婧（2011）认为国内关于"教师不当教学行为"的同类概念或者相似概念主要有"病态教学行为""偏态教学行为""教师课堂教学行为问题""教师不良教学行为""课堂教学偏差""教师课堂教学行为失范"等，这些不同的名称其实反映了国内对于教师教学行为存在问题的不同研究视角，如教学病理学视角、教师职业道德和教学伦理视角、新课程实施的历史适应性视角。

（二）教师失范行为的结构与类型

教师失范行为只是学校失范行为中的一种，而学校失范行为也不过是社会失范行为的一个分支。因而义务教育阶段教师的失范行为"与社会中一般失范行为一样，十分复杂"。采用不同的标准、从不同的利益视角来划分，可以获得不同的类型（何智明、杜学元，2007）。马晓春（2004）总结了"教师问题行为"的几种典型分类：一是二分法。例如，冯江平（2000）把教师问题行为，按其违反教育要求和规律，对学生危害程度的不同，划分为不当行为（如忽视、不公正、苛刻、谩骂、习惯性反应、发脾气、讽刺、报复或迁怒、压制、冷漠、恐吓、不认错、绝对否定、妄加比较）；不良行为（如厌弃、歧视、羞辱、体罚）。二是三分法。例如，张宝明和张智（2003）根据教师行为特点、行为后果和性质程度等，把教师问题行为大致分为情绪情感型（如讽刺、挖苦、冷漠、发脾气、谩骂学生）；品德不良型（如歧视、索礼、欺骗、无信念、道德败坏）；攻击过失型（如攻击、虐待、羞辱、殴打、体罚学生）。三是五分法。例如，刘启珍和明庆华（1999）根据人际关系的特点，把问题行为分为五类，即师生间问题心理与行为、教师间问题心理与行为、教师与学生家长间问题心理与行为、教师与学校领导间问题心理与行为、教育教学过程中的问题心理与行为。冯江平（2000）认为根据其内容或形式把教师的问题行为划分为品德类问题行为、人格类问题行为、行为类问题行为、情绪类问题行为、习惯类问题行为 5 种类型的问题行为。

　　上述分类都有各自的特点和在具体情况下的适用性，而且不同角度的分类之间也存在交叉现象。为了更好地研究与预防教师问题行为，我们应从分类学的理论角度，依据教师问题行为的性质、范围、原因和程度等作为标准，对其分类进行进一步研究（马晓春，2004）。从现有研究文献来看，教师失范行为的研究大致可以归为 8 个主题范畴：教师失范行为（魏祥迁，2013a；夏小红，2019）、教师行为失范（薛振东，2010；李彦良，2013）、教师问题行为（马晓春、张爱宁，2005；朱建民等，2009；路红、王笑天，2012；孙铁成、孙伦轩，2013）、教师不良教育行为（赵红利、王成全，2000）、教师语言失范行为（于颖，2019）、职业道德失范行为（杨金国，2004）、教学或者课堂教学失范行为（肖美艳，2006；李吉，2016）、学术失范行为等。本书仅仅关注前面 7 个比较普遍的研究主题，不涉及中小学教师的学术失范行为。因为目前关于教师学术失范行为的研究多集中于高校教师。

　　下面主要介绍几种重要的关于教师失范行为的分类：

1. 马和民关于教师失范行为的分类

马和民（2002）认为学校中的失范行为涉及教师与学生两大群体，其中教师失范行为主要是指在教师职业规范范畴内的"非正常行为"，但不包括教师的违法、犯罪行为。其根据美国社会学家韦伯（Weber）所提出的关于社会行为的"理想类型"的分类把学校失范行为分为四种类型。在韦伯看来，一切社会行为都可以区分为四种"理想类型"：目的取向的理性行为、价值取向的理性行为、情感行为、传统行为。如此，我们可以把学校失范行为划分为：目的取向型失范行为、价值取向型失范行为、情感型失范行为、传统型失范行为等四类理想类型（马和民，2002）。

（1）目的型失范行为。这是指行为失范者采用违背教育规范的手段谋取个体或群体的功利性利益的失范行为。功利性利益是指能满足学校成员生活需要或为生活提供便利的各种稀有社会资源，如经济利益、权力、地位、声望等。这种失范行为可能仅仅是非正常行为或越轨行为，也可能是违法甚至犯罪行为。其主要特征是：目的是理性的，手段是违规甚至违法的。这种行为可能是物质利益驱使之下的理性选择，也可能是社会学习和模仿的结果。

（2）价值取向型失范行为。这是指行为失范者的价值观念与教育主导观念相背离，力图诋毁或改变教育主导观念而违背教育规范所造成的失范行为。教育规范可以分为教育习俗、教育规章、教育法律，这些均体现了不同层次的教育价值观。一般而言，违背教育习俗不会受到严厉的惩处，而违背教育规章，特别是教育法律将会受到严厉惩处。亚文化理论和标签论均能有效地解释这种失范行为。

（3）情感型失范行为。这主要指为了满足生理、心理或情感上的需要而做出的失范行为。尽管有时失范行为者是经过"理性"选择的，但这种行为的目的是满足个体生理、心理和情感上的需要，所以，实际上是一种非理性行为。例如，未成年学生杀死自己的父母。再如，由报复心理、满足虚荣心引起的打架斗殴等。这类行为的共同特征是：行为目的既非功利性的，也非价值取向性的，而是由个体需求引起的。

这种行为主要可以用心理学的失范理论进行解释。

（4）传统型失范行为。这是指行为失范者没有主观上的失范构想，仅仅是因遵循传统习俗而违背教育规范所造成的失范行为。例如，学生之间因讲"哥们义气"而导致的失范行为，教师因遵循传统的教育观念、方式、方法而出现的失范行为。这种情况主要可以用涂尔干（Durkheim）及默顿（Merton）的失范理论、控制缺乏说等作出解释。

马和民关于教师失范行为的分类比较经典，后来很多国内研究者沿用了这一分类方法进行研究，如郭颖（2004）、马会梅（2007）、申明（2009）、李吉（2016）等分别使用这种分类体系来研究教师的失范行为。而李国强和龚跃华（2005）则从教师反学校文化的角度来理解这四种教师失范行为。

2. 石鸥关于教师教学失范行为的分类

石鸥（2006）把教师教学失范行为分为四种类型：

（1）教学失衡。教学失衡是指教学在运作过程中失去平衡的一种状态。具体地说，教学失衡是指教学因缺乏调节或调节乏力而失去平衡，是此部分的教学与彼部分间的不平衡，是教学的此部分功能与彼部分功能间的不平衡。通俗一点讲，是指教学缺少了某些方面的因素或在某些方面超越了现实而做得过分了。教学失衡会导致教学失序。一般情况下，当教学失去了明确的规范或虽有明确的规范但因某些原因而未遵循规范，缺乏正确的指导与目标、找不到恰当的手段与途径时，教学失衡就产生了。教学失衡可以细分为：教学缺失、教学过度、教学滞后3种亚型。

（2）教学专制。所谓教学专制，主要是指教师带着社会赋予他的与职业俱来的权利，凌驾于学生之上，以种种神圣理由，心安理得地对学生任意实施违背教育规律与职业道德规范的惩罚或变相惩罚的教育。教学专制是建立在权力主义、专制主义、师道尊严的师生关系基础上的，其实质是发生在师生之间的教学交往与人际交往中的一种不平等、非人道的行为。教学专制的集中体现是惩罚。

（3）教学偏见。是指教师根据自己的主观经验或特定价值需求的满足状况，而对学生采取的不同的对待方式，即倾向某些人、冷漠另一些人的思想或行为。我们常说的"偏心眼"就是一种教学偏见。教学偏见即有与道德规范相违背的有意偏见，也有无意偏见，但更多的属于心理活动的反映。典型的教学偏见体现为对"优等生""差等生"的偏见。现实教学中，人们往往以学业的优劣作为优差生的划界标准。学业优良者就是优生，学业不良者便是差生。教学偏见可以从简单直观的座位排列到复杂内隐的教师态度等各种教学活动中体现出来。具体表现为长相等外观上的偏见、座位排列上的偏见、课堂提问中的偏见和人际交往上的偏见。

（4）教学阻隔。客观地讲，阻隔主要是指相关方的隔膜或差距，或一起难以融合、不易接触、不便交流的现象，或者说主客观相互作用过程的差异。主要表现有师生之间的教学阻隔、认知阻隔、情感阻隔、人格阻隔和学科之间的阻隔。就师生双方而言，它是教学中师生之间缺乏沟通、缺乏交流的现象；就教学和社会而言，它是教学和社会之间缺乏沟通、缺乏交流的现象；就学科而言，它是学科与学科之间缺乏沟通、缺乏交流的现象。这实际上都是严重的教学不正常状态。

3. 何智明与杜学元关于教师失范行为的分类

何智明和杜学元（2007）认为在我国的义务教育中，教师的失范行为大量存在且类型多样。

（1）从心理维度划分教师失范行为。从心理维度把行为分成有意行为与无意行为两类，而教师失范行为也不例外，也可以分为无意失范行为和有意失范行为。其中，在教师的有意识失范行为中，根据主体意识的参与程度与所起作用，还可以分为自主型失范行为、从众型失范行为和被迫型失范行为3种类型。自主型失范行为是在教师自我意识控制之下自愿做出的与社会规范不符的行为，是教师的个性行动，是他的自主选择；从众型失范行为是指教师遵守自己所生活于其中的群体内部公认的行为模式（这种行为模式与社会规则相抵触）而做出的失范行为，其实质是一种群体失范行为，而这种失范行为会影响到社会对教师这一职业群体的总体评价；被迫型失范行为是指教师虽然从情感上、思想上都不愿意但由于受其他强势群体或组织的压力或命令而又不得不做出的失范行为。

（2）从价值维度划分教师失范行为。根据教师失范行为结果的获利者分为无利型失范行为、利己型失范行为、利他型失范行为以及利社会型失范行为。如由于教师的辱骂而导致学生自杀，则这位教师的行为属于无利型失范行为；教师抄别人的教案则属于利己型失范行为，利己行为还可能是有利于教师这一特殊群体的行为；教师惩罚迟到的学生打扫校园、帮助学校乱收费等属于利他型失范行为；教师支持学生抵制学校乱收费、反对体罚学生，就是利社会型失范行为。

（3）从利益受损者划分教师失范行为。从利益受损者方面考察，可以把教师失范行为分为损己型失范行为、损他型失范行为、损社会型失范行为。损己型失范行为是指少数教师牺牲自己的利益为学生和社会作贡献却可能因不符合其他教师或学校利益而被认为是失范行为，这种行为一旦被推广，则会使教师群体的利益受损；损他型失范行为更是随处可见，如教师罚违规学生的款、对同行的恶意贬低等；损社会型失范行为最典型的莫过于教师的职业懈怠。

4. 教师失范行为结构的定量研究

（1）杨金国的职业道德失范行为调查。杨金国（2004）采用自编中小学教师职业道德失范行为调查问卷，分析了 50 个题目，最终归类出 8 个方面（维度）的问题，即依法执教（6）、爱岗敬业（9）、热爱学生（7）、严谨治学（4）、团结协作（6）、尊重家长（5）、廉洁从教（6）、为人师表（7）这 8 个方面的失范行为。

（2）吴爱惠的教师问题行为调查。吴爱惠（2005）编制了教师的问题行为自评问卷，包括 90 个问题，5 个维度 15 个因子：教育观念（绝对服从、反对创新、缺乏理念），职业意识（工作态度、同事关系、师生关系），管理方式（压制、纵容、过度关心），教学态度（偏袒、歧视、冷淡），教学方法（惩罚、嘲讽、孤立）。并用这个问卷调查了上海中小学教师问题行为现状（吴爱惠、周家骥，2005）。这一自评问卷也成为后来一些研究者使用的调查工具，如张艺铭（2015）的研究就是直接借用吴爱惠（2005）编制的问卷进行研究中小学教师的问题行为。

（3）肖美艳的教学行为失范调查。肖美艳（2006）选择了 26 项教师教学中出现的较为普遍的失范行为进行调查，并进行了归类和排序，得分从高到低排在前六位的依次为：不正确的教学观、对待学生不公正、对学生要求苛刻、忽视学生的正当的需要和兴趣、体罚学生、对学生和教学敷衍了事。其他的 20 项教学行为失范分别为：讥讽、绝对教师权威、猜疑、厌弃、挖苦、迁怒、欺骗、歧视、羞辱、谩骂、缺乏事业心、恐吓、不当学生观、妄加比较、报复、人身攻击、索礼、虐待、不信任学生、冷漠。

（4）林立新的体育教师行为失范研究。林立新（2009）在期刊上发表了自己编制的《中小学体育教师行为失范量表》，该教师行为失范量表由 41 个项目构成，分别命名为目的取向型行为失范、价值取向型行为失范、情感型行为失范、传统型行为失范等 4 个分量表。

（5）路红与王笑天的中小学教师问题行为研究。路红与王笑天（2012）通过项目分析与探索性因素分析，最终得到包含 19 题的 4 因素中小学教师问题行为问卷，并且信效度分析表明，中小学教师问题行为问卷可靠而有效。这 4 个因子反映出了广州市中小学教师问题行为的 4 种类型：教学理念、教学方法、教学态度以及学生观。其中，教学理念主要测量教师在教学中所持有的观念与对待教学活动的信念，得分高者说明教师日常的教学理念偏向于被动和教条，更加缺乏主动性与创新意识；教学方法主要考察教师日常的教学过程中的行为风格，得分高者说明教师更偏好采用惩罚性的、格式化与敷衍的教学方法；教学态度主要探究教师教学中的态度，得分高者说明教师在教学过程中对教学缺乏兴趣，工作会更消极、冷淡与慵懒；学生观主要检验教师对学生持有的态度，得分高者说明教师对学生会表现出更多的不公正或是冷漠放任。

（6）郑全全团队的教师问题行为研究。沈杰等（2005）、毛华配和郑全全（2006）以及朱建民等（2009）的研究都是基于浙江大学郑全全团队编制的教师问题行为问卷。郑全全团队对教师问题行为的界定所包含的内容更丰富和全面，是立足于心理测量学的角度来研究教师失范行为。例如，朱建民等（2009）从心理学的角度出发对教师问题行为进行了界定，采用探索性因素分析和验证性因素分析对教师问题行为的结构进行剖析，最后得到了一个包含 3 个维度（10 个因子）组成的教师问题行为量表，即行为问题维度（粗暴行为、放任敷衍行为、不公正行为），认知问题维度（教学观问题、职业道德、学生观、职业观），以及适应问题维度（情绪问题、职业适应、人际关系）。

总之，关于教师失范行为的类型的研究还有许多，如赵红利和王成全（2000）认为在教育教学工作实践中，教师的不良教育行为主要可归纳为以下 7 种类型：刻板印象、讽刺挖苦、威胁恐吓、冷漠行为、告状行为、权压行为、体罚等；周成海（2010）采用奥林奇的研究方法，通过对职前教师（师范生）的回忆进行分析，归纳出 5 种教师的不当行为：粗暴地体罚学生（269 次）、羞辱学生（174 次）、歧视或不公正地对待学生（158 次）、不当的教学行为（124 次）、不当的管理方式（81 次）等；于颖（2019）认为言语道德是教师专业道德的表征形式之一，而目前中小学教师言语道德失范的具体表征形态为言语动机趋恶、言语内容暴力、言语态度消极以及言语方式霸占话语权等表现形式，等等。在这里不再一一详细论述。

（三）教师失范行为形成的原因分析

教师失范行为是社会大背景下的一种现象，与其他失范现象一样，有着多种多样的根源（李彦良，2013）。教师问题行为或直接或间接影响着学生的身心健康和全面发展。教师的"问题行为"的成因既有内源性因素也有外源性因素（马晓春，2004）。如马晓春（2001）从社会背景因素、学校管理因素、教师素质因素以及教师精神压力过大这 4 个方面分析了教师问题行为产生的原因。张艺铭和刘万海（2014）则概括了教师教学失范行为的成因，主要有主观因素和客观因素两个方面：主观因素包括教师自身的素质，教师的职业认同感，教师的教育理念；客观因素包括学校的管理，社会的文化背景和教学环境。叶金辉和彭康清（2011）认为当前教师问题行为主要受到教师的角色迷失、教师的素质、学校管理因素、教师的人格、教师的内部压力、社会背景因素 6 个方面因素的影响。同时，彭康清和曾雪琴（2011）认为教师问题行为的产生是有其深刻根源的，主要有教育观念与教育态度问题、教师角色期望与自我价值观的冲突、职业道德的缺失、教师心理素质与心理健康问题、缺乏科学的教育理念与方法、社会支持系统乏力等内外因素。

下面具体从 3 个方面回顾国内对教师失范行为产生的原因分析：

1. 个体因素

导致教师失范行为或者问题行为产生的个体性因素主要有职业道德缺失、教师个人素质低下、教育观念落后、心理不健康、职业认同感不强等方面。例如：

马娟等（2004）认为影响师德形成的主观因素主要包括：职业社会知觉（如职业态度知觉、社会比较、自我意识）、职业角色意识（如角色观念、角色评价、角色体验、角色行为）与个人特质（如认知水平、决策能力、气质与性格、成败经验、成就动机等）3 个方面，其中，角色意识对师德的发展起着非常重要的作用。尽管师德是在主客观因素的互动中得以形成与发展，但客观因素需要通过主观因素发挥其作用。

弓青峰（2006）调查了农村中小学教师教学行为，认为影响其失范行为的因素主要有：传统教学观念、思维定式、教师学习观以及文化气氛。

肖美艳和曾令泰（2007）认为教师素质是教师在教育教学活动中表现出来的，决定其教学效果，对学生的身心发展有直接而显著影响的心理品质的总和，而教学行为是教师素质的外化形式。由于每个教师个体的教育经验、心理健康状况、人格特征等方面的差异，教师之间的素质高低千差万别。教师素质不高会造成教师对自己的职业认识不清，其教学行为也就难以得到改善，于是就会产生教师教学行为的失范。

彭康清和曾雪琴（2011）和彭康清（2015）认为个人的原因主要有教育观念与教育态度问题，教师角色期望与自我价值观的冲突，职业道德的缺失，以及教师的心理健康问题。

许健和崔楠（2011）认为教师素质不高是教师失范行为产生的首要原因。素质是对教师的综合考量，而专业背景、业务能力、思想品德、言行表现等都是教师综合素质的构成因素。

柳珺（2012）通过教师访谈得出教师课堂失范行为产生的主观原因有：（1）教师缺乏正确的角色意识和职业认同感；（2）教师情绪和心理情况是影响教师行为的直接原因；（3）教师自身的素质是教师失范行为的本质原因；（4）教师自身所尊崇的教育理念则是失范行为产生的"指南针"。

2. 学校因素

马娟等（2004）认为师德的形成受到主客观两大因素的影响，其中，客观因素既包括社会期望、职业声望、现实地位等宏观因素，也包括学校所在地区环境的影响以及校内环境的影响，其中学校管理类型、领导者工作作风、学校气氛以及人际关系等校内环境在很大程度上影响着师德的发展。而较之于宏观环境因素，微观环境因素对教师师德的形成与发展影响更直接。

申明（2009）分析了师德失范的制度原因，其中制度缺失是教师道德失范的重要原因，具体来说主要有：制度规范体系与内容不完善；制度目标不明，存在制度性的偏差；制度规定不具体，操作性不强；存在制度性的矛盾与冲突，缺乏"制度共识"。而不论是宏观因素还是微观因素，其中最重要的就有与师德建设相关的社会教育制度、学校管理与组织制度以及直接的德育制度特别是师德建设制度等因素。因此，探究师德失范现象有必要从制度上找原因。

叶金辉和彭康清（2011）分析了学校的管理因素对于教学失范的影响，认为"一些学校对教师问题行为给学生带来的伤害认识不够，从而对教师的问题行为管理不严格，这种管理方式必然会助长教师问题行为现象的层出不穷。在教学中的常规检查形式化不仅引起了教师的厌烦情绪，也成为课堂教学行为问题的直接动因"。

路红等（2012）认为教师问题行为是影响学生的学业成绩与身心健康的重要因素，而从组织环境的视角来看，影响教师问题行为的学校因素包括：不完善的绩效评估制度、社会学习作用、学校的组织不公平性、缺乏足够的组织支持、格式化的教学制度 5 个方面。因此，学校管理层需要采取有效的组织控制策略以预防与矫正教师问题行为。

3. 社会因素

何智明（2009）从社会学理论视角分析了教师教学失范行为的原因，认为教师失范行为不是一种孤立的社会现象，其产生是由于社会转型时期社会价值观分化、道德判断标准的分化与混乱、教育现代化过程中的结构性矛盾、学校教育与其他类型教育的冲突、教师职业社会化的缺陷、教师社会地位的不一致等原因造成的。

彭康清（2015）认为"社会支持系统乏力"是导致教师问题行为的五大原因之一。随着教育改革的深入，社会对教师的期望日益提升，造成了教师工作压力日益突出。而面对巨大的社会压力和期望，社会在物质和精神层面为教师提供的支持显然是不够的，这成为教师问题行为产生的重要原因，如教师所拥有的经济地位与其所付出的劳动价值极不相配；社会对教师的公共信任气氛产生的负面效应，致使教师的威信下降和公众形象受损，教师与社会、学校以及学生家庭间的关系日趋紧张，教师生存的社会环境不断恶化；社会、学校和家庭三者的教育责任分担不均，三者对教师予以了过高的期望和责任，教师的工作一旦稍有闪失或处理不当，其所要面对的不但是道义上的压力，而且还要承担经济上甚至法律方面的责任，这都对教师们形成了一种无形的压力，让他们身心倍感疲倦。

四、教师失范行为研究的不足

通过对已有的国内外关于教师失范行为或者越轨行为等相关研究文献的梳理与分析，我们发现已有研究还缺乏对教师失范行为形成的心理机制的研究，多数研究仅仅表现为对不同的教师失范行为的描述性报告。所以说，尽管教师失范行为的研究已经成为目前研究者们关注的重要议题，但是，已有研究多是从理论上分析了影响教师失范行为的可能因素。如章婧（2011）认为，已有教师不当教学行为的研究多是理论性研究，实证性研究相对较少，导致关于改变教师不当教学行为的建议也多是理论层面的，缺乏一定的可行性。所以，这些研究多是从教育学或者社会学的视角论述了教师失范行为的存在形式，分析了可能产生的个体原因与社会原因，缺乏从实证的角度进行量化研究教师失范行为的形成原因与机制。

因此，我们认为目前关于教师失范行为的研究还存在以下 4 个方面的不足：

（一） 缺乏对教师失范行为的实证量化研究

由于教师问题行为的表现形式、产生原因以及因果关系呈现出复杂多样性，所以，对教师问题行为的研究一直是个薄弱环节，多数研究拘泥于理论描述，而缺少实证材料（马晓春、张爱宁，2005）。定性的理论研究与实证的量化研究是研究的两种重要范式与取向，也是贯穿教育研究的两条主线。两者可以相互弥补在研究方法上的不足，使得研究的主题"有血有肉"。定性研究在于揭示事物的内涵及其对潜在的理由和动机求得一个定性的理解；而定量研究在于通过量化研究来把握事物的运行规律，寻找事物的发生机制。目前关于教师失范行为的研究多以定性研究为主，重点论述教师失范行为的基本特点、表现、产生的原因及其如何防止教师失范行为的策略。但是，仅有定性研究还不足以揭示事物的内在规律，无法寻找影响教师失范行为产生的内在机制。

虽然近年来有些研究采用量化的调查方法做了一些实证研究，调查了教师失范行为的现状，初步研究了教师问题行为的形成原因。如肖美艳（2006）调查了最常见的 26 种教师失范行为，并进行了归类和排序；毛华配与郑全全（2006）研究了中学教师工作压力对其问题行为的影响。但是，张艺铭和刘万海（2014）对国内近十年来教师教学失范行为研究进行了综述，认为"教师教学失范行为的概念界定、成因分析、类型、策略方面有一定的成果。但是，总体上的理论研究多于实证研究，存在研究方法较单一、概念界定不清晰等问题，亟须下一阶段完善与突破"。所以，目前大多数研究者多基于对教师失范行为的类型调查和原因分析，多局限于对教师失范行为的现象描述和定性的分析上，仍然缺乏深入探索教师失范行为发生机制的研究。

总之，教师失范行为的现象是普遍存在的，其表现的形式与种类也是多种多样的，其产生的原因也是多方面的。在对待教师失范行为时，不能"一刀切"地仅仅使用惩罚措施来治理教师的失范行为。这是因为，有的教师的失范行为是主动性的失范，有的教师的失范行为却是被动性的失范、甚至是无意的失范，是由于体制性因素所形成的行为失范，也可能是教师社会化出现了问题。而进行实证与量化研究将有助于揭示教师失范行为产生的个体原因与社会原因对其产生影响的重要机制。因此，本书基于心理学的研究范式，采用实证的定量研究以揭示教师失范行为产生的基本机制，为今后防止教师失范行为的发生提供重要的理论支持。

（二）缺乏对教师失范行为结构的建构研究

20世纪80年代后，越来越多的研究者开始从现代组织背景来关注反生产行为，推动了反生产行为研究的迅速发展，提出了一系列新理论。本书把教师失范行为看作为教师在教学等日常活动中发生的一种越轨行为或者偏差行为，类似于企业等组织中对组织具有负面影响的一种反生产行为。但是，国内关于教师反生产行为结构的研究却很少，目前国内仅有施湘元等（2019）实证研究了大学教师反生产行为的结构。另外，骈世琦（2017）从"教师不当言行"的视角也认为目前国内并没有针对"教师不当言行"的测量工具，因而无法对教师不当言行的现状进行实证研究。为此，骈世琦自编了一套《中小学教师不当言行情景测评》工具。尽管郑全全研究团队比较权威性地研究了教师问题行为，开发了教师问题行为的测量工具，但是，其研究的教师问题行为与教师失范行为的内涵在实质上还是有差异的。因此，国内学术界还缺乏针对中小学教师失范行为结构的系统研究。

目前反生产行为的研究趋势已经把反生产行为不再单独作为一个具体的行为进行研究，而是从整体上来研究。如萨基特和德沃尔（Sackett，DeVore，2001）将反生产行为总结为分层模型，认为反生产行为是整体的反生产结构，其他相关维度是该结构的支撑。自此，研究者们更多关注整体方面，将具体方面的越轨行为作为反生产行为的构成维度（如缺席、攻击、越轨行为、反击、报复和偷窃等）（Meier，Spector，2013）。同样，教师在教学与管理中也会出现各种各样的具体的失范行为，如果能把这些具体的失范行为或者问题行为看作一个整体性的失范行为进行研究会比较合适。因为很多单独的失范行为只是整体性失范行为的一个侧面。为此，本书将基于郑全全研究团队关于教师问题行为的研究思路，拟从整体上来界定和研究教师失范行为，以便于对教师失范行为有一个整体性的界定与测量，有助于能对学校组织背景下教师的反生产行为进行量化的实证研究。

（三）缺乏对教师失范行为的心理视角研究

由于越轨行为是人类社会尤其是社会转型期普遍存在的一种社会现象，对越轨行为的成因、本质以及如何有效地进行调控，历史上有生物学、心理学、社会学等多种理论的解释（杨隽，2001b）。随着组织行为学领域越来越多的研究者对员工越轨行为的关注，并意识到在组织情境下研究员工越轨行为的必要性。因为组织行为学的研究不能停留在个体层次，而应当考察个体层面之外的其他组织情境因素以及社会文化因素对于组织中的个体或群体行为的影响（张志学等，2014）。在组织行为学视角下的越轨行为理论为研究教师失范行为这一难题提供了解释思路。所以，对教师失范行为产生的成因、本质以及如何有效的进行调控，也需要从多维多视角多个层面进行解释。

孙铁成和孙伦轩（2013）从教育学、社会学、管理学以及心理学的视角分析了教师问题行为形成的原因，并认为教师问题行为不仅仅是一个教育学或者心理学问题，而是一个多元语境下多种因素作用的结果。而李彦良（2013）也同样从社会学视域、教育学视域、心理学视域以及管理学视域 4 个方面初步分析了教师失范行为产生的原因。然而，教师的失范行为不是一个单纯的教育学问题，而是特定社会语境和组织情境中多种因素混合作用的结果（孙铁成、孙伦轩，2013）。因此，对教师失范行为的归因，应从多视角、多维度来透析（李彦良，2013），多学科的研究视角有助于我们多元、理性和全面地了解教师问题行为（孙铁成、孙伦轩，2013）。为此，本书将基于心理学的解释视角从教师个体因素与学校环境因素两个层面来研究教师失范行为的可能的影响因素。

（四）缺乏对教师失范行为的形成机制研究

社会各界总是把教师作为道德的化身，认为教师是神圣的、是不能犯任何错误的，并简单而野蛮地把教师行为失范的责任全部归因于教师个体，把"板子"打在教师身上。所以，我们不应该让教师在备受知识负重的同时，让其承受道德负重（申明，2009）。我们也不应把教师课堂教学道德的失范仅仅归咎于教师个人的道德品性问题，而应全面而深刻地剖析其深层的原因。因为教师个体德性的提升并不必然导致教学实践伦理的改善，比如课堂教学伦理的缺失导致了教师对课堂教学中的伦理问题缺乏敏感性与省思力（王清平，2017）。因为从教育学、社会学、管理学和心理学的角度来看，教师问题行为的成因可能与惩罚性策略、社会公平、组织环境以及角色职责有关（孙铁成、孙伦轩，2013）。

目前教师失范行为形成的心理机制还没有引起研究者的关注。尽管郭颖（2004）和刘娟娟（2008）分别从心理学视角分析了教师失范行为产生的原因，但并没有深入探讨其心理机制。而郑全全团队对教师问题行为进行了比较科学的量化研究，但是也仅仅关注了中学教师职业压力对教师问题行为的影响。另外，林立新（2007，2009）在这方面进行了初步尝试，编制了中小学体育教师行为失范量表，并分析了其现状和调控对策。然而，这还远远不够。从对查到的相关英文文献来分析，也缺乏对教师失范行为的心理机制研究，也多表现为对不同的教师失范行为的描述性报告，如中小学教师的侵犯行为（Barrett et al.，2006）；高中教师对学生的性骚扰行为（Corbett et al.，1993）；中德日美四国大学教师的漠视、冒犯和懒散等不端行为（Zhang，2007）。

在社会中任何社会行为的发生都离不开主观与客观、内因与外因的相互作用。若单单从个体的内部寻求解释教师行为失范的原因还是不够的，还需要从外在的行为制约因素来观察与分析教师失范行为的原因。良好的制度能够规范教师的行为，减少教师行为的不确定性。因此，分析教师行为失范的外在因素，将能从学校的制度建设与良好的心理环境建设等方面有效减少与防治教师失范行为的发生。为此，本书将从教师失范行为产生的内外因素入手分析影响教师失范行为的心理机制。

由于人的行为是一种社会行为，实现行为控制的机制既可以是社会的，也可以是自我的，其中社会控制是行为控制的外在形式，自我控制是行为控制的内在形式（黄发政，1994）。教师道德行为的社会控制是社会或群体或他人利用种种社会规范对教师进行指导和约束，具有互动性和阶级性的特征。教师在各种活动和交往中，如与社会、学生、学生家长或者教师之间、教师与领导之间，以及家庭成员之间等，总是自觉或不自觉、有意识或无意识地存在模仿和从众行为（黄发政，1994）。为此，本书从组织文化视角与组织伦理视角选择伦理型领导（ethical leadership）与组织伦理气氛（organizational ethical climate）以及组织公平（organizational justice）3个变量作为影响教师失范行为的社会控制变量。

另外，与社会控制不同，自我控制是对行为的自觉控制，它排除了外在的限制和约束，是一种最有效的行为控制手段（黄发政，1994）。而作为道德自我调节的道德推脱（moral disengagement）则是影响个体道德行为的重要的自我控制变量。为此，本书在个体层面拟选择道德推脱作为影响教师失范行为的内在的自我控制变量。

总之，本书将从个体内在的自我控制和外在的社会控制两个层面来研究教师失范行为产生的心理机制，促进我们对教师工作中越轨行为的理解。为此，本书在个体层面拟选择道德推脱作为影响教师失范行为的个体变量，而在组织情境层面拟选择伦理型领导、组织伦理气氛以及组织公平等变量作为影响教师失范行为（teachers' anomie behavior）的组织情境变量，并且进一步检验个体层面变量与组织层面变量对教师失范行为的整体影响。

第二节　研究的目标与内容

从 20 世纪 80 年代开始，我国主要采用了师德教育和教师个人修养相结合、管理制度设计、改进教育教学等策略来促进教师道德成长。虽然这些策略都是符合教师道德成长规律的，但是现实学校中师德建设的成效并不显著，其中在制约教师道德发展的诸因素中，学校组织伦理的缺失是根本原因（杨炎轩，2011）。

笔者已经对教师失范行为进行了初步研究。在专著《教师工作伦理及对教师失范行为的作用机制研究》中系统论述了教师失范行为在目前国内外的研究现状与趋势，并从组织行为学与管理心理学的视角对教师失范行为作了新内涵的解读，把教师失范行为定义为教师在学校组织中工作的反生产行为，初步从心理学的视角研究了教师工作伦理对教师失范行为的影响。通过实证研究探索了教师工作伦理对教师失范行为、任务绩效、组织公民行为等工作绩效的影响效应，并发现教师的工作伦理在尽责性、宜人性、神经质 3 种人格特质和自利导向、关怀导向、规则导向 3 种组织伦理气氛影响教师失范行为中具有完全或部分中介作用。尽管笔者的前期研究已从教师工作伦理（teacher work ethics）的视角重点关注了个体人格特质（personality trait）与学校组织伦理气氛（ethical climate in school organization）是如何通过教师工作伦理对教师失范行为的影响机制。但是，前期研究仅对教师失范行为的形成进行了尝试性的回答，还存在一些问题需要进一步明确和深入探讨。

一、本书研究的目标

社会失范是现阶段社会发展进程中一个值得关注的社会问题（贾高建，2003）。社会失范对社会的危害是显而易见的，但作为社会发展所带来的社会成本，处于转型期的中国社会，又不可能彻底根除社会失范，只能去探索社会失范的矫正机制，在最大程度上去缓解社会失范带来的危害（艾旭，2011）。同样，员工工作场所越轨行为的出现，除了会给组织或其他成员带来利益上的损失之外，还会带来不好的示范，如果管理者不对这些行为加以阻止，很有可能引起其他成员的效仿，造成组织内部不良的作风问题。为了避免越轨行为在工作场所肆意蔓延而影响组织效率，必须要弄清引发这种行为的原因，并从源头上进行控制。

同样，学校教育中普遍存在的教师失范行为在某种程度上不仅损害了教师的职业形象，也影响了学生身心的健康发展（郭颖，2004）。因此，我们需要关注和研究学校组织中的教师的失范行为，即教师的越轨行为、偏差行为或者反生产行为。本书的研究目标在于通过问卷调查和量化分析，探索影响教师失范行为形成的心理机制和路径。从个体因素和组织情境两个方面来探究影响教师失范行为的基本路线图，目的在于寻求如何从可防、可控的层面来管理教师的失范行为，以防患于未然，为今后教师失范行为的事前防范、事中控制和事后处理等提供基本的理论依据。

二、本书研究的内容

（一）探索教师失范行为的基本结构

为了探索教师失范行为的结构与特点，我们有必要深入探索教师失范行为的基本结构，并基于教师失范行为的基本结构而开发用于测量教师失范行为的测量量表。

对于员工的工作绩效来说，组织公民行为和反生产行为被看作是周边绩效的两大组成部分（张建卫、刘玉新，2008），是两个独立的研究变量和研究主题。研究者和实践者不仅需要熟悉和理解对组织有利的行为，而且也需要熟悉和理解对组织不利的行为（Robinson，Bennett，1995）。而目前国内外有关教师行为的研究仅仅关注了其中对组织有利的教师组织公民行为，还没有文献从整体的角度来研究教师反生产行为。已有研究多是从教师失范行为的某个方面（如性骚扰）来探讨，但是，很多单独的教师失范行为只是整体性失范行为的一个侧面。

目前反生产行为的研究趋势已经把反生产行为不再单独作为一个具体的行为进行研究，而是从整体上来研究。同样，教师在教学与管理中会出现各种各样的具体的失范行为，如果能把这些具体的失范行为或者问题行为看作一个整体性的失范行为进行研究会比较合适。所以，本书把教师失范行为作为教师反生产行为的一个整体变量，来探讨影响教师失范行为的心理机制，因此，需要开发用于测量教师失范行为的量表。

（二） 探究教师失范行为的形成机制

在我国，教师一直是备受关注的群体，一线中小学教师的心理状况与不良行为表现不仅影响其自身发展，而且对学生的心理健康也存在着深远影响。尽管目前国内研究者对教师问题行为及不当教学行为等各种失范行为的研究已取得了一些成果，但由于动机的内隐性、复杂性和不可操作性，对于教师问题行为内在机制的研究尚处在探索、推论阶段、缺少实证性研究，要提出更有说服力的证据还有待进一步深入研究（马晓春，2004）。

从个体视角和情境视角两个方面来全面理解反生产行为，是目前研究反生产行为的重要趋势（Sackett，DeVore，2001）。本书把教师失范行为作为教师反生产行为变量，来探讨影响教师失范行为的心理机制。然而，前期研究仅仅重点关注了教师工作伦理对教师失范行为的影响效应，并简单分析了工作伦理在教师人格特质和学校组织伦理气氛对教师失范行为影响的中介效应。但是，前期研究并没有系统分析影响教师失范行为的个体变量和情境变量的交互作用，以及两者对教师失范行为影响的详细机理。这对系统了解教师失范行为的产生的机理还远远不够。因此，有必要进一步深入分析影响教师失范行为的情境变量和个体变量。

本书将在前期研究的基础上进一步推进对教师失范行为形成原因的探索，通过道德心理学的认知视角进一步揭示影响教师失范行为产生的组织背景和个体特征。为此，本书拟选择"道德推脱"这一重要的个体认知变量，作为外界环境（刺激）影响教师失范行为的中介变量。道德推脱属于道德心理层面的问题，道德心理影响道德行为，而有关道德推脱与反社会行为关系的研究已经涉及不同群体和领域（刘珊、石人炳，2017）。

总之，本书将采用心理学的研究范式，拟从个体道德认知与伦理环境两个层面来探讨教师失范行为形成的心理机制，即从个体的认知视角（如组织公平感、道德推脱）和情境视角（如领导方式、学校组织气氛）两个层面研究教师失范行为的形成过程，以探明影响教师失范行为的心理机制，建构影响教师失范行为形成的路径图。因此，本书研究的核心内容是开发教师失范行为的测量量表以及探索影响教师失范行为形成的心理机制。

第三节 研究的意义和创新点

一、研究的意义

长期以来，国内外研究者往往从理想化和应然化的角度研究教师行为，缺乏对负性因素的关注（路红、王笑天，2012）。教师问题行为确实是一种普遍存在的教育现象（张宝明、张智，2003；马会梅，2007）。由于教师失范行为问题日益突出，严重影响了学校的声誉和社会对教师群体的信任，破坏了教师的社会形象。尤其解决教师的失范行为的目的是净化校园教育的环境，保障学生生理心理的健康发展（夏小红，2019）。因此，研究教师失范行为具有重要的理论价值与现实意义。

尽管研究教师教学失范行为的内涵、类型与教育控制措施等问题有着重要意义（马会梅，2007），但是我们在分析教师失范行为的类型、现状、成因及后果的同时，更需要研究影响教师失范行为的相关心理机制，我们才有可能对教师失范行为进行监控，并对其进行预测、控制与干预。因此，如何基于心理学的研究范式来探讨教师失范行为的影响机制，并提出针对性的应对策略是我国目前在教师教育与管理中面临的一个重大课题。

本书将打破目前对教师失范行为的现状调查和定性原因描述的研究范式，而是基于心理学视角的定量研究范式，对教师失范行为的心理机制进行实证的量化研究，以便为教师教育与教师行为管理提供理论指导，也为教育管理者制定相关的政策和管理措施提供理论支持和政策建议。具体来说，本书的研究意义旨在对伦理型领导与员工越轨行为关系进行一定的深化和补充，并努力在以下方面做出贡献：第一，厘清伦理型领导对教师失范行为的影响，以进一步验证前人关于伦理型领导影响员工越轨行为的研究结论；第二，引入组织文化层面的情境变量"组织伦理气氛"与"组织公平"，分别考察两者在伦理型领导和个体道德认知倾向影响教师失范行为中的作用机制；第三，建构伦理型领导、组织伦理气氛以及道德推脱影响教师失范行为形成的心理机制。

二、研究的重难点

1. 研究的重点

本书的研究核心在于建构个体心理变量和组织情境变量对教师失范行为的影响模型，用于有效解释影响教师失范行为的形成机制。其研究的重点主要有 3 个方面：首先，编制教师失范行为量表。开发与编制教师失范行为测量量表将是本书的研究基础，其质量将影响本书的研究价值。其次，分析教师失范行为的基本特点。通过对大样本教师的调查，分析教师失范行为的结构特点与现状，为深入了解教师失范行为提供理论支撑。最后，建构影响教师失范行为的路径图。在调查研究的基础上，利用现代统计技术对变量间关系进行分析，以研究变量间的内在关系，并通过结构方程模型的建构，建立影响教师失范行为的路径图是本书的重点和落脚点。

2. 研究的难点

本书研究的难点主要存在以下两个方面：第一个难点是测量工具的开发。如何有效地开发和选择相关心理测量工具，尤其是编制教师失范行为量表，将是本书研究的难点之一。编制的教师失范行为量表是否可以有效地测量教师的失范行为，将影响到本书研究的质量，即各种自变量（预测变量/原因变量）对教师失范行为的影响效应。第二个难点是研究被试的选择。这将涉及两个主要的问题：被试量与被试的取样。这两个问题又是相关的，如果被试的代表性不够好，将会导致研究结果出现较大的偏差，被试量的多少将无意义，即使再大的被试量，也不能很好地说明教师失范行为的普遍特点及其形成机制的普遍意义。

三、研究的创新点

就目前教师失范行为的研究现状来看，国内外都缺乏对教师失范行为形成的心理机制的量化研究。所以，我们对教师失范行为的研究不能仅停留在现象描述和类型的分析上，需要从定性的描述研究转向定量的机制研究，需要从教师失范行为的形成机理上进行深入解读，才有助于我们对教师失范行为进行有效的管理、监控和干预。为此，本书从教师所处的学校组织环境与其自身道德认知的双层视角来研究教师失范行为形成的因素及其机制。采用心理学研究范式的量化研究探索教师失范行为的形成机理，探明影响教师失范行为形成的心理机制，以从教师个体的个性心理特点和外在环境等多视角多层面揭示影响教师失范行为形成的重要变量和路径。

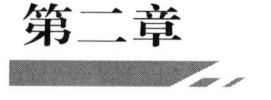

第二章

教师失范行为的概念界定

　　失范现象是一种非常广泛的社会事实，不是社会中某个部分或某个局部的问题，它与社会生活的各种基本问题紧密地联系在一起（朱力，2006）。失范在宏观层面是指社会规范、制度与社会秩序问题，它表达一种如涂尔干所理解的社会规范缺乏、含混或者社会规范变化多端，以致不能为社会成员提供指导的社会情景，即指社会规范系统的瓦解的状态。而微观层面的失范主要是指社会团体或社会成员的失范行为，它与越轨行为是同义语，指社会团体或个体偏离或违反现行社会规范的行为（朱力，2006）。而教师失范行为则是一种微观层面的失范，是指教师在教育教学过程中表现出来的违反教师职业道德或教育教学规律的行为。

第一节　失范行为概述

一、失范与失范行为

（一）失范的内涵

　　"失范"（anomie）一词源于希腊语，最早为法国社会学家涂尔干所用，并被帕森斯（Parsons）称为"少数几个真正的社会学概念之一", 但它在相当长的时间内一直处于社会学研究的边缘地位 (朱力, 2007)。在 16 世纪的神学中, "失范"的意思是不守法, 尤其是亵渎神灵。涂尔干在其《社会分工论》(1893) 一书中首先使用"失范"(anomie) 一词来分析因社会分工而引起的社会病态, 认为"失范"是指"现行规范的中止"(杨振福, 2000)。

法国学者涂尔干对失范理论作出了开创性的贡献, 将社会分为机械社会和有机社会。涂尔干认为机械社会是没有社会分工的, 社会团结 (或称社会一体化) 是以其成员的一致性为特征, 社会上的每个群体基本上是处于隔离的、自给自足的状态。而在有机社会中, 社会劳动高度分工, 不同的社会群体相互依赖, 社会团结不再以成员的一致性为基础。失范正是出现在由机械社会向有机社会的转变过程中。他认为法国的工业化所引起的高度的分工破坏了以社会团结为基础的传统。由于工业化的迅速发展, 社会调整机制的落后, 使得社会行动得不到调整, 社会异常现象就得以产生, 导致失范。在《自杀论》一书中, 涂尔干扩大和推广了"失范"的概念, 认为社会不仅有调整经济的功能, 也有调整人如何认识自己的功能。失范就是社会不能调整人们正确认识自己的需要并用恰当的方式满足自己需要的状态。因此, "犯罪是在缺乏合适的社会规范调整的状态下, 个人欲望或需要无限膨胀和用不恰当方式加以满足的产物"(吴宗宪, 1997)。

自涂尔干以后, "社会失范"作为一个社会学概念已经被社会学家广泛地接受, 不过赋予它的含义及表述方式各有不同。大约经过半个世纪之后, 1938 年美国社会学家默顿在《美国社会学评论》上发表了《社会结构与失范》一文, 在文中他引用了涂尔干的"失范"概念, 用结构功能主义理论的分析方法, 从社会结构出发来寻找犯罪的原因。此论文已成为社会学和犯罪学中被引用最多的论文之一。默顿重新构建"失范"的内涵, 用以指完好界定的规范与实现这些规范的有限机会之间的脱节, 而不是指无规范的状态。换言之, 他扩大了"失范"的使用范围, 用以研究各类失范行为, 把"失范"这一范畴发展成为失范行为理论。

　　默顿对"失范"一词的内涵进行了修正和发挥,并用失范来解释越轨行为,从而形成了社会失范理论(郭星华,2002)。默顿认为社会失范是指这样一种社会状态:社会所规定的目标共同决定着达到这些目标的规范不一致。默顿提出了两项重要且又相互联系的社会因素,即文化目标和制度化手段。默顿认为,失范是在人们用社会认为合法的制度化手段不能实现自己的文化目标时发生的,而对于这种情形的一个共同反应就是越轨行为。失范的理论与意义告诉我们,它涉及社会秩序、人类历史、法律、道德一些矛盾的概念。失范绝不是只有一个单一的含义。相反,失范的概念在它所使用的社会历史背景下以及在它所支持的意识形态领域都有着细微的差异(朱力,2007)。

　　可以说,"失范"是一个动态的、多义的理论范畴。失范的概念在不同的历史环境下有着不同的含义。西方学者对失范范畴的讨论经历了由抽象到具体、由理解性的概念到可测量的指标的过程。正如朱力(2007)所总结的:居友(Guyau)把失范理解为一种有创造力的新生事物,强调了失范的正功能;涂尔干则鲜明地提出了失范对社会秩序具有负功能的观点,认为失范是对真正道德的否认,失范已成为任何解组形式或者是缺乏凝聚力的表现;默顿认为失范是指文化目标与制度性手段的不平衡;索罗尔(Srole)是从心理学的角度解释失范,关心的是个体层面上的失范,认为个体的失范可以由社会失范来解释,但是心理失范可以产生社会失范。基于此,索罗尔发展出一套在心理层面上测量的量表。其中值得关注的是,默顿将失范的概念从失范的心理学概念和失范的社会学概念两方面进行分析:在失范的心理学概念方面,默顿赞同麦基弗(MacIver)的观点,认为失范是指一种个体的社会团结感(其精神力量的主题)被打破或被致命削弱的精神状态。对此,默顿关于失范的心理学概念,即失范是指失范精神而不是社会所处的状态,虽然精神状态也许反映了社会压力,相当于涂尔干失范概念的主观成分(焦虑—孤独—无目的),且特别是指特定个体可为人们所认识的精神状态。从社会结构的角度分析,失范具有不同的层次,包括:(1)社会结构中"点"的失范,即由某一点发生变化而导致的失范；（2）社会结构中"面"的失范，即由一个结构的改变而引起的双重结构之间秩序的改变；（3）社会结构中"体"的失范，即社会结构关系的全面"混乱"。其中，"体"的失范是最可怕的（杨桂华，1998；郭星华，2002）。

另外，社会失范概念的内涵也可以从微观和宏观两个层面来理解：宏观层面的失范是社会规范、制度体系的稳定性与社会秩序问题，主要指社会规范系统的瓦解状态，即社会解组；微观层面的失范主要指社会团体或社会成员的失范行为，它与越轨行为是同义语。宏观层面的失范是失范行为产生的宏观社会背景条件；微观层面的失范是规范对象与执行者的失范，是一个社会产生解组的外在表现。总之，宏观层面的规范解组（瓦解）与微观层面的行为越轨是理解失范范畴的两个核心概念。而我们今天遇到的失范问题与历史上的失范有许多的不同，具有特殊性，我们不仅需要借鉴西方学者的失范理论对失范现象进行解释，更需要用我们自己的理解来对今天的失范加以解释。这样才能将失范范畴作为一个有效的分析工具，对中国社会转型中的各种无序问题进行分析（朱力，2007）。

（二）失范行为的内涵

说起失范行为，我们都不会感到陌生，并且很自然地联想到许多社会学著作中提到的越轨行为、离轨行为、偏离行为、偏差行为、反常行为、异常行为等术语。确实，以上列举的每个术语都可以用来表示"偏离或违反社会规范的活动与行为"，即英文术语"deviance"的汉译。这和我们从国外多方移植有关偏离或违反社会规范的活动与行为的社会学理论有一定关系。虽然采用的术语不尽相同，但表述雷同，不存在明显的分歧。在学术研究中，用如此之多的术语表示同一个研究对象，实属少见（杨振福，1995）。

为了论述方便，我们需从中挑选一个更为合适的术语。从所有"偏离或违反社会规范的活动与行为"对社会所起的作用来说，这些活动与行为可划分为积极的和消极的，因此，被选取的术语的词义应以中性词语为宜。从词语意义来说，越轨行为、离轨行为、偏离行为、偏差行为、反常行为、异常行为等与失范行为基本相同，但是，前几个术语无不具有明显的贬义，只适于表示消极的偏离或违反社会规范的活动与行为。唯有失范行为是一个中性的词语，没有明显的褒贬义，既能用来表示积极的违反或偏离社会规范的活动与行为，也能用来表示消极的违反或偏离社会规范的活动与行为（杨振福，1995）。因此，本书在研究教师越轨行为时，拟采用失范行为这一术语。

所谓失范行为，是指社会群体或个体偏离或违反社会规范的行为（杨振福，1995）。具体在我国的现实条件下，一般被纳入所谓偏离或违反社会规范的活动与行为之列的有：以权谋私、腐败、贪污、盗窃、走私、劫机、爆炸、政治犯罪、斗殴、赌博、酗酒、抢劫、强奸、卖淫、自杀、吸毒、诈骗、拐卖妇女儿童、印制或贩卖黄色精神产品、生产或贩卖假冒伪劣产品、各种违法及不道德行为等（杨振福，1995）。

当前，国外的社会学家们对于失范行为的基本问题仍在进行讨论，尤其是对于失范行为的定义，可谓众说纷纭，莫衷一是。例如，美国社会学家曾列举出 10 种不同的定义，并按照由"感觉"逐步到"认为"的次序排列（见表 2−1）。

表 2−1 失范行为的 10 种定义

外延最大的概念	1. 感觉某人行为是不正确的、古怪的、特殊的
	2. 感觉不愿意接受、厌恶某人行为
	3. 感觉某人的行为违反某种价值或一般规范
	4. 感觉某人的行为违反道德价值或价值观念
比较确切的定义	5. 认为某人的行为违反一定价值或规范
	6. 认为某人的行为违反道德价值或道德规范
	7. 认为某人犯了道德禁止的不大严重的罪
	8. 认为某人犯了道德禁止的严重的罪
外延最小的概念	9. 认为某种行为违背人的本性
	10. 认为某种行为是绝对可恶的

资料来源：杨振福：《失范行为社会学的基本框架》，载于《社会科学辑刊》1995 年第 4 期。

　　在这些定义中，从第一层次到第四层次的定义都侧重于感觉，显然它们是通过社会心理学分析作出的。其中，第一个层次是外延最大的概念，依据这个概念，社会学家不得不研究极其大量的社会事实，以至无法归纳出被研究的社会事实共有的社会因素及主要的社会变量。第五个层次的定义的外延较为适中，宜于进行社会学分析。第六个层次的定义的外延比第五个层次的宽泛，可以考察更多种类的行为。但是，由于第六层次的定义从道德角度作出，从而排除了现实生活中许多被禁止的但并非败坏道德的行为。第七和第八层次的定义从法律角度作出。第九和第十层次的定义从哲学观点作出。第十层次定义的外延最为狭隘，它所说的"绝对可恶"在现实生活中极为罕见。如果肯定该定义是关于失范行为的最为确切的定义，那么，不仅难以找到足够数量的事例进行观察研究，而且势必把一般人在日常生活中发生的失范行为从研究范围中排除出去。但是，许多社会学家对于上述 10 种定义并不满意，他们分别提出了自己的见解。总的说来，在英美等国家，一些社会学家把凡是被禁止、斥责、侮辱或被处以刑罚的行为都称为失范行为；也有些人经常用失范行为一词来描述较轻的犯罪行为和违法行为（杨振福，1995）。

　　在涂尔干看来，社会失范是社会一体化遭到破坏的结果，特别是从传统社会向现代社会的转变中道德规范得不到遵守所致。社会的规则一旦被破坏，整个社会就可能陷入失范状态，从而导致越轨犯罪行为。而默顿将社会失范行为看成是文化规定了的目标与社会结构化了的实现该目标的途径间脱节的征兆。由于文化目标和制度化手段是独立变化的，如果社会一味地强调具体的目标，而没有相应地强调获取目标的合法手段，对目标的过分强调会导致对手段的强调遭到严重削弱，使得人们对用合法手段去实现合法目标变得不认同。因此，当人们无法通过合法手段实现其目标时，犯罪行为就得以产生。

　　默顿（1949）在其著作《社会理论和社会结构》中指出，失范行为主要是因为人们以社会认可的手段未必能达到社会认可的目标而发生的，他针对符合社会规范的行为提出四种失范行为类型：革新、形式主义、遁世主义和造反（杨振福，2000）。依据社会规范对当时社会进步的促进或抑制作用，可以把越轨行为分为创造性越轨行为和破坏性越轨行为（乐国安，1994）。而目前引起关注更多的是破坏性越轨行为，关于创造性越轨行为的研究也开始受到研究者的关注，比如在企业管理中开始出现较多的关于创造性反生产行为的研究。当前，各国学者正在结合本国的社会、经济、政治、文化以及人民生活的其他条件，根据法律制度的特点、道德观念和社会规范的特点来研究失范行为，为制定与其作斗争的措施提出科学的建议（杨振福，2000）。回眸20多年来我国的社会学者在失范行为社会学方面的研究，可以看出，这类研究主要涉及如下一些问题：失范行为的一般概念，失范行为发生的一般原因，各种具体失范行为的特点、变化及其综合治理等。

（三）失范行为社会学的兴起

随着失范行为这一概念由大众媒体广泛传播，失范行为社会学这门新兴的分支学科也开始受到人们的关注。其中默顿提出的失范行为理论已成为失范行为社会学最基本的理论，被后来者接受并应用于失范行为研究（杨振福，2000）。作为社会学的一门应用分支学科，失范行为社会学的形成与发展经历了百余年的时间。

自20世纪20年代起，失范行为社会学已经作为一门边缘学科跻身于社会科学之林，在社会学、哲学、法学、教育学、犯罪学、社会心理学、伦理学、精神病学等诸多学科的接合地带迅速发展（杨振福，1995）。失范行为社会学研究的重要对象就是失范行为。失范行为是偏离或违反社会规范的社会行为。因此，社会规范与失范行为是两个既相互对立，又相互依存的社会现象。社会规范是针对失范行为而制定的，失范行为是因为存在社会规范而确定的。如果不发生某种失范行为就不会制定相应的社会规范；不存在某种社会规范自然也就无从确定失范行为。因此，整个失范行为的体系是由社会规范决定的。研究失范行为不能脱离被违反的社会规范的具体内容及其在社会生活中所起的作用（杨振福，1995）。

远在失范行为社会学形成之前，失范行为问题已成为哲学、犯罪学、社会学、社会心理学、法学、教育学、精神病学等学科各自单独进行研究的对象。但是各个学科采用的研究方法均依据研究课题来决定，如研究一般犯罪问题时，主要使用统计方法；研究犯罪个性，主要采用临床精神病学方法和犯罪心理学方法；研究酗酒、吸毒及自杀，主要利用医疗统计资料、临床观察和精神病学测验；研究各种不道德行为，主要采用问卷、观察和文献分析等方法。近年来，在上述诸学科当中，有许多学科在研究工作中采用的方法逐步接近，尤其应当指出的是，国外的研究人员正着手建立研究失范行为的一般模型，并广泛开发适用于分析社会现象与社会过程的数学方法。由此可见，失范行为社会学可采用上述诸学科特有的研究方法。目前已有研究者从管理学、心理学、教育学，甚至神经科学等不同的学科视角解析了不道德行为的成因，发现既有自身原因，也有组织因素（冯俭、毛竹，2021）。

在我国，失范行为社会学在逐步深入进行的经济体制改革大潮中跨入肇始阶段的（杨振福，1995）。对于我们来说，应在坚持把辩证唯物论和历史唯物主义作为我们研究失范行为的一般方法论的前提下，把失范行为置于历史发展过程中，具体探索失范行为的原因、形成机制及外在表现。在研究中，尤其要努力探索社会规范与社会变迁、社会政策及社会控制间的相互关系，这是影响失范行为动态变化的最主要的根源。总之，失范行为社会学将综合利用上述诸学科的研究方法，以期更加透彻全面地认识我国失范行为的原因和形成机制，为可靠地预测失范行为，提出行之有效的防范措施提供科学的建议（杨振福，1995）。

二、失范行为产生的理论与机制

（一）失范行为产生的理论解释

较为系统地提出有关失范行为的理论，只是近一百多年的事情。

理论家们对失范行为的原因和本质的探讨，依其研究视角来划分，有生物学的解释、心理学的解释和社会学的解释，而每种研究视角又包括许多观点相异的理论学说（杨隽，2001b）。在众多的理论观点中，颇有代表性和有过较大影响的，大致可以分为以下 10 种（乐国安，1994）：

1. 天生犯罪论

犯罪学之父龙勃罗梭（Lombroso）是提出这一理论的主要代表人物。所谓的天生犯罪人，其实就是原始野蛮人的一些特质在这些人身上的返祖现象的反映和结果。龙勃罗梭重视对犯罪人病理解剖的研究，比较研究精神病人和犯罪人的关系，运用人类学的测定法作为研究精神病犯罪人与其他犯罪人的方法。他认为，越轨的原因不在于越轨者个人的自由意志，而是由于存在天生的越轨者，他们具有生物学上低劣的、野性的遗传特征，例如毛发系统发育不良、头骨容量低、前额后塌、高度发达的额窦、颅骨坚厚、上颌骨和颧骨显著前凸、眼眶倾斜、大耳朵等。尽管他后来并不认为所有的越轨者都具有此类特征，但他仍坚持大约有 30% 以上的犯罪人是天生的。

龙勃罗梭的天生犯罪论提出不久后便受到许多批评。在这种情况下，龙勃罗梭在后期的著作中也修正了自己的观点，从只注重犯罪的遗传等先天因素，到把犯罪原因扩大到堕落等后天因素的影响，而这种堕落是与一定地理环境与社会环境分不开的。因此，龙勃罗梭分别研究了地理与社会因素对犯罪的影响，强调智力、情感、本能、习惯、下意识反应、语言、模仿力等心理因素与政治、经济、人口、文化、教育、宗教、环境等社会因素和自然因素的作用。

后来又有研究者从生物学的角度提出有关犯罪的理论。这类理论尽管并不绝对坚持天生犯罪的立场，但却都强调遗传因素在犯罪中的决定作用。例如，美国心理学家和医生谢尔顿（Sheldon）在克瑞奇米尔（Kretschmer）提出的体型说的基础上，论述了体型与个性特征和犯罪之间的关系。随着生物科学的进展，20 世纪 60 年代又有人提出犯罪行为与罪犯的染色体的不同结构有关。他们发现许多男性施暴罪犯具有两个 Y 染色体（XYY），因而认为多出的一个 Y 染色体也许在某种程度上正是男性暴力犯罪的原因。

2. 社会失范论

社会失范论是从社会学角度对越轨原因的解释。这种理论始于涂尔干。他认为，产生越轨行为的原因在于社会结构。社会结构最重要的方面是一系列规范。社会规范通过人们互相交流、彼此施加影响而发挥强制作用。当社会一体化程度下降，社会功能混乱，社会趋于解体，出现社会失范，越轨行为便会增加。到了 20 世纪 60 年代，默顿进一步阐发了涂尔干的社会结构、失范与越轨行为的关系。他认为，人的许多越轨行为不是由生物内驱力引起的，而是由社会本身的规范的职能、社会结构及其发挥作用的方式引起的，它们是人类对于不正常的社会结构的"规范的"反应。

默顿的社会失范理论是 20 世纪最为重要的犯罪学理论之一。默顿引用涂尔干的失范理论观点对美国社会进行分析，发展并形成了自己的社会失范理论。社会失范理论作为社会结构理论，抛开社会个体的犯罪原因，从社会结构出发来寻找犯罪的原因，得出犯罪是社会结构的产物。这种独特的研究视角为我们认识犯罪的原因提供了一条很好的研究途径。犯罪不仅仅是个人的原因，社会结构的不合理也是犯罪产生的原因之一。所以，社会失范理论从社会结构出发以及从社会本身出发来研究犯罪的原因是其最大的特点。其基本理论假设认为：社会失范是文化规定的目标与社会结构化了的实现该目标的途径间的脱节所导致的，这种失范状态是导致犯罪的根本原因。社会失范理论撇开犯罪者的个体生理因素，通过对社会结构的不合理的分析，得出犯罪是社会结构的产物的结论，从而为寻找犯罪原因开辟出了一条新的道路，为犯罪学理论的丰富作出了贡献。

3. 亚文化群体论

亚文化群体论以对群体越轨或团伙越轨的研究为基础。亚文化理论认为，所谓偏差者或越轨者并不是自己有意违背社会规范，实际上他们也在遵从行为规范，无非在主流文化群体看来属于越轨亚文化。

其代表人物之一是美国社会学家林德（Lynd）。该理论认为，亚文化群体是指某一主体文化群体中较小的一个组成部分。亚文化群体作为与主体社会有着显著差异的集团，虽然也服从主体社会的部分规范，但却也为其成员规定了自己特有的同主体社会的规范相抵触的行为规范。但是，该文化群体或社区也有自己的历史、结构和生活方式，所以同时它又具有其自身特有的文化价值规范。当亚文化群体成员按照自己特有的文化规范行事时，由于该文化规范与主体社会的行为准则相冲突而被视为反常，属于偏离或者越轨行为。例如贫困群体常常有边缘感、依赖感、非正式婚姻、性行为早等特征，而这些在主流文化看来属于反常的偏差行为。

4. 模仿论

模仿论的早期代表人物是法国社会学塔尔德（Tarde）。他在 1890 年便提出，越轨行为是由各种社会因素造成的，而与人的生物条件或身体条件没有什么关系。人在社会中通过模仿而获得了越轨行为。他甚至认为，"社会就是模仿""由一个人所创始的行为，其他 99 个人便会跟着去学样"。塔尔德的模仿论有 3 条基本法则：其一，人们相互模仿的程度与他们接触的密切程度成正比；其二，地位低的人模仿地位高的人；其三，当两种对应的行为方式并存时，人们倾向于模仿比较新的而放弃比较老的行为方式。

模仿学习论的另一位代表人物是著名的美国心理学家班杜拉（Bandura）。他认为学习即模仿，所以人的越轨行为也是模仿学习的结果，而模仿是通过观察而进行的。他以侵犯他人的攻击行为为研究对象进了一系列的实验。其结论是：个体通过观察模仿而表现出攻击行为时，必须具备 3 个条件：一是有一个表现攻击行为的榜样；二是榜样的攻击行为被个体判断为合理的行为；三是观察者是处在与榜样表现攻击行为时相同的情境中。他还进一步指出，要使攻击行为保持下去，奖赏性强化是必要的。

5. 标签理论

标签理论由美国社会学家贝克尔（Becker）在 1963 年提出，是解释越轨行为产生的原因及其发展过程的理论。越轨与非越轨的区别，不在乎越轨行为本身的特质，只是在于人们对前者贴上了"越轨"的标签。所以说，越轨行为是社会反应、是他人定义的结果，正是他人给某一行为下定义、贴标签才使这一行为成为越轨，并引发了进一步的越轨行为。所以越轨行为是被社会建构而成的。他还认为，是否被贴上越轨的标签，有赖于 3 个条件：一是行为发生的时间；二是谁发出该行为以及谁是该行为的受害者；三是该行为造成的后果。贝克尔明确提出，越轨行为的认定是行为发出者与对该行为做出反应的人之间互动的结果。在现实社会中，某些群体较之于其他的群体更容易被贴上越轨的标签。

标签理论还注意到加标签者和被加标签者的身份和地位，即由谁给谁加标签。贝克尔认为，越轨并不是越轨者固有的特性，而是特定的统治集团制造出规定并把这种规定加之于特定的人群，给他们贴上局外人的标签而制造出来的。该理论认为，基本上是社会上有地位的人给下层人加标签，而上层人的此类行为或更严重的行为被视为正常。因此，加标签常有不平等的性质。这些越轨群体通常没有什么政治权力，因而对官方和法律影响力甚微，他们通常被认为对有权力的人存在威胁，社会地位也较低。在提倡标签理论的人看来，一旦某群体被贴上越轨者的标签，其成员会以"自我实现预言"的方式行事，进一步表现出那些被认为是越轨的行为。

6. 社会冲突论

社会冲突论与社会失范论一样，也是从社会结构的角度分析越轨行为产生的原因。它的主要观点是：社会冲突是人类本性中所固有的，是复杂社会中一个不可避免的过程。一个社会越复杂，越具有异质性，它经历的冲突便越多，便越会产生各种越轨行为。早先对社会冲突论的论述多集中在社会文化冲突与越轨行为的关系方面。早在 20 世纪 30 年代后期，美国社会学家塞林（Sellin）就提出，应当把越轨行为放在道德冲突的范畴内去分析。对每一个人来说，在特定的情境中都有合于道德的和不合于道德的行为方式，道德是由他所属的群体定义的。

因而，不同文化群体之间的道德会有冲突，由此而产生越轨行为。塞林还进一步区分了两种文化冲突，一种是初级冲突，即不同文化撞击时产生的文化道德冲突；另一种是次级冲突，即某一文化本身在进化和发展中而出现的冲突。很显然，这种社会文化冲突论与前述的亚文化群体论有一致之处。而我国正处于社会转型的加速期，社会结构的复杂性、各阶层的差异性较大，越轨行为较容易发生。

7. 差异交往理论

差异交往理论是由美国犯罪学大师萨瑟兰（Utherland）在 20 世纪 30 年代末提出来的，是研究犯罪原因的一个重要理论。差异交往理论认为：越轨行为是习得性行为；它是在与他人进行交往的过程中习得的；一个人愈有机会和越轨者交往，则他表现越轨行为的可能性就越大；学习越轨行为时的内容包括实施越轨的技术以及越轨的动机、驱力、态度以及合理化倾向等。差异交往理论有时也被归类于亚文化群体论中，与中国俗语所说的"近朱者赤，近墨者黑"颇为类似。

差异交往理论并非与以往理论毫无关联，应该说这一理论是以前人对犯罪原因研究成果为基础建立的。该理论借鉴了早期学习理论中模仿理论以及条件反射理论，将犯罪行为设定为一种学习过程。所以说，差异交往理论是"打着社会学旗号的犯罪心理学理论"，行为主义心理学与认知心理学概念体系更加适合用于对差异交往理论的解读。

8. 精神分析论

弗洛伊德（Freud）是精神分析理论的创始人。这一理论被一些犯罪学者用于解释越轨的原因。在弗洛伊德看来，个性结构中的本我是代表着人的生物性本能。它是按"快乐原则"行事的。如果人的社会化不完善，个性发展有缺陷，则个性结构中的对本我起压抑作用的自我部分难以对本我进行有效的控制，于是本我有可能盲目释放，与社会规范相悖，这便使个体表现出越轨行为。另外，由于个性发展不良，使个性结构中的超我发展不完备，这种人常缺乏明确的罪恶感，会以越轨的方式来发泄其受压抑的本能。弗洛伊德的理论中还包括人的生本能和死本能的观点。死本能表现为一种求杀的欲望。当这种欲望向外发泄时，便成为破坏、损害、征服的动力，即侵犯性越轨倾向。

9. 挫折—侵犯论

挫折—侵犯论是最先由美国心理学家多拉德（Dollard）等于1939年提出的理论，主要用于说明人为什么会表现出侵犯他人的越轨行为。多拉德认为，侵犯行为的发生是因为个体遭受到挫折。后来的一些研究者作了一些修正，指出人不是每次受到挫折时都会表现出侵犯行为。是否产生侵犯行为往往依赖于受挫折强度的高低，个体对情境的理解，以及个体的个性特点等。

10. 操作性强化理论

操作性强化理论是由著名的美国行为主义心理学家斯金纳（Skinner）所提出的强化理论，也被用来说明越轨行为的原因。在斯金纳看来，人的社会行为是通过操作性条件作用而获得的。该理论认为人的行为是其行为结果的结果或函数，即当一个人在某种情境中发出了某种行为，如果行为的结果对他有强化作用，那么以后在类似的情境中他便会表现出相同的行为。

（二）失范行为产生的影响机制

越轨问题久已成为研究者们关注、思考和研究的对象，并对社会越轨的原因、越轨行为的本质、如何对越轨行为进行有效的社会调控等问题从各自的视角作出了多种理论解释（杨隽，2001b）。其中，关于越轨行为的产生原因，是长期以来有关研究者颇感兴趣的一个重要问题。根据研究课题提出的任务与目的的不同，研究者不仅可以采用统计法、文献分析法、问卷法和访谈法等方法，还可以通过心理测验法、观察法、实验法，甚至建立模型等方法来研究越轨行为产生的影响机制。例如分析失范行为的机制时，可以利用社会心理和个性心理的研究方法，并广泛利用政府有关部门的统计资料和社会学研究资料（杨振福，1995）。

乐国安（1994）在其撰写的《社会失范与越轨行为》一文中较系统地分析了国内外关于越轨行为产生的内外原因，如我国古代学者孟子与管子从社会政治经济方面挖掘越轨行为的原因，而荀子、苏格拉底（Socrates）、德谟克利特（Democritus）等则从人性、从人的心理品质的角度分析越轨行为的原因。

1. 外部因素

外部因素指越轨者之外的各种有关因素。它包括自然因素和社会因素两大类。自然因素主要有地理环境、季节、时间以及自然灾害等。社会环境又可以分为政局状况、经济状况、意识形态、风俗习惯、大众传播等宏观社会因素以及家庭、学校、居所、工作场所等微观社会因素（乐国安，1994）。但是，缺乏制度的影响分析，比如，制度因素对社会失范的影响主要表现为：一是缺少制度；二是有制度，但不科学、不合理（夏玉珍，2002）。由于失范行为的产生有其深层的制度原因，源于制度的有效供给不足，需要从制度层面来解决。制度设计能提供社会的共同基础，成为公共理性的基点，决定着人们的选择（高国希，2001）。为此，杨隽（2001b）认为可从社会差别的角度来解释越轨行为的产生，越轨行为是对社会差别制度化的反叛，而制度创新则是解决越轨问题的有效途径和根本方法。

2. 主体因素

主体因素是指越轨者自身的诸种生理因素和心理因素。其中年龄、性别、遗传特点为生理因素，而知识经验、个性特征等为心理因素。为此，乐国安（1994）提出了聚合作用论。

所谓越轨行为原因的聚合作用论，是指个体所处的种种社会的和自然的条件、个体已有的心理条件、个体的生理条件以及个体对当前特定的社会事物产生的越轨心理聚合在一起，共同发生作用是产生越轨行为的原因。聚合作用论的基本观点是：如同人的其他社会行为一样，越轨行为也是个体所处的社会环境（可能还有自然环境）与他所具备的心理、生理条件相互作用的结果；而且，越轨行为一旦表现出来，反过来对于社会和个体又会发生作用，因此而影响到下一步又可能会出现的越轨行为。

聚合作用论认为个人所处的社会条件、个体条件以及个人作出的越轨行为这三者之间处于动态的相互作用中。仅凭对任何单一方面因素的分析，无法揭示越轨的真正原因。唯有注重分析社会条件、个体条件、越轨行为这 3 个方面的聚合作用，才能揭示越轨行为的原因（乐国安，1994）。这种聚合作用的具体内容，可用图 2 - 1 表示（改编自乐国安（1994）的研究），即越轨行为是越轨心理外化的结果。越轨心理包括两方面的内容，即越轨认识和越轨意向。越轨认识是指越轨者对于现实社会事物的违反社会规范的认识；越轨意向是指个体在越轨认识的指导下产生的对现实社会事物的情感、态度以及行为意图或动机。

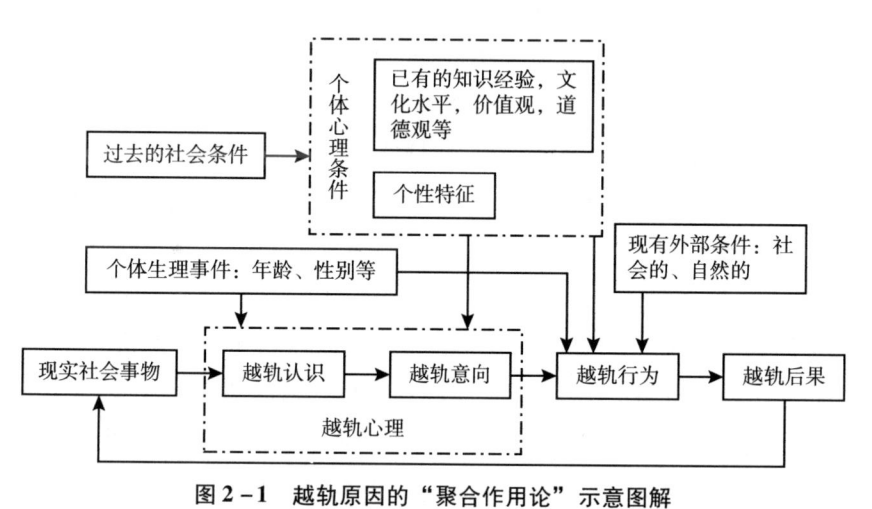

图 2 - 1　越轨原因的"聚合作用论"示意图解

资料来源：乐国安：《越轨行为诱因辨析》，载于《社会学研究》1994 年第 5 期。

　　然而，以上这些观点虽然都有一定的理论价值，但它们又有一些共同的局限。首先，它们大多从微观的角度分析越轨。就人际互动、群体渗透诸方面来说，这种微观性是有效的具体的。但是，越轨行为的发生并非个人性的，它是个人或群体与社会之间的偏差和冲突造成的，仅从微观层面去分析，视域过于狭隘，不能充分揭示越轨成因及其深刻本质。其次，它们大多强调了造成越轨的主观因素。心理学派解释的主观倾向是明显的。越轨必有其主观原因，但主观是客观的反映，仅仅看到主观因素，并未深入分析越轨现象的本质。再次，它们大多看重了越轨的先天因素。这一点在生物学与心理学的解释中表现得更为明显。人的行为肯定受先天或遗传因素的影响，但一方面目前的科学研究尚不足以充分确定遗传对后天行为影响的倾向和程度；另一方面，脱离后天的社会背景，越轨这种主要针对后天形成的社会规范的行为，很难得到科学的合理的解释（杨隽，2001b）。

发展中国家在致力于社会变革经济加速发展的过程中普遍伴随着严重的社会失范现象（夏玉珍，2002）。所以，在社会转型时期，社会失范是一种普遍存在的现象，并随着社会转型加速而愈演愈烈，成为社会发展必须付出的一种社会代价（艾旭，2011）。我国正处在从传统型社会向现代型社会快速转型的时期。尽管在社会转型期中社会失范的原因是十分复杂的，但是这绝不意味着我们只能听之任之，只要对策适当，我们完全能够将各种相关问题控制在尽可能小的限度之内。

夏玉珍（2002）运用社会失范理论，较为全面地描述与分析了中国社会失范在经济、政治、思想、文化、社会心理等层面的种种表现及基本特征，并从社会宏观层面（经济因素、制度因素、文化因素、政策因素等）与社会微观层面（道德规范内化弱化、规范认同障碍、角色失调等）分析了中国社会失范的原因及危害，提出了控制社会失范的具体方法与途径。但是，失范行为的形成机制的研究依然是相关研究者需要努力探索的课题，其研究结果将有助于我们从微观与宏观、内因与外因、客观与主观等多角度多层面来深入理解失范行为产生的机制，为我们抑制或防止个体失范行为的发生提供理论依据。

第二节　教师失范行为的内涵解读

一、教师失范行为与工作绩效

工作绩效（job performance）一直是组织行为学研究和实践领域的

重要主题。近年来我国研究者已经开始关注教师工作绩效的研究，如潘孝富等（2006）研究了学校组织气氛与教师工作绩效的关系；胡姗姗等（2008）研究了中学教师工作绩效、社会支持与心理幸福感的关系；纪晓丽和陈逢文（2009）研究了工作压力与教师工作绩效的关系；胥兴春和张大均（2011）研究了教师工作价值观与工作绩效的关系，并且两人在2012年又进一步研究了教师工作绩效的中介作用，认为工作绩效在教师职业价值观对其工作满意度的影响中起着中介作用；徐富明等（2014）的研究结果显示中小学教师自我职业生涯管理注重学习、生涯规划和自我展示等维度对其职业满意度和工作绩效具有显著的正向预测作用，而中小学教师自我职业生涯管理的职业探索维度对其职业满意度和工作绩效具有显著的负向预测作用；刘豆豆等（2020）基于潜剖面分析技术研究了中学教师工作狂类型与工作绩效的关系；曾练平等（2021a）应用潜剖面分析技术探索了中小学教师人格类型，并检验了教师人格类型对工作家庭平衡和工作绩效关系的调节作用。

组织行为学认为工作绩效是与组织目的有关的、可观测的行为，是一个多维的、动态的变量，因而在研究和实践领域，绩效评定逐渐由对结果的关注转移到对工作行为的关注（王登峰、崔红，2008）。卡茨和卡恩（Katz and Kahn，1978）在前人对角色研究的基础上，提出员工除了执行特定任务所需的具体技术技能、知识和能力之外，还需要考虑在社交环境中与其他员工一起工作所需要的员工角色行为。莱昂（Leung，2008）进一步进行了拓展研究，从角色承担义务的角度，员工角色行为被区分为角色内行为（in-role behaviors）和角色外行为（extra-role behaviors）两个方面。其中角色内行为是指完成工作职责所规定的员工行为；角色外行为是指员工完成工作职责之外的行为，即通过帮助别人以便于更好地实现组织目标所产生的行为。组织公民行为（organizational citizenship behavior，OCB）和反生产行为（counter-productive work behavior，CWB；counter-productive behavior，CPB）两者都是员工自发的角色外行为，但是功能不一样。组织公民行为是指员工积极的自发行为，将有助于组织功能的正常发挥，而反生产行为则是指员工消极的自发行为，则可能妨碍组织功能的正常发挥。

而鲍曼等（Borman et al.，1993）和奥根（Organ，1997）则从另外一个角度提出了工作绩效的概念，认为除了传统的任务绩效（task performance）外，工作绩效还应该包括周边绩效（contextual performance）。而周边绩效包括人际因素和意志动机因素，如保持良好的工作关系、坦然面对逆境、主动加班工作等（张建卫、刘玉新，2008）。作为周边绩效的反生产行为和组织公民行为，与任务绩效共同建构起了一个完整、多维的工作绩效结构（Rotundo，Sackett，2002）。

因此，不管是从角色内行为与角色外行为的视角，还是从任务绩效与周边绩效的视角来看，目前关于工作绩效的理解不再仅仅局限于与工作结果直接有关的任务绩效，还应该从更广泛的意义上来理解员工的工作绩效。从而在比较宽泛的绩效概念中，工作绩效既包括由工作行为过程所带来的工作结果，即任务绩效，又包括工作过程中的行为本身，即工作的行为表现（反生产行为和组织公民行为）。

反生产行为和组织公民行为是两个独立的因素（Kelloway et al.，2002），即两者是两个相关且相互独立的概念（郭晓薇、严文华，2008），有研究显示两者的相关为 -0.60（Spector et al.，2006）。组织公民行为是指员工"自觉表现出来的，在组织正式的薪酬体系中没有得到明确或直接的承认，但就整体而言有益于提高组织效能的个体行为"（Organ，1988；曹科岩、龙君伟，2007）。自 1988 年奥根提出了"组织公民行为"的概念后，在 2001 年福克斯（Fox）等将反生产行为作为一个整合的概念提出，认为反生产行为是工作场所中各种消极行为的总和，涵盖攻击、人际冲突、怠工和偷窃等可能给组织或组织成员带来伤害，进而影响个体绩效和组织整体绩效的各种行为。与组织公民行为一样，反生产行为也是对"以任务绩效为核心"的传统工作绩效范畴的有益拓展和补充。所以，反生产行为概念的提出无疑丰富和拓展了周边绩效的范畴，是对组织公民行为研究的有益补充，弥补了周边绩效的研究缺陷，改变了将周边绩效等同于组织公民行为或认为周边绩效都是积极行为的局限。反生产行为已经成为绩效管理中不可或缺的重要组成部分。

　　而鉴于反生产行为带来的危害，深入了解这类行为及其产生的原因是极具现实意义的。因而，近年来越来越多的研究者将目光投向组织行为中的"反生产行为"，在管理领域出现了有关损害组织效能的反生产行为的研究趋势（Bennett，Robinson，2000；郭晓薇、严文华，2008）。例如，很多研究开始关注组织的非道德（伦理）行为（unethical behavior）（文鹏、陈诚，2016）、亲组织的非伦理行为（unethical pro-organizational behavior，UPB）（张永军等，2017；张桂平，2016）、工作场所越轨行为（workplace deviant behavior）（高日光、孙健敏，2009）等，另外，刘松博等（2010）与谭亚莉等（2012）分别比较分析了组织中的非道德行为、工作场所越轨行为以及反生产行为等概念的异同。因此，反生产行为的提出改变了人们将周边绩效等同于积极角色外行为（组织公民行为）的片面认知，这对于拓展角色外行为研究的系统性和全面性具有重要意义（刘文彬、井润田，2010）。

　　总之，将工作绩效分为任务绩效和周边绩效的观点已得到了组织行为研究者的普遍认可，工作绩效也越来越多地被认为应该包括组织公民行为和反生产行为，前者是对组织有利的行为，而后者则是对组织有害的行为（Dalal，2005）。反生产行为的研究也为组织行为与人力资源管理领域注入了新的生机，丰富和拓展了组织行为学领域的理论框架和研究内容。

　　在一定意义上讲，教育的意义与价值是通过教师来实现的。优先发展教育，首先必须要优先发展教师。确立完整、科学的教师价值观，充分重视教师在整个教育事业发展中的基础性、关键性作用（朱永新，2011）。所以，我们不仅要积极培育教师的思想品德、教学的知识和技能，还需要研究教师的具体行为和行为结果，以及探究影响教师行为结果和行为表现的内部原因和外部原因。而教师具体行为和行为结果就是教师工作绩效的核心研究内容。因此，就像一些学者进一步指出的那样，工作绩效是一个包含角色内行为、组织公民行为和工作越轨行为（workplace deviant behavior，WDB）三种成分的构念，并强调越轨行为对团队和组织绩效具有重要影响（孙健敏、王震，2011）。所以，对于教师工作而言，工作绩效除了任务绩效之外，还应该包括周边绩效（组织公民行为和反生产行为）。

从工作绩效的英文"job performance"一词的意思来看，工作绩效就是一种工作行为表现的意思。所谓教师工作绩效，是指教师个体为达成目标而在活动中表现出来的行为方式及其结果（胥兴春、张大均，2012）。这里的"行为结果"就是指教师的任务绩效（比如学生成绩的提高），是由工作行为过程所带来的工作结果；而"表现出来的行为方式"则是指教师在工作中的行为表现。这种行为表现体现为两种形式，即组织公民行为（比如随手关灯、节省用纸）与反生产行为（比如教学不敬业、学术不端）。所以，从这个意义上讲，教师工作绩效也应该包含三种绩效形式，即任务绩效、组织公民行为与反生产行为。而教师失范行为也是一种工作行为表现，是一种不利于学校组织发展或者一种负面的工作行为，也应该被划分到教师工作绩效的范畴。所以说，教师失范行为是教师的越轨行为，而从学校组织层面来看更应该把教师失范行为看作是教师的一种反生产行为。

二、教师失范行为与反生产行为

反生产行为普遍存在于组织之中，且具有较强的破坏力。近年来，反生产行为的普遍与流行引起了国外众多研究者的关注。作为一种不可忽视的工作绩效表现，反生产行为的研究逐渐凸显出它的重要性，成为组织行为研究者追逐的热点（郭晓薇、严文华，2008）。一些研究者开始对反生产行为的概念、结构维度、影响因素以及潜在影响展开了深入研究，并产生了丰富的研究成果。

本书把教师失范行为看成教师工作绩效的一种，是与教师的组织公民行为相对立的一种工作行为，即一种反生产行为。把教师失范行为看作是中小学教师在工作中的一种反生产行为，主要基于两个方面的原因：其一是两者有着共同的特点，其二是在教师群体中使用"教师失范行为"比使用"教师反生产行为"更贴切。

反生产行为具有三个共同的典型特征（李保明、李雪丽，2012；张永军等，2012）：（1）有意行为。该行为是员工有意而为，不是偶然发生，也不是受上级命令的行为。（2）消极行为。该行为造成的后果是对组织或者组织利益相关者造成危害或者是潜在的危害。（3）自发行为。该行为是一种员工自发性的行为，完全受员工主观意志支配，员工可以自由决定从事与否。所以，我们认为教师失范行为也具有这3个典型特征，是中小学教师的一种反生产行为。但是，教师失范行为产生的影响要远远高于企业等其他组织存在的反生产行为。因为教师直接面对的工作对象是学生，尤其是中小学教师面临的对象都是一个个未成年的孩子，教师的不当行为将会给学生的价值观及其身心健康等带来深远的不良影响。

反生产行为是与组织公民行为相对应的隶属于周边绩效的一个概念，是指员工在工作场所中表现出的对组织或组织利益相关者合法利益具有或存在潜在危害的有意行为（彭贺，2010）。可以说，教师除了表现出符合职务要求的角色行为外，自动自发从事本职工作外的角色行为，已成为衡量学校组织效能的重要因素（曹科岩、龙君伟，2007）。甚至杨炎轩（2012）把组织公民行为等同于道德行为，认为从某种意义看，组织公民行为与道德行为在内涵与特征上具有很大的一致性，所以组织公民行为的诱导因素如变革型领导风格、组织支持和工作情境以及作用机制，可以看成是道德行为的激发因素及激励机制（杨炎轩，2012）。

所谓教师组织公民行为，是指教师在非基本工作要求条件下，自发地所表现出的一种超越角色标准以外的主动、积极、正面、尽职、利他的行为（曹科岩、龙君伟，2007）。教师自动自发产生的组织公民行为属于教师职责范围以外的行为，有助于学校的组织发展。教师组织公民行为长期以来游离于制度理性的夹缝中，没有引起足够的重视（张晓峰，2016）。这种行为不仅有益于他人（其他教师或学生），更有助于学校效能的提升。同时，它对形成良好的校园文化，维护学校的人际和谐，增强教师对学校的认同和归属感以及提高学校的社会声誉有着积极的作用。

目前国内外对教师组织公民行为的研究已经很多（如曹科岩、龙君伟，2007；郭维哲、方聪安，2005；Bogler and Somech，2004，2005；Bragger et al. ，2005；Ngunia et al. ，2006；Oplatka，2006）。但是，目前还较少有研究涉及教师周边绩效的另一个领域，即反生产行为，更少有相关研究分析教师反生产行为的影响因素。这可能有两个方面的原因：

其一，这可能是因为研究者普遍认为反生产行为应该是发生在生产领域的行为现象。其实不然，作为教师周边绩效的一种，反生产行为依然存在于教师的工作行为中，这就是教师的失范行为。对于教师群体来讲，其组织公民行为（有利于学校组织的）和反生产行为（不利于学校组织的）也应该是教师工作绩效研究的重要课题。

其二，尽管在国内也有一些研究者开始关注反生产行为，但这方面的研究尚处于起步阶段（张永军等，2012）。尤其是国内关于教师反生产行为的研究却更少，目前国内仅有几项研究关注了教师群体的反生产行为，例如，张莞莎与周雪婷（2015）通过构建结构方程模型，对外语教师作为知识员工的社会网络、组织支持、角色压力和知识员工反生产行为的相互关系进行了研究；施湘元等（2019）探索了大学教师的科研反生产行为和教学反生产行为。

总之，我们在鼓励教师积极的周边绩效——组织公民行为时，同时也要研究和防止教师消极的周边绩效——反生产行为。

第三章

教师失范行为的初步研究

第一节 教师失范行为的结构探索

一、教师失范行为的结构初探

笔者在其博士论文（魏祥迁，2013a）中，尝试着把教师失范行为当作一种类似于反生产行为的一种工作行为表现进行研究，初步探讨了教师失范行为的基本结构。通过借鉴肖美艳（2006）、马会梅（2007）和林立新（2007）等关于教师失范行为的定义，把教师失范行为划分为 3 种类型：情绪情感失范、价值取向失范、职业品德失范，并在此基础上编制量表问卷的初始题目。具体来讲，结合林立新（2007，2009）关于中小学体育教师失范行为的研究和肖美艳（2006）关于我国中小学教师教学失范行为问题的研究，以及自编的开放式问卷，最终形成了一个包含 33 个题目的《中小学教师失范行为量表》的原始问卷（魏祥迁，2013b）。其中 20 个题目来自肖美艳（2006）的研究，5 个题目来自林立新（2007，2009）的研究，8 个题目来自开放式问卷。

采用方便取样的方式，在山东、江苏、广西、浙江 4 个省份对中小学教师进行了调查。考虑到社会赞许性的影响，除了匿名作答之外，还隐藏研究的真实意图，在施测时是以《中小学教师工作行为调查问卷》的名称作为调查问卷的题目。共计发放 2100 份问卷（小学、初中和高中三个学段各 700 份），回收纸质版问卷 1866 份，回收率 88.86%；最终保留了有效问卷 1233 份，有效率 66.08%。其中，男教师 349 人（28.30%），女教师 841 人（68.21%），缺失 43 份（3.49%）；小学教师 478 人（38.77%），初中教师 374 人（30.33%），高中教师 370 人（30.01%），其他（缺失）11 人（0.89%）；山东省 374 人（30.33%），江苏省 240 人（19.46%），广西 431 人（34.96%），浙江省 188 人（15.25%）。

利用 SPSS 20.0 的个案选择程序，以随机 50% 的概率把 1233 人的有效数据随机分成两个样本：样本一有 631 人，用来进行探索性因素分析；样本二有 602 人，用来进行验证性因素分析。

首先，利用样本一进行探索性因素分析。采用主成分分析法抽取因子，以特征值大于 1 作为抽取因子的标准，并进行最大方差法的正交旋转，以因子负荷值 0.45 作为标准，探索性因素分析最终保留了 16 个题目，分别负荷在 3 个共同因素上。这三个共同因素转轴前的特征值分别为 4.752、1.800、1.312，采用最大方差法正交旋转后，3 个共同因素的特征值分别为 2.808、2.615、2.441，其解释的变异量分别为 17.550%、16.344%、15.255%，3 个共同因素可解释 16 个测量题目 49.15% 的变异量，刚刚接近 50% 的临界值。

其次，利用样本二进行验证性因素分析。对探索性因素分析的结果进行验证，结果表明中小学教师失范行为的一阶三因素的结构模型和二阶潜因子模型都是合理的，两者的拟合指数是相同的：CMIN/DF = 3.163，SRMR = 0.050，RMSEA = 0.060，GFI = 0.939，CFI = 0.899。这也进一步说明了探索性因素分析萃取的 3 个维度是教师失范行为的重要指标，可以负荷在"教师失范行为"这一更高的二阶潜在因子上，并且 3 个一阶因子在二阶因子上的负荷值分别为 0.72、0.66 和 0.94，这 3 个一阶因子分别可以解释二阶因子"教师失范行为"51.84%、43.56% 和 88.36% 的变异量。而基于在拟合指数没有太大改善的情况下，以模型简洁为原则，本研究认为中小学教师失范行为是一个一阶的三因素结构（详见魏祥迁，2013b，P102）。

总之，在访谈和借鉴已有研究的基础上，通过问卷调查数据，进行探索性因素分析和验证性因素分析，结果验证了中小学教师失范行为的三因素结构。从总体上来看，初步编制的《中小学教师失范行为量表》的整体内部一致性系数为 0.823，情绪情感失范、价值取向失范、职业品德失范 3 个维度的内部一致性系数分别为 0.755、0.730、0.694，都达到了 0.70 的水平。这些结果显示，初步编制的中小学教师失范行为测量工具的信度都达到了心理测量学的要求，可以作为一种评估工具使用（魏祥迁，2013b，P103）。

二、教师失范行为的独特性

工作伦理是通过社会化过程而形成的（Bogt et al.，2005；Sheikh，Janoff-Bulman，2010），与每个国家的教育制度有着密切的联系，遵循着社会和文化主导的一般规则（Chanzanagh and Nejat，2010）。所以，教师的工作伦理应该有着与经济类组织中员工工作伦理的相似性内涵。已有研究表明工作经验是工作伦理社会化的重要影响因素（Hatcher，1995；Pogson et al.，2003）。个体的工作经验和职业类型（Hill，1997）强烈地影响着员工工作伦理的发展。因此，教师作为学校组织中的员工，其工作伦理可能有着特殊的职业内涵，体现着教师在工作中独特的工作伦理。但是，从对目前国内外的文献分析来看，有关教师工作伦理的研究较少，还缺乏较系统的研究。所以，教师工作伦理是否也会对教师的工作行为产生影响，以及如何对教师行为产生影响等心理机制是值得深入研究的。

本研究基于整体工作绩效的视角，利用优势分析（Dominance Analysis，DA）技术比较了工作伦理的不同维度对三种不同工作绩效影响的相对重要性。布德斯库（Budescu，1993）在总结了以往用来比较预测变量相对重要性的方法后，提出了优势分析，并于 2003 年与艾曾（Azen）合作进一步论述了优势分析的优点与稳定性（Azen and Budescu，2003）。与传统的方法相比较，优势分析可将各预测指标对效标变量总方差的贡献分解为已预测方差百分比，从而使各预测指标的相对重要性得以更精确地表现出来。由于优势分析产生的各个自变量的已预测方差百分比具有模型独立性特征，且不受不同自变量不同组合的影响，使得优势分析目前已经成为组织行为学研究中用来确定各个自变量相对重要性的重要方法。

已有研究从不同侧面检验了工作伦理对任务绩效、组织公民行为以及反生产行为的影响。但是，很少有人专门探讨这三类教师工作绩效在教师工作中的表现特点。本研究的目的在于使用优势分析技术来深入分析工作伦理对不同工作绩效的影响效应，相关成果已于 2020 年 6 月发表在 *Test Engineering and Management* 期刊上（Wei，2020）。

（一）　研 究 对 象

本研究采用方便取样的方式，在山东、江苏、广西、浙江 4 个省区调查了 1233 名中小学教师。教师的平均年龄为 36.86（±7.47）岁，平均工龄为 15.23（±8.35）年。其中，男教师 349 人（28.30%），女教师 841 人（68.21%），缺失 43 份（3.49%）；小学教师 478 人（38.77%），初中教师 374 人（30.33%），高中教师 370 人（30.01%），其他（缺失）11 人（0.89%）；山东省 374 人（30.33%），江苏省 240 人（19.46%），广西 431 人（34.96%），浙江省 188 人（15.25%）。

（二）　研 究 工 具

本研究选择教师工作伦理量表（魏祥迁，2013a）、组织公民行为量表（郭维哲、方聪安，2005）、任务绩效量表（胥兴春、张大均，2011）、教师失范行为量表（魏祥迁，2013a）4 个量表。本研究中，上述各个量表的内部一致性系数分别为：0.901、0.764、0.765、0.823。

（三）　相 关 分 析

本研究的描述统计结果显示（见表 3-1）：工作伦理三个维度

（目标追求、行为品质、工作意义）之间的相关性都是显著的正相关，三者与工作绩效间的相关性也都是显著的，但是相关的方向不同，即教师工作伦理的三个维度与任务绩效和组织公民行为分别呈显著的正相关，相关系数介于 0.136～0.403（p < 0.01），而与教师失范行为则分别呈现显著的负相关，相关系数介于 −0.218～−0.432（p < 0.01）。另外，任务绩效和组织公民行为之间的相关系数为 0.241（p < 0.01），两者与教师失范行为则分别呈显著的负相关，相关系数分别为 −0.201（p < 0.01）与 −0.255（p < 0.01）。这一结果验证了研究的预期假设。

表 3 – 1　　　　　工作伦理与工作绩效的相关系数（n = 1233）

变量	M ± SD	1	2	3	4	5
1. 任务绩效	4.839 ± 0.671					
2. 组织公民行为	3.695 ± 0.724	0.241**				
3. 教师失范行为	1.290 ± 0.393	−0.201**	−0.255**			
4. 工作意义	4.051 ± 0.786	0.301**	0.375**	−0.218**		
5. 行为品质	4.711 ± 0.474	0.136**	0.389**	−0.432**	0.316**	
6. 目标追求	4.438 ± 0.539	0.325**	0.403**	−0.306**	0.515**	0.562**

注：*p < 0.05，**p < 0.01，本章其他表格的 * 含义下同。

（四）回归分析

首先使用层级回归分析技术分析三种工作伦理对不同工作绩效的总体影响。在控制 9 个人口学变量（性别、工龄、受教育程度、家庭收入、职称、学校类型、学校性质、学校所在地以及样本来源地）下，进行层级回归分析。第一层是人口学控制变量，第二层是预测变量。

目标追求、工作意义和行为品质三个预测变量在对任务绩效的影响中可以增加 14.2% 对任务绩效的变异量的解释率，各自的 β 值分别为 0.278（t = 7.404，p < 0.01）、0.200（t = 6.005，p < 0.01）、−0.078（t = −2.238，p < 0.05）。

目标追求、工作意义、行为品质三个预测变量在对组织公民行为的影响中可以增加 20.8% 对组织公民行为的变异量的解释率，各自的 β 值分别为 0.171（t = 4.911，p < 0.01）、0.229（t = 7.439，p < 0.01）、0.183（t = 5.702，p < 0.01）。

目标追求、工作意义、行为品质三个预测变量在对教师失范行为的影响中，可以增加 17.8% 对教师失范行为的变异量的解释率，各自的 β 值分别为 -0.088（t = -2.359，p < 0.05）、-0.092（t = -2.795，p < 0.01）、-0.332（t = -9.698，p < 0.01）。

（五）优势分析

从多元回归的结果来看，教师工作伦理的三个维度对任务绩效、组织公民行为以及教师失范行为的预测力是不同的。利用优势分析技术进一步来分析三种工作伦理对教师不同工作绩效影响的相对重要性，结果显示：工作伦理的目标追求对教师任务绩效的预测力最强（52.11%）（见表 3 - 2），工作意义对教师组织公民行为的预测力最强（36.84%）（见表 3 - 3），而行为品质对教师失范行为的预测力最强（61.80%）（见表 3 - 4）。

1. 工作伦理与任务绩效

已有研究表明，工作伦理可以正向预测工作绩效（Miller et al.，2002）。而本研究结果表明任务绩效与三种工作伦理的相关系数都呈显著的正相关，但是从教师任务绩效对工作伦理的回归结果来看，目标追求与工作意义可以正向预测教师的任务绩效，两者的 β 值分别为 0.278（p < 0.01）、0.200（p < 0.01），而行为品质对任务绩效的 β 值却是负值 -0.078（p < 0.05）。这与前面相关分析的结果是矛盾的（见表 3 - 1）。因为行为品质与任务绩效两者的相关性是正相关（r = 0.136，p < 0.01）。所以，多元回归的结果显示行为品质对任务绩效的 β 值为负值是不合理的。这可能是传统回归分析方法本身的局限性所导致（李超平、时勘，2005），这是因为行为品质对任务绩效的影响相对于目标追求和工作意义两个维度来说较弱。

为了探明三种工作伦理对任务绩效的真实的影响力，本研究通过优势分析技术来确定预测变量对效标变量影响的相对重要性。而进一步的优势分析发现（见表3-2），对于预测任务绩效的回归方程来说，在已解释的那部分方差中，目标追求贡献了52.11%，工作意义贡献了42.25%，而行为品质仅贡献了5.63%。这说明教师的目标追求和工作意义两个方面的工作伦理是教师任务绩效最好的预测指标，其中目标追求的贡献最大，其次是工作意义，而行为品质的影响最小，甚至可以忽略不计。

表 3-2　　　　　　　　　工作伦理预测任务绩效的相对贡献

方程中已包括的变量	R^2	X1	X2	X3
—	0	0.110	0.097	0.019
X1（目标追求）	0.110	—	0.028	0.003
X2（工作意义）	0.097	0.041	—	0.001
X3（行为品质）	0.019	0.094	0.079	—
X1，X2	0.138	—	—	0.004
X1，X3	0.113	—	0.029	—
X2，X3	0.098	0.044	—	—
X1，X2，X3	0.142	—	—	—
对 R^2 的分解		0.074	0.060	0.008
在已预测方差中的百分比		52.11%	42.25%	5.63%

从上述的结果来看，由于行为品质对任务绩效的贡献率远远小于目标追求和工作意义对任务绩效的贡献率，这可能是导致当行为品质维度与另外两个预测力较强的变量同时出现在对任务绩效的回归方程中时，使其 β 值出现了负值。这说明了优势分析技术在确定预测变量相对重要性中的科学性。

2. 工作伦理与组织公民行为

尽管工作伦理与组织公民行为的研究较少，但已有研究初步检验了工作伦理与组织公民行为的关系。如迈瑞克（Meriac，2012）的研究结果显示，大学生的工作伦理的自我独立性维度负向预测其组织公民行为，而工作中心和延迟满足两个维度不能正向预测其组织公民行为；张苏串（2012）的研究结果则表明，新教工作伦理对组织公民行为的影响是正向的。

本研究通过层级多元回归分析表明，教师工作伦理的目标追求、工作意义、行为品质三个维度可以正向预测教师的组织公民行为，各自的 β 值分别为 0.171（p < 0.01）、0.229（p < 0.01）、0.183（p < 0.01）。这与张苏串（2012）的研究结果具有一致性。进一步的优势分析结果显示（见表 3 - 3），对于预测组织公民行为的回归方程来说，在已解释的那部分方差中，目标追求贡献了 33.97%，工作意义贡献了 36.84%，行为品质贡献了 29.19%。所以，工作伦理可以有效预测教师的组织公民行为，从而说明工作伦理的工作意义维度是教师组织公民行为的最重要影响因素。

表 3 - 3　　　　　工作伦理预测组织公民行为的相对贡献

方程中已包括的变量	R^2	X1	X2	X3
—	0	0.145	0.134	0.118
X1（目标追求）	0.145	—	0.041	0.025
X2（工作意义）	0.134	0.052	—	0.058
X3（行为品质）	0.118	0.052	0.074	—
X1，X2	0.186	—	—	0.022
X1，X3	0.170	—	0.038	—
X2，X3	0.192	0.016	—	—
X1，X2，X3	0.208			
对 R^2 的分解		0.071	0.077	0.061
在已预测方差中的百分比		33.97%	36.84%	29.19%

另外，我们可以看到相关系数、标准回归系数以及优势分析三种

统计分析方法所呈现的三种工作伦理对组织公民行为影响的重要性的顺序是不同的。从大到小的顺序依次为：（1）相关分析的结果显示：目标追求＞行为品质＞工作意义（见表3-1）；（2）多元回归分析的结果显示：工作意义＞行为品质＞目标追求；（3）优势分析的结果则是工作意义＞目标追求＞行为品质（见表3-3）。这些结果进一步证明了这三种判断变量相对重要性的统计方法所得出的研究结论具有不一致性。

3. 工作伦理与教师失范行为

目前关于工作伦理与反生产行为的研究则更少，如迈瑞克（Meriac，2012）的研究表明大学生工作伦理的道德伦理意识维度可以负向预测其欺骗行为，时间观念可以负向预测其脱离行为（如逃课等）；而艾森伯格和尚克（Eisenberger and Shank，1985）的研究也发现具有高工作伦理水平的人表现出更少的欺骗。通过回归分析，本研究发现教师工作伦理的三个维度负向预测其失范行为。这一结果与艾森伯格和尚克（Eisenberger and Shank，1985）以及迈瑞克（Meriac，2012）的研究结果具有一致性。

从不同工作伦理对教师失范行为的回归结果来看，教师工作伦理的目标追求、工作意义、行为品质三个维度可以负向预测教师的失范行为，各自的 β 值分别为 -0.088（p<0.05）、-0.092（p<0.01）、-0.332（p<0.01），因此，预测变量影响的相对重要性从大到小的顺序依次为：行为品质＞工作意义＞目标追求。但是相关分析的结果显示：行为品质＞目标追求＞工作意义（见表3-1）。不过从优势分析的结果（见表3-4）来看，预测变量影响的相对重要性则是行为品质＞目标追求＞工作意义。再次证明了这三种方法所得出的预测变量相对重要性的结论是不一致的。因此，建议今后应使用稳定性更好的优势分析技术来判定各个预测变量对某一因变量影响的相对重要性。

表 3 - 4　　　　　　　　**工作伦理预测教师失范行为的相对贡献**

方程中已包括的变量	R^2	X1	X2	X3
—	0	0.097	0.056	0.160
X1（目标追求）	0.097	—	0.008	0.075
X2（工作意义）	0.056	0.049	—	0.118
X3（行为品质）	0.160	0.012	0.014	—
X1，X2	0.105	—	—	0.073
X1，X3	0.172	—	0.006	—
X2，X3	0.174	0.004	—	—
X1，X2，X3	0.178	—	—	—
对 R^2 的分解		0.044	0.024	0.110
在已预测方差中的百分比		24.72%	13.48%	61.80%

　　从表 3 - 4 优势分析的结果来看，对于预测教师失范行为的回归方程来说，在已解释的那部分方差中，目标追求贡献了 24.72%，工作意义贡献了 13.48%，行为品质贡献了 61.80%。从单个变量来说，行为品质对预测教师失范行为的贡献最大。这一结果表明，工作伦理的三个维度对教师失范行为的预测与对组织公民行为的预测正好是相反的情况，即工作伦理的行为品质维度是预测教师失范行为的最重要的影响因素，而工作意义维度是教师组织公民行为的最重要影响因素。

　　总之，本研究进一步说明了优势分析在判定预测变量相对重要性的优势。通过优势分析发现教师工作伦理的三个维度对不同工作绩效的预测力是不同的：（1）在教师任务绩效方面，目标追求对其预测力最强，其次是工作意义，而行为品质的影响可以忽略不计；（2）在教师组织公民行为方面，工作意义对其预测力最强，其次是目标追求，最后是行为品质；（3）在教师失范行为方面，行为品质对其预测力最强，其次是目标追求，而预测力最低的是工作意义。同时，这一研究也进一步证明了组织公民行为、教师失范行为与任务绩效三者之间是不同性质的工作绩效。因此，今后研究者在进行教师绩效行为的研究中，应该多关注一下教师失范行为的研究。

第二节 个体因素与教师失范行为

中小学生具有可塑性强、模仿性强、不成熟等心理特点，教师在他们的学习中起着主导的作用。因此，中小学生会对自己的教师有着强烈的依附感和信任感，学生的世界观、人生观、价值观以及道德观的形成和文明习惯的养成都深受教师人格力量的深刻感染（肖美艳，2006）。"学高为师，行为世范。"然而，在现实生活中，教师因婚姻状况、组织公平、薪资待遇、职业态度和工作压力等因素引起的一些失范行为，无论是对学生的身心健康，还是对学校的发展都产生了极为恶劣的影响。因此，通过研究这些因素对教师失范行为的影响机制，将对制定良好的教师行为制度与管理措施有着重要的参考价值，同时也能使教师积极参与到教师失范行为的预防和矫正之中。

罗宾逊和格林伯格（Robinson and Greenberg，1998）和马丁科等（Martinko et al.，2002）把影响员工反生产行为的前因变量区分为个体差异（individual differences）和组织情境（situational variables）两类。在工作绩效的研究中人格变量不仅影响其组织公民行为，而且也会影响其反生产行为。例如，大五人格中的尽责性对组织公民行为具有预测作用（Organ and Ling，1995）。而关于工作场所越轨行为的前期研究也已经检验了人格或员工的情境知觉与员工越轨行为的关系（Colbert et al.，2004）。例如，达拉尔（Dalal，2005）的元分析结果显示工作满意度、组织公平感、尽责性、积极/消极情感特质等对组织公民行为和反生产行为两者的影响方向是相反的。已有文献表明，对组织公民行为和反生产行为二者作用相同但方向相反的前因变量主要有：人格特质、工作满意度、组织承诺、组织公平感、心理契约和组织支持感等。而个体表现某一行为，往往受其内在、稳定的人格特质因素的影响（丁秀玲、李文杰，2011），而人格特质是个体具有的内在稳定的不易改变的个性心理特征。在过去十几年中，几个有关人格测量的元分析（Barrick and Mount，1991；Barrick et al.，2001；Borman et al.，2001；Ones，Viswesvaran，2001；Robertson and Kinder，1993；Salgado，2002）都发现人格特质可以有效预测不同职业群体的工作绩效（Salgado，2003）。

由于影响反生产行为的直接前因变量有很多，本书初步从个体因素、组织因素以及家庭因素来检验这些因素是如何对教师失范行为产生影响的。本节将首先从个体的人格特质展开对教师失范行为的影响效应研究，而在第三节与第四节将从组织情境与家庭环境两个角度展开对教师失范行为的影响效应研究。

一、人格特质与教师失范行为

人格特质是影响越轨行为重要的个人因素（黄瑛、裴利芳，2012），而人格变量主要有：尽责性、宜人性、情绪稳定性（神经质）（Berry et al.，2007）。已有大量的实证研究广泛证明了大五人格特质中的尽责性、宜人性和神经质（情绪稳定性）与员工反生产行为之间存在高度相关性。例如，萨尔加多（Salgado，2002）通过元分析，检验了尽责性、宜人性和情绪稳定性（低神经质）与四种反生产行为（缺勤率、事故率、越轨行为、流动率）的关系，研究表明，尽责性（0.26）和宜人性（0.20）是越轨行为有效的预测指标，而情绪稳定性（0.35）是员工流动率的最好预测指标，其次是尽责性（0.31）、宜人性（0.22）、外向性（0.20）和经验的开放性（0.14）。科尔伯特等（Colbert et al.，2004）也选用了尽责性、宜人性和情绪稳定性三种人格特质来研究人格与越轨行为的关系，研究结果也表明，尽责性与退缩行为是显著的负相关，情绪稳定性与抑制努力负相关，宜人性与人际指向的反生产行为是显著的负相关。芒特等（Mount et al.，2006）的研究进一步表明尽责性、宜人性和情绪稳定性都与反生产行为呈显著的负向关系。

尽管已有成千上万的人格特质被识别出来（Goldberg，1992），然而被广泛接受的用来评估人格理论的是大五人格（Mount et al.，2006）。基于五因素人格的测量要优于其他的人格测量（Salgado，2002），尤其是尽责性特质和情绪稳定性特质的测量具有跨效标、跨职业、跨组织和跨国家的概化效度（Salgado，2003）。所以，自大五人格因素模型出现之后，人格特质和工作绩效关系的研究取得了重大突破，使得人格特质和工作绩效关系的探究正成为研究者关注的主题（任国华、刘继亮，2005），如巴里克和芒特（Barrick and Mount，1991）通过元分析检验了"大五"人格与5个职业群体中3种工作绩效的关系，结果表明尽责性人格特质是预测工作绩效的一个比较稳定的有效指标，它在预测不同职业群体和不同效标中具有一致性，而另外4种人格特质可以预测特殊群体的绩效或特殊类型的绩效（如关系绩效）。

因此，本节重点检验尽责性、宜人性和神经质3种人格特质对教师失范行为的影响效应，并依据前面的文献，提出关于人格特质影响教师失范行为的研究假设：教师的尽责性、宜人性和神经质等人格特质会影响教师的失范行为。这3种人格特质对教师失范行为影响的具体假设为：

H-1：教师的尽责性特质负向影响其失范行为；

H-2：教师的宜人性特质负向影响其失范行为；

H-3：教师的神经质特质正向影响其失范行为。

本节采用方便取样的方式，在山东、江苏、广西、浙江4个省份调查了1233名中小学教师，而具体研究过程与结果可以参考魏祥迁的专著《教师工作伦理及对教师失范行为的作用机制研究》。本节中尽责性、宜人性以及神经质3种人格特质对教师失范行为的影响得到了部分的证实：人格特质与教师失范行为及其3个维度（情绪情感失范、价值取向失范、职业品德失范）的相关系数都是显著的（$p < 0.01$），这说明了3种人格特质与教师失范行为间存在着一定的关系。而且3种人格特质对教师失范行为的预测力是不同的，研究结果显示尽责性特质可以负向预测教师的失范行为，而神经质特质可以正向预测教师失范行为，但是宜人性特质不能负向预测教师的失范行为。本节的研

究结果与萨尔加多（Salgado，2002）元分析的结果以及科尔伯特等（Colbert et al.，2004）、芒特等（Mount et al.，2006）的研究结果具有部分的一致性。例如，芒特等的研究表明尽责性、宜人性和情绪稳定性与反生产行为是显著的负向关系。但是，本节的研究结果表明宜人性特质不能显著预测教师的失范行为。另外，本节的研究结果显示神经质正向影响教师的失范行为（β=0.197，p<0.01）。从表面上来看，本节的研究结果与芒特等的研究结果是矛盾的。芒特等的研究结果显示情绪稳定性与反生产行为是显著的负向关系。其实在人格测量中神经质与情绪稳定性是一种特质，低神经质就是高情绪稳定性，而高神经质就是低情绪稳定性。因此，本节关于神经质正向预测教师失范行为的结果与芒特等的研究结果在实质上是一致的。

总之，本节的研究结果表明：尽管尽责性、宜人性和神经质三种人格特质与教师失范行为及其三个维度（情绪情感失范、价值取向失范、职业品德失范）间存在显著的相关关系，但是，回归分析的结果表明尽责性人格特质显著负向预测教师的失范行为，神经质人格特质显著正向预测教师的失范行为，而宜人性人格特质则不能显著预测教师的失范行为。

二、人格特质、工作伦理与教师失范行为

教师作为一个社会化的个体不仅要受到其过去成长经历及社会文化的影响，也会受到教师工作本身所带来的社会化的影响。由于教师职业是一个不同于企业组织的特殊职业，其面对的工作对象不再是没有生命的事物或机器，而是具有人格尊严和会思考的活生生的学生。教师作为一个学校组织中工作的主体和能动者，其不仅是教育学生的代理人，同时教师的工作伦理会影响下一代（Chanzanagh and Nejat，2010）。这是因为，教师教育学生的内容，必然会融入自身的观点、自身的认识和自身的情感之中（白铭欣，1996），尤其教师自身的隐性价值观念对学生的价值观形成具有重要的影响（陈理宣，2009）。这必将影响学生未来的社会价值观或工作伦理。

工作伦理（work ethic）是个人价值观在工作行为中的表现（Hill and Petty，1995），体现了个体内在的道德美德的积极的工作价值观（Mohapatra and Sharma，2010；Shamsudin et al.，2010），是个体在社会文化背景下社会化的结果，是一种与工作有关的态度或价值观。多斯（Dose，1997）认为，已有证据表明关于伦理道德型的价值观（ethical values）研究越来越受到大家的关注（如 Payne，1980；Saul，1981），并把工作伦理看成是一种伦理道德型的价值观。而洪瑞斌和刘兆明（2003）也将工作伦理看作一种道德型的工作价值观。所以说，工作伦理是工作价值观体系中的有关伦理道德的价值观。

从概念的层次结构上看，工作伦理包括个体对待工作的一般价值观、态度和行为；从涉及内容的形成过程来看，它是个体在社会化过程中所习得的，受到社会文化、社会经济、家庭抚养等多方面的影响。其中最核心的是个体对工作意义的价值判断，它决定了个体在工作场所中对职权工作和人际关系所运用的积极态度与良好行为（王明辉等，2010）。因此，工作伦理的研究与传统的工作价值观的研究是既有联系又有区别的一个重要的价值观研究取向。工作伦理不仅有助于员工解决自我伦理冲突以及与他人、环境之间的伦理冲突，提升员工个体工作价值观和工作绩效，而且还有利于组织进行人员选拔和职业培训（Hill and Petty，1995；McCortney and Engels，2003）。所以，深入理解工作伦理的内涵、结构及其影响机制对现代人力资源管理具有重要的理论价值和实践意义。

尽管已有的研究使用工作伦理来测量工作价值观，但是这些研究所关注的是工作价值观中的道德责任层面。所以说，工作伦理是一种道德型的工作价值观，它仅是工作价值观体系中的一个方面，受到个人的工作价值观和社会一致的工作价值观双重的影响（Dose，1997）。而作为一种工作价值观，工作伦理的中介效应已经得到了一些实证研究的检验，例如，尤瑟夫（Yousef，2000）通过回归分析，结果表明伊斯兰教工作伦理（IWE）中介了控制点和角色模糊之间的关系。何漂（2010）的研究结果表明工作伦理在管理风格对工作投入的作用过程中起到部分中介作用；工作伦理在人际关系对工作投入的影响过程中起到部分中介作用。于志苗（2012）的研究结果表明企业员工领导风格通过工作伦理影响工作绩效，工作伦理在领导风格和工作绩效之间具有中介作用。因此，本节把工作伦理作为一个中介变量纳入到人格特质对教师失范行为的影响中。

　　本节采用方便取样的方式，在山东、江苏、广西、浙江四个省份调查了 1233 名中小学教师。根据中介效应的逐步检验法，前面已经分别考察了人格特质和工作伦理两者与教师失范行为的关系。在尽责性、宜人性和神经质三种人格特质与教师失范行为关系的研究中发现，只有尽责性和神经质这两种人格特质可以显著预测教师失范行为，而宜人性人格特质则不能显著预测教师的失范行为。其中，尽责性人格特质负向预测教师的失范行为，神经质人格特质正向预测教师的失范行为。另外，在本章的第一节已经检验了教师的工作伦理对教师失范行为的影响，回归分析的结果显示：目标追求、工作意义、行为品质三种工作伦理对教师失范行为具有显著的负向预测作用。但是，人格特质是否会通过影响教师的工作价值观进而影响其教师失范行为值得进一步研究。因此，工作伦理在人格特质影响教师失范行为中是否会起到中介作用，需要得到实证研究的检验。而关于这一研究的结果已经发表在专著《教师工作伦理及对教师失范行为的作用机制研究》（魏祥迁，2013b）一书中，详细研究请参考该书第 122 ～ 157 页。

　　总之，本节通过路径分析考察了教师工作伦理的中介效应。结果显示教师的工作伦理在人格特质变量影响教师失范行为中起到中介作用。但是，在不同的人格特质对教师失范行为的影响中，不同工作伦理所起的中介作用是不同的。从人格特质对教师失范行为的影响来看，目标追求、工作意义和行为品质等三个工作伦理维度在宜人性影响教师失范行为中都起着完全中介作用；目标追求、工作意义和行为品质等三个工作伦理维度在神经质影响教师失范行为中都起着部分中介作用；同时，行为品质工作伦理在尽责性影响教师失范行为中具有完全中介作用，工作意义和目标追求这两种工作伦理在其中起到的则是部分中介效应。

第三节　组织情境与教师失范行为

组织中反生产行为的产生是情境因素和个人因素交互作用的必然结果（王琛、陈维政，2009）。情境因素是员工越轨行为的重要前因变量。员工越轨行为起因于员工对组织中工作情境的一种认知或判断（Lee，Allen，2002）。事实上，我们不仅要研究个体因素对个体行为的影响，而且还要研究组织因素对个体行为的影响。彼得森（Peterson，2002）曾指出我们需要更多的研究从组织情境层面去挖掘影响员工越轨行为的前因变量。刘等（Lau et al.，2003）在前人研究的基础上将反生产行为的前因变量一共分为四类：组织因素、工作因素、地理/大背景因素、个人差异因素。而王琛和陈维政（2009）则将这四类影响反生产行为的前因变量进行了总结，认为"组织因素"类前因变量，主要是指组织工作环境中存在的事件或雇员对这些事件的感知，往往是诱发反生产行为的主要因素，包括组织中的工作环境、组织气候、劳资双方的关系等外部因素；"工作因素"类前因变量，主要是指与工作或职务特征相关的前因变量，包括工作完整性、工作的危险程度、工作或任务的自主性等特征；"地理/大背景因素"类前因变量，主要是指一些宏观环境因素，譬如失业率、经济的繁荣程度都与反生产行为之间存在显著相关关系；"个人差异因素"类前因变量，主要指参与反生产行为个人差异方面的共有特征，包括人格特征、态度、工作满意、情绪等因素（王琛、陈维政，2009）。

因此，本节将从组织伦理气氛、组织公平等组织情境因素和工作伦理、工作满意度、心理契约等个体因素相结合的视角初步探索组织因素与个体因素对教师失范行为的影响效应。

一、组织伦理气氛与教师失范行为

本章第二节研究了教师工作伦理（一种工作价值观）与教师失范行为的关系，研究结果表明工作伦理是教师失范行为的一个重要影响因素，并且工作伦理是个体人格特质影响教师失范行为的一个中介变量。但是，组织因素是否也会通过教师工作伦理（价值观）而进一步影响其失范行为还需要进行检验，为此，这里将从组织伦理的情境视角研究组织伦理气氛、教师工作伦理与教师失范行为的关系。

（一）组织伦理气氛与教师失范行为

伦理气氛（ethical climate）这一概念最早由维克多（Victor）和卡伦（Cullen）在1987年提出，把伦理气氛定义为组织内关于什么是道德行为和对道德问题如何处理的共同认识，并提出了由道德标准（ethical criteria）和道德关注点（locus of analysis）两个维度构成的伦理气氛理论模型。维克多和卡伦（Victor and Cullen，1988）通过因素分析得出了在企业中实际存在5种伦理气氛：（1）关怀的伦理气氛；（2）尊重法律和规范的伦理气氛；（3）尊重规则的伦理气氛；（4）工具主义的伦理气氛；（5）独立性的伦理气氛。而关于组织伦理气氛的研究也开始由对企业组织伦理气氛的研究转向研究中小学学校的伦理气氛，如舒尔特等（Schulte et al.，2002）研究了中学（初中和高中）的学校伦理气氛指数（school ethical climate index，SECI），罗明初等（Luo et al.，2007）研究了中国高中学生知觉到的学校伦理气氛与其在学校中行为表现的关系，萨尼亚克（Sagnak，2010）研究了土耳其50个小学学校的变革性领导与伦理气氛的关系。

学校伦理气氛反映了学校重要的道德和社会价值观（Luo et al.，2007）。尽管国外文献已经开始研究中小学学校的伦理气氛，但是，目前还没有相关文献研究学校组织（伦理）气氛对教师反生产行为的影响。不过，近年来的研究发现影响反生产行为的情境变量有工作特征、组织因素、员工认知因素、领导因素等。例如，罗宾逊和格林伯格

（Robinson and Greenberg，1998）的研究结果表明群体规范可以预测员工的反生产行为；马库斯和舒乐（Marcus and Schuler，2004）指出组织对抗反生产行为的气氛（政策、监视、制裁）是限制反生产行为的情境类控制因素。

由于组织或群体中可能会存在一种特定的伦理气氛为主导，多种其他类型的伦理气氛并存的情况，单一伦理气氛类型的组织几乎是不存在的。与此同时，不同类型的组织伦理气氛又存在强度上的区别，即组织伦理气氛的强弱是决定其能够在多大程度上影响员工行为的重要标志（Victor and Cullen，1988）。彼得森（Peterson，2002）对七种类型的组织伦理气氛和员工越轨行为间关系的研究表明，自利导向的组织伦理气氛和生产型员工越轨行为显著正相关，而规则导向的组织伦理气氛与财产型员工越轨行为以及人际侵犯型员工越轨行为显著负相关。在瓦尔迪（Vardi，2001）的研究中，与自利导向和关怀导向相比，规则导向的组织伦理气氛与组织不当行为之间的负相关性最强，而我国学者范丽群和周祖城（2006）的实证研究也表明，遵守法律制度的组织伦理气氛和员工的不道德行为显著负相关。

本节借鉴刘文彬和井润田（2010）关于组织伦理气氛的分类，把学校组织伦理气氛分为三类：自利导向（instrumentalism oriented）、关怀导向（caring oriented）和规则导向（rule oriented）三种学校伦理气氛。这是因为这三种类型的组织伦理气氛始终得到了研究的验证（刘文彬，2009），说明这三种组织伦理气氛广泛存在于任何组织中。维克多和卡伦（Victor and Cullen，1988）解释了自利导向、关怀导向和规则导向的基本内涵：（1）在自利导向的组织伦理气氛下，组织成员倾向于认为：个体决策目的首先是为了个人利益，个体通常不会考虑自己的决策可能给他人造成的影响，个体可以为了自身利益而牺牲他人、团队以及组织的整体利益；（2）在关怀导向的组织伦理气氛下，组织成员倾向于认为：自己不仅要关心个人的利益实现，而且还必须关心受到自己决策影响的利益相关者，个体在决策时往往能充分考虑到自己的决策可能给他人、团队以及组织带来的各种影响，并始终试图追求各方利益的平衡；（3）在规则导向的组织伦理气氛下，组织成员倾向于认为：既然组织要求我们严格遵守组织制定的各种行为规范和规章制度，并执行组织命令，那么我们就应该按照组织的这种要求去做。所以，个体决策必须以组织原则和各种制度为准绳，因为只有遵守组织规章制度的行为才是被认可和接受的行为（刘文彬，2009）。

根据上述维克多和卡伦（Victor and Cullen, 1988）的解释，本节认为自利导向的组织伦理气氛是消极的，而规则导向和关怀导向的组织伦理气氛则是积极的。刘文彬和井润田（2010）的研究结果表明，自利导向的组织伦理气氛与员工反生产行为的各个维度之间存在显著的正相关关系，关怀导向的组织伦理气氛与员工反生产行为的各个维度之间存在显著的负相关关系，规则导向的组织伦理气氛与员工反生产行为的各个维度之间存在显著的负相关关系。这一结果说明了这三种组织伦理气氛对员工反生产行为的影响是不同的。因此，本节在把组织伦理气氛扩展到学校组织中来研究的前提下，拟进一步验证学校组织伦理对教师失范行为的影响是否存在。为此，提出研究假设 Ha：学校组织伦理气氛影响教师失范行为。具体表现为下列三个相对应的研究假设：

Ha - 1：自利导向的组织伦理气氛正向影响教师失范行为；

Ha - 2：关怀导向的组织伦理气氛负向影响教师失范行为；

Ha - 3：规则导向的组织伦理气氛负向影响教师失范行为。

本节调查了 1233 名中小学教师，研究结果显示部分组织伦理气氛可以有效预测教师失范行为（魏祥迁，2013b，P135）：关怀导向、规则导向和自利导向三种组织伦理气氛与教师失范行为及其三个维度（情绪情感失范、价值取向失范、职业品德失范）间存在显著的相关性；层级回归分析的结果表明，规则导向组织伦理气氛可以负向预测教师的失范行为，自利导向的组织伦理气氛可以正向预测教师的失范行为，而关怀导向伦理气氛不能负向预测教师的失范行为。

（二）组织伦理气氛与教师工作伦理

在组织行为和管理学的研究文献中，已有研究从多个方面探讨了影响工作伦理的因素，如个体因素（人口学变量、人格变量）、工作因素、组织气氛、社会文化等。但是，学校组织气氛是否也会影响教师的工作伦理还需要实证研究的支持。霍伊等（Hoy et al.，1991）在其研究中发现学校组织气氛可以很好地预测学校的组织效能，特别是诸如学生学业成就、教师信任、教师承诺和教师效能感等（潘孝富等，2006），而我国学者潘孝富等（2006）则研究了中国背景下的学校组织气氛与教师工作绩效的关系。但是，目前国内外还没有人研究学校组织伦理气氛与教师工作伦理的关系。只是何漂在 2010 年利用王明辉等（2009）编制的工作伦理问卷考察了组织气氛与员工工作伦理的关系，发现组织气氛与工作伦理呈显著正相关，且回归分析结果表明管理风格和人际关系两种组织气氛正向影响员工的工作伦理。但是，学校组织伦理气氛与教师工作伦理的关系又是怎样的呢，值得进一步研究。

　　本节只关注学校组织中的自利导向、关怀导向以及规则导向三种组织伦理气氛。而根据维克多和卡伦（Victor and Cullen，1988）的解释，自利导向的组织伦理气氛是消极的，而规则导向和关怀导向的组织伦理气氛则是积极的，进而推导出这三种组织伦理气氛与教师工作伦理的三种关系，即这三种组织伦理气氛对教师工作伦理的影响可能不同。故提出关于学校组织伦理气氛与教师工作伦理关系的 3 组研究假设 Hb、Hc、Hd。

　　Hb：学校组织伦理气氛会影响教师工作伦理中的工作意义：

　　Hb－1：自利导向伦理气氛负向影响工作意义伦理；

　　Hb－2：关怀导向伦理气氛正向影响工作意义伦理；

　　Hb－3：规则导向伦理气氛正向影响工作意义伦理。

　　Hc：学校组织伦理气氛会影响教师工作伦理中的行为品质：

　　Hc－1：自利导向伦理气氛负向影响行为品质伦理；

　　Hc－2：关怀导向伦理气氛正向影响行为品质伦理；

　　Hc－3：规则导向伦理气氛正向影响行为品质伦理。

　　Hd：学校组织伦理气氛会影响教师工作伦理中的目标追求：

　　Hd－1：自利导向伦理气氛负向影响目标追求伦理；

Hd-2：关怀导向伦理气氛正向影响目标追求伦理；

Hd-3：规则导向伦理气氛正向影响目标追求伦理。

本节调查了 1233 名中小学教师，研究结果显示（魏祥迁，2013b，P147）：（1）组织伦理气氛可以显著预测教师失范行为。（2）关怀导向、规则导向和自利导向等三种组织伦理气氛与教师工作伦理的三个维度（工作意义、行为品质、目标追求）间存在显著的相关关系。（3）层级回归分析的结果表明关怀导向伦理气氛正向预测教师的工作伦理，即关怀导向伦理气氛分别正向预测工作意义、行为品质、目标追求三种工作伦理；规则导向伦理气氛正向预测教师的工作伦理，即规则导向伦理气氛分别正向预测工作意义、行为品质、目标追求三种工作伦理；而自利导向伦理气氛则是负向影响教师的工作伦理，即自利导向伦理气氛分别负向预测工作意义、行为品质，目标追求三种工作伦理。

（三）工作伦理的中介作用

工作伦理的中介效应已经得到了一些实证研究的支持。在本章第二节已经考查了工作伦理在人格特质与教师失范行为之间的中介效应。然而，教师的工作伦理在组织伦理气氛影响教师失范行为中是否会起到中介作用，还没有得到实证研究的支持。因此，本节提出研究假设 He：工作伦理在组织伦理气氛影响教师失范行为中起中介作用，其中具体的研究假设可细分为 12 个：

He-1：目标追求在组织伦理气氛影响教师失范行为中起中介作用：

He-1a：目标追求在规则导向气氛影响教师失范行为中起中介作用；

He-1b：目标追求在自利导向气氛影响教师失范行为中起中介作用；

He-1c：目标追求在关怀导向气氛影响教师失范行为中起中介作用。

He-2：工作意义在组织伦理气氛影响教师失范行为中起中介作用：

He-2a：工作意义在规则导向气氛影响教师失范行为中起中介作用；

He-2b：工作意义在自利导向气氛影响教师失范行为中起中介作用；

He-2c：工作意义在关怀导向气氛影响教师失范行为中起中介作用。

He-3：行为品质在组织伦理气氛影响教师失范行为中起中介作用：

He-3a：行为品质在规则导向气氛影响教师失范行为中起中介作用；

He-3b：行为品质在自利导向气氛影响教师失范行为中起中介作用；

He-3c：行为品质在关怀导向气氛影响教师失范行为中起中介作用。

本节调查了1233名中小学教师，研究结果显示工作伦理的三个维度与教师失范行为总分及其三个维度间都存在着显著的相关性（魏祥迁，2013b，P130）；三种组织伦理气氛分别都与教师失范行为存在着显著的相关性（魏祥迁，2013b，P111）；三种组织伦理气氛也都分别与工作伦理的三个维度存在着显著的相关性（魏祥迁，2013b，P141）；所以，我们可以进一步检验教师工作伦理是否会在组织伦理气氛影响教师失范行为的过程中存在中介作用。

通过使用AMOS的路径分析技术来检验工作伦理在组织伦理气氛影响教师失范行为的中介效应。路径分析的结果显示，工作伦理在组织伦理气氛影响教师失范行为中的中介效应假设得到了验证。从组织伦理气氛对教师失范行为的影响来看，目标追求、工作意义和行为品质等三种工作伦理在关怀导向伦理气氛影响教师失范行为中都起完全中介作用；目标追求、工作意义和行为品质等三种工作伦理在自利导向伦理气氛影响教师失范行为中都起部分中介作用；而行为品质工作伦理在规则导向伦理气氛影响教师失范行为中具有完全中介作用，但是工作意义和目标追求等两种工作伦理起到的则是部分中介效应（魏祥迁，2013b，P157）。

二、组织公平与教师失范行为

教师失范行为现象日益增多，已成为我国社会转型时期需要探讨的课题。教师和其他组织中的员工一样有着自己的主观态度，对教师工作有着自己的独特的理解和认识，有一套属于自己个人的工作行为。教师工作看似简单，而实际是一项极其复杂的劳动，需要全身心地投入。教师的主观感受直接影响着他们的工作行为表现和对学生的态度，更潜移默化地对学生的发展产生重大的影响。教师对学生的作用，不单单是传授道理和解答疑惑，更为重要的是要用自身的人格熏陶和感染学生（冯江平，2000）。因此，教师在道德品行与思想上的滑坡将会严重影响学生身体和心理的健康成长，这个影响是深远且持久的。

近些年来，教师，尤其是部分中小学教师行为不端、品行素质恶劣等现象不断出现，导致关于中小学教师行为失范的报道层出不穷，其中包括教师对学生滥用惩罚甚至体罚和人格侮辱。所以，我们要重视教师失范行为这个社会现象，希望能够找到好的方法解决这个问题。因此，本节拟从社会公平理论出发，探讨教师失范行为形成的影响机制，进而能够对教师失范行为进行有效预防和整治。

（一） 组织公平与教师失范行为

公平的本质是社会资源的优化配置。组织公平感的研究主题已经从原本的一维发展成现在的多维，涉及内涵不断完善，逐渐形成一个相对完整的理论体系（殷晓彦，2015）。亚当斯（Adams，1965）最早对组织公平感进行研究，强调个体投入和所得结果的等价性。组织公平是指员工受到组织的公平对待，主要包括薪酬、福利、晋升、过程、信息和尊重等方面的公平（李强，2009）。1965 年首先由亚当斯提出"分配公平"的概念后，在 1975 年提伯特（Thibaut）和华尔克（Walker）提出了"程序公平"的概念，到了 1986 年比斯（Bies）和莫格（Moag）开始关注程序执行时的人际互动方式对公平感的影响，并提出了"互动公平"的概念（李强，2009；吕晓俊、严文华，2009）。

组织公平感（perceived organizational justice）是一种心理建构，是员工在组织内所体会到的主观公正感受（吕晓俊、严文华，2009），具体来说组织公平感是员工对与个人利益有关的组织制度、政策、程序、措施、结果等的公平感受（李晔、龙立荣，2003）。而组织公平感的测量能更直接地测量员工对工作的认知评价（Organ and Konovsky，1989；Moorman，1991）。

长期以来，组织公平感与工作绩效间的关系研究是这一领域的焦点内容（吕晓俊、严文华，2009）。在组织公平感与员工绩效关系的研究方面，相关文献主要集中在组织公平感通过改变结果变量和中间变量来影响员工绩效。这些结果变量和中间变量主要有：结果满意度、工作满意度、组织承诺、领导—成员交换关系、信任、对权威的评价、组织公民行为（李强，2009）。已经有研究证实组织公平是解释员工偏差行为发生的主要变量（Berry et al.，2007）。基于报复理论，我们可以知道当员工感知到被不公平对待时，他们会趋向于发生更多的偏差行为（Ambrose et al.，2002）。作为一种员工偏差行为的反生产行为，是指组织成员有意采取的违反组织的正式或非正式的规范，并给组织及其成员的有形或无形资产带来损失的显性或隐性行为（Robinson and Bennett，1995）。

组织公平性研究从不同角度出发对组织不公平作为反生产行为的风险性因素进行了理论阐释（徐亚萍，王慈，2015）。而按照社会交换理论，遭受组织不公正对待的员工倾向于通过反生产行为以恢复公平感。已有研究表明组织公平感与反生产行为呈显著负相关（郭文臣等，2015），组织不公平感与反生产行为呈显著正相关（徐亚萍、王慈，2015）。因此，提出研究假设 H1：组织公平感与教师失范行为是显著的负相关。

（二）工作满意度的中介作用

本节以教师的组织公平感为自变量，工作满意度为中介变量，研究两者对教师失范行为的影响。

1. 组织公平感与教师工作满意度的关系

教师是学校的核心力量，其工作满意度是影响教师专业发展的重要因素，并已成为教师心理与教育研究的前沿领域（Schonfeld，2000）。提高教师工作满意度是维系教师队伍稳定性的必要条件，也是增强教师职业吸引力和保障教育教学质量的重要支撑（陈纯槿，2017）。

工作满意度（job satisfaction）是组织管理中的一个基本变量，这一概念由泰勒（Taylor）于 1912 年首先提出，梅奥等（Mayo et al.，

1932）通过霍桑实验发现员工的情感及心理因素会影响其工作行为和企业产出，在此基础上，霍波克（Hoppock，1935）在其著作《工作满意度》一书中第一次正式提出了工作满意度的相关概念，并给工作满意度下了一个比较完整的定义，即工作满意度是指员工对工作环境的感受以及生理和心理上的满足（McNichols et al.，1978）。

自霍波克对工作满意度的研究至今，工作满意度已成为组织行为学领域中研究最为频繁的一个变量。整体型定义（overall job satisfaction）认为工作满意度是人们对其工作所持的一种总体的、综合的情感反应；构面型定义（job facet satisfaction）是指员工对其工作各构面（上司，报酬，同事等）的满意程度；期望差距型定义（expectation discrepancy）认为工作满意度是人们对其工作的喜欢程度，它取决于员工从工作中的实际所得与他们的期望所得间的差距。差距越大，满意度越低；差距越小，满意度越高（兰惠敏，2007）。通过对以上不同类型概念的解释，可以看出整体型概念能够较好地反映员工对工作的总体满意程度（张继培，2008）。因此，本节采用整体工作满意度量表来测量教师工作满意度。教师工作满意度是教师对其工作与所从事职业，以及工作条件与状况的一种总体的、带有情绪色彩的感受与看法（彭文波、刘电芝，2012）。

教师工作满意度不仅是衡量学校办学效能的一个重要指标，也是反映学校管理人本化的一个重要参数，它与教师的职业承诺、工作主动性、职业倦怠、心理健康、教学效能感等有着十分密切的关系（姜勇等，2006）。李秀一等（2010）总结了影响教师工作满意度的因素主要包括诸如学校类型、组织环境、领导方式、教师授权、教师的性别和年龄、班级规模和师生互动等。经过多年的研究，研究者们发现组织公平感对员工的工作态度有着重要的影响（蒋春燕，2007），组织公平是提升员工工作满意度的关键因素之一（彭征安等，2015）。同时，作为工作满意度的前因变量，组织公平更是预测员工行为的重要变量之一（李金波等，2006；李群等，2015）。例如，麦克法林与斯威尼（McFarlin and Sweeney，1992）指出分配公平能够对"个体结果"产生更有效的预测作用，这些个体结果主要包括薪资和绩效满意度，而程序公平则可以在整个组织内对"整体性结果"产生更有效的预测作用；特伦布莱与罗塞尔（Tremblay and Roussel, 2001）通过对 3000 多名来自加拿大和法国的管理者进行实证研究，发现组织公平对员工的工作满意度有显著的积极影响；克莱 - 华纳等（Clay-Warner et al., 2005）证明组织公平感中程序公正和分配公正都对工作满意度有显著的预测作用；扎伊纳利普尔等（Zainalipour et al., 2010）对 120 名中学教师的组织公平感与工作满意度进行研究，结果表明组织公平感与工作满意度之间积极正相关，教师对公平的认知越多，工作满意度就越高；诺贾尼等（Nojani et al., 2012）采用编制的四因素组织公平感量表对 300 名正常与特殊指导学校的男女教师进行调查，结果发现在普通教师、特殊教育教师和天才教育系统教师等群体中组织公平感与工作满意度之间均存在显著的相关性。国内学者王叶飞等（2010）的研究结果也表明情绪智力、组织公平感与工作满意度都显著正相关，且情绪智力通过组织公平感间接影响工作满意度。姜超和邬志辉（2015）在公平理论视角下将农村基础教育阶段教师与其工作生活场域相关的"同质性"群体（城镇教师）和"异质性"群体（当地村民）进行比较，证明教师的工作满意度受到公平感的影响。因此，提出研究假设 H2：组织公平感与教师工作满意度是显著的正相关。

2. 工作满意度与教师失范行为的关系

郭晓薇和严文华（2008）回顾了马库斯和舒乐（Marcus and Schuler, 2004）关于反生产行为的四类前因变量：诱因、机会、内控和倾向，其中"诱因"类变量是指那些能够诱发员工以反生产行为作为反应的外部事件或对外部事件的感知。此类前因变量受到的关注最多，其中研究较多的是工作满意感、挫折感和压力感。众多研究都表明它们与反生产行为之间存在显著相关（郭晓薇、严文华，2008）。其中，工作满意度对员工的各种行为都具有较强的预测效果，其研究主要集中在员工工作绩效与员工离职两部分（武敏娟，2019）。

工作满意度能够显著地预测其组织公民行为、缺勤率、流动率和工作场所中的偏常行为等（彭征安等，2015）。例如，有研究显示：工作满意度对组织导向和人际导向等职场偏差行为均具有显著负向影响（赵君等，2014）；工作满意度对员工越轨行为有负向影响（高洋洋、谭艳华，2016）；工作满意度与指向组织的反生产行为和指向人际的反生产行为都呈显著的负相关关系（武敏娟，2019）。因此，提出研究假设 H3：教师工作满意度与教师失范行为呈显著的负相关。

3. 工作满意度的中介作用

组织公平感能有效促进教师对工作的满意度，因此本节拟进一步探讨组织公平是否通过对工作满意度的促进而减少教师失范行为的产生。也就是说，以组织公平感为自变量，教师失范行为为因变量，工作满意度为中介变量，研究三者之间的关系。已有研究表明工作满意度在组织伦理气氛和员工越轨行为之间起部分中介作用（高洋洋、谭艳华，2016）；工作满意度在评估式绩效考核与组织导向和人际导向职场偏差行为之间具有完全中介作用（赵君等，2014）；工作满意度对马基雅维利主义分别与人际指向和组织指向的反生产行为的影响中皆起部分中介作用（黄攸立、梁超，2014）。因此，提出研究假设 H4：工作满意度在组织公平感与教师失范行为之间起中介作用。

（三）心理契约破裂的中介作用

本节以教师组织公平感为自变量，心理契约破裂为中介变量，研究两者对教师失范行为的影响机制。

1. 组织公平感与教师心理契约破裂的关系

组织行为与人力资源管理是雇佣关系研究的重要学科与研究路径之一（白艳莉，2013），沿袭此种视角的研究者大多将心理契约（psychological contract）理论视为组织与员工之间雇佣关系分析的重要理论框架（Zhao et al.，2010）。而心理契约是 20 世纪 60 年代由阿吉里斯（Argyris）提出、莱文森（Levinson）加以界定的一个概念。最早它被用来描述雇员与组织双方不成文的、内隐的契约或相互期望（沈伊默、袁登华，2006）。心理契约植根于组织和员工间的社会交换关系，已被视为法定契约之外的雇佣关系所隐含的一个核心要素（白艳莉，2013）。组织越来越多地依赖心理契约作为一种有效的方式，来保持雇佣关系的平衡（张生太等，2016）。

然而，随着全球性竞争的加剧和组织所处环境变化的增加，许多组织不得不进行结构调整、重组、兼并、业务外包、组织扁平化等策略，使得组织可能不太愿意或者没有足够的能力履行所有承诺，进而使组织不能履行其在心理契约中的承诺或责任的可能性在不断增加（Morrison and Robinson，1997；Turnley and Feldman，2000）。所以，传统的雇员认为努力工作和忠诚就能换来长期工作保障和职业发展的契约开始变得不再有效（张生太等，2016）。在这种情况下，心理契约破裂的研究就成为心理契约研究当中的热点问题（Vos and Meganck，2009），心理契约破裂对员工的工作态度与行为的影响成为研究者关注的焦点（齐琳、刘泽文，2012）。

心理契约对员工的工作态度和行为会产生重大影响。研究表明，在心理契约得到有效兑现的情况下，员工会表现出更高的工作满意度、留职意愿和组织信任感，而组织破坏心理契约则会给员工的工作态度及行为产生重大的负面影响（沈伊默、袁登华，2006）。所谓心理契约破裂（psychological contract breach），是指员工对组织未履行心理契约中的承诺或责任而产生的主观感知或认知评价（Morrison and Robinson，1997；沈伊默、袁登华，2006）。卢梭（Rousseau）等认为组织有意违约、无力兑现和契约双方对承诺或责任的理解不一致，是造成心理契约破裂的三大主要原因，除了组织因素以外，员工自身的主观因素在心理契约破裂产生的过程中扮演着十分重要的角色（沈伊默、袁登华，2006）。因此，提出研究假设 H5：组织公平感与教师心理契约破裂呈显著的负相关。

2. 心理契约破裂与教师失范行为的关系

心理契约破裂对员工工作态度和行为的影响业已成为实证研究的一个非常鲜明的主线。在心理契约破裂研究的最初阶段主要考察破裂（breach）与结果变量（outcome variables）的关系。研究表明，心理契约破裂对雇员情感、态度和行为会产生广泛的负性影响（石晶、崔丽娟，2011），如心理契约破裂会降低员工对组织的信任、工作满意度、组织承诺、留职意愿、自我报告的任务绩效、组织公民行为、上级评定的任务绩效和周边绩效（沈伊默、袁登华，2006）；在工作态度方面，心理契约破裂导致工作满意度及组织公民行为意愿水平降低；在工作行为方面，心理契约破裂与组织公民行为和忠诚行为负相关，与离职行为正相关（王永跃等，2013）。一项元分析的结果也证实了心理契约破裂会显著降低员工工作满意度与员工组织承诺，同时提高员工离职倾向等，其对员工工作行为层面影响而言，心理契约破裂会导致员工组织公民行为减少、降低角色内绩效等（Zhao et al.，2010）。国内的研究也表明心理契约破裂与建言行为和工作满意度都是显著的负相关（王永跃等，2013），心理契约破裂对员工的沉默行为有显著的正向影响（张璇等，2017），心理契约破裂确实会对组织公民行为产生消极影响（张生太等，2016）。因此，提出研究假设 H6：教师心理契约破裂与教师失范行为呈显著的正相关。

3. 心理契约破裂的中介作用

早期心理契约的研究主要关注破坏的结果，而现在的研究更加关注心理契约破裂对员工情感、态度和行为影响的调节变量，通过控制和调整调节变量来降低心理契约破裂的不良结果。相关的调节变量一方面是个人的个人特质（如人格、公平敏感性、自我控制、成就动机、归因风格），另一方面是员工对组织情境的知觉（如程序公平、组织政治知觉、领导成员交换）（石晶、崔丽娟，2011）。但是，心理契约破裂是否是组织公平影响教师失范行为的中介变量也是一个值得研究的课题。例如，已有研究表明：企业员工社会责任能够显著地正向影响员工组织公民行为，且心理契约在两者之间起着中介作用（黄洁、王晓静，2016）；心理契约在心理授权对组织公民行为的影响中起完全中介作用（金芳等，2020a）；心理契约在变革型领导对幼儿园教师组织承诺的影响中起中介作用（金芳等，2020b）；心理契约破裂在人力资源实践与创新行为关系间起部分中介作用（王永跃、段锦云，2014）；

心理契约破裂是组织政治知觉与员工反生产行为之间的中介变量（张永军，2013），也是组织政治知觉与工作投入之间的中介变量（冯鑫、李文慧，2015）。基于以上文献分析，提出研究假设 H7：心理契约破裂在组织公平感与教师失范行为之间起中介作用。

（四）研究方法

1. 研究被试

笔者在 2018 年 4 月以方便取样的方式选取临沂市和枣庄市 400 名中小学教师进行调查，以教师办公室为单位进行团体施测，要求被调查者匿名如实独立填写问卷。作答后统一回收，回收有效问卷 350 份，有效回收率为 87.5%。参与调查的教师的平均年龄为 37.25（±8.41）岁，最小年龄为 21 岁，最大年龄为 59 岁。其中，男教师 146 人（41.71%），女教师 204 人（58.29%）；小学教师 131 人（37.43%），初中教师 137 人（39.14%），高中教师 82 人（23.43%）；教龄 5 年及以下者 83 人（23.71%），教龄 6~10 年者 78 人（22.29%），教龄 11~15 年者 63 人（18.00%），教龄 15 年以上者 126 人（36.00%）；未婚者 38 人（10.86%），已婚者 300 人（85.71%），缺失信息 12 人（3.43%）；专科及以下学历者 46 人（13.14%），本科学历者 250 人（71.43%），研究生及以上学历者 54 人（15.43%）。

2. 研究工具

（1）组织公平感的测量。采用科尔奎特（Colquitt，2001）编制的量表。该量表主要涉及四个维度，主要包括分配公平（4 个题目）、程序公平（7 个题目）、人际公平（4 个题目）、信息公平（5 个题目），共计 20 个题目（陈悦，2011）。使用李克特 5 点计分，分数越高表明教师对组织公平的认同程度越高。本研究中教师组织公平感量表的内部一致性系数为 0.963。

（2）工作满意度的测量。采用卡马姆等（Cammam et al.，1983）编制的整体工作满意度量表（柳恒超等，2012），该量表共有 3 个题目，其中包含 1 个反向记分的题目，每个题目分为"非常不同意""不同意""有点不同意""不置可否""有点同意""同意""非常同意"
七个等级，得分越高，表示教师在该项目上的满意度越高。本节中教师工作满意度量表的内部一致性系数为0.625。

（3）心理契约破裂的测量。采用罗宾逊等（2000）开发的量表，共5个题目，3个题目采用反向计分，得分越高说明心理契约破裂程度越严重（张璇等，2017）。本节中教师心理契约破裂量表的内部一致性系数为0.762。

（4）教师失范行为的测量。采用魏祥迁（2013a）初步编制的《中小学教师失范行为量表》，共计16个题目，三个维度：情绪情感失范维度有6个题目，职业品德失范维度有5个题目，价值取向失范维度有5个题目。使用李克特5点计分，得分越高说明教师失范行为越严重。本节中教师失范行为量表的内部一致性系数为0.967。

（五）研究结果

采用SPSS 20.0统计软件对研究数据进行管理与统计分析。本节主要采用描述统计和回归分析等探讨中小学教师的组织公平感、工作满意度、心理契约破裂以及教师失范行为之间的关系，并分别检验工作满意度和心理契约破裂在组织公平与教师失范行为之间的中介作用。

1. 描述统计分析

表3-5呈现了各个研究变量的平均数及其变量间的相关系数。首先，组织公平与教师失范行为的相关系数都是显著的负相关，其中与情绪情感失范行为的相关系数为 -0.206（$p < 0.01$），与职业品德失范行为的相关系数为 -0.186（$p < 0.01$），与价值取向失范行为的相关系数为 -0.233（$p < 0.01$）。这一结果验证了研究假设 H1。

表3-5　　　　　各个变量的平均数与相关系数（n=350）

变量	M	SD	1	2	3	4	5
1. 组织公平感	3.593	0.797					
2. 工作满意度	5.381	1.074	0.509**				

续表

变量	M	SD	1	2	3	4	5
3. 心理契约破裂	2.359	0.731	−0.612**	−0.495**			
4. 情绪情感失范	1.360	0.723	−0.206**	−0.270**	0.303**		
5. 职业品德失范	1.325	0.658	−0.186**	−0.276**	0.325**	0.812**	
6. 价值取向失范	1.391	0.714	−0.233**	−0.317**	0.361**	0.833**	0.865**

　　其次，组织公平与教师工作满意度的相关系数为显著的正相关（r=0.509，p<0.01），这一结果验证了研究假设 H2。而组织公平与心理契约破裂的相关系数则是显著的负相关（r=−0.612，p<0.01），这一结果验证了研究假设 H5。

　　再次，工作满意度与教师失范行为的相关系数都是显著的负相关，其中与情绪情感失范行为的相关系数为−0.270（p<0.01），与职业品德失范行为的相关系数为−0.276（p<0.01），与价值取向失范行为的相关系数为−0.317（p<0.01）。这一结果验证了研究假设 H3。

　　最后，心理契约破裂与教师失范行为的相关系数都是显著的正相关，其中与情绪情感失范行为的相关系数为0.303（p<0.01），与职业品德失范行为的相关系数为0.325（p<0.01），与价值取向失范行为的相关系数为0.361（p<0.01）。这一结果验证了研究假设 H6。

　　2. 工作满意度的中介效应分析

　　按照温忠麟等（2004）提出的方法为依据进行中介效应检验。而依据前面结果分析可知，组织公平感、工作满意度和教师失范行为三者之间存在显著的相关关系，符合检验中介效应的前提条件。然后，采用层级回归分析技术检验工作满意度的中介作用。第一层为性别、学历、教龄、学段等 4 个人口学变量，第二层为预测变量，因变量为教师失范行为。在使用逐步回归法进行中介效应检验前，首先对变量做中心化处理。中介效应检验的结果如表 3−6、表 3−7、表 3−8 所示，研究假设 H4 得到了验证。

　　（1）工作满意度在组织公平与教师情绪情感失范行为间的中介效

应。表3－6显示的中介效应检验的结果表明：工作满意度在组织公平影响教师情绪情感失范行为中起到完全中介作用。中介效应示意图如图3－1所示。

表3－6　　　　组织公平对情绪情感失范行为的影响（n＝350）

变量	情绪情感失范			工作满意度	
	第一步	第二步	第三步	第一步	第二步
第一步：控制变量					
性别	－0.008	－0.025	－0.022	－0.026	0.016
学历	－0.209**	－0.191**	－0.176**	0.115	0.069
教龄	－0.101	－0.112*	－0.106*	0.004	0.030
学段	0.111	0.117*	0.130*	0.074	0.059
第二步：预测变量					
组织公平（c）		－0.205**			
组织公平（a）					0.499**
工作满意度（b）			－0.216**		
组织公平（c′）			－0.098		
R^2	0.043	0.084	0.118	0.026	0.269
ΔR^2		0.041**	0.075**		0.244**
F	3.873**	6.327**	7.672**	2.272	25.364**

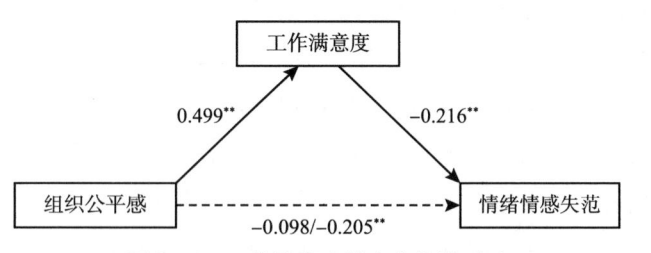

图3－1　工作满意度的中介作用（1）

（2）工作满意度在组织公平与教师职业品德失范行为间的中介效应。表3－7显示的中介效应检验的结果表明：工作满意度在组织公平影响教师职业品德失范行为中起到完全中介作用。中介效应示意图如图 3 - 2 所示。

表 3 - 7　　　　组织公平对职业品德失范行为的影响（n = 350）

变量	职业品德失范			工作满意度	
	第一步	第二步	第三步	第一步	第二步
第一步：控制变量					
性别	- 0.048	- 0.064	- 0.060	- 0.026	0.016
学历	- 0.135 *	- 0.117 *	- 0.100	0.115	0.069
教龄	- 0.101	- 0.112 *	- 0.104 *	0.004	0.030
学段	0.083	0.089	0.103	0.074	0.059
第二步：预测变量					
组织公平（c）		- 0.194 **			
组织公平（a）					0.499 **
工作满意度（b）			- 0.243 **		
组织公平（c'）			- 0.072		
R^2	0.027	0.064	0.107	0.026	0.269
ΔR^2		0.037 **	0.080 **		0.244 **
F	2.422 *	4.708 **	6.876 **	2.272	25.364 **

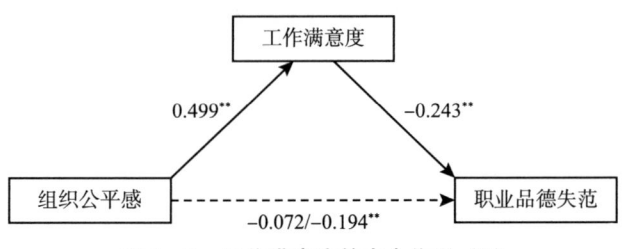

图 3 - 2　工作满意度的中介作用（2）

（3）工作满意度在组织公平与教师价值取向失范行为间的中介效应。表 3 - 8 显示的中介效应检验的结果表明：工作满意度在组织公平影响教师价值取向失范行为中起到完全中介作用。中介效应示意图如

图 3 - 3 所示。

表 3 - 8　　　　　组织公平对价值取向失范行为的影响（n = 350）

变量	价值取向失范			工作满意度	
	第一步	第二步	第三步	第一步	第二步
第一步：控制变量					
性别	- 0.007	- 0.026	- 0.021	- 0.026	0.016
学历	- 0.210 **	- 0.188 **	- 0.170 **	0.115	0.069
教龄	- 0.078	- 0.090	- 0.082	0.004	0.030
学段	0.086	0.093	0.108	0.074	0.059
第二步：预测变量					
组织公平（c）		- 0.229 **			
组织公平（a）					0.499 **
工作满意度（b）			- 0.259 **		
组织公平（c'）			- 0.099		
R^2	0.039	0.090	0.139	0.026	0.269
ΔR^2		0.051 **	0.100 **		0.244 **
F	3.484 **	6.810 **	9.245 **	2.272	25.364 **

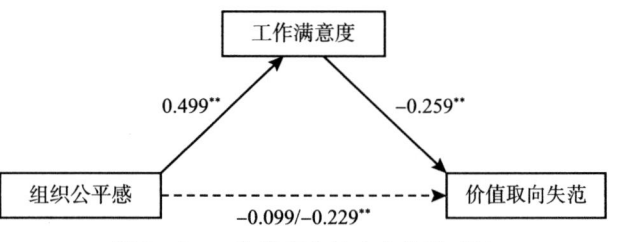

图 3 - 3　工作满意度的中介作用（3）

3. 心理契约破裂的中介效应分析

为了检验心理契约破裂在组织公平感与教师失范行为之间的中介作用，需要对这三个变量进行层级回归分析。研究结果显示：组织公平感显著负向预测教师失范行为，当加入"心理契约破裂"变量后，组织公平感对教师失范行为的预测不再显著，即表现为心理契约破裂在组织公平感和教师失范行为之间起完全中介作用，结果如表 3 - 9 和图 3 - 4 所示。

表 3 - 9　　　　　　　　　　中介效应检验的结果

项目	因变量	自变量	F	R^2	回归系数
第一步	教师失范行为	组织公平感	7.141**	0.134	c = -0.221**
第二步	心理契约破裂	组织公平感	27.988**	0.378	a = -0.608**
第三步	教师失范行为	心理契约破裂	10.365**	0.205	b = 0.337**
		组织公平感			c' = -0.016

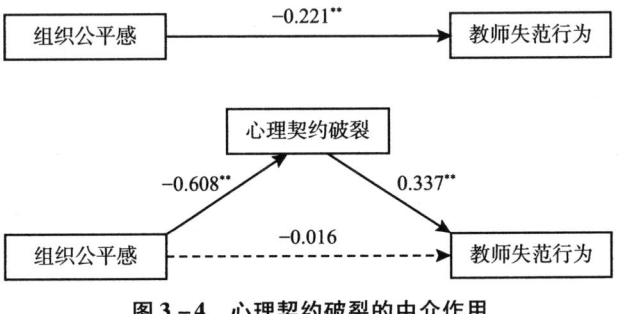

图 3 - 4　心理契约破裂的中介作用

心理契约破裂在组织公平感对教师失范行为影响中的中介效应分析已于 2019 年发表在 *Influence of Teachers' Organizational Justice on Teachers' Anomie Behaviors*：*The Mediating Effect of the Psychological Contract Breach* 一文中（Wei and Feng，2019）。

这项研究说明了组织公平感负向显著预测教师心理契约破裂，心理契约破裂正向显著预测教师失范行为，心理契约破裂在组织公平对教师整体失范行为影响中的中介效应，但是并没有具体分析心理契约破裂在组织公平感与教师三种具体的失范行为之间的中介效应，下面将分别检验这三种中介效应。中介效应检验的结果如表 3 - 10、表 3 - 11、表 3 - 12 所示，研究假设 H7 得到了验证。

（1）心理契约破裂在组织公平与情绪情感失范行为间的中介效应。表 3 - 10 显示的中介效应检验结果表明：心理契约破裂在组织公平影响教师情绪情感失范行为中起到完全中介作用，其中介效应示意图如图 3 - 5 所示。

表 3 - 10　　　　组织公平对情绪情感失范行为的影响（n = 350）

变量	情绪情感失范			心理契约破裂	
	第一步	第二步	第三步	第一步	第二步
第一步：控制变量					
性别	- 0.008	- 0.025	- 0.036	0.093	0.042
学历	- 0.209 **	- 0.191 **	- 0.181 **	- 0.091	- 0.035
教龄	- 0.101	- 0.112 *	- 0.104 *	0.004	- 0.028
学段	0.111	0.117 *	0.088	0.091	0.109 *
第二步：预测变量					
组织公平感（c）		- 0.205 **			
组织公平感（a）					- 0.617 **
心理契约破裂（b）			0.269 **		
组织公平感（c'）			- 0.039		
R^2	0.043	0.084	0.129	0.013	0.385
ΔR^2		0.041 **	0.086 **		0.372 **
F	3.873 **	6.327 **	8.452 **	1.176	43.074 **

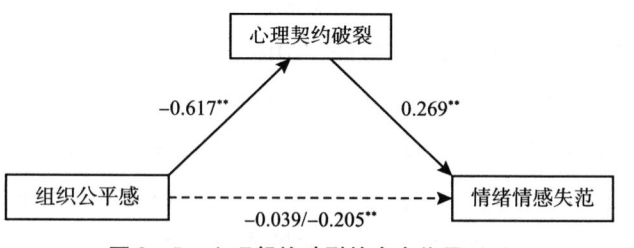

图 3 - 5　心理契约破裂的中介作用（1）

（2）心理契约破裂在组织公平与职业品德失范行为间的中介效应。表3–11 显示的中介效应检验结果表明：心理契约破裂在组织公平影响教师职业品德失范行为中起到完全中介作用，其中介效应示意图如图3–6 所示。

表3–11　　　　组织公平对职业品德失范行为的影响（n = 350）

变量	职业品德失范			心理契约破裂	
	第一步	第二步	第三步	第一步	第二步
第一步：控制变量					
性别	– 0.048	– 0.064	– 0.078	0.093	0.042
学历	– 0.135 *	– 0.117 *	– 0.105	– 0.091	– 0.035
教龄	– 0.101	– 0.112 *	– 0.102	0.004	– 0.028
学段	0.083	0.089	0.053	0.091	0.109 *
第二步：预测变量					
组织公平感（c）		– 0.194 **			
组织公平感（a）					– 0.617 **
心理契约破裂（b）			0.329 **		
组织公平感（c′）			0.009		
R^2	0.027	0.064	0.130	0.013	0.385
ΔR^2		0.037 **	0.103 **		0.372 **
F	2.422 *	4.708 **	8.579 **	1.176	43.074 **

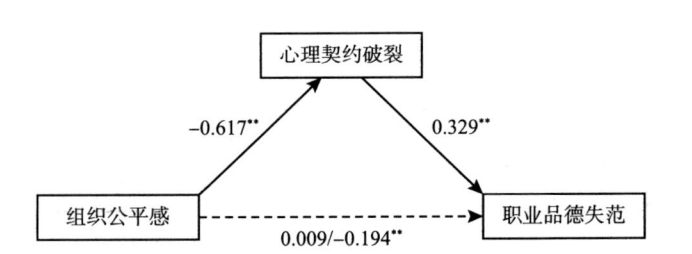

图3–6　心理契约破裂的中介作用（2）

（3）心理契约破裂在组织公平与价值取向失范行为间的中介效应。

表 3 - 12 显示的中介效应检验结果表明：心理契约破裂在组织公平影响教师价值取向失范行为中起到完全中介作用，其中介效应示意图如图 3 - 7 所示。

表 3 - 12　　　组织公平对价值取向失范行为的影响（n = 350）

变量	价值取向失范			心理契约破裂	
	第一步	第二步	第三步	第一步	第二步
第一步：控制变量					
性别	- 0.007	- 0.026	- 0.040	0.093	0.042
学历	- 0.210 **	- 0.188 **	- 0.177 **	- 0.091	- 0.035
教龄	- 0.078	- 0.090	- 0.080	0.004	- 0.028
学段	0.086	0.093	0.055	0.091	0.109 *
第二步：预测变量					
组织公平感（c）		- 0.229 **			
组织公平感（a）					- 0.617 **
心理契约破裂（b）			0.342 **		
组织公平感（c'）			- 0.018		
R^2	0.039	0.090	0.162	0.013	0.385
ΔR^2		0.051 **	0.123 **		0.372 **
F	3.484 **	6.810 **	11.049 **	1.176	43.074 **

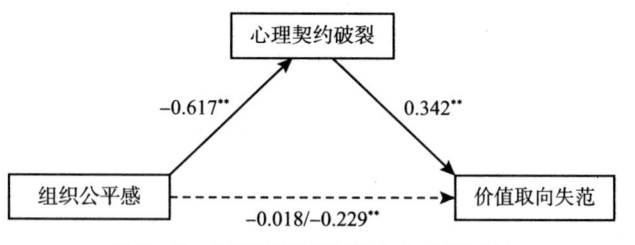

图 3 - 7　心理契约破裂的中介作用（3）

（六）研 究 讨 论

中小学教师在工作过程中出现的失范行为，不仅影响学校教师形象与损害学校名誉，也会给学校的教育质量带来损害，甚至会给学生造成不可磨灭的心理阴影。基于社会公平理论，当教师组织公平感越低，则心理契约破裂程度越高。大量研究表明当面对组织的不公平对待时，员工会故意降低工作效率来抵制组织的目标，以此表达自己的不满。从表 3－5 的结果来看，组织公平感、工作满意度、心理契约破裂等心理变量都与教师失范行为有着显著的相关关系。这些研究结果说明了组织情境变量（组织公平感）、教师工作态度（工作满意度）以及教师与学校关系的认知评价（心理契约破裂）等都会对教师失范行为的形成产生一定的影响，是教师失范行为形成的重要因素，需要引起学校管理者的重视。

本节的研究证明了组织公平感与教师失范行为之间的关系，为有关教育部门与学校管理者针对教师失范行为而制定相应政策提供了依据。希望学校和教育部门能够重视保护教师的正当权益与诉求，创造公平公正公开的组织环境与考核评价机制，防止教师失范行为的发生。

关于组织公平感对教师失范行为影响的心理机制探讨涉及两个重要的中介变量：一个是认知类的变量——心理契约破裂；另一个是态度类的变量——工作满意度。

首先，从表 3－6、表 3－7 和表 3－8 显示的统计分析数据表明：工作满意度完全中介组织公平感对教师失范行为的影响，研究假设 H4 得到了验证，这说明组织公平感通过影响教师的工作态度而间接影响教师的失范行为。具体来说，如果教师在工作过程中感受到较高的组织公平，教师就会产生较高的工作满意度，而高的工作满意度则会降低教师失范行为的产生，相反，如果教师在工作过程中感受到较低的组织公平，教师就会产生较低的工作满意度，进而会引发教师失范行为的产生。

其次，从表 3－10、表 3－11 和表 3－12 的统计分析数据得出的研究结果显示：心理契约破裂在组织公平感影响教师失范行为中起到完全中介作用，研究假设 H7 得到了验证。研究结果说明组织公平感可以通过影响教师的心理契约（破裂）而间接影响教师失范行为。具体来说，如果教师在工作过程中感受到较高的组织公平，就会在工作过程中降低其心理契约破裂的认知水平，低的心理契约破裂会进一步抑制教师失范行为的产生。相反，如果教师在工作过程中感受到较低的组织公平，就会在工作过程中增强其心理契约破裂的认知水平，高的心理契约破裂会进一步激发教师失范行为的产生。

总之，本节显示学校组织的公平环境、教师工作满意度以及心理契约破裂都与教师失范行为密切相关，并且验证了公平的组织环境不仅可以通过影响教师工作满意度进而影响教师失范行为，而且公平的组织环境还可以通过影响教师心理契约进而影响教师失范行为。总体来说，教师工作态度（工作满意度）与认知评价（心理契约破裂）是影响教师失范行为的两个重要变量。该研究结果说明，学校管理者可以通过建立公平的组织环境有助于从认知与态度两个方面来改变教师失范行为，这为做好教师失范行为的防范工作至关重要。同时，也为更好地了解教师的基本心理状态以及教师群体激励的关键因素和迫切需求提供了人力资源管理方面的依据，还可以帮助学校管理者发现管理中诸如薪酬制度、绩效考核、确定人事编制等方面存在的问题。

因此，学校管理者只有通过深入、持续不断地研究才能明确把握教师在工作中满意与不满意的内容、程度、影响因素，以及学校与教师互动中的心理契约变动，这样才能采取有效的改进措施、改变教师与学校关系的认知评价，激发教师的工作热情、调动教师的工作积极性、发挥教师的能动性和创造性。

第四节　家庭因素与教师失范行为

在现代社会中，工作与家庭构成了每个人最重要的生活板块，而婚姻质量是影响人们心理健康的一个极为重要的因素（梁丽、郭成，2014），其中夫妻双方对婚姻的满意度是衡量婚姻质量的一个重要指标。婚姻质量的高低直接影响一个家庭的和谐与稳定、影响着夫妻双方的身心健康，同时也影响着下一代的成长；而间接影响社会的稳定团结。对中小学教师的婚姻质量进行研究，在微观层面不仅关系到教师个人的身心健康，在社会这个宏观层面还关系到一个社会能否持续稳定发展这样一个战略性问题。因此，研究教师的婚姻质量具有很重要的现实意义。为此，本节关注的重点是教师的婚姻质量是否会影响其工作行为。

工作与家庭关系对工作绩效的影响一直备受学界关注。目前关于工作和家庭之间关系的研究主要基于两种视角：一种是消极视角，认为由于个体有限的时间、高水平的压力和竞争性的行为期望而引发角色之间的相互冲突，即工作—家庭冲突（work-family conflict，WFC；family-work conflict，FWC）视角；另一种是积极视角，认为个体可以从工作和家庭角色的投入中获得有意义的资源（如自尊、经济收入等），继而提升个体在相对角色领域中的表现，即工作—家庭增益（work-family enhancement，WFE；family-work enhancement，FWE）视角。

工作与家庭关系的两种不同的研究视角为个体处理工作和家庭之间的关系提供了新的思路（马红宇等，2014）。例如，工作家庭冲突对员工有许多消极影响，如降低工作满意度和提升离职倾向等（陈忠卫等，2014；高中华、赵晨，2014），而工作家庭增益则能够对员工的工作变量产生积极影响，如提升工作满意度等（Zhang et al.，2015），能够帮助个体产生积极心理状态，以促进其能力提升，最终促进工作绩效（Luthans et al.，2008）。通过进一步的元分析发现，WFC 和 FWC 均对工作绩效有显著负向影响，WFE 和 FWE 均对工作绩效有显著正向影响（陈耘等，2017）。那么，教师的家庭环境，如婚姻满意度是否会影响教师的工作绩效也是一个值得研究的课题。

一、婚姻满意度与教师失范行为

本章在前面研究了个体因素与组织环境对教师失范行为的影响，

然而，工作和家庭是现今成年人生活中的两个重要组成部分，工作角色和家庭角色是个体最主要的社会角色，它们之间相互影响，密不可分。工作—家庭关系不仅关乎个体的身心健康、职业发展、家庭幸福和工作满意，还关乎组织绩效和社会和谐（赵简等，2013）。为此，关注工作与家庭的关系是否会影响教师失范行为的研究是非常具有现实意义的。

婚姻质量作为家庭生活质量的核心，是当代婚姻家庭研究中经常使用的一个术语。西方关于婚姻质量的研究是从 20 世纪 20 年代末在西方国家兴起的，20 世纪 70 年代进入最为活跃的学术时期，而中国学者则是在 20 世纪 90 年代初才开始涉及这个问题（徐安琪、叶文振，1998）。但什么是婚姻质量，至今并无统一的定义。卢淑华和文国锋（1999）认为，可以粗略地把婚姻质量定义为与社会发展相一致条件下的人们对自身婚姻的主观感受和总体评价。其中常用的主观感受性的测量工具有婚姻满意度和婚姻幸福感。但满意度更具稳定性，所以在研究中往往采用满意度作为评价婚姻质量的主观指标（卢淑华、文国锋，1999）。

婚姻满意度的概念最早由汉密尔顿（Hamilton）于 1929 年提出，他认为婚姻满意度主要是指已婚夫妇对其所处婚姻关系的主观评价，且婚姻满意度的高低对于婚姻的稳定性与婚姻质量有重要影响。随后，有不少研究者就其概念、内容及维度等展开了探讨，也一致认为，婚姻满意度是已婚夫妇对其婚姻关系满意程度的评估，是衡量婚姻生活质量的重要指标（王存同、余姣，2013）。婚姻满意度已经作为婚姻质量的一个不可或缺的组成成分，其高低成为评价婚姻质量的主要方面，婚姻满意度越高，婚姻的质量往往越高（孙丽岩等，2002）。风笑天和易松国（2000）分析了婚姻质量对城市居民家庭生活质量的影响，发现婚姻满意度是影响城市居民家庭生活质量的第二重要因素，标准回归系数达到 0.21。

国内关于中小学教师工作家庭界面的研究中涉及的相关变量有社会支持、工作满意度、生活满意度、职业倦怠、主观幸福感、离职意向等。如，工作家庭关系良好的个体，在工作中具有更多的活力、奉献和专注，表现出的离职意向较少（曾练平等，2021b）；工作与家庭冲突是影响教师工作满意度的重要因素（李一飞、王烈，2019）。李一飞和王烈（2019）认为教师工作繁忙，需要消耗大量的精力，家庭方面若还持续带来困扰，必将加剧教师的心理负担，不良的情绪围绕会降低教师的工作体验，带来低的工作满意度。若这些状况得不到有效的缓解和释放，会导致人们的心理状态长期失衡、生理健康状况不佳、心理功能减退，进而影响工作质量，产生一定的职业倦怠问题；与家人、朋友、社会间的关系出现复杂化，造成工作与家庭之间的冲突，影响生活质量，进而降低了生活满意度。因此，对于教师工作满意度的研究有利于掌握教师的心理状态，可充分调动教师工作的积极性，为促进教师的成长和进步创造有利条件。由此，提出研究假设 H1：婚姻满意度负向预测教师失范行为。

二、婚姻满意度的中介作用

教师工作满意度的高低影响着他们的工作积极性，影响教师工作绩效的提高和教师队伍的稳定（兰惠敏，2007），对学校教育的成效产生重要影响（徐志勇、赵志红，2012）。所以，研究教师工作满意度一方面可以为提高学校效能提供依据，另一方面还可为提高教师的工作生活质量提供建议。

本章第三节初步研究了工作满意度对教师失范行为的影响。但是，教师的工作满意度是否会影响教师的婚姻满意度并进而影响教师的失范行为，是一个值得探讨的问题。为此，本节拟选择工作满意度和婚姻满意度两个变量来探讨两者对教师失范行为的影响，以考察教师工作满意度（自变量）与教师失范行为（因变量）的关系以及婚姻满意度（中介变量）在两者间的中介作用。而工作—家庭关系对工作绩效影响的确认，有利于学校组织根据变量间是否存在关系以及关系如何而设计出台相应管理措施，降低冲突或提升促进，以提升教师的工作绩效，从而为学校创造竞争优势，因而具有重要的理论意义和决策指导意义。

工作家庭促进用来描述工作角色和家庭角色间的积极关系，其被定义为工作（或家庭）角色的经历能够改善家庭（或工作）角色的经历（Greenhaus and Powell，2006）。当个体经历有促进作用时，工作或家庭责任履行的想法将帮助其建立和拓展心理和智力资源，因而一个角色的资源可以用来提升另一角色的绩效（Carlson et al.，2011）。在1997年，易松国研究了影响城市人婚姻质量的主要因素有三个，即配偶理解程度、家庭关系以及是否为用钱而不和，其他变量如工作满意度、居住满意度、家庭发言权和家庭收入等对婚姻满意度的影响较小，且未达到显著性水平。但是，秦兰岚等（2019）的研究发现，工作满意度与婚姻质量呈显著正相关。而本节试图进一步探究工作满意度对教师婚姻满意度是否存在影响，因此，提出研究假设 H2：工作满意度与教师的婚姻满意度呈显著正相关。

曾练平等（2021b）研究发现：与家庭侵扰工作相比，中小学教师工作侵扰家庭的程度更高，个体更多地感受到工作对家庭的负面影响，而与工作促进家庭相比，中小学教师家庭促进工作的程度更高，个体更多地感受到家庭对工作的积极影响。而根据工作家庭关系理论，工作与家庭是相互影响的。秦兰岚等（2019）的研究结果显示职业母亲的工作满意度可以通过婚姻质量间接作用于总体的养育压力，体现了工作对家庭的影响，但是，是否工作对家庭的影响进而反映到对工作行为的影响需要进一步研究。而前面的研究已经检验了工作满意度与教师失范行为的关系：教师工作满意度与教师失范行为是显著的负相关。因此，可以提出研究假设 H3：婚姻满意度在工作满意度影响教师失范行为中起着中介作用。

三、研究方法

（一）研究被试

本次调查采用方便取样法，在山东省青岛、德州、临沂以及枣庄四个地区各抽取小学、中学、高中一所学校进行调查，共发放 700 份问卷，回收有效问卷 608 份，有效率为 86.86%。为了研究婚姻满意度，删除了未婚 96 人以及丧偶与离异等 14 人的数据，最后保留 512 份数据。其中，参与调查的教师平均年龄为 39.54（±8.04）岁，最小 23 岁，最大 59 岁；男教师有 195 人（38.09%），女教师有 317 人（61.91%）；其中小学教师有 183 人（35.74%），初中教师有 191 人（37.30%），高中教师有 138 人（26.95%）；中专学历的有 15 人（2.93%），大专学历的有 46 人（8.98%），本科学历的有 393 人（76.76%），硕士学位的有 58 人（11.33%）；0~5 年教龄的有 82 人（16.02%），6~10 年教龄的有 94 人（18.36%），11~15 年教龄的有 83 人（16.21%），15 年以上教龄的有 253 人（49.41%）；初级职称有 148 人（28.91%），中级职称有 278 人（54.30%），高级职称有 76 人（14.84%），缺失 10 人（1.95%）。

（二）研究工具

1. 婚姻满意度的测量

为了从多个角度考察夫妻婚姻质量，研究者们编制了许多有效的测验，但这些测验各有其偏向。如奥尔森（Olson，1981）所编制的婚姻关系量表是最为全面的，得到了国内外的一致认可并广泛使用，主要包含了过分理想化、婚姻满意度、性格相容性、夫妻交流、解决冲突的方式、经济安排、业余活动、性生活、子女和婚姻、与亲友的关系、角色平等性以及信仰一致性 12 个方面（汪向东等，1999，P154）。程灶火等（2004）根据婚姻质量的定义编制了由 90 个条目组成的婚姻质量问卷，包含性格相容、夫妻交流、化解冲突、经济安排、业余活动、情感与性、子女与婚姻、亲友关系、家庭角色、生活观念等 10 个因子；而为了简化研究的题目以及具有中国样本研究背景的问卷，本研究采用舍克等（Shek et al.，1992）编制的中文版 C – KMS 量表（Kansas marital satisfaction scale）来测量中小学教师的婚姻满意感。中文版 C – KMS 是一个比较理想的测量中国人婚姻满意感的工具（李虹、陈启芳，2002）。这个量表包括三个题目，分别测量教师对于配偶、婚姻、婚姻关系等的满意程度，使用李克特 7 点计分，得分越高说明教师对自己婚姻的满意度越高。KMS 与其他同类量表相比较，例如：诺顿（Norton，1983）的婚姻质量指标，罗奇等（Roach et al.，1981）的婚姻满意感量表，KMS 则特别简短易行，使用方便，而且 KMS 三个题目只涉及对婚姻满意程度结果的主观感觉或评价，不涉及对任何具体问题的看法。换句话说，这个量表不涉及价值观及社会文化因素。因此，它比较适合不同文化中的人群（李虹、陈启芳，2002）。另外，KMS 在国外应用较为广泛，具有良好信度和效度，并且李虹和陈启芳于 2002 年研制了 C – KMS 的北京和香港婚姻满意感常模。本研究中 C – KMS 量表的内部一致性系数为 0.940。

2. 工作满意度的测量

采用本章第三节使用的卡马姆等（Cammam et al.，1993）编制的整体工作满意度量表，得分越高，表示教师在该项目上的满意度越高。本研究中教师工作满意度量表的内部一致性系数为 0.643。

3. 教师失范行为的测量

采用本章第一节初步编制的《中小学教师失范行为量表》，得分越高说明教师失范行为越严重。本研究中教师失范行为量表的内部一致性系数为 0.972，其中情绪情感失范维度的内部一致性系数为 0.950，职业品德失范维度的内部一致性系数为 0.923，价值取向失范维度的内部一致性系数为 0.917。

四、研究结果

采用 SPSS 20.0 统计软件对研究数据进行管理与统计分析。本节主要采用描述统计和回归分析等统计技术探讨中小学教师的工作满意度、婚姻满意度以及教师失范行为之间的关系，并检验婚姻满意度在工作满意度与教师失范行为之间的中介作用。

首先，对相关研究变量进行描述性统计分析。研究结果显示（见表 3 – 13），婚姻满意度与工作满意度的相关性是显著的正相关（r =

0.416，p＜0.01），研究假设 H2 得到了验证。婚姻满意度与三种教师失范行为的相关系数都是显著的负相关：与情绪情感失范行为的相关系数为 −0.249（p＜0.01），与职业品德失范行为的相关系数为 −0.186（p＜0.01），与价值取向失范行为的相关系数为 −0.274（p＜0.01）。而各种教师失范行为之间的相关性都是显著的正相关（p＜0.01）。另外，工作满意度与三种教师失范行为的相关系数也都是显著的负相关：与情绪情感失范行为的相关系数为 −0.168（p＜0.01），与职业品德失范行为的相关系数为 −0.154（p＜0.01），与价值取向失范行为的相关系数为 −0.199（p＜0.01）。

表 3−13　　　　　各变量的平均数与相关系数（n＝512）

变量	M	SD	1	2	3	4
1. 婚姻满意度	5.969	0.905				
2. 工作满意度	5.458	1.101	0.416**			
3. 情绪情感失范	1.290	0.658	−0.249**	−0.168**		
4. 职业品德失范	1.269	0.622	−0.186**	−0.154**	0.846**	
5. 价值取向失范	1.315	0.644	−0.274**	−0.199**	0.847**	0.883**

其次，研究婚姻满意度对教师失范行为的影响。采用层级回归分析技术进行数据分析，第一层为控制的 5 个人口学变量，包括性别、学历、教龄、职称、学段，第二层为预测变量婚姻满意度，因变量为三种教师失范行为。表 3−14 的结果显示，婚姻满意度可以显著负向预测中小学教师的三种教师失范行为，研究假设 H1 得到了验证。其中婚姻满意度对教师情绪情感失范行为的标准化回归系数为 −0.267（p＜0.01），可以增加 6.7% 对教师情绪情感失范行为的解释率；婚姻满意度对教师职业品德失范行为的标准化回归系数为 −0.212（p＜0.01），可以增加 4.3% 对教师职业品德失范行为的解释率；婚姻满意度对教师价值取向失范行为的标准化回归系数为 −0.286（p＜0.01），可以增加 7.7% 对教师价值取向失范行为的解释率。

表 3 – 14   婚姻满意度对教师失范行为的回归 （n = 512）

变量	情绪情感失范		职业品德失范		价值取向失范	
	第一步	第二步	第一步	第二步	第一步	第二步
第一步：控制变量						
性别	− 0.005	− 0.034	− 0.006	− 0.029	− 0.013	− 0.044
学历	− 0.163 **	− 0.120 *	− 0.101 *	− 0.067	− 0.154 **	− 0.108 *
教龄	− 0.205 **	− 0.226 **	− 0.210 **	− 0.226 **	− 0.164 **	− 0.187 **
职称	0.104 *	0.121 *	0.146 **	0.160 **	0.093	0.111 *
学段	− 0.001	0.001	− 0.024	− 0.022	− 0.027	− 0.025
第二步：预测变量						
婚姻满意度		− 0.267 **		− 0.212 **		− 0.286 **
R^2	0.047	0.114	0.045	0.087	0.036	0.114
ΔR^2		0.067 **		0.043 **		0.077 **
F	4.868 **	10.644 **	4.650 **	7.892 **	3.736 **	10.573 **

最后，分析婚姻满意度的中介作用。在采用逐步回归法进行中介效应检验前，首先对变量做中心化处理。然后，采用层级回归分析，第一层控制性别、学历、教龄、职称、学段等 5 个人口学变量，第二层为预测变量。自变量为工作满意度，因变量为三种教师失范行为，中介效应检验的结果见表 3 – 14。

1. 婚姻满意度在工作满意度与教师情绪情感失范行为间的中介效应

表 3 – 15 显示的中介效应检验结果表明：婚姻满意度在工作满意度影响教师情绪情感失范行为中起到完全中介作用，而中介效应示意图如图 3 – 8 所示。

表 3 – 15   工作满意度对情绪情感失范行为的影响 （n = 512）

变量	情绪情感失范			婚姻满意度	
	第一步	第二步	第三步	第一步	第二步
第一步：控制变量					
性别	− 0.005	− 0.017	− 0.035	− 0.107 *	− 0.078

续表

变量	情绪情感失范			婚姻满意度	
	第一步	第二步	第三步	第一步	第二步
学历	− 0.163 **	− 0.144 **	− 0.117 *	0.160 **	0.114 **
教龄	− 0.205 **	− 0.197 **	− 0.221 **	− 0.078	− 0.100 *
职称	0.104 *	0.114 *	0.123 *	0.063	0.039
学段	− 0.001	− 0.009	− 0.002	0.007	0.026
第二步：预测变量					
工作满意度（c）		− 0.162 **			
工作满意度（a）					0.412 **
婚姻满意度（b）			− 0.240 **		
工作满意度（c′）			− 0.064		
R^2	0.047	0.073	0.118	0.055	0.221
ΔR^2		0.026 **	0.071 **		0.167 **
F	4.868 **	6.464 **	9.399 **	5.764	23.467 **

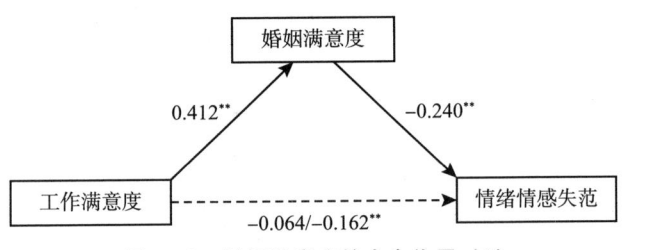

图 3 − 8　婚姻满意度的中介作用（1）

2. 婚姻满意度在工作满意度与教师职业品德失范行为间的中介效应

表 3 − 16 显示的中介效应检验结果表明：婚姻满意度在工作满意度影响教师情绪情感失范行为中起到完全中介作用，而中介效应示意图如图 3 − 9 所示。

表3-16 工作满意度对职业品德失范行为的影响（n=512）

变量	职业品德失范			婚姻满意度	
	第一步	第二步	第三步	第一步	第二步
第一步：控制变量					
性别	-0.006	-0.017	-0.031	-0.107*	-0.078
学历	-0.101*	-0.084	-0.064	0.160**	0.114**
教龄	-0.210**	-0.202**	-0.219**	-0.078	-0.100*
职称	0.146**	0.156**	0.162**	0.063	0.039
学段	-0.024	-0.031	-0.026	0.007	0.026
第二步：预测变量					
工作满意度（c）		-0.156**			
工作满意度（a）					0.412**
婚姻满意度（b）			-0.177**		
工作满意度（c′）			-0.083		
R^2	0.045	0.069	0.093	0.055	0.221
ΔR^2		0.024**	0.048**		0.167**
F	4.650*	6.079**	7.227**	5.764	23.467**

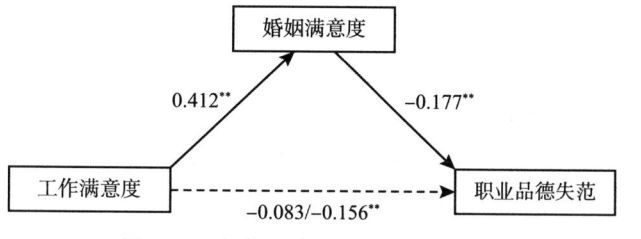

图3-9 婚姻满意度的中介作用（2）

3. 婚姻满意度在工作满意度与教师价值取向失范行为间的中介效应

表3-17显示的中介效应检验结果表明：婚姻满意度在工作满意度影响教师情绪情感失范行为中起到完全中介作用，而中介效应示意图如图3-10所示。

表 3-17　　工作满意度对价值取向失范行为的影响（n=512）

变量	价值取向失范			婚姻满意度	
	第一步	第二步	第三步	第一步	第二步
第一步：控制变量					
性别	-0.013	-0.027	-0.046	-0.107*	-0.078
学历	-0.154**	-0.132*	-0.104*	0.160**	0.114**
教龄	-0.164**	-0.154**	-0.179**	-0.078	-0.100*
职称	0.093	0.104*	0.114*	0.063	0.039
学段	-0.027	-0.036	-0.030	0.007	0.026
第二步：预测变量					
工作满意度（c）		-0.194**			
工作满意度（a）					0.412**
婚姻满意度（b）			-0.246**		
工作满意度（c'）			-0.092		
R^2	0.036	0.073	0.120	0.055	0.221
ΔR^2		0.037**	0.084**		0.167**
F	3.736**	6.515**	9.668**	5.764	23.467**

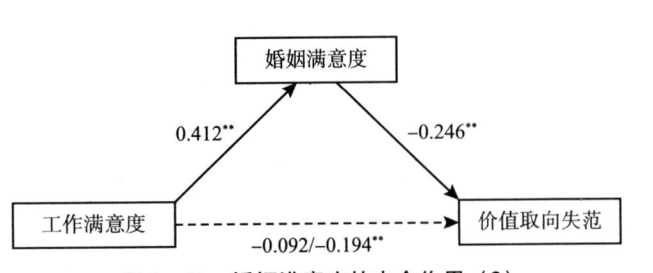

图 3-10　婚姻满意度的中介作用（3）

　　总之，从图 3-8、图 3-9 以及图 3-10 所示的中介效应来看，婚姻满意度在工作满意度影响教师失范行为中起着完全中介作用，研究假设 H3 得到了验证。

五、研究讨论

国外的研究发现，长期的工作家庭冲突预示着绝望、抑郁、更差的身体健康状况以及压力增加等。同样，工作家庭冲突还会对人们的工作满意感、组织承诺及工作生活质量等带来消极影响。而教师的工作满意度影响着教师工作积极性的发挥，影响到学校的教育与教学质量，而且，它还会制约教师心理健康的发展。过去的学校管理者不太重视教师的工作满意度研究，而较重视政策制度对教师的约束，这就限制了中小学教师对各种工作条件和社会心理环境的合理选择，不利于满足教师在工作、生活及学习中的心理要求，导致教师工作积极性不高，学校也很难形成一支具有战斗力的师资队伍。为此，本节从工作家庭关系的视角考察了工作满意度、婚姻满意度以及教师失范行为的关系。

（一）婚姻满意度对教师失范行为的影响分析

表3-13和表3-14的结果显示，不仅婚姻满意度与三种教师失范行为的关系都是显著的负相关关系，而且婚姻满意度负向预测了教师失范行为，即当教师对于婚姻的满意度下降时，更容易出现教师失范行为。这说明中小学教师的婚姻质量越高，他们出现失范行为的可能性就越少。出现这一现象的可能原因有三：（1）教师的婚姻满意度越高说明他们的婚姻质量就越高，而婚姻满意度包含于生活满意度之中，从而他们对生活的满意度也就越高。当教师对自己生活的各个方面感到满意，其消极的情绪也就相对较少，消极行为出现的概率也会降低。（2）有研究表明，婚姻家庭是教师压力源之一。当教师的婚姻质量不高时，这种压力就会增大，教师失范行为出现的也就越多；当教师的婚姻质量较高时，这种压力就相对较少，教师失范行为出现的概率就较少。（3）有研究表明，婚姻质量的好坏影响当事人心理健康程度。当婚姻质量比较高时，当事人自我感觉幸福，心理健康的水平也就较高，出现反生产行为的概率就会比较低。所以，婚姻满意度是夫妻双

方针对自己的婚姻情况所作出的主观评价，婚姻满意度对婚姻质量、婚姻中的幸福感等都有重要的影响，并且婚姻满意度也会对教师的行为产生影响。一个人的婚姻满意度较高时，他就会长期处于一个积极乐观的状态里。相反，若婚姻满意度较低时，则会使人长期处于一种压抑的状态之中，这种压抑会对教师的行为产生潜移默化的影响，甚至作出一些失范行为。

（二）婚姻满意度的中介作用分析

表 3-13 以及表 3-15、表 3-16 和表 3-17 的结果显示：（1）不仅工作满意度与教师失范行为是显著的负相关，而且可以负向预测教师失范行为。这说明当教师对工作的满意度下降时，更容易出现教师失范行为。（2）工作满意度与婚姻满意度是显著的正相关，这说明教师对工作的满意度越高，越会促进教师个体的婚姻满意度的提升。（3）工作满意度对教师婚姻满意度的正向影响，说明工作与家庭关系的增益性，将会促进教师进行家庭与工作之间的调适与平衡，使家庭的婚姻生活与工作两者之间和谐统一。

而从图 3-8、图 3-9 以及图 3-10 所示的中介效应来看，婚姻满意度在工作满意度影响教师失范行为中起着完全中介作用。这说明了影响教师失范行为的因素不仅仅来自工作满意度或者婚姻满意度的影响，而且工作态度或者情绪均会影响教师的家庭婚姻质量，同样，家庭婚姻质量也会影响教师的工作绩效。

总之，婚姻与工作有着密不可分的联系，彼此相互影响。一方面，中小学教师的良好的婚姻体验会影响到他们的工作体验，而工作体验又会进一步影响到他们的工作行为表现；另一方面，中小学教师的良好的工作体验会影响他们的家庭关系以及婚姻质量，而良好的家庭关系产生的积极的婚姻体验又会进一步影响到他们的工作行为表现。

尽管工作—家庭冲突理论和工作—家庭增益理论都证明了工作与家庭的互动关系对员工行为的重要影响，本节初步探索了教师家庭生活中的婚姻质量（婚姻满意度）对其失范行为的影响，但是仅从工作对家庭影响的视角考察了工作满意度、婚姻满意度以及教师失范行为的关系。今后还需要从家庭对工作影响的视角考察婚姻质量、工作态度（如工作满意度、组织承诺）与教师失范行为的关系。再者，今后还可以进一步根据工作—家庭关系对工作行为的影响机制为理论依据，开展对教师失范行为的影响研究，即教师的工作—家庭跨界效应对教师失范行为的产生是积极的影响还是消极的影响。具体来说，教师的工作—家庭冲突是否会增加教师失范行为产生，或者教师的工作—家庭增益是否会抑制教师失范行为产生。这些问题都有待今后深入研究。

第五节　研究结论与展望

20 世纪 50 年代美国学者索罗尔（Srole，1956）讨论了失范的心理特征，并从个体心理层面上而不是文化因素来关注失范的特点，认为个体的失范可以由社会失范来解释，但是心理失范可以产生社会失范。基于此，他发展出一套在心理层面上测量失范的量表。这为失范行为的实证性量化研究奠定了基础。朱力（2007）评价了索罗尔的失范量表，不管怎样，索罗尔从心理学的视角第一次触及了失范的心理属性，索罗尔的失范量表为失范概念提供了一个经验的基础。通过一种在经验上行之有效的失范量表的解说，使其解释重点从失范的结构性因素转向了心理环境对个体的态度和条件影响，失范不再是一种有待解释的现象，而是成为一种解释变量。至此，本书梳理了教师失范行为的基本内涵，把教师失范行为定义为类似于企业组织中反生产行为的一种越轨行为，是一个可以测量的教师越轨行为。通过对教师失范行为的初步界定与量表开发，为教师失范行为的研究提出了一个参考工具，并进一步分析了个体因素、组织情境与家庭因素对教师失范行为的影响。

一、研究结论

（一）教师失范行为的内涵与结构界定

本书前面已研究了教师失范行为的内涵，把教师失范行为作为一种工作绩效，用来特指教师在工作中所表现出的一种类似于反生产行为的教师越轨行为或者偏差行为。通过文献分析与访谈研究，编制了一个包含33个题目的《中小学教师失范行为量表》的原始问卷。然后，在大样本调查的基础上，通过探索性因素分析和验证性因素分析，最终得到了一个包含三个维度16个题目的中小学教师失范行为的测量量表，其中三个维度分别为：情绪情感失范、价值取向失范、职业品德失范等失范行为类型。初步建构的《中小学教师失范行为量表》达到了心理测量学的要求，可以作为一种研究工具使用。

为了进一步探究教师失范行为的独特性，优势分析技术（DA）的统计结果表明：教师工作伦理的三个维度（目标追求、工作意义、行为品质）对不同工作绩效的预测力是不同的。（1）在教师任务绩效方面，目标追求对其预测力最强，其次是工作意义，而行为品质的影响可以忽略不计。（2）在教师组织公民行为方面，工作意义对其预测力最强，其次是目标追求，再次是行为品质。（3）在教师失范行为方面，行为品质对其预测力最强，其次是目标追求，而预测力最低的是工作意义。所以，从这一研究结果进一步证明了组织公民行为、教师失范行为与任务绩效三个之间是不同性质的工作绩效。

（二）教师失范行为的影响机制分析

本章分别从教师个体因素、组织因素以及家庭因素等视角研究了对中小学教师失范行为的影响机制。

首先，本章从个体的视角研究了教师个体的人格与工作伦理对中小学教师失范行为的影响。

研究结果表明：尽管尽责性、宜人性和神经质三种人格特质与教师失范行为及其三个维度（情绪情感失范、价值取向失范、职业品德失范）间存在显著的相关关系，但是，回归分析的结果表明尽责性人格特质显著负向预测教师的失范行为，神经质人格特质显著正向预测教师的失范行为，而宜人性人格特质则不能显著预测教师的失范行为。而进一步中介效应分析的结果显示：教师工作伦理在人格特质变量影响教师失范行为中起到中介作用。但是，在不同的人格特质对教师失范行为的影响中，不同工作伦理所起的中介作用是不同的。从人格特质对教师失范行为的影响来看，目标追求、工作意义和行为品质三种工作伦理在宜人性影响教师失范行为中起完全中介作用；目标追求、工作意义和行为品质三种工作伦理在神经质影响教师失范行为中都起着部分中介作用；但是，行为品质工作伦理在尽责性影响教师失范行为中具有完全中介作用，工作意义和目标追求这两种工作伦理在其中起到的则是部分中介效应。

其次，本章从组织的视角研究了组织伦理气氛、组织公平、工作满意度、心理契约破裂等因素对中小学教师失范行为的影响。

对于组织伦理气氛来说，其不仅可以显著预测中小学教师的失范行为，而且工作伦理在组织伦理气氛影响教师失范行为中起着中介作用。从组织伦理气氛对教师失范行为的影响来看，关怀导向、规则导向和自利导向三种组织伦理气氛与教师工作伦理的三个维度（工作意义、行为品质、目标追求）间存在显著的相关关系。层级回归分析的结果表明：关怀导向伦理气氛正向预测教师工作伦理，即关怀导向伦理气氛分别正向预测教师工作伦理的工作意义、行为品质、目标追求；规则导向伦理气氛正向预测教师工作伦理，即规则导向伦理气氛分别正向预测教师工作伦理的工作意义、行为品质、目标追求；而自利导向伦理气氛则是负向影响教师工作伦理，即自利导向伦理气氛分别负向预测教师工作伦理的工作意义、行为品质、目标追求。从路径分析的中介效应来看，目标追求、工作意义和行为品质三种教师工作伦理在关怀导向伦理气氛影响教师失范行为中都起着完全中介作用；目标追求、工作意义和行为品质三种教师工作伦理在自利导向伦理气氛影响教师失范行为中都起着部分中介作用；而行为品质工作伦理在规则导向伦理气氛影响教师失范行为中具有完全中介作用，但是工作意义和目标追求这两种教师工作伦理起到的则是部分中介效应。

对于组织公平来说，其不仅可以显著预测中小学教师的失范行为，而且工作满意度和心理契约（破裂）分别在组织公平影响中小学教师失范行为中起着中介作用。研究结果显示：（1）组织公平感负向预测教师失范行为，正向预测教师工作满意度，负向预测教师心理契约破裂；（2）工作满意度负向预测教师失范行为，并且工作满意度在组织公平感与教师失范行为之间起完全中介作用；（3）心理契约破裂正向预测教师失范行为，并且心理契约破裂在组织公平感与教师失范行为之间起完全中介作用。

最后，本章从工作与家庭关系的互动视角研究了工作满意度、婚姻满意度对中小学教师失范行为的影响。

研究结果显示：（1）中小学教师的婚姻质量负向预测教师失范行为，即教师的婚姻满意度越高，教师失范行为越少；（2）中小学教师的工作满意度和婚姻满意度显著正相关，即教师工作满意度越高，教师失范行为越少；（3）婚姻满意度作为工作满意度与教师失范行为关系的中介变量，起到的中介作用是完全中介。研究结果说明，在工作与家庭的互动中，工作满意度会提升教师的婚姻满意度，而婚姻满意度则会进一步抑制教师失范行为的发生。

二、研究展望

随着国家与社会对教师行为的要求提高，教师失范行为的研究将是今后教师行为研究的重要内容，尤其对其影响机制的研究将会为我们制定减少教师失范行为发生的管理制度、政策或者措施提供依据，有助于促进学校管理绩效的提升。

本章初步研究了学校组织气氛、组织公平感、心理契约破裂、工作满意度等组织情境因素、教师家庭环境因素的婚姻满意度以及教师的人格特质、工作伦理等个体因素对中小学教师失范行为的影响机制，分别检验了工作伦理、工作满意度、心理契约破裂以及婚姻满意度的中介效应，但是，教师失范行为的中介变量应该还有很多，需要研究者们进一步发现和检验。另外，本章涉及的心理契约破裂（认知变量）与工作满意度（态度变量）两个不同的组织变量是否在组织公平感与教师失范行为之间具有链式中介效应并没有检验，还需要今后进一步研究。

同时，需要指出的是，本书初步编制的教师失范行为量表比较简单，只是对教师失范行为测量研究的初步探索。这个量表中的题目过于直白与尖锐，这可能会导致教师由于社会称许性而不会按照自己的实际情况与内心的真实想法作答，甚至有的教师因为顾虑他人的看法与社会舆论而作出违背实际情况的回答。因此，在未来的研究中需要研究者们进一步开发教师失范行为量表。加强对教师失范行为量表的进一步研发或者修订，有助于为深入研究教师失范行为提供测量工具。

总之，教师的失范行为不仅在一定程度上破坏了学校正常的教育教学秩序，使得学校教育的效果大大削弱，而且还大大地影响了教师的职业形象与社会地位，更为重要的是极大地影响了学生的身心健康发展，很有可能产生问题学生。然而，中小学教师的失范行为不只是教师个人单方面的失职问题或人格问题，更有可能是学校和有关教育部门的失职。希望学校和教育部门能够重视教师的工作环境建设与家庭婚姻问题，促进健康而积极的教师行为。

第四章

教师失范行为结构的再界定

第一节 教师失范行为结构的理论研究

一、教师失范行为结构的理论构建

基于已有对教师失范行为的研究，如马和民（2002）、肖美艳（2006）、马会梅（2007）、林立新（2007）和申明（2009）等，本章把教师失范划分为三类：情绪情感失范、价值观念失范、职业品德失范。需要说明的是，本章三个分类的内涵与已有的研究略有差异，价值观念失范的内涵直接借鉴马和民（2002）、马会梅（2007）、林立新（2007）以及申明（2009）的价值取向型失范行为，而"职业品德失范"还包含了马和民（2002）、马会梅（2007）和林立新（2007）的目的型失范行为，同时，情绪情感失范包含了肖美艳（2006）的攻击型失范行为。为此，本章综合了前人的研究结果，根据教师个体不当行为产生的目的是否具有功利性或者不当行为是否符合教师的职业道德（或操守），而从理论上把教师失范行为分为情绪情感失范行为、价值观念失范行为、职业品德失范行为三类。

（一）情绪情感失范行为

情绪情感失范行为（emotional anomie behavior），即情绪型失范行为，是指教师在情绪情感方面的失范行为，具体来说是指教师为了满足自己生理、心理或者情感上的需要而作出的不当行为。这些不当行为的共同特征是其行为目的既非功利性的，也非价值取向方面的不当行为，而是由于教师的个体需求没有得到满足或者某种想法受挫而引起的不当行为。这些失范行为的非理性成分比较突出，甚至有时不计行为后果。例如，某些教师会把因为自身情感受挫或者工作不顺等引发的消极情绪发泄到学生身上，把学生当成出气的对象，体罚或变相体罚学生；某些教师会偏心自己喜欢的所谓的"好学生"，冷漠自己不喜欢的所谓的"差学生"，忽视一般学生等；某些教师在处理师生冲突事件时，出于维护自身的权威心理，打骂学生，甚至会在报复心理的驱使下做出过度体罚学生的行为；个别教师会由于自己的偏激、暴躁或者苛刻的性格而无限放大学生的过错，严重伤害学生的自尊。

（二）价值观念失范行为

价值观念失范行为（ovalue-orientation anomie behavior），即观念型失范行为，是指教师在价值观念或价值取向方面的失范行为，具体来说是指教师虽然没有主观上的失范意愿，然而由于其价值观念与国家主导的教育观念相背离而导致的有违当代教师职业规范的不当行为。例如，有些教师的职业观念或做法有违当代的教育理念、教育的法律法规；有些教师由于因循传统习俗、传统教育观念与方法等而违背当代教育规范所造成的不当行为；有些教师因受传统"师道尊严"思想的影响而违背现代教育理念，而对学生作出的过分严厉或滥施惩戒行为；有些教师往往不负责任地把个人对社会、对学校不满的消极思想毫无遮拦地在学生面前释放。总之，这类教师失范行为多是教师本人自认为正确的，但是却不符合现代教育理念的不当行为。

（三）职业品德失范行为

职业品德失范行为（professional moral anomie behavior），即品德型失范行为，是指教师在职业品德方面的失范行为，具体来说是指教师不能从严执教，采用有违教师的职业操守，或者采用违背教育规范的手段以谋取自身（或学校）利益的不当行为。这些行为多指教师为了某些功利性的利益而采取的不符合教师职业道德的不当行为。例如，有些教师为了提高自己的经济收入而热衷于进行有偿家教；有些教师失范行为则是相对隐蔽的，以教谋私，利用学生或家长为学校帮忙或者为自己谋利；有些教师为了提升班级成绩或者为了晋升甚至弄虚作假；有些教师不能平等对待家长或不尊重家长。

上述三类教师失范行为的区分只是相对而言的。在现实中，教师失范行为的表现形式与类型显然要复杂得多，甚至有的教师失范行为可能兼具不同类型的成分（申明，2009）。而本章关于教师失范行为的定义仅仅关注的是教师的不当行为，而不是违法行为。

二、教师失范行为结构量表的编制

（一）编制教师失范行为结构量表的题目库

通过文献回顾，选取杨金国（2004）、吴爱惠（2005）、肖美艳（2006）、郑全全团队（2005，2006，2009）、魏祥迁（2013a）等研究者开发的比较有代表性的 5 个问卷，作为本章原始问卷的题目库。因为这些问卷已经被国内多数研究采用，说明这些问卷在一定程度上被学者们认可。比如，沈杰等（2005）、毛华配等（2006）以及朱建民等（2009）研究都是基于郑全全团队编制的教师问题行为问卷，而张艺铭（2015）的研究是直接借用吴爱惠（2005）编制的中小学教师问题行为问卷。

本章初步编制的问卷题目来源最多的是两个问卷：一个是吴爱惠（2005）编制的中小学教师问题行为。由于这个问卷被其他研究者使用得比较多，初步保留了90个原始题目。另一个是郑全全团队编制的教师问题行为问卷（沈杰等，2005；毛华配、郑全全，2006；朱建民等，2009）。由于这个问卷的信效度比较好，保留了其初步编制的57个原始题目。其他的问卷题目分别选取杨金国（2004）筛选出的比较有代表性的18个中小学教师职业道德失范行为；肖美艳（2006）编制的中小学教师教学行为失范中比较有代表性的26个题目；魏祥迁（2013a）初步编制的教师失范行为量表的16个题目。因此，最终建构了由207个题目构成的中小学教师失范行为结构量表的题目库。

（二）专家组评定与筛选量表题目

首先，课题主持人对207个题目进行初步整理。通过删除重复的题目、合并语义类似的题目，最终初步保留了180个题目。

其次，评价小组对题目进行归类。评价小组由1名教授（心理学博士），两名副教授（心理学博士与硕士各1人）和两名讲师（心理学博士与硕士各1人）共5名心理学研究者组成。评价小组成员根据本章对教师失范行为的定义对题目进行归类，对不能纳入三种教师失范行为的题目进行删除，最后保留了109个题目，其中21个题目属于情绪情感失范行为，74个题目属于价值观念失范行为，14个题目属于职业品德失范行为。

最后，课题组成员对题目的内容进行评定，并根据定义进行分组，删除22个不合理的题目，保留87个题目。在保留的87个题目中，有11个题目来自杨金国（2004）的研究，有65个题目来自吴爱惠（2005）的研究，有26个题目来自肖美艳（2006）的研究，有37个题目来自郑全全团队的研究，有8个题目来自魏祥迁（2013a）的研究。所有题目累计出现的次数是147次。

（三）编制教师失范行为结构调查问卷

保留的87个题目分属于三种教师失范行为（详见附录一），其中21个题目属于情绪情感失范行为，52个题目属于价值观念失范行为，

14 个题目属于职业品德失范行为。对保留的 87 个题目打乱顺序，编制正式的《中小学教师失范行为问卷》。

第二节　教师失范行为结构的实证研究

因素分析是编制量表的基本技术，分为两个程序与过程，即探索性因素分析（EFA）和验证性因素分析（CFA）。在量表或问卷编制的程序上是首先进行 EFA，通过不断尝试，以求得量表最佳的因素结构；然后使用 CFA 来检验量表的结构效度与聚合效度。EFA 是用于探索因子与测量题目之间对应关系的统计技术。通过降维思想，EFA 将大部分原始数据信息用少量的因子（因素）来表达，并通过不断尝试，以求得量表最佳的因素结构。而 CFA 的目的在于检验假定的观察变量与假定的潜在变量间的关系（吴明隆，2010a），而在编制量表的过程中，CFA 用于验证因子与测量题目之间的对应关系，其目的在于进行效度验证。

一、教师失范行为结构的探索性因素分析

（一）研究对象与程序

1. 研究对象

2020 年 6 月，选取某普通高校公费师范生作为研究对象，对编制的《中小学教师失范行为问卷》的结构进行初步探索。通过问卷星在线问卷调查系统，共计获得了 1918 份问卷，有效问卷 1448 份，有效率为 75.50%。被试的最小年龄为 18 岁，最大年龄为 24 岁，平均年龄为 20.40（±1.25）岁；男生为 144 人（9.94%），女生为 1304 人（90.06%）；小学教育专业的学生有 502 人（34.67%），学前教育专业的学生有 823 人（56.84%），心理学专业的学生有 123 人（8.49%）；公费师范生有 438 人（30.25%），非公费师范生有 1010 人

（69.75％）；一年级有 482 人（33.29％），二年级有 377 人（26.04％），三年级有 494 人（34.12％），四年级有 95 人（6.56％）。

2. 研究程序

通常情况下，研究者首先利用一组样本来探索问卷的因素结构（EFA），而利用另一组样本来检验探索出的因素结构的契合度（CFA）。本节使用 SPSS 程序把调查样本 1448 人随机分成两组，即样本 1（748 人）与样本 2（700 人）。利用样本 1 的数据进行 EFA，样本 2 的数据进行 CFA（吴明隆，2010a）。

因素探索的基本程序就是对初步编制的问卷题目进行因素结构的试探性研究，通过 EFA 筛选出最具代表性的题目用来表示问卷的基本结构，其基本过程包括探因前、探因中以及探因后三个过程。本节选用 6 个指标作为项目分析的标准（见表 4－1）。

表 4－1　　　　　　　　　　项目分析的判标准则

	极端组比较	题目与总分的相关		同质性检验		
	决断值	题目与总分相关	校正题目与总分的相关	题目删除后的 α 值	共同度	因素负荷量
题目判标标准则	≥3.5	≥4.0	≥4.0	≤量表信度值	≥0.20	≥0.45

资料来源：表中的判断标准整理自吴明隆的《问卷统计分析实务：SPSS 操作与应用》，重庆大学出版社 2010 年版，第 192 页。

首先，在探因前对题目进行初步筛选，往往采用 4 种方法：临界比（决断值）、题目与总分的相关、校正题目与总分的相关、每个题目的共同度。其次，在探因中对题目进行筛选主要采用两种方法：题目的负荷量、是否存在跨因子的题目。最后，在探因后对题目进行筛选。为进一步检验探索性因素分析保留的题目质量，保证问卷的同质性，在探因后主要采用"题目删除后的 α 值是否增大"作为剔除与保留题目的依据。

3. 统计方法

利用 SPSS 20.0 与 AMOS 22.0 对数据进行 EFA 与 CFA 分析。

（二） 教师失范行为结构的探索性因素分析

由于三种不同构面的教师失范行为所描述的教师失范行为的特征与内涵是不同的，因此，中小学教师失范行为的不同构面的题目应该分属于三个不同的构面。为此，需要根据不同构面分别对教师失范行为做探索性因素分析。

1. 情绪情感失范行为的探因分析

（1）临界比分析。所有题目的临界比值满足 t 值≥3.5 的标准，其中最小的临界比值为 6.012 （p<0.001），因此，不需要删除任何题目。

（2）量表题目与总分的相关。在量表题目与总分的相关分析中，只有题目 Q114 与总分的相关系数小于 0.4 （r=0.161，p<0.001），其他题目与总分的相关系数大于 0.4，最小的相关系数 r=0.423 （p<0.001），满足 r≥0.4 的标准，因此，只需要删除题目 Q114，保留 20 个题目。

（3）校正项的总计相关性。在校正项的总计相关性中，只有题目 Q150 的校正项的总计相关性为 r=0.318，其他题目 r 值的最小值为 0.468 （r≥0.4），因此，只需要删除题目 Q150，最后保留 19 个题目。

（4）题目的共同度。保留的 19 个题目的共同度都大于 0.2，介于 0.271~0.669，无须删除题目。

（5）探因分析。首先，进行 KMO 和 Bartlett 的检验。结果显示 KMO=0.958，卡方值为 7383.257，df=171，p<0.001。满足进行 EFA 的条件，可进行 EFA。其次，采用特征根大于 1 的抽取法和最大方差法进行因子旋转，对保留的 19 个题目进行 EFA，形成两个因子。先删除探索出来的第二个因素中负荷最大的题目 Q143。由于该题目"学生多次犯错误，我会说下次再犯，我会把你交给学校处理或送回家去"与该因子下的其他题目的内容不相容，故删除之。然后，依次删除因素负荷没有超过 0.45 的题目 Q46，以及跨因子的题目 Q93、题目

Q109、题目 Q91，然后剩余 14 个题目。而由于题目 Q54 "有些老师为维护自己的权威对学生的提问不懂装懂" 与该因子下的其他题目的内容也不相容，影响该因子的命名，故删除题目 Q54。最后保留 13 个题目。探因的结果是两个因子，13 个题目，累计方差解释率为 58.484%（见图 4 - 1 和表 4 - 2），超过了 50.00% 的最低要求（吴明隆，2010b）。

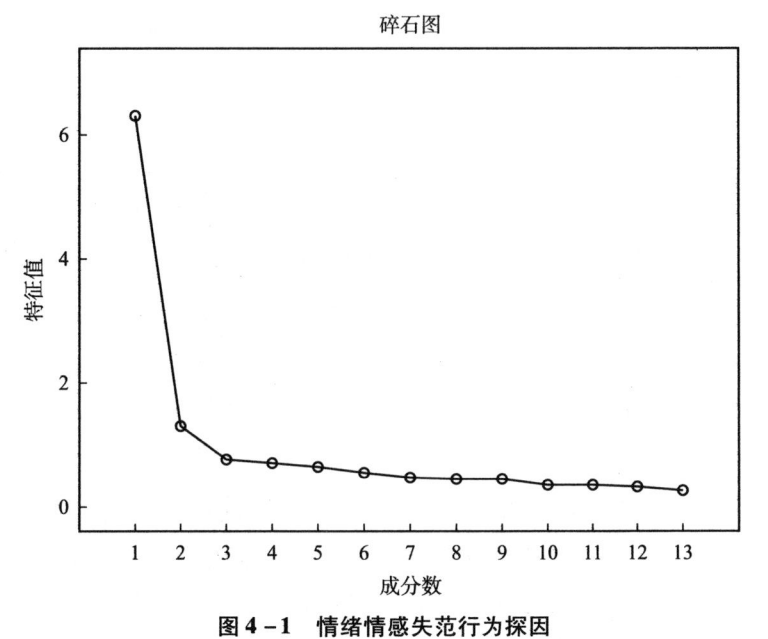

图 4 - 1　情绪情感失范行为探因

表 4 - 2　　　　　　　　　情绪情感失范行为的探因结果

变量	成分		共同度
	因子 1	因子 2	
Q147	0.770		0.657
Q152	0.727		0.661
Q138	0.710		0.511
Q148	0.701		0.634
Q153	0.697		0.498

变量	成分		共同度
	因子1	因子2	
Q141	0.665	0.407	0.608
Q170	0.515		0.386
Q62		0.750	0.691
Q69		0.743	0.567
Q60		0.739	0.554
Q79		0.731	0.897
Q61		0.707	0.665
Q58	0.438	0.614	0.568
特征值	6.298	1.305	
解释率（%）	29.880	28.605	
累计解释率（%）	58.484		

注：只显示负荷值大于0.40的因子负荷，本章其余表格含义下同。

（6）题目的内部一致性检验。根据"题目删除后的 α 值≤量表的信度"的标准，验证题目的内部效度，不需要删除题目（见表4－3），保留13个题目。最后，情绪情感失范行为量表的内部一致性系数为0.907。

表4－3 情绪情感失范行为题目的信度分析

变量	项已删除的刻度均值	项已删除的刻度方差	校正的项总计相关性	项已删除的 α 值
Q58	19.1885	44.713	0.671	0.898
Q60	19.2861	46.799	0.504	0.904
Q61	19.2781	45.077	0.647	0.899
Q62	19.3436	45.190	0.712	0.896
Q69	19.4505	47.265	0.531	0.903

续表

变量	项已删除的刻度均值	项已删除的刻度方差	校正的项总计相关性	项已删除的 α 值
Q79	19.3489	44.988	0.701	0.897
Q138	18.7620	44.985	0.505	0.907
Q141	19.2326	44.256	0.704	0.896
Q147	19.1283	44.321	0.673	0.897
Q148	19.2152	44.549	0.708	0.896
Q152	19.2299	44.646	0.720	0.896
Q153	18.7487	45.763	0.521	0.904
Q170	19.1564	46.057	0.542	0.903

因此，第一个构面"情绪情感失范行为"的 EFA 的结果是保留 13 个题目，两个因子，其中因素 1 被命名为"漠视学生失范行为"，包含 7 个题目；因素 2 被命名为"偏爱学生失范行为"，包含 6 个题目。

2. 价值观念失范的探因分析

（1）临界比分析。所有题目的临界比值都满足 t 值≥3.5 的标准，其中最小的 t 值为 6.762（p<0.001），因此，不需要删除任何题目。

（2）量表题目与总分的相关。在量表题目与总分的相关分析中，题目 Q49 与总分的相关系数 r=0.252（p<0.001），题目 Q94 与总分的相关系数 r=0.394（p<0.001），题目 Q137 与总分的相关系数 r=0.385（p<0.001），题目 Q156 与总分的相关系数 r=0.368（p<0.001）。剩余的所有题目与总分的相关系数都大于 0.4，最小的相关系数为 0.435（p<0.001），满足 r≥0.4 的标准，因此，需要删除题目 Q49、题目 Q94、题目 Q137、题目 Q156 等 4 个题目，保留 48 个题目。

（3）校正项的总计相关性。在校正项的总计相关性分析中，需要删除题目 Q37（r=0.395），保留 47 个题目。

（4）每个题目的共同度。保留的 47 个题目的共同度都大于 0.2，介于 0.273~0.733，无须删除题目。

（5）探因分析。首先，进行 KMO 和 Bartlett 的检验。结果显示 KMO = 0.974，卡方值为 17868.450，df = 1081，p < 0.001，满足 EFA 的条件，可进行 EFA。其次，采用特征根大于 1 的抽取法和最大方差法进行因子旋转，对保留的 47 个题目进行 EFA，初步抽取出 5 个因子，累积解释变异量为 51.016%。由于第 5 个因子只有两个题目，不能满足一个因子至少需要包含 3 个题目的要求，故需要删除两个题目中因子负荷最大的题目 Q106（0.732），再进行因素分析。此时，依然抽取了 5 个因子。然后依序删除因子负荷低于 0.45 的题目，即题目 Q63（0.369）、题目 Q177（0.393）、题目 Q41（0.393）、题目 Q50（0.398）、题目 Q72（0.420）、题目 Q89（0.417）、题目 Q158（0.429）、题目 Q161（0.426）、题目 Q52（0.423）、题目 Q111（0.447）等 10 个题目后，从 36 个题目中抽取出 4 个因子，累积解释方差变异量为 52.319%。然后依序删除负荷低于 0.45 的题目，即题目 Q38（0.357）、题目 Q118（0.406）等两个题目，此时 4 个因子中题目的因子负荷都超过了 0.45，累积解释方差变异量为 54.103%，其中因素 1 包含 13 个题目，因素 2 包含 8 个题目，因素 3 包含 8 个题目，因素 4 包含 5 个题目，共计 34 个题目。

为了保持每个因子的题目相差不是很大，并保留因子负荷比较大的题目，继续删除各因子中负荷比较小的题目，尤其是第一个因素中负荷相对比较小的题目。为此，依序删除题目 Q122（0.457）、题目 Q121（0.453）、题目 Q119（0.466）、题目 Q66（0.475）、题目 Q86（0.495）等 5 个题目后，剩余 29 个题目的因子负荷都超过了 0.50。此时，因素 1 包含 11 个题目，因素 2 包含 7 个题目，因素 3 包含 6 个题目，因素 4 包含 5 个题目，累积解释方差变异量为 56.366%。由于因子 1 中的题目 Q131 "有时候为了自己的利益，教师之间互相排挤也是正常的" 是有关教师之间关系的题目，不能被命名到 "教育观念" 中，故需要删除 Q131；因子 2 中的题目 Q98 - B "教育理论中所讲的那一套，在教育实践中是行不通的" 是属于不当教学观的行为（肖美艳，2006），理论上是因子 1 教育观念方面的问题（吴爱惠，2005），故需要删除题目 Q98，然后逐步删除跨因子的题目 Q133 与题目 Q132，最后剩余 25 个题目，抽取出 4 个因子，累积解释方差变异量为 56.119%（见图 4 - 2 和表 4 - 4），超过了临界值 50.00% 的最低要求。

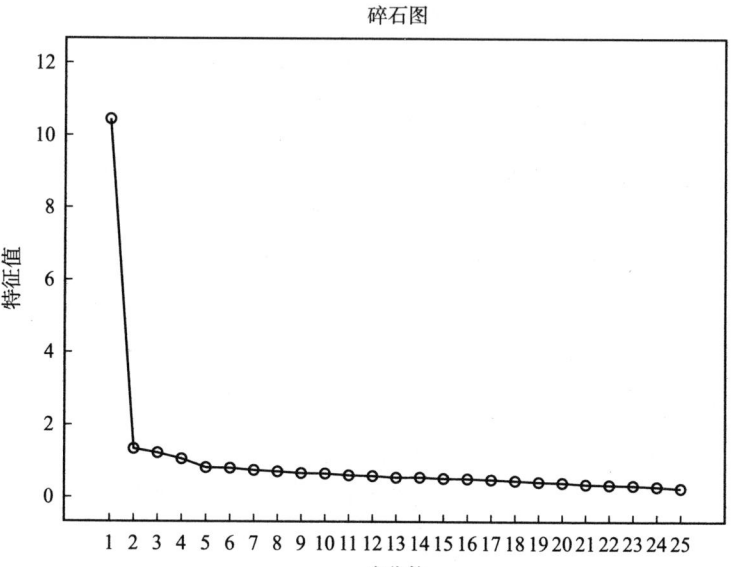

图 4 - 2　价值观念失范探因

表 4 - 4　　　　　　　　价值观念失范行为的探因结果

变量	成分				共同度
	因素 1	因素 2	因素 3	因素 4	
Q146	0.751				0.644
Q125	0.743				0.722
Q57	0.684				0.665
Q123	0.640				0.541
Q108	0.626				0.559
Q56	0.598		0.418		0.655
Q59	0.593	0.427			0.636

续表

变量	成分				共同度
	因素1	因素2	因素3	因素4	
Q116	0.592				0.453
Q110	0.562				0.528
Q117	0.533				0.558
Q83		0.654			0.566
Q85		0.649			0.583
Q78		0.647			0.476
Q99		0.529			0.413
Q82		0.527			0.515
Q101		0.525			0.524
Q32			0.743		0.688
Q30			0.723		0.634
Q39			0.642		0.484
Q44			0.564		0.553
Q42			0.539		0.413
Q129				0.731	0.569
Q134				0.683	0.576
Q87				0.569	0.541
Q126	0.409			0.568	0.535
特征值	10.435	1.333	1.210	1.051	
解释率（%）	20.164	12.911	12.713	10.331	
累计解释率（%）	56.119				

（6）题目的内部一致性检验。根据"题目删除后的α值≤量表的信度"的标准，验证题目的内部效度，不需要删除题目，保留25个题目（见表4-5）。最后，价值观念失范行为量表的内部一致性系数为0.937。

表 4 – 5　　　　　　　　价值观念失范行为题目的信度分析

变量	项已删除的刻度均值	项已删除的刻度方差	校正的项总计相关性	项已删除的 α 值
Q146	41.68	165.473	0.642	0.934
Q125	41.69	164.729	0.737	0.933
Q57	41.72	165.271	0.667	0.933
Q108	41.56	164.863	0.670	0.933
Q56	41.72	165.014	0.684	0.933
Q59	41.62	164.426	0.715	0.933
Q123	41.42	165.076	0.614	0.934
Q116	41.53	166.801	0.573	0.935
Q110	41.47	164.472	0.668	0.933
Q117	41.59	164.130	0.703	0.933
Q83	41.24	164.216	0.601	0.934
Q99	40.92	166.156	0.511	0.936
Q85	41.37	165.020	0.605	0.934
Q78	41.07	165.640	0.462	0.937
Q101	41.39	165.282	0.630	0.934
Q82	41.39	163.443	0.643	0.934
Q32	41.72	167.695	0.623	0.934
Q30	41.79	168.930	0.587	0.935
Q39	41.47	168.153	0.488	0.936
Q44	41.40	164.202	0.645	0.934
Q42	41.24	166.155	0.476	0.936
Q129	40.85	167.294	0.418	0.937
Q134	41.27	165.210	0.530	0.935
Q126	41.32	165.550	0.582	0.934
Q87	41.07	163.188	0.549	0.935

因此，第二个构面"价值观念失范行为"的 EFA 的结果是保留 25

个题目，4个因子，其中因素1被命名为"教育观念失范行为"，包含10个题目；因素2被命名为"教育方式失范行为"，包含6个题目；因素3被命名为"教学态度失范行为"，包含5个题目；因素4被命名为"职业认知失范行为"，包含4个题目。

3. 职业品德失范的探因分析

(1) 临界比分析。所有题目的临界比值都满足 t 值≥3.5 的标准，其中最小的 t 值为 11.307（p < 0.001），因此，不需要删除任何题目，保留 14 个题目。

(2) 量表题目与总分的相关。在量表题目与总分的相关分析中，所有题目与总分的相关系数大于 0.4，最小的相关系数 r = 0.407（p < 0.001），都满足 r≥0.4 的标准，因此，不需要删除任何题目，保留 14 个题目。

(3) 校正的项总计相关性。在校正的项总计相关性分析中，依序删除题目 Q145（r = 0.254）、题目 Q163（r = 0.300）、题目 Q34（r = 0.363）等 3 个题目，最后保留 11 个题目。

(4) 每个题目的共同度。保留的 11 个题目的共同度都大于 0.20，介于 0.268～0.815，无须删除题目。

(5) 探因分析。首先，进行 KMO 和 Bartlett 的检验，结果显示 KMO = 0.883，卡方值为 3360.477，df = 55，p < 0.001，满足 EFA 的条件，可进行 EFA。其次，采用特征根大于 1 的抽取法和最大方差法进行因子旋转，对剩余的 11 个题目进行 EFA，形成非常明晰的两个因子，因子 1 的题目有 8 个，因子 2 的题目有 3 个，累积方差解释率为 56.742%，达到了累积方差解释率为 50% 的临界值。

但是，从第一个因子涵盖的题目来看，题目 Q33 "教师对学生搞收费性辅导是一种知识收费，不需要大惊小怪"属于从事有偿家教的行为，其应该属于因子 2，因此需要删除题目 Q33。然后删除第一个因子中负荷最低的题目 Q29（0.477）。最后，保留 9 个题目，抽取出两个因子，累积方差解释率为 62.971%（见图 4-3 和表 4-6）。

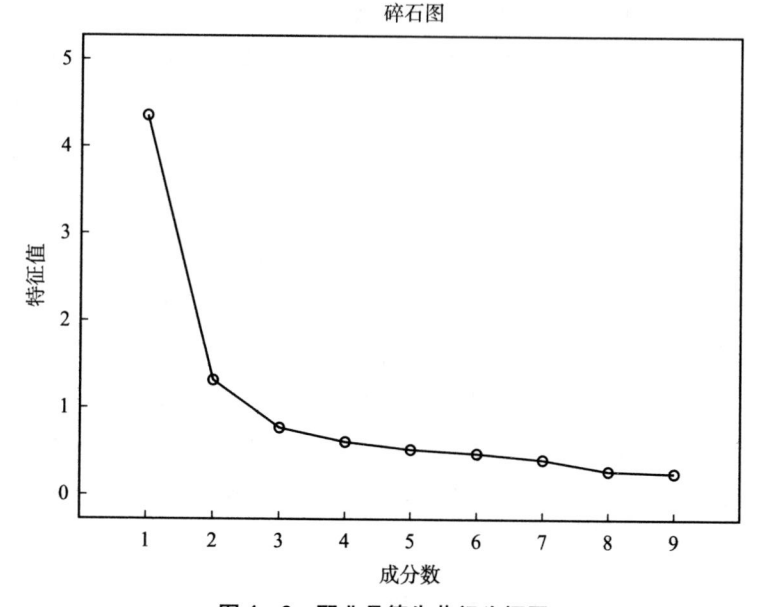

图 4 – 3　职业品德失范行为探因

表 4 – 6　　　　　　　　职业品德失范行为的探因结果

变量	成分		共同度
	因素 1	因素 2	
Q164	0. 842		0. 710
Q165	0. 807		0. 693
Q168	0. 737		0. 639
Q171	0. 721		0. 598
Q71	0. 666		0. 463
Q142	0. 600		0. 438
Q167		0. 898	0. 820
Q166		0. 858	0. 772
Q135	0. 403	0. 610	0. 534
特征值	4. 350	1. 317	
解释率（％）	38. 192	24. 779	
累计解释率（％）	62. 971		

（6）题目的内部一致性检验。根据"题目删除后的 α 值≤量表的信度"的标准，验证题目的内部效度，不需要删除题目，保留 9 个题目（见表 4 - 7）。最后，职业品德失范行为量表的内部一致性系数为 0.852。

因此，第三个构面"职业品德失范行为"的 EFA 的结果是保留 9 个题目，两个因子，其中因素 1 被命名为"以教谋私失范行为"。包含 6 个题目；因素 2 被命名为"有偿活动失范行为"，包含 3 个题目。

表 4 - 7　　　　　　　　　职业品德失范行为题目的信度分析

变量	项已删除的刻度均值	项已删除的刻度方差	校正的项总计相关性	项已删除的 α 值
Q164	14.89	28.768	0.564	0.839
Q165	14.74	27.485	0.660	0.830
Q168	14.61	27.250	0.672	0.828
Q171	14.56	26.991	0.635	0.830
Q71	14.68	28.462	0.505	0.843
Q142	14.42	27.722	0.539	0.839
Q167	13.64	25.199	0.541	0.844
Q166	13.87	24.819	0.580	0.839
Q135	14.17	26.032	0.595	0.834

总之，本节进行探索性因素分析的结果是从三个构面的 87 个题目中保留了 47 个题目，抽取了 8 个因子。其中，情绪情感失范行为构面（情绪型失范）包含 13 个题目，两个因子，即漠视学生（7 个题目）和偏爱学生（6 个题目）；价值观念失范行为构面（观念型失范）包含 25 个题目，4 个因子，即教育观念失范（10 个题目）、教育方式失范（6 个题目）、教学态度失范（5 个题目）以及职业认知失范（4 个题目）；职业品德失范行为构面（品德型失范）包含 9 个题目，两个因子，即以教谋私（6 个题目）和有偿活动（3 个题目）。

二、教师失范行为结构的验证性因素分析

前面使用了样本 1 (748 人) 的数据进行了探索性因素分析 (EFA),下面将使用样本 2 (700 人) 的数据对初步 EFA 的结果进行验证性分析 (CFA)。

(一) 情绪情感失范行为构面的验因分析

使用 AMOS 对情绪情感失范行为构面进行一阶验因分析,结果显示:在非标准化回归系数中,两个潜在因素与 13 个测量指标的测量误差值均为正数,且达到 0.05 显著水平,其变异量标准误估计值均很小,其数值介于 0.012 ~ 0.037,表示无模型界定错误的问题。由于估计参数中没有出现负的误差变异量,且标准误估计值均很小,表示模型的基本适配度良好 (吴明隆,2010a)。而标准化回归系数的结果显示各个因素负荷量值介于 0.50 ~ 0.95 之间,表示模型的基本适配度良好 (吴明隆,2010a)。CFA 中标准化回归系数,即是因素负荷量,表示共同因素对测量变量的影响。某因素负荷值愈大,表示该指标变量能被构念解释的变异愈大,即该指标变量愈能有效反映其要测得的构念特质。对情绪情感失范行为构面进行验因分析的结果显示:情绪情感失范行为构面的一阶模型的拟合指数良好,均达到了理想的水平 (见图 4 - 4 和表 4 - 8)。

(二) 价值观念失范行为构面的验因分析

使用 AMOS 对价值观念失范行为构面进行一阶验因分析,结果显示,在非标准化回归系数中,4 个潜在因素与 25 个测量指标的测量误差值均为正数且达到 0.05 显著水平,其变异量标准误估计值均很小,其数值介于 0.012 ~ 0.048,表示无模型界定错误的问题。由于估计参数中没有出现负的误差变异量,且标准误估计值均很小,表示模型的基本适配度良好。而标准化回归系数的结果显示各个因素负荷量值介于 0.50 ~ 0.95 之间,表示模型的基本适配度良好,各个指标变量能有效反映其要测得的构念特质。对价值观念失范行为构面验因分析的结果显示:

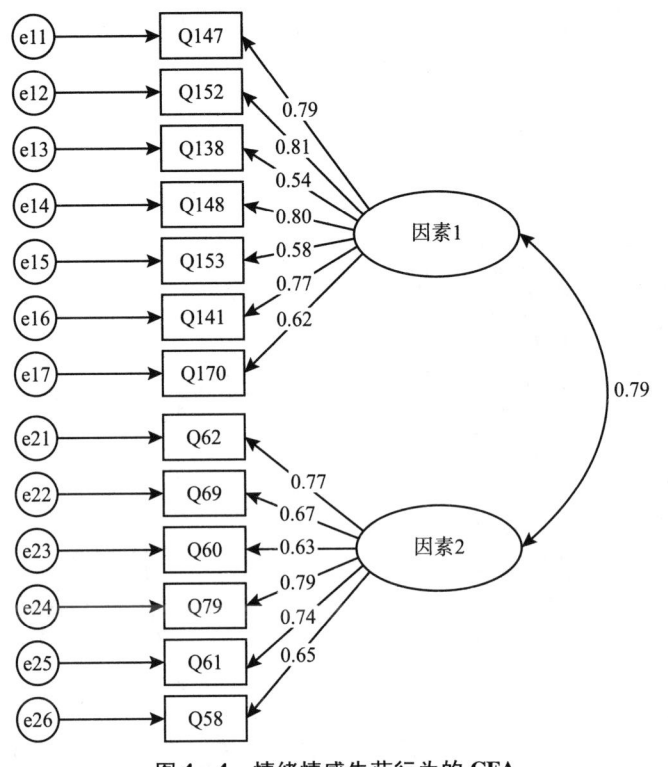

图 4 - 4　情绪情感失范行为的 CFA

表 4 - 8　　　　　教师失范行为三个构面的 CFA 拟合指数

项目	CMIN/DF	RMR	RMSEA	GFI	AGFI	CFI	TLI
	良好 <3 较好 <5 一般 <10	<0.05	优 <0.06 良 <0.08 一般 <0.10	优 >0.95 良 >0.90	优 >0.90 良 >0.80	优 >0.95 良 >0.90	优 >0.95 良 >0.90
情绪情感失范	3.014	0.023	0.054	0.958	0.940	0.970	0.963
价值观念失范	3.503	0.029	0.060	0.895	0.873	0.913	0.903
职业品德失范	7.875	0.070	0.099	0.941	0.898	0.931	0.905

　　注：拟合指数整理自吴明隆的《结构方程模型：AMOS 的操作与应用（第 2 版）》，重庆大学出版社 2010 年版，第 40～52 页。

价值观念失范行为构面的一阶模型的拟合指数良好，均达到了理想的水平（见图4-5和表4-8）。

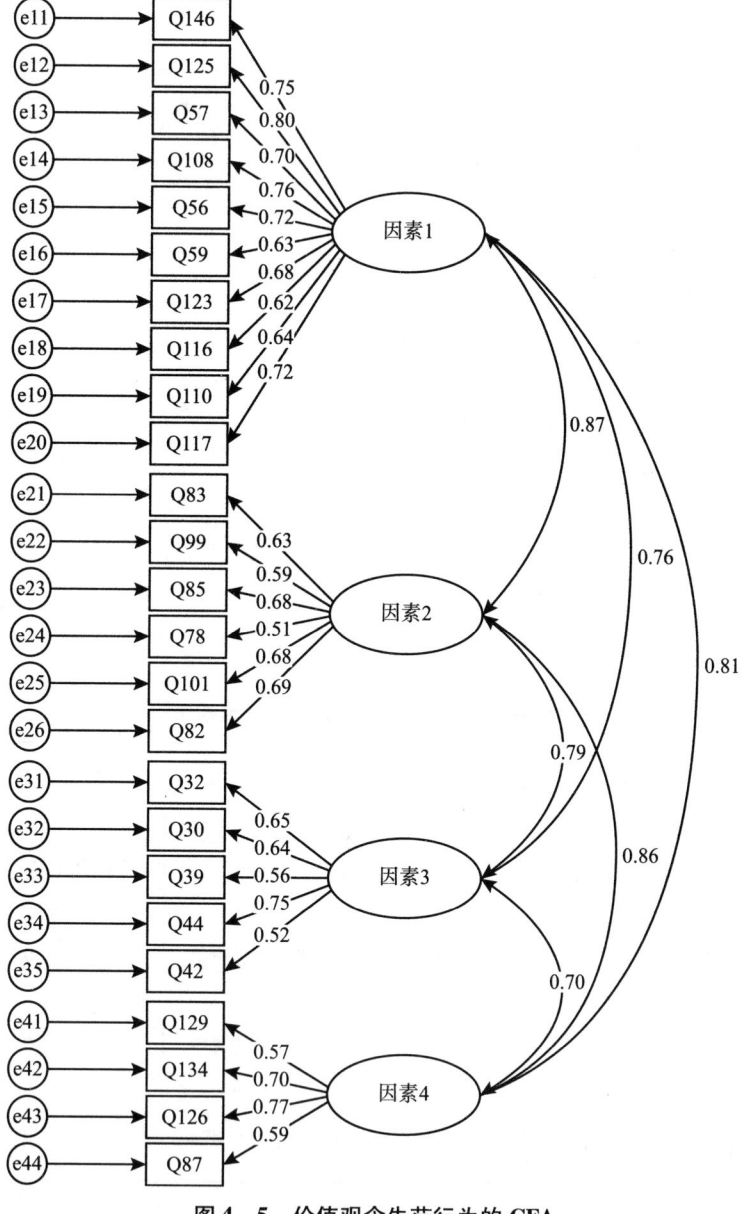

图4-5 价值观念失范行为的CFA

（三）职业品德失范行为构面的验因分析

使用 AMOS 对职业品德失范行为构面进行一阶验因分析，结果显示，在非标准化回归系数中，两个潜在因素与 9 个测量指标的测量误差值均为正数且达到 0.05 显著水平，其变异量标准误估计值均很小，其数值介于 0.016～0.053，表示无模型界定错误的问题。由于估计参数中没有出现负的误差变异量，且标准误估计值均很小，表示模型的基本适配度良好。而标准化回归系数的结果显示各个因素负荷量值介于 0.50～0.95 之间，表示模型的基本适配度良好，各个指标变量能有效反映其要测得的构念特质。对职业品德失范行为构面验因分析的结果显示：职业品德失范行为构面的一阶模型的拟合指数良好，均达到了理想的水平（见图 4 - 6 和表 4 - 8）。

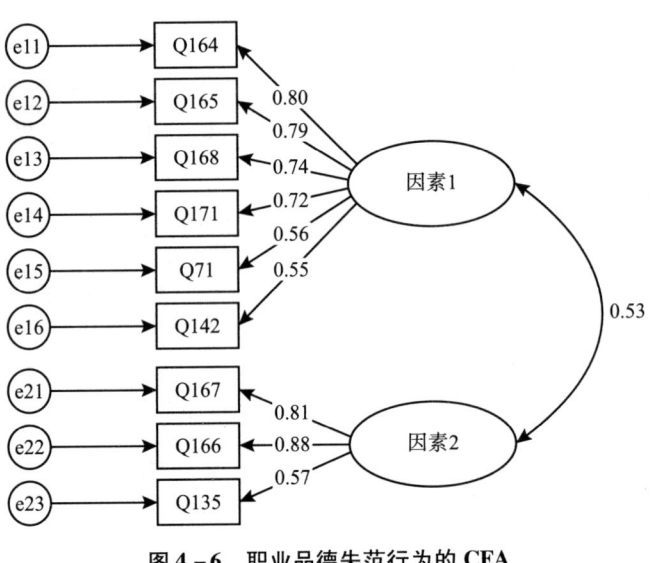

图 4 - 6　职业品德失范行为的 CFA

总之，根据本节初步实证检验的结果显示：中小学教师失范行为结构是由三个构面构成的一个稳定结构，共计 47 个题目，8 个因子。其中，情绪情感失范行为构面（情绪型失范）包含 13 个题目，即漠视

学生（7 个题目）和偏爱学生（6 个题目）；价值观念失范行为构面
（观念型失范），包含 25 个题目，即教育观念失范（10 个题目）、教育
方式失范（6 个题目）、教学态度失范（5 个题目）以及职业认知失范
（4 个题目）；职业品德失范行为构面（品德型失范）包含 9 个题目，
即以教谋私（6 个题目）和有偿活动（3 个题目）。

三、教师失范行为结构的信度与效度分析

（一）效度分析

1. 效度概述

效度有很多种，比如内容效度、结构效度、聚合（收敛）效度、
区分效度等。

（1）内容效度。也称为理论效度，是指用文字描述量表的有效性，
如具体的参考文献来源、量表是否经过专家认可等。

（2）结构效度。结构效度是指因子与量表的测量题目的对应关系
是否符合预期，如果符合预期则说明具有结构效度。计算结构效度的
方法主要有 EFA 与 CFA。

（3）聚合效度。又称收敛效度，强调那些应属于同一因子下的测
量题目，测量时确实落在同一因子下面。如果目的在于进行聚合（收
敛）效度分析，则可使用 AVE 和 CR 这两个指标进行分析。如果每个
因子的 AVE 值大于 0.5，并且 CR 值大于 0.7，则说明具有良好的聚合
效度，同时一般还要求每个测量题目对应的因子载荷系数大于 0.7。有
时候还可能会结合模型拟合指标，以及进行模型 MI 值修正，以达到更
好的结论。

（4）区分效度。区分效度强调本不应该在同一因子下的测量题目，
测量时确实不在同一因子下面。如果目的在于进行区分效度分析，则
可使用 AVE 根号值和相关分析结果进行对比。如果每个因子的 AVE 根
号值均大于"该因子与其他因子的相关系数最大值"，此时则具有良好
的区分效度。

2. 量表的效度检验

对编制的《中小学教师失范行为结构量表》进行效度检验的依据主要来自专家判断（内容效度）、探索性因素分析（EFA）、验证性因素分析（CFA）以及效标关联效度。

（1）内容效度。判断内容效度主要依据来自专家的分析：一是已有研究的结果，二是从师范生对题目的评定，三是由5名经验丰富的心理学研究者对构建的维度及其题目进行整理与归类。因此，通过三个方面人员对编制的教师失范行为量表的题目进行评判，保证了编制的教师失范行为量表良好的内容效度。

（2）结构效度。就探索性因素分析而言，测量变量的理论架构是因素分析后的产物，因素结构是由研究者从一组独立的测量指标或题目间主观判断来决定的一个具有计量合理性与理论适切性的结构，并以该结构来代表所测量的概念内容或构念特质，即理论架构的出现在EFA程序中属于一个事后概念。相比之下，CFA则必须有特定的理论观点或概念架构作为基础。EFA所要达成的是建立量表或问卷的建构效度（结构效度），而CFA则是要检验此建构效度的适切性与真实性（吴明隆a）。通过对编制的教师失范行为结构量表题目的EFA与CFA分析，结果表明本书初步编制的教师失范行为结构量表的结构效度符合心理测量学的要求。

利用AMOS 22.0统计软件对来自中小学教师的调查数据进行验证性因素分析，进一步检验开发的《中小学教师失范行为结构量表》的结构效度。为了保证参与研究的教师样本的多样性，本研究通过两个渠道获得被试。一是利用山东省中小学师训干训中心的山东省教师教育网为背景，通过方便抽样的方式邀请多所中小学教师进行网上答卷；二是通过全国与省级教师培训与交流的机会对中小学教师进行问卷调查。共计调查了1157人，保留有效问卷974份，有效率为84.18%。来自济南423人、青岛257人、泰安84人、滨州76人、厦门60人、邯郸44人、其他地区30人。其中，被试的最小年龄为23岁，最大年龄为59岁，平均年龄为38.81（±7.68）岁；男教师为325人（33.37%），女教师为 649 人（66.63%）；小学教师有 274 人（28.13%），初中教师有 242 人（24.85%），高中教师有 458 人（47.02%）。

首先，对"情绪情感失范行为"构面的结构进行验证性因素分析，结果显示题目 Q69 与题目 Q60 两个题目负荷远低于 0.4，且为负值，说明这两道题目稳定性不够，很有可能是反向计分题干扰了教师的回答。另外，斯派特等（Spector et al.，2010）认为测量方式和工具会影响组织公民行为和越轨行为的相关程度，这有可能是以往研究不一致的原因之一，并且指出"在测量工具上避免使用有正反表述的量表"。为此，为了保证今后研究测量的稳定性，去掉题目 Q69 与题目 Q60 两个反向计分的题目。当去掉题目 Q69 与题目 Q60 两个题目后，再进行验因。结果显示包含 11 个题目的情绪情感失范行为构面的二维结构拟合指数良好（见表 4 - 9），各个题目的因子负荷介于 0.54 ~ 0.88，都超过了 0.50。

表 4 - 9 　　　　　　教师失范行为三个构面一阶验因的拟合指数

项目	CMIN/DF	RMR	RMSEA	GFI	AGFI	CFI	TLI
情绪情感失范	3.517	0.015	0.051	0.982	0.958	0.990	0.981
价值观念失范	3.673	0.030	0.052	0.930	0.907	0.963	0.955
职业品德失范	6.538	0.029	0.075	0.971	0.938	0.983	0.971

注：拟合指数整理自吴明隆的《结构方程模型：AMOS 的操作与应用（第 2 版）》，重庆大学出版社 2010 年版，第 52 页。

其次，分别对价值观念失范行为与职业品德失范行为的两个构面进行验证性因素分析，结果是保留所有的题目，其中包含 25 个题目的价值观念失范行为构面的四维结构拟合指数良好（见表 4 - 9），各个题目的因子负荷介于 0.60 ~ 0.88，均超过了 0.50；包含 9 个题目的职业品德失范行为构面的二维结构拟合指数良好（见表 4 - 9），各个题目的因子负荷介于 0.73 ~ 0.92，均超过了 0.50。

总之，验证性因素分析的结果表明本章开发的教师失范行为结构量表具有较好的结构效度。中小学教师失范行为结构量表是一个由三个构面构成的稳定结构，共计 45 个题目。

（3）效标效度。所谓效标效度，就是考查测验分数与效标的关系。最常用的方法是计算量表分数与效标的相关。借鉴赵宏玉等（2011）的做法，选用道德推脱与反生产行为两个比较成熟的量表作为本章开发的教师失范行为的效标。反生产行为是员工越轨行为的重要研究变量，而道德推脱是员工反生产行为的重要影响因素。

①道德推脱。本研究采用摩尔等（Moore et al.，2012）开发的简洁版道德推脱量表（张桂平，2016；文鹏、陈诚，2016），包括 8 个题目。且问卷采用 Likert 5 点量表计分，1 表示"非常不同意"，2 表示"不同意"，3 表示"一般"，4 表示"同意"，5 表示"非常同意"。在本研究中，该量表的内部一致性系数（α 系数）为 0.956。

②反生产行为。本研究采用的反生产行为量表共计 12 个题目，包含人际指向的反生产行为（5 题）与组织指向的反生产行为（7 题）等两个维度（闫艳玲等，2014）。本研究中整体量表的内部一致性系数为 0.856，其中人际指向的反生产行为的内部一致性系数为 0.629，组织指向的反生产行为的内部一致性系数为 0.866。

③教师失范行为。教师失范行为是由情绪情感失范行为（11 题）、价值观念失范行为（25 题）、职业品德失范行为（9 题）三个构面构成。本研究中情绪情感失范行为的内部一致性系数为 0.835，其中漠视学生与偏爱学生等两个因子的内部一致性系数分别为 0.866、0.693；价值观念失范行为的内部一致性系数为 0.948，其中教育观念、教育方式、教学态度与职业认知 4 个因子的内部一致性系数分别为 0.907、0.861、0.848、0.824；职业品德失范行为的内部一致性系数为 0.888，其中以教谋私与从事有偿活动等两个因子的内部一致性系数分别为 0.885、0.867。

教师失范行为与道德推脱和反生产行为都呈现显著的正相关（见表4-10），尤其是同样表示为教师越轨行为的教师失范行为与反生产行为的相关系数来看，教师失范行为的三个维度与反生产行为的相关都是显著的正相关，相关系数达到了0.4以上的中等程度相关，这说明编制的教师失范行为量表具有一定的效标关联效度。本研究结果说明教师失范行为与两个效标变量的效标关联效度比较理想，进而验证了课题组开发的教师失范行为结构量表的合理性。

表4-10   教师失范行为与效标变量的相关系数

项目	构面一：情绪情感			构面二：价值观念					构面三：职业品德		
	漠视学生	偏爱学生	构面一	教育观念	教育方式	教学态度	职业认知	构面二	以教谋私	有偿活动	构面三
道德推脱	0.349**	0.432**	0.410**	0.424**	0.348**	0.394**	0.0162**	0.363**	0.423**	0.223**	0.331**
反生产行为	0.514**	0.434**	0.502**	0.464**	0.456**	0.426**	0.416**	0.505**	0.415**	0.397**	0.449**

（二）信度分析

信度分析是对新开发的心理测验量表进行内部一致性系数和重测信度的实证检验。

首先，进行量表的内部一致性分析。通过对来自全国974份样本的调查数据进行分析，结果显示编制的教师失范行为结构量表的三个维度的内部一致性系数在0.910~0.956之间，各个因子的内部一致性系数在0.825~0.929之间（见表4-11），都达到了0.70以上，信度较好。

其次，进行量表的重测信度分析。为了计算教师失范行为量表的重测信度，选择心理学（师范）本科专业大二、大三以及大四三个年级的学生为被试，时隔两周进行两次测量，计算两次测量的相关系数。第一次参与测试的有102名同学，第二次参与测试的有96名同学，最后保留有效数据为73人，其中男生为9人，女生为64人。量表维度及其各个因子间的重测信度介于 0.725～0.857（见表 4－11）。重测信度都达到了 0.70 以上，信度较好。

表 4－11　　　　　　　　教师失范行为的信度一览表

项目	构面一：情绪情感			构面二：价值观念					构面三：职业品德		
	漠视学生	偏爱学生	构面一	教育观念	教育方式	教学态度	职业认知	构面二	以教谋私	有偿活动	构面三
α 系数	0.886	0.888	0.926	0.929	0.877	0.888	0.824	0.956	0.920	0.906	0.910
重测信度	0.755	0.756	0.827	0.788	0.831	0.761	0.725	0.841	0.807	0.818	0.857

总之，从上述关于教师失范行为量表的信度与效度分析的结果来看，本书初步开发的教师失范行为结构量表具有一定的合理性，达到了心理测量学的标准。

四、研究小结

本节通过对中小学教师失范行为结构的理论建构与实证检验等心理测验量表的编制过程，最终确定了具有一定心理学测量信度与效度的《中小学教师失范行为结构量表》，可以用于今后对教师失范行为的定量研究。本量表包含 45 个题目，由情绪情感失范行为、价值观念失范行为、职业品德失范行为等三个构面构成。其中，情绪情感失范行为构面（情绪型失范）包含 11 个题目，两个因子，即漠视学生（7 个题目）和偏爱学生（4 个题目）；价值观念失范行为构面（观念型失范）包含 25 个题目，4 个因子，即教育观念失范（10 个题目）、教育方式失范（6 个题目）、教学态度失范（5 个题目）以及职业认知失范（4 个题目）；职业品德失范行为构面（品德型失范）包含 9 个题目，两个因子，即以教谋私（6 个题目）和有偿活动（3 个题目）。

第三节 教师失范行为的特征分析

为了分析中小学教师失范行为在人口学变量上的特点，本节的研究方式采用自编的《中小学教师失范行为结构量表》分析教师失范行为的特征。

一、调查对象

本节研究通过两个渠道获得中小学教师样本，以保证参与研究的教师多样性：一是利用山东省中小学师训干训中心的山东省教师教育网为背景，以方便取样的方式邀请多所中小学教师进行网上答卷；二是通过全国和省级教师培训与交流的机会对中小学教师进行问卷调查。共计调查了 1157 人，保留有效问卷 974 份，有效率为 84.18%。被试主要来自济南（423 人）、青岛（257 人）、泰安（84 人）、滨州（76人）、厦门（60 人）、邯郸（44 人）及其他地区（30 人）。

为了方便问卷的发放与回收，本节研究采用问卷星网上问卷的调查方式进行调查。参与调查的中小学教师的最小年龄为 23 岁，最大年龄为 59 岁，平均年龄为 38.81（±7.68）岁。其中，男教师为 325 人（33.37%），女教师为 649 人（66.63%）；小学教师有 274 人（28.13%），初中教师有 242 人（24.85%），高中教师有 458 人（47.02%）；具有中专（高中）及以下学历的教师有 9人（0.92%），大专学历的教师有 51 人（5.24%），本科学历的教师有 835 人（85.73%），研究生学历的教师有 79 人（8.11%）；教龄为 1~5 年的教师有 194 人（19.92%），教龄为 6~10 年的教师有 115 人（11.81%），教龄为 11~15 年的教师有 140 人（14.37%），教龄为 16~20 年的教师有 239 人（24.54%），教龄为 21 年及以上的教师有 286 人（29.36%）；来自乡镇或农村的教师有 399 人（40.97%），来自县城的教师有 369 人（37.89%），来自城市的教师有 206 人（21.15%）。

二、结果分析

本节为了分析目前教师失范行为存在的基本现状，通过两个方面进行定量分析：一个是基于调查数据的整体现状水平的分析，以考察教师失范行为的总体特征；另一个是从人口学变量进行差异检验，以考察不同教师在失范行为上的不同特点。

（一）教师失范行为现状的总体特征

分析教师失范行为的整体现状是为了了解目前教师失范行为的基本水平。调查结果显示了教师失范行为的三个构面与八个维度（因子）的平均值（见图 4 – 7）。由于教师失范行为结构量表的评价尺度为 1~5 的李克特式 5 点量表，其理论中间值为 3。为此，本节研究对教师失范行为的三个构面与八个维度（因子）分别以 3 为比较值进行单样本 t 检验，而检验的结果（见表 4 – 12）说明：教师失范行为的三个构面与八个维度（因子）的得分都明显低于理论中间值（p < 0.001），这说明教师失范行为的实际水平低于理论平均值。这一结果则表明教师失范行为水平比较低，或者说目前教师失范行为在教师身上表现得并不严重。

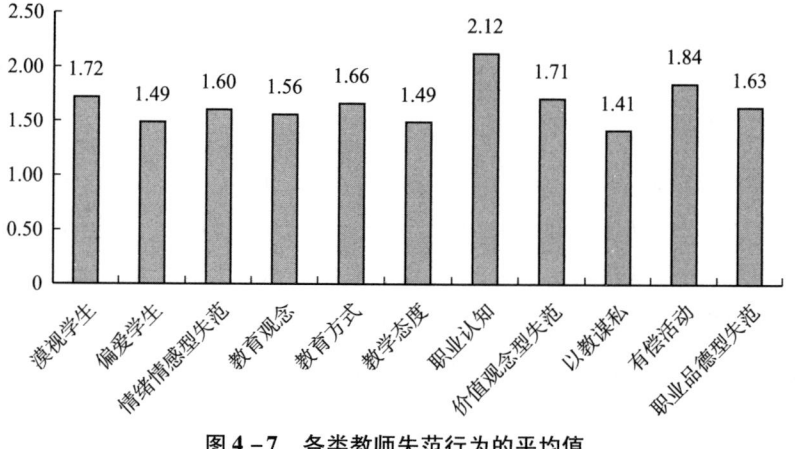

图 4 – 7　各类教师失范行为的平均值

表 4 - 12　　　　　　　教师失范行为的总体特征（n = 974）

构面	构面一：情绪情感失范行为			构面二：价值观念失范行为					构面三：职业品德失范行为		
	漠视学生	偏爱学生	构面一	教育观念	教育方式	教学态度	职业认知	构面二	以教谋私	有偿活动	构面三
M	1.721	1.488	1.604	1.560	1.662	1.490	2.123	1.709	1.415	1.845	1.630
SD	0.671	0.620	0.611	0.611	0.666	0.620	0.880	0.603	0.601	1.024	0.730
t 值	−59.506	−76.118	−71.266	−73.569	−62.722	−76.023	−31.124	−66.844	−82.253	−35.195	−58.540
p 值	0.000	0.000	0.000	0.000	0.000	0.000	0.000	0.000	0.000	0.000	0.000

（二）教师失范行为在性别上的特征分析

本节研究的调查仅仅涉及包括年龄、性别、学历、教龄、学段、城乡、地区等七个方面的人口学变量，其中被试的地区来源比较分散以及学历主要集中在本科层次（85.73%），所以不再分析教师失范行为在这两个人口学变量上的行为特点，仅仅分析教师在性别、学段、教龄以及城乡四个方面的特点。

1. 情绪情感教师失范行为在性别上的特点

情绪情感失范行为以及漠视学生与偏爱学生两个因子在性别上的基本特征如图 4 - 8 所示，而表 4 - 13 的统计结果表明：情绪情感失范行为以及漠视学生与偏爱学生两个因子在性别上的差异检验结果都是显著的（p < 0.001），且男教师的情绪情感教师失范行为水平都显著高于女教师。

2. 价值观念教师失范行为在性别上的特点

价值观念失范行为以及教育观念、教育方式、教学态度与职业认知四个因子在性别上的基本特征如图 4 - 9 所示，而表 4 - 14 的统计结果表明：价值观念失范行为以及教育观念、教育方式、教学态度与职业认知四个因子在性别上的差异检验都是显著的（p < 0.001），且男教师的价值观念教师失范行为水平都显著高于女教师。

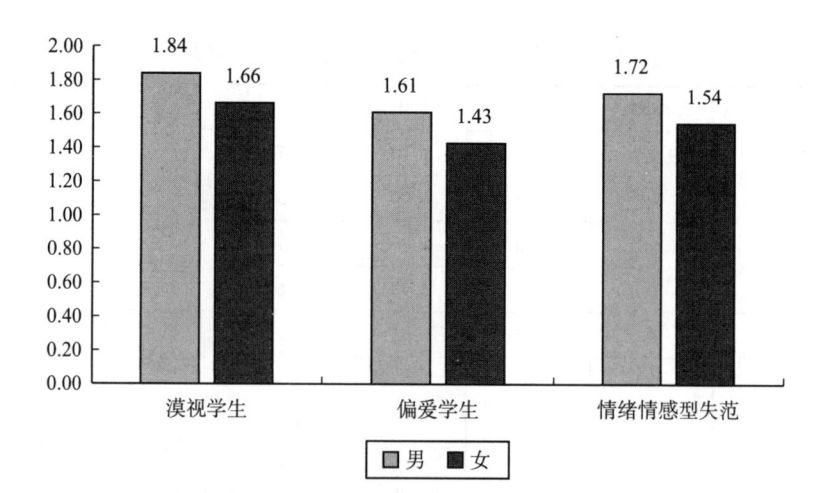

图 4 - 8　情绪情感教师失范行为在性别上的特征

表 4 - 13　　情绪情感教师失范行为在性别上的特点（n = 974）

特征	性别	n	M	SD	t 值	p 值
漠视学生	男	325	1.839	0.749	3.675	0.000
	女	649	1.662	0.620		
偏爱学生	男	325	1.609	0.708	4.050	0.000
	女	649	1.427	0.562		
情绪情感失范	男	325	1.724	0.692	4.069	0.000
	女	649	1.545	0.558		

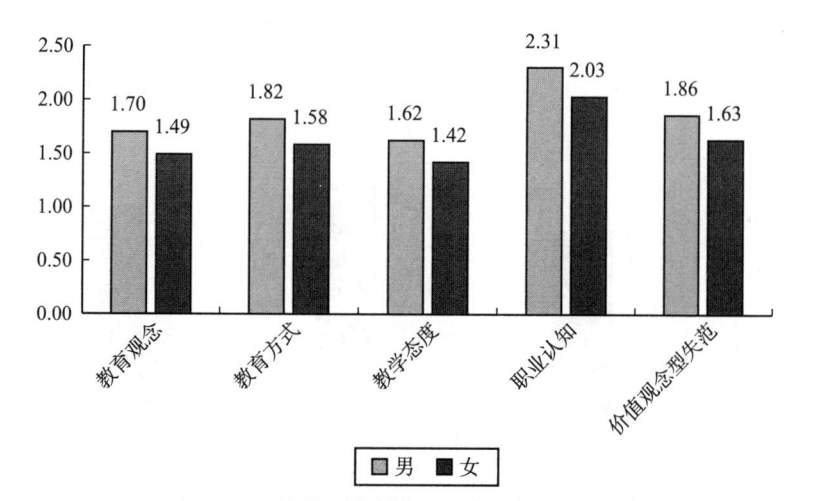

图 4 - 9　价值观念教师行为在性别上的特征

表 4 – 14　　价值观念教师失范行为在性别上的特点（n = 974）

特征	性别	n	M	SD	t 值	p 值
教育观念	男	325	1.700	0.704	4.701	0.000
	女	649	1.491	0.545		
教育方式	男	325	1.820	0.748	4.930	0.000
	女	649	1.584	0.606		
教学态度	男	325	1.625	0.727	4.437	0.000
	女	649	1.422	0.547		
职业认知	男	325	2.305	0.943	4.447	0.000
	女	649	2.031	0.832		
价值观念失范	男	325	1.862	0.685	5.295	0.000
	女	649	1.632	0.542		

3. 职业品德教师失范行为在性别上的特点

职业品德失范行为以及以教谋私与有偿活动两个因子在性别上的基本特征如图 4 – 10 所示，而表 4 – 15 的统计结果表明：职业品德失范行为以及以教谋私与有偿活动两个因子在性别上的差异检验都是显著的（p < 0.001），且男教师的职业品德教师失范行为水平都显著高于女教师。

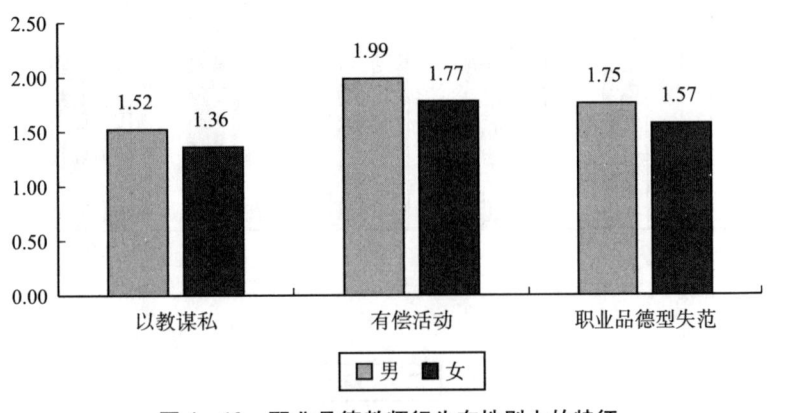

图 4 – 10　职业品德教师行为在性别上的特征

表4-15　　　职业品德教师失范行为在性别上的特点（n = 974）

特征	性别	n	M	SD	t 值	p 值
以教谋私	男	325	1.522	0.728	3.535	0.000
	女	649	1.362	0.519		
有偿活动	男	325	1.986	1.093	2.939	0.000
	女	649	1.775	0.981		
职业品德失范	男	325	1.754	0.817	3.534	0.000
	女	649	1.568	0.675		

（三）教师失范行为在学段上的特征分析

1. 情绪情感类教师失范行为在学段上的特点

情绪情感失范行为以及漠视学生与偏爱学生两个因子在学段上的基本特征如图4-11所示，其中小学教师的失范行为水平都是最低的。表4-16的统计结果表明：（1）偏爱学生因子在学段上的差异检验结果是不显著的（F = 2.524，p > 0.05），即小学教师、初中教师以及

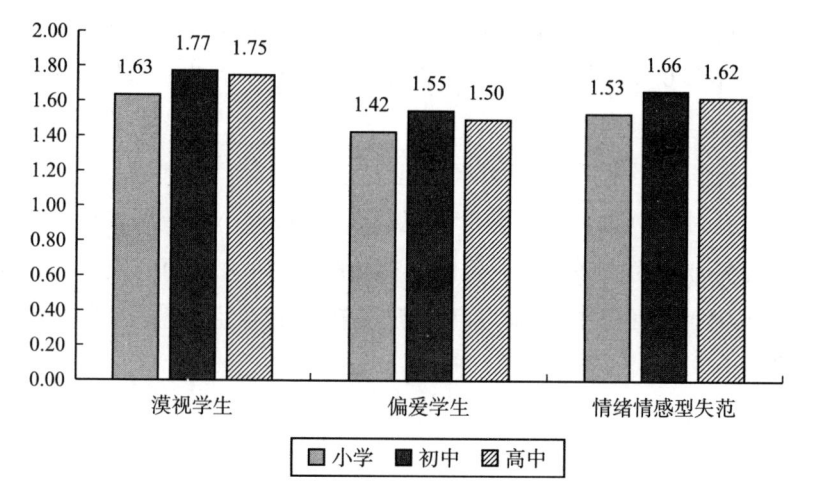

图4-11　情绪情感类教师失范行为在学段上的特征

表4-16　　情绪情感类教师失范行为在学段上的特点（n＝974）

特征	学段	n	M	SD	F 值	p 值	LSD
漠视学生	①小学	274	1.633	0.658	3.390	0.034	②＞①* ③＞①*
	②初中	242	1.772	0.739			
	③高中	458	1.747	0.636			
偏爱学生	①小学	274	1.424	0.640	2.524	0.081	
	②初中	242	1.545	0.687			
	③高中	458	1.495	0.566			
情绪情感失范	①小学	274	1.529	0.623	3.233	0.040	②＞①* ③＞①*
	②初中	242	1.659	0.677			
	③高中	458	1.621	0.562			

高中教师在偏爱学生方面的失范行为不存在显著差异；（2）在漠视学生因子上，不同学段教师的失范行为是有差异的（F＝3.390，p＜0.05），其中小学教师的失范行为水平最低（M＝1.633）；（3）在情绪情感构面上，不同学段教师的失范行为是存在着显著差异的（F＝3.233，p＜0.05），其中小学教师的失范行为水平最低（M＝1.529）。

　　漠视学生因子失范行为在学段上差异的具体行为特征如图4-12所示。经过LSD两两比较显示（见表4-16）：小学教师在漠视学生方面的失范行为水平分别显著低于初中教师（p＜0.05）与高中教师（p＜0.05），而初中教师与高中教师在漠视学生因子上没有显著差异。

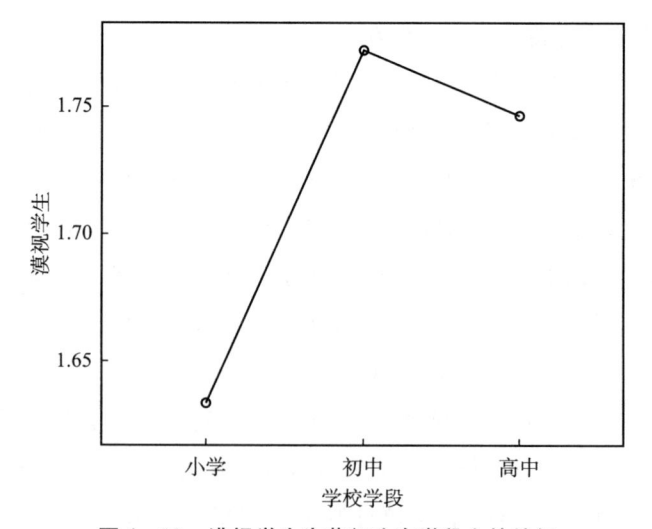

图4－12　漠视学生失范行为在学段上的特征

在情绪情感构面上，教师失范行为差异的具体行为特征如图4－13所示。经过 LSD 两两比较显示（见表4－16）：小学教师的情绪情感失范行为水平分别显著低于初中教师（$p < 0.05$）与高中教师（$p < 0.05$），但是，初中教师的情绪情感失范行为与高中教师的情绪情感失范行为之间没有显著差异。

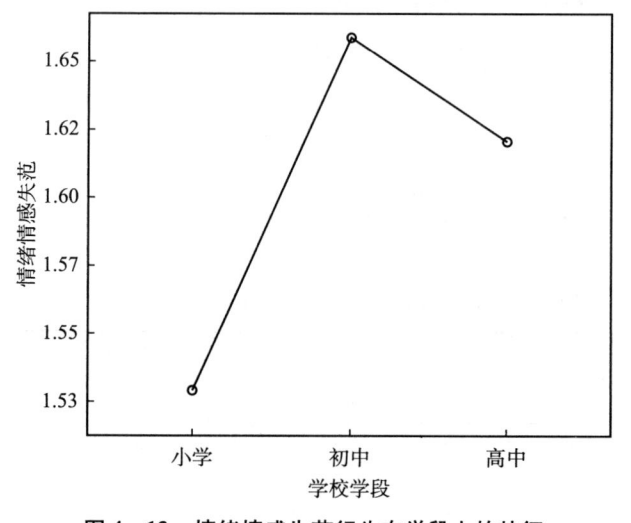

图4－13　情绪情感失范行为在学段上的特征

2. 价值观念类教师失范行为在学段上的特点

价值观念失范行为以及教育观念、教育方式、教学态度与职业认知四个因子在学段上的基本特征如图 4 – 14 所示，其中小学教师的价值观念类教师失范行为水平都是最低的。表 4 – 17 的统计结果表明：（1）教育方式因子在学段上的差异检验结果是不显著的（F = 2.458，p > 0.05），即小学教师、初中教师以及高中教师在教育方式方面的教师失范行为不存在显著差异；（2）教育观念（F = 4.483，p < 0.05）、教学态度（F = 3.949，p < 0.05）与职业认知（F = 4.135，p < 0.05）等 3 个因子在学段上都存在差异，并且都表现为小学教师的失范行为水平最低；（3）在价值观念构面上，不同学段的教师失范行为存在着显著差异（F = 4.839，p < 0.01），其中小学教师的失范行为水平最低（M = 1.629）。

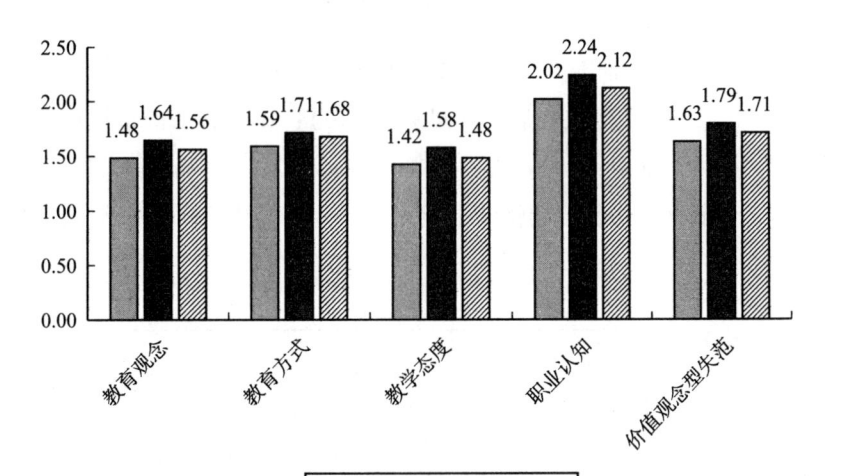

图 4 – 14　价值观念类教师失范行为在学段上的特征

表 4 – 17　　价值观念类教师失范行为在学段上的特点（n = 974）

特征	学段	n	M	SD	F 值	p 值	LSD
教育观念	①小学	274	1.484	0.621	4.483	0.012	②>①**
	②初中	242	1.645	0.698			
	③高中	458	1.562	0.547			

特征	学段	n	M	SD	F 值	p 值	LSD
教育方式	①小学	274	1.591	0.652	2.458	0.086	
	②初中	242	1.714	0.703			
	③高中	458	1.678	0.651			
教学态度	①小学	274	1.425	0.598	3.949	0.020	②>①**
	②初中	242	1.577	0.727			
	③高中	458	1.482	0.565			
职业认知	①小学	274	2.018	0.892	4.135	0.016	②>①**
	②初中	242	2.241	0.890			
	③高中	458	2.123	0.861			
价值观念失范	①小学	274	1.629	0.598	4.839	0.008	②>①**
	②初中	242	1.794	0.669			
	③高中	458	1.711	0.563			

教育观念、教学态度、职业认知等三方面的教师失范行为在学段上差异的具体行为特征分别如图4-15、图4-16及图4-17所示。经过LSD两两比较显示（见表4-17）：小学教师的教育观念、教学态度、职业认知等三种价值观念类教师失范行为都显著低于初中教师（$p < 0.01$），而初中教师与高中教师在这三种价值观念类教师失范行为之间都不存在显著差异，高中教师与小学教师在这三种价值观念类教师失范行为之间也都不存在显著差异。

价值观念失范行为在学段上差异的具体行为特征如图4-18所示。经过LSD两两比较显示（见表4-17）：小学教师的总体价值观念失范行为水平显著低于初中教师（$p < 0.01$），但是小学教师与高中教师之间在价值观念失范行为上不存在显著差异，初中教师与高中教师之间在价值观念失范行为上也不存在显著差异。

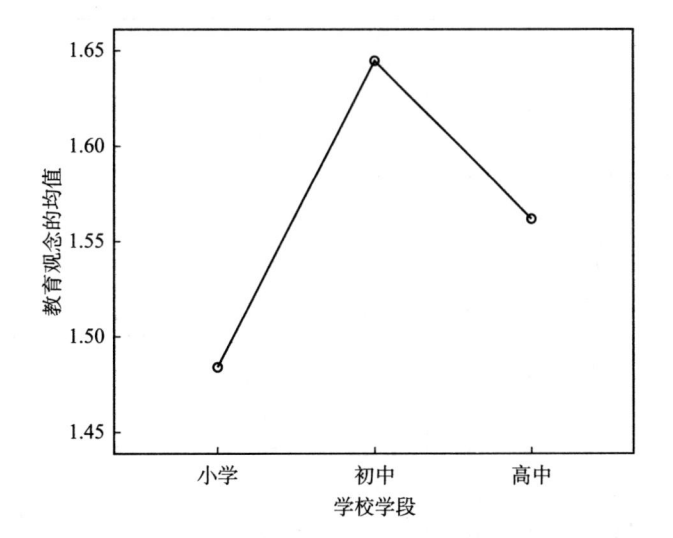

图 4 - 15　教育观念失范行为在学段上的特征

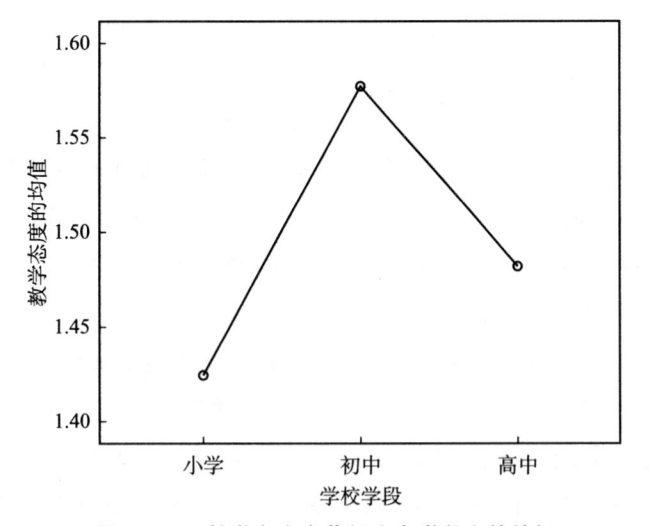

图 4 - 16　教学态度失范行为在学段上的特征

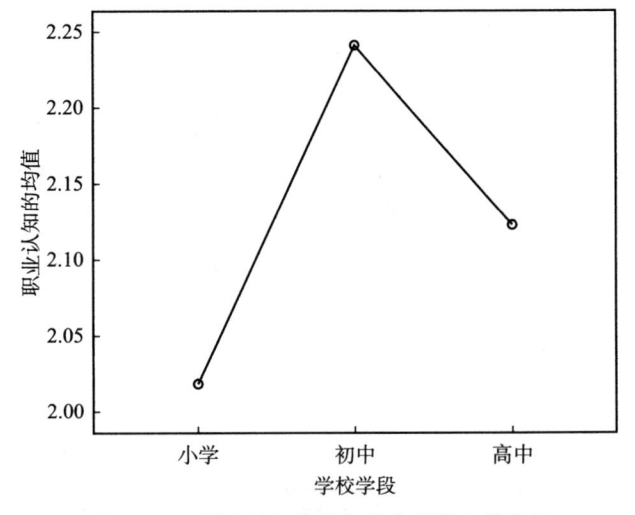

图 4 – 17　职业认知失范行为在学段上的特征

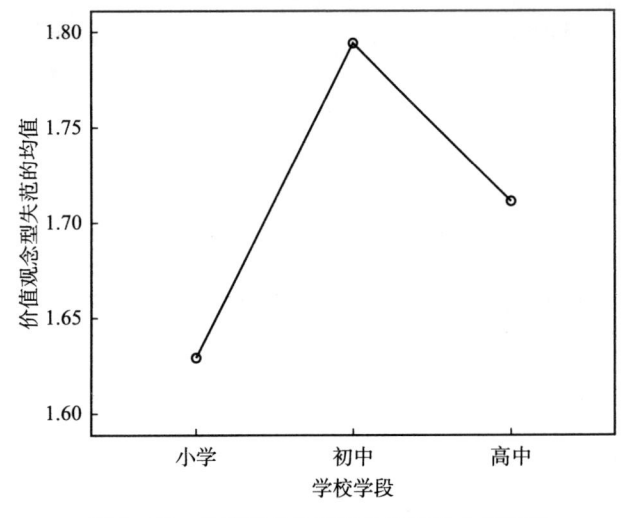

图 4 – 18　价值观念失范行为在学段上的特征

3. 职业品德类教师失范行为在学段上的特点

职业品德失范行为以及以教谋私与有偿活动两个因子在学段上的基本特征如图 4 – 19 所示，其中小学教师的职业品德类教师失范行为水平都是最低的。表 4 – 18 的统计结果表明：（1）以教谋私因子在学段上的差异检验结果是不显著的（F = 2.023，p > 0.05），即小学教师、初中教师以及高中教师在以教谋私方面的教师失范行为不存在显著差异；（2）有偿活动因子在学段上却存在差异（F = 3.756，p < 0.05），并且表现为小学教师的失范行为水平最低（M = 1.709）；（3）在职业品德构面上，不同学段的教师在教师失范行为存在显著差异（F = 3.338，p < 0.05），其中小学教师的失范行为水平最低（M = 1.534）。

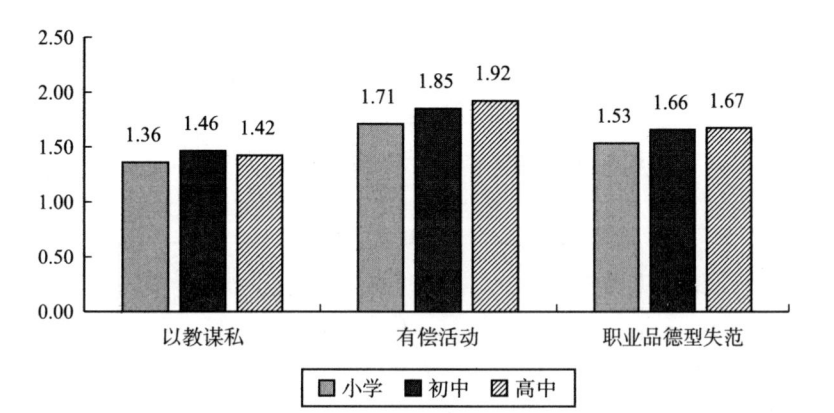

图 4 - 19　职业品德类行为在学段上的特征

表 4 - 18　职业品德类教师失范行为在学段上的特点（n = 974）

特征	学段	n	M	SD	F 值	p 值	LSD
以教谋私	①小学	274	1.359	0.583	2.023	0.133	
	②初中	242	1.463	0.701			
	③高中	458	1.423	0.552			
有偿活动	①小学	274	1.709	1.000	3.756	0.024	③ > ①**
	②初中	242	1.851	1.032			
	③高中	458	1.923	1.029			
职业品德失范	①小学	274	1.534	0.704	3.338	0.036	③ > ①*
	②初中	242	1.657	0.788			
	③高中	458	1.673	0.710			

有偿活动失范行为在学段上差异的具体行为特征如图 4 – 20 所示。经过 LSD 两两比较的结果显示（见表 4 – 18）：小学教师的有偿活动失范行为显著低于高中教师（p < 0.01），而初中教师与高中教师之间在有偿活动因子上没有显著差异，初中教师与小学教师之间在有偿活动因子上也没有显著差异。

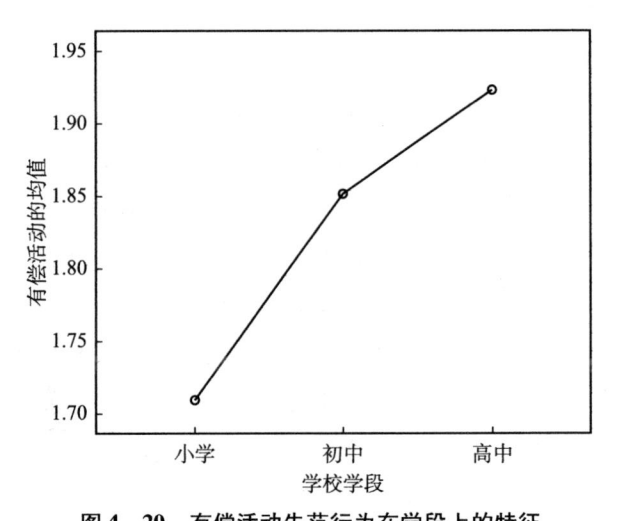

图 4 – 20　有偿活动失范行为在学段上的特征

职业品德失范行为在学段上差异的具体行为特征如图 4 – 21 所示。

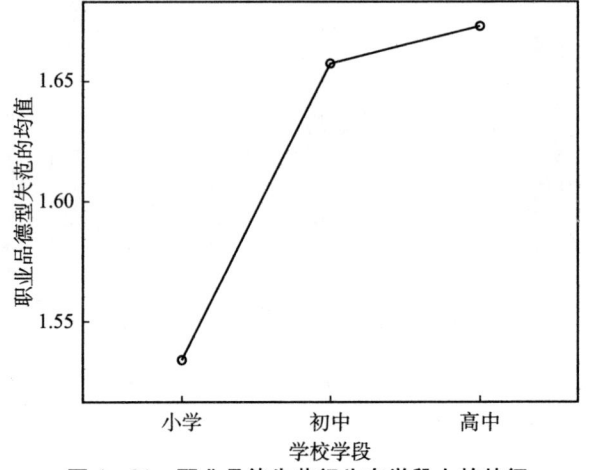

图 4 – 21　职业品德失范行为在学段上的特征

经过 LSD 两两比较的结果显示（见表 4 - 18）：小学教师在职业品德失范行为水平上显著低于高中教师（p < 0.05），但是小学教师与初中教师之间在职业品德失范行为水平上不存在显著差异，初中教师与高中教师之间在职业品德失范行为水平上也不存在显著差异。

（四） 教师失范行为在教龄上的特征分析

1. 情绪情感类教师失范行为在教龄上的特点

情绪情感失范行为以及漠视学生与偏爱学生等两个因子在教龄上的基本特征如图 4 - 22 所示，其中 11 ~ 15 年教龄教师的失范行为水平最高。表 4 - 19 的统计结果表明：（1）不同教龄教师在漠视学生因子（F = 0.929，p > 0.05）与偏爱学生因子（F = 0.699，p > 0.05）失范行为方面的差异检验结果都是不显著的，说明不同教龄教师在漠视学生以及偏爱学生两个方面的教师失范行为都不存在显著差异；（2）在情绪情感构面上，不同教龄教师在情绪情感失范行为水平上也不存在显著差异（F = 0.854，p > 0.05）。

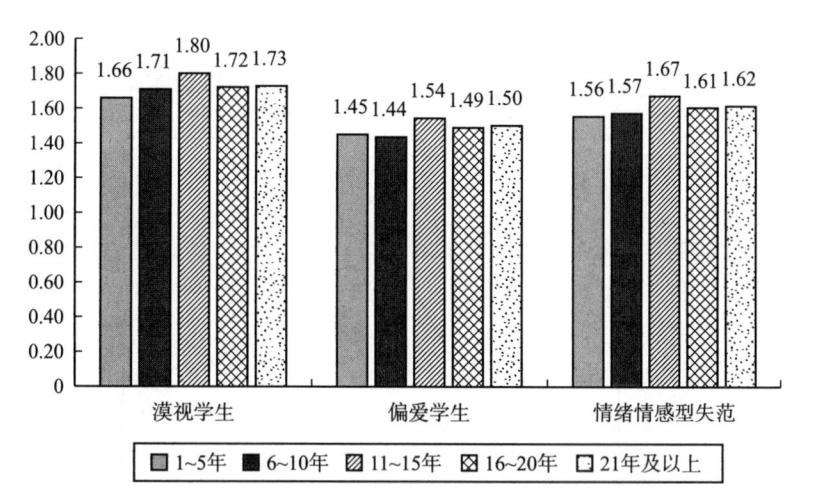

图 4 - 22　情绪情感类教师失范行为在教龄上的特征

表 4 – 19   情绪情感类教师失范行为在教龄上的特点 (n = 974)

特征	教龄	n	M	SD	F 值	p 值	LSD
漠视学生	①1 ~ 5 年	194	1.659	0.696	0.929	0.446	
	②6 ~ 10 年	115	1.709	0.705			
	③11 ~ 15 年	140	1.801	0.703			
	④16 ~ 20 年	239	1.722	0.657			
	⑤21 年及以上	286	1.728	0.634			
偏爱学生	①1 ~ 5 年	194	1.451	0.668	0.699	0.593	
	②6 ~ 10 年	115	1.437	0.636			
	③11 ~ 15 年	140	1.545	0.677			
	④16 ~ 20 年	239	1.491	0.586			
	⑤21 年及以上	286	1.503	0.579			
情绪情感失范	①1 ~ 5 年	194	1.555	0.654	0.854	0.491	
	②6 ~ 10 年	115	1.573	0.626			
	③11 ~ 15 年	140	1.673	0.652			
	④16 ~ 20 年	239	1.606	0.589			
	⑤21 年及以上	286	1.615	0.572			

2. 价值观念类教师失范行为在教龄上的特点

价值观念失范行为以及教育观念、教育方式、教学态度与职业认知四个因子在教龄上的基本特征如图 4 – 23 所示，其中 11 ~ 15 年教龄教师的价值观念类教师失范行为水平都是最高的。表 4 – 20 的统计结果表明：（1）教学态度（$F = 1.110$，$p > 0.05$）、教育观念（$F = 2.160$，$p > 0.05$）、教育方式（$F = 2.366$，$p > 0.05$）等三种价值观念类方面的教师失范行为因子在教龄上不存在显著的差异；（2）职业认知因子在教龄上却存在差异（$F = 5.994$，$p < 0.01$），并且 1 ~ 5 年教龄教师的职业认知因子失范行为水平最低（$M = 1.93$）；（3）在价值观念构面上，不同教龄教师的失范行为是存在显著差异的（$F = 3.332$，$p < 0.05$），1 ~ 5 年教龄教师的失范行为水平最低（$M = 1.619$）。

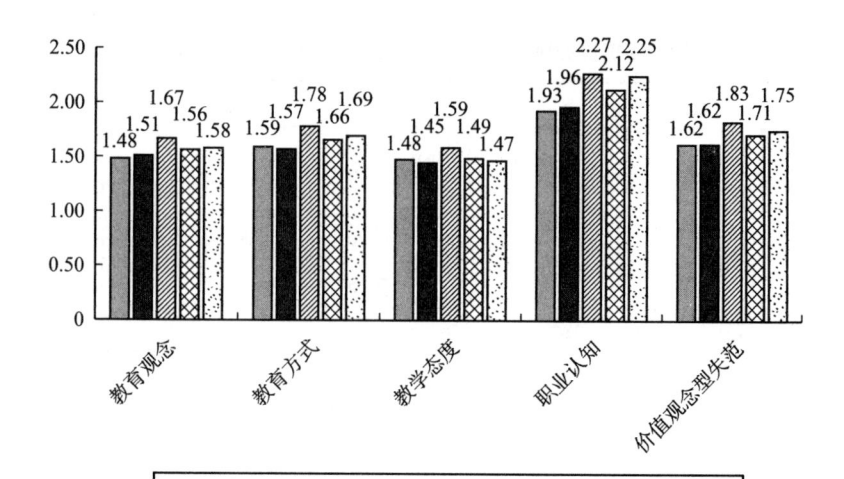

图 4 - 23　价值观念类教师失范行为在教龄上的特征

表 4 - 20　　价值观念类教师失范行为在教龄上的特点（n = 974）

特征	教龄	n	M	SD	F 值	p 值	LSD
教育观念	①1 ~ 5 年	194	1.481	0.643	2.160	0.072	
	②6 ~ 10 年	115	1.510	0.607			
	③11 ~ 15 年	140	1.666	0.674			
	④16 ~ 20 年	239	1.564	0.594			
	⑤21 年及以上	286	1.580	0.564			
教育方式	①1 ~ 5 年	194	1.591	0.708	2.366	0.051	
	②6 ~ 10 年	115	1.571	0.639			
	③11 ~ 15 年	140	1.780	0.723			
	④16 ~ 20 年	239	1.658	0.619			
	⑤21 年及以上	286	1.694	0.648			
教学态度	①1 ~ 5 年	194	1.477	0.687	1.110	0.350	
	②6 ~ 10 年	115	1.447	0.631			
	③11 ~ 15 年	140	1.587	0.675			
	④16 ~ 20 年	239	1.489	0.630			
	⑤21 年及以上	286	1.468	0.525			

特征	教龄	n	M	SD	F 值	p 值	LSD
职业认知	①1 ~ 5 年	194	1.925	0.918	5.994	0.000	③ > ①** ④ > ①* ⑤ > ①** ③ > ②** ⑤ > ②**
	②6 ~ 10 年	115	1.961	0.871			
	③11 ~ 15 年	140	2.271	0.896			
	④16 ~ 20 年	239	2.123	0.855			
	⑤21 年及以上	286	2.248	0.837			
价值观念失范	①1 ~ 5 年	194	1.619	0.664	3.332	0.010	③ > ①** ⑤ > ①* ③ > ②**
	②6 ~ 10 年	115	1.622	0.594			
	③11 ~ 15 年	140	1.826	0.646			
	④16 ~ 20 年	239	1.709	0.585			
	⑤21 年及以上	286	1.747	0.543			

　　职业认知失范行为在教龄上差异的具体行为特征如图 4 – 24 所示。经过 LSD 两两比较显示（见表 4 – 20）：1 ~ 5 年教龄教师的职业认知失范行为分别显著低于 11 ~ 15 年教龄的教师（$p < 0.01$）、16 ~ 20 年教龄的教师（$p < 0.05$）以及 21 年及以上教龄的教师（$p < 0.01$），但是与 6 ~ 10 年教龄教师的职业认知失范行为没有差异；另外，6 ~ 10 年教龄教师的职业认知失范行为分别显著低于 11 ~ 15 年教龄教师职业认知失范行为（$p < 0.01$）和 21 年及以上教龄教师的职业认知失范行为（$p < 0.01$），但是与 16 ~ 20 年教龄教师的职业认知失范行为相比，两者之间没有差异。

　　价值观念失范行为在教龄上差异的具体行为特征如图 4 – 25 所示。经过 LSD 两两比较显示（见表 4 – 20）：教龄为 1 ~ 5 年教师的价值观念失范行为分别显著低于 11 ~ 15 年教龄教师的价值观念失范行为（$p < 0.01$）以及 21 年及以上教龄教师的价值观念失范行为（$p < 0.05$），但是分别与 6 ~ 10 年教龄教师和 16 ~ 20 年教龄教师在价值观念失范行为上都没有显著差异；另外，6 ~ 10 年教龄教师的价值观念失范行为显著低于 11 ~ 15 年教龄教师的价值观念失范行为（$p < 0.01$）。

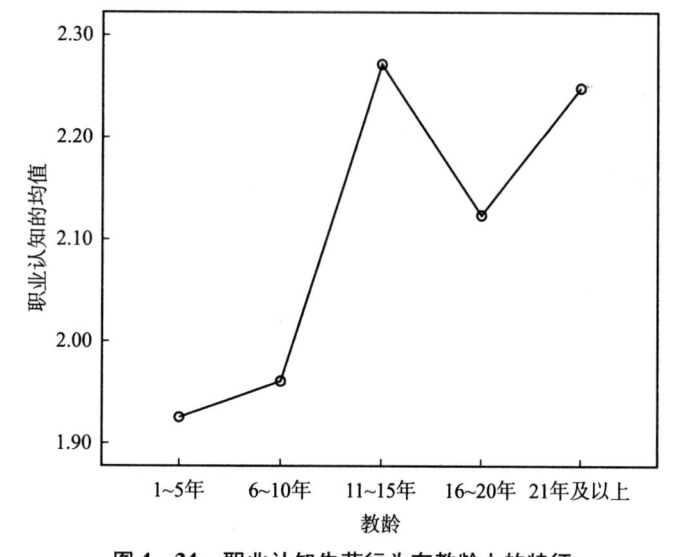

图 4 - 24　职业认知失范行为在教龄上的特征

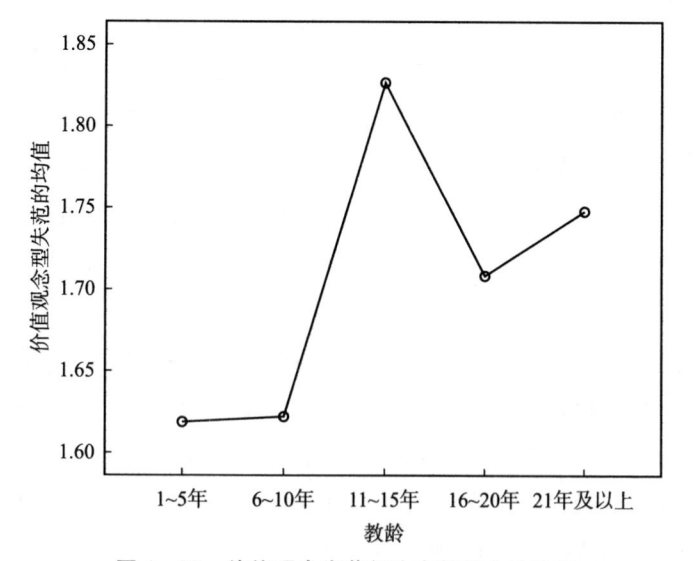

图 4 - 25　价值观念失范行为在教龄上的特征

3. 职业品德类教师失范行为在教龄上的特点

职业品德失范行为以及以教谋私与有偿活动等两个因子在教龄上的基本特征如图4-26所示，其中11~15年教龄教师的失范行为水平最高。表4-21的统计结果表明：（1）以教谋私因子在教龄上的差异检验结果是不显著的（$F = 2.165$，$p > 0.05$），即不同教龄的教师在以教谋私方面的教师失范行为不存在显著差异；（2）有偿活动因子在教龄上却存在差异（$F = 3.272$，$p < 0.05$），并且11~15年教龄教师的有偿活动失范行为水平最高（$M = 2.117$）；（3）在职业品德构面上，不同教龄的教师之间存在显著差异（$F = 3.500$，$p < 0.01$），其中11~15年教龄教师的失范行为水平最高（$M = 1.830$）。

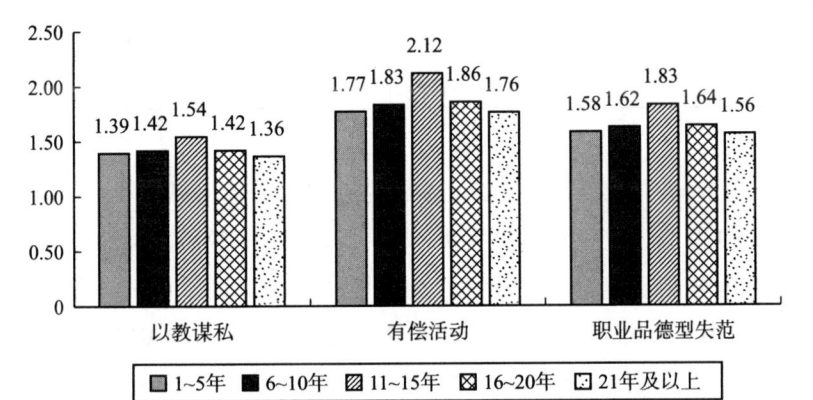

图4-26 职业品德类教师失范行为在教龄上的特征

表4-21 职业品德类教师失范行为在教龄上的特点（n = 974）

特征	教龄	n	M	SD	F 值	p 值	LSD
以教谋私	①1~5 年	194	1.393	0.671	2.165	0.071	
	②6~10 年	115	1.416	0.619			
	③11~15 年	140	1.543	0.653			
	④16~20 年	239	1.418	0.604			
	⑤21 年及以上	286	1.364	0.503			

特征	教龄	n	M	SD	F 值	p 值	LSD
有偿活动	①1～5 年	194	1.768	1.043	3.272	0.011	③＞①** ③＞②* ③＞④* ③＞⑤**
	②6～10 年	115	1.832	1.027			
	③11～15 年	140	2.117	1.152			
	④16～20 年	239	1.856	1.016			
	⑤21 年及以上	286	1.760	0.930			
职业品德失范	①1～5 年	194	1.581	0.781	3.500	0.008	③＞①** ③＞②* ③＞④* ③＞⑤**
	②6～10 年	115	1.624	0.727			
	③11～15 年	140	1.830	0.822			
	④16～20 年	239	1.637	0.726			
	⑤21 年及以上	286	1.562	0.633			

有偿活动失范行为在教龄上差异的具体行为特征如图 4 - 27 所示。经过 LSD 两两比较显示（见表 4 - 21）：11～15 年教龄教师的有偿活动失范行为分别显著高于教龄为 1～5 年（$p < 0.01$）、6～10 年（$p < 0.05$）、16～20 年（$p < 0.05$）以及 21 年及以上（$p < 0.01$）教师的失范行为，而其他四个不同教龄教师在有偿活动失范行为上不存在显著差异。

职业品德失范行为在教龄上差异的具体行为特征如图 4 - 28 所示。经过 LSD 两两比较显示（见表 4 - 21）：11～15 年教龄教师的职业品德失范行为分别显著高于教龄为 1～5 年（$p < 0.01$）、6～10 年（$p < 0.05$）、16～20 年（$p < 0.05$）以及 21 年及以上（$p < 0.01$）教师的职业品德失范行为，而其他四个不同教龄教师在职业品德失范行为上不存在显著差异。

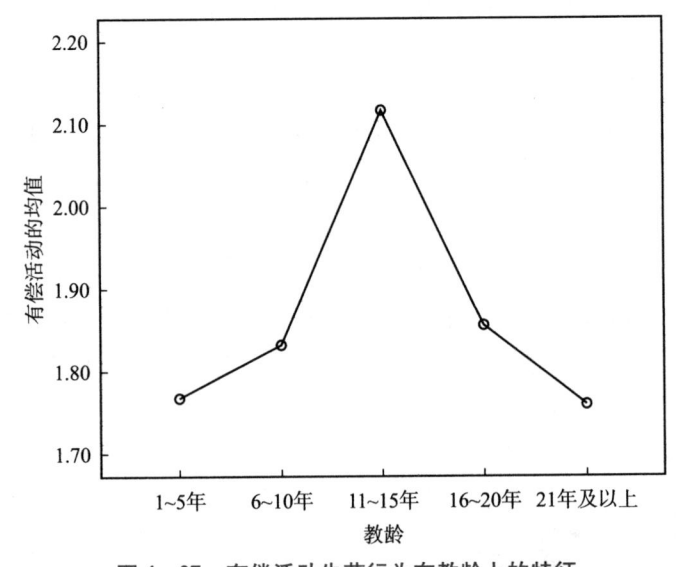

图 4 – 27　有偿活动失范行为在教龄上的特征

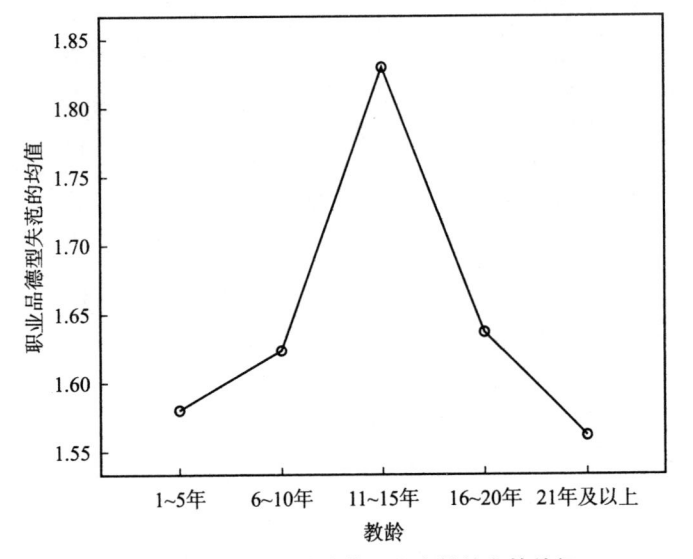

图 4 – 28　职业品德失范行为在教龄上的特征

（五）教师失范行为在城乡上的特征分析

1. 情绪情感类教师失范行为在城乡上的特点

情绪情感失范行为以及漠视学生与偏爱学生等两个因子在城乡上的基本特征如图 4 - 29 所示，其中县城教师的失范行为水平最高。表 4 - 22 的统计结果表明：情绪情感失范行为（$F = 0.169$，$p > 0.05$）以及漠视学生因子（$F = 0.010$，$p > 0.05$）与偏爱学生因子（$F = 0.576$，$p > 0.05$）等三种情绪情感类教师失范行为在城乡上的差异是不显著的，即不管是来自乡镇或农村、县城还是城市的教师在情绪情感类教师失范行为不存在显著差异。

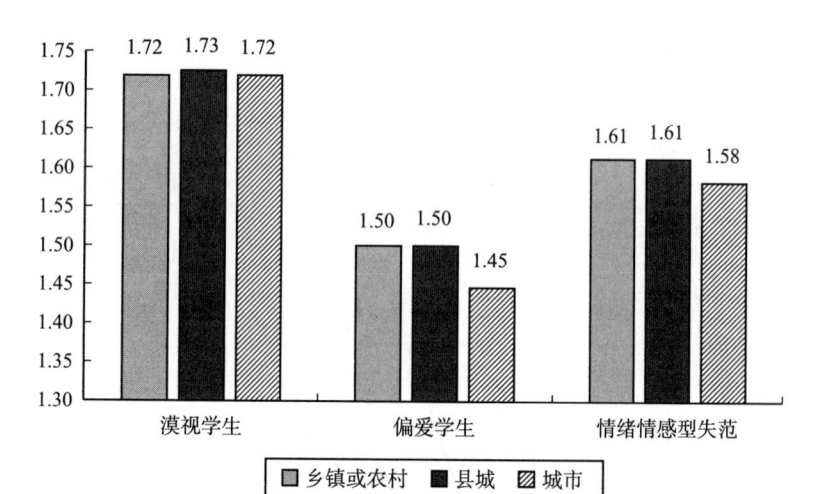

图 4 - 29　情绪情感类教师失范行为在城乡上的特征

表 4 - 22　　情绪情感类教师失范行为在城乡上的特点（n = 974）

特征	城乡	n	M	SD	F 值	p 值	LSD
漠视学生	①乡镇或农村	399	1.719	0.694	0.010	0.990	
	②县城	369	1.725	0.608			
	③城市	206	1.719	0.734			

特征	城乡	n	M	SD	F 值	p 值	LSD
偏爱学生	①乡镇或农村	399	1.497	0.642	0.576	0.562	
	②县城	369	1.501	0.556			
	③城市	206	1.447	0.684			
情绪情感失范	①乡镇或农村	399	1.608	0.635	0.169	0.844	
	②县城	369	1.613	0.541			
	③城市	206	1.583	0.681			

2. 价值观念类教师失范行为在城乡上的特点

价值观念失范行为以及教育观念、教育方式、教学态度与职业认知四个因子在城乡上的基本特征如图 4 – 30 所示，在职业认知因子方面县城教师的失范行为最高（M = 2.231）。表 4 – 23 的统计结果表明：（1）教育观念（F = 0.919，p > 0.05）、教育方式（F = 0.942，p > 0.05）与教学态度（F = 0.943，p > 0.05）等因子在城乡上的差异检验结果是不显著的，即不管是来自乡镇或农村、县城还是城市的教师在这三个因子方面的失范行为都不存在显著差异；（2）职业认知因子方面的教师失范行为在城乡上是有差异的（F = 4.586，p < 0.05）；（3）在价值观念构面上，城乡教师的失范行为不存在显著差异（F = 1.631，p > 0.05），即不管是来自乡镇或农村、县城还是城市的教师在总体的价值观念失范行为方面不存在显著差异。

职业认知失范行为在城乡上差异的具体行为特征如图 4 – 31 所示。经过 LSD 两两比较显示（见表 4 – 23）：县城教师的失范行为显著高于来自乡镇或农村教师（p < 0.01）与城市教师（p < 0.05），而乡镇或农村教师在职业认知失范行为方面与城市教师没有显著差异。

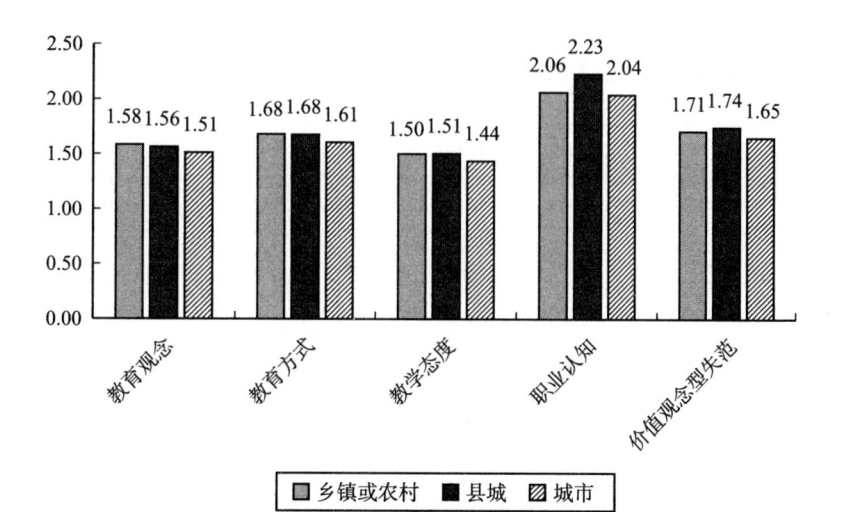

图4-30 价值观念类教师失范行为在城乡上的特征

表4-23 价值观念类教师失范行为在城乡上的特点（n＝974）

特征	城乡	n	M	SD	F 值	p 值	LSD
教育观念	①乡镇或农村	399	1.583	0.641	0.919	0.399	
	②县城	369	1.563	0.543			
	③城市	206	1.512	0.664			
教育方式	①乡镇或农村	399	1.680	0.668	0.942	0.390	
	②县城	369	1.675	0.629			
	③城市	206	1.606	0.723			
教学态度	①乡镇或农村	399	1.502	0.654	0.943	0.390	
	②县城	369	1.505	0.535			
	③城市	206	1.437	0.690			
职业认知	①乡镇或农村	399	2.065	0.866	4.586	0.010	②＞① **
	②县城	369	2.231	0.868			②＞③ *
	③城市	206	2.041	0.911			
价值观念失范	①乡镇或农村	399	1.707	0.619	1.631	0.196	
	②县城	369	1.744	0.541			
	③城市	206	1.649	0.671			

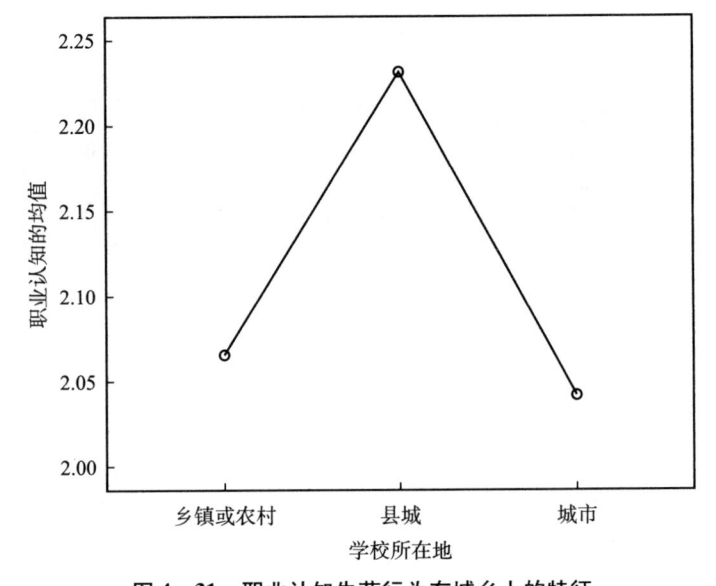

图 4 – 31　职业认知失范行为在城乡上的特征

3. 职业品德类教师失范行为在城乡上的特点

职业品德失范行为以及以教谋私与有偿活动两个因子在城乡上的基本特征如图 4 – 32 所示，在有偿活动因子方面县城教师的失范行为水平最高（M = 1.927）。表 4 – 24 的统计结果表明：（1）以教谋私因子在城乡上的差异检验结果是不显著的（F = 0.030，p > 0.05），即不管是来自乡镇或农村、县城还是城市的教师在以教谋私方面的教师失范行为不存在显著差异；（2）有偿活动因子在城乡上却存在差异（F = 3.075，p < 0.05）；（3）在职业品德构面上，教师的总体职业品德失范行为在城乡上不存在显著差异（F = 1.343，p > 0.05），即不管是来自乡镇或农村、县城还是城市的教师在总体的职业品德失范行为方面不存在显著差异。

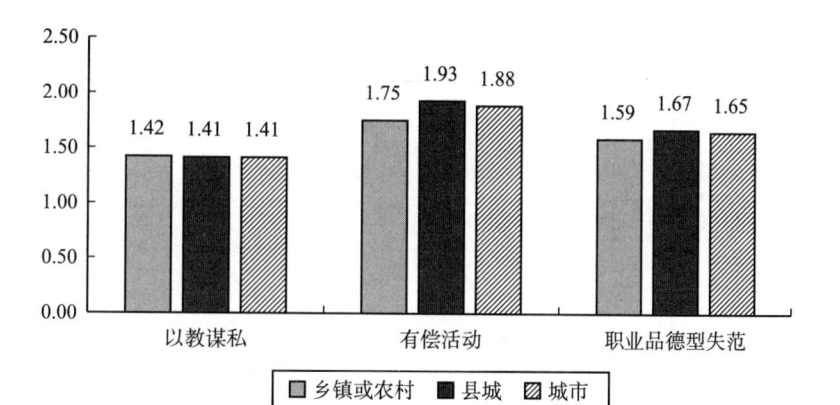

图 4 − 32　职业品德类教师失范行为在城乡上的特征

表 4 − 24　　职业品德类教师失范行为在城乡上的特点（n = 974）

特征	城乡	n	M	SD	F 值	p 值	LSD
以教谋私	①乡镇或农村	399	1.421	0.619	0.030	0.970	
	②县城	369	1.412	0.541			
	③城市	206	1.410	0.669			
有偿活动	①乡镇或农村	399	1.749	0.927	3.075	0.047	② > ①*
	②县城	369	1.927	1.060			
	③城市	206	1.883	1.123			
职业品德失范	①乡镇或农村	399	1.585	0.695	1.343	0.262	
	②县城	369	1.669	0.721			
	③城市	206	1.647	0.809			

　　有偿活动失范行为在城乡上差异的具体行为特征如图 4 − 33 所示。经过 LSD 两两比较显示（见表 4 − 24）：县城教师的失范行为显著高于乡镇或农村教师（p < 0.05），而县城教师与城市教师之间以及城市教师与乡镇或农村教师之间在有偿活动因子上都不存在显著差异。

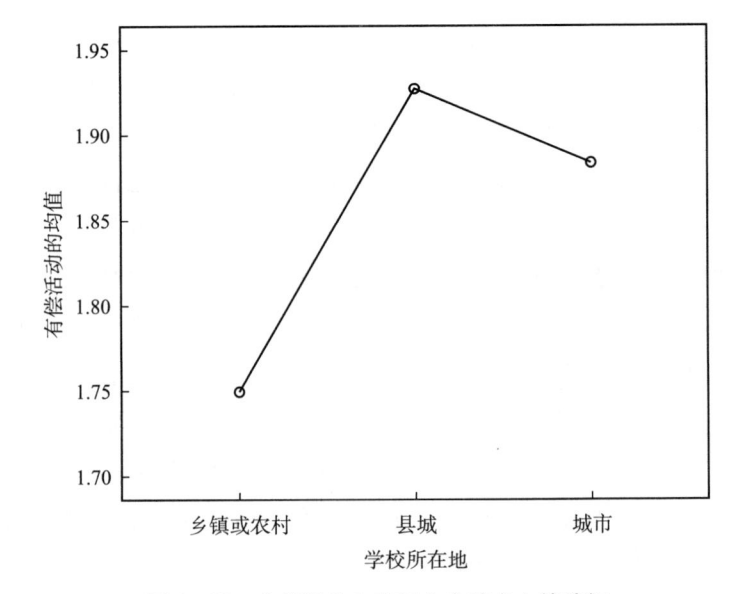

图 4 - 33   有偿活动失范行为在城乡上的特征

三、研究讨论与结论

(一) 研究讨论

教师是教书育人的楷模,其必然是"身正为师"。从表 4 - 12 的结果来看,教师样本的失范行为并不严重,这与我们在日常生活中认识到的教师行为是相符的。这说明目前我国中小学教师的日常行为是正常的、良好的,能够做到为人师表。然而,由于教师行为的特殊性以及教师失范行为带来的负面影响比较大,使得社会大众感觉教师行为失范比较频繁与严重。因此,今后不仅要加强对教师失范行为的管控,更要加强对教师优秀行为的表扬与宣传。

但是,从性别差异来看,男女教师在情绪情感、价值观念以及职业品德三种失范行为以及八个因子都是有显著差异的,且男教师的失范行为水平都高于女教师。这种现象的存在可能是与男教师在家庭中承担的责任有关,比如,男教师可能需要养家糊口多挣钱,或者工作压力比较大导致的行为失当;也可能是男女教师在面临学生行为问题上的处理方式不同有关。另外，教师失范行为在不同学段、不同教龄以及不同地区（城乡）教师身上的差异却是不同的，具体如下。

1. 情绪情感类教师失范行为的特征分析

首先，从学段差异来看，小学教师在情绪情感失范行为及其漠视学生与偏爱学生两个因子方面的失范行为水平都是最低的，这说明小学教师在情绪情感类的失范行为程度要比初中和高中教师要好。具体来看：（1）小学教师、初中教师以及高中教师在偏爱学生因子方面的失范行为不存在显著差异；（2）初中教师与高中教师在总体情绪情感失范行为以及漠视学生因子方面的失范行为水平都分别显著高于小学教师；（3）初中教师与高中教师之间在这两个方面都不存在显著差异。其次，从教龄差异来看，教龄为 11～15 年教师的失范行为水平最高，但是，不同教龄教师在总体情绪情感失范行为以及漠视学生与偏爱学生等两个因子方面的教师失范行为都不存在显著差异。这说明了不同教龄教师不会因为情绪情感方面的失控而作出失范行为。最后，从城乡差异来看，尽管来自县城教师的失范行为水平最高，但是不管是来自乡镇或农村、县城还是城市的教师在情绪情感类失范行为都不存在显著差异。

2. 价值观念类教师失范行为的特征分析

首先，从学段差异来看，小学教师在价值观念失范行为及其教育观念、教育方式、教学态度、职业认知等四个因子方面的失范行为水平都是最低的，这说明小学教师在价值观念类的行为水平要比初中和高中教师要好。但是，差异检验的结果显示：（1）小学教师、初中教师以及高中教师在教育方式因子方面的失范行为不存在显著差异；（2）初中教师在总体价值观念失范行为以及教育观念、教学态度、职业认知三个因子方面的水平都显著高于小学教师，而初中教师与高中教师之间以及高中教师与小学教师之间在这四个方面的失范行为都不存在显著差异。其次，从教龄差异来看，不同教龄教师在教育观念、教育方式、教学态度等三个因子方面的教师失范行为水平不存在差异，但是在职业认知因子以及总体的价值观念失范行为方面存在着教龄上的差异，其中教龄为 1~5 年教师的失范行为水平最低。最后，从城乡差异来看，价值观念失范行为以及教育观念、教育方式、教学态度三个因子在城乡上都不存在显著差异，只是在职业认知因子方面有城乡差异，其中县城教师的职业认知失范行为显著高于来自乡镇或农村教师与城市教师，而乡镇（或农村）教师与城市教师在职业认知上没有差异。

3. 职业品德类教师失范行为的特征分析

首先，从学段差异来看，小学教师、初中教师以及高中教师在以教谋私因子方面的失范行为不存在显著差异，但是，高中教师在总体的职业品德失范行为以及有偿活动因子方面的失范行为水平都分别显著高于小学教师，而小学教师与初中教师之间以及初中教师与高中教师之间在这两个方面都不存在显著差异。其次，从教龄差异来看，不同教龄教师在以教谋私方面的教师失范行为不存在差异，但是，在总体的职业品德失范行为与有偿活动因子失范行为在教龄上却存在着差异，其中 11~15 年教龄教师在职业品德失范行为与有偿活动因子失范行为等方面的水平最高，且分别显著高于 1~5 年、6~10 年、16~20年、21 年及以上四个不同教龄教师的职业品德失范行为与有偿活动因子失范行为。最后，从城乡差异来看，教师在以教谋私因子和总体的职业品德方面的失范行为不存在城乡差异，但是，在有偿活动因子上的教师失范行为有城乡差异，其中县城教师的失范行为显著高于乡镇（或农村）教师，而县城教师与城市教师之间以及城市教师与乡镇（或农村）教师之间在有偿活动因子上都不存在显著差异。

（二）研究结论

总体来看，男教师的失范行为水平高于女教师，并在不同学段、不同教龄以及城乡差异方面，不同类型的教师失范行为则表现为不同的特点。

首先，在情绪情感方面，教师总体的情绪情感失范行为以及漠视学生与偏爱学生等两个因子在不同教龄教师和城乡教师身上没有差异，但是，偏爱学生因子在不同学段的教师身上没有差异，漠视学生因子和总体的情绪情感失范行为在不同学段的教师身上有差异。

其次，在价值观念方面，教师总体的价值观念失范行为在不同学段与不同教龄教师身上存在差异，但是在城乡教师身上没有显著差异。但是，具体到价值观念构面教师失范行为的四个因子则情况比较复杂：（1）教育观念失范行为在不同学段的教师身上存在显著差异，在不同教龄和城乡教师身上不存在差异；（2）教育方式失范行为在不同学段教师和城乡教师身上没有差异，但是在不同教龄教师身上有差异；（3）教学态度失范行为在不同学段教师身上存在显著差异，在不同教龄和城乡教师身上不存在差异；（4）职业认知失范行为在不同学段、不同教龄及城乡教师之间都存在差异。

最后，在职业品德方面，教师总体的职业品德失范行为在学段与教龄上存在差异，但是在城乡方面不存在差异；具体到职业品德的两个因子来看，以教谋私因子在不同学段、不同教龄以及城乡教师身上都没有显著差异，但是，有偿活动因子却在不同学段、不同教龄以及城乡教师身上都有显著差异。

第五章

教师失范行为的形成机制研究

反生产行为具有极强的破坏力，引起了众多学者的研究兴趣，并产生了丰富的研究成果（张永军等，2012）。已有研究表明影响员工反生产行为的前因变量主要可区分为个体差异变量和组织情境变量两类（Robinson and Greenberg，1998；Martinko et al.，2002）。教师的个体变量或组织情境变量是否也会影响教师的失范行为，是本章关注的核心问题。本章将从个体视角和组织情境视角两个层面进一步探索教师失范行为形成的心理机制，即在学校组织情境下，从组织文化和领导方式两个组织情境维度来分析各自对应的组织因素是如何通过个体心理对教师失范行为产生影响的。因此，我们有必要在学校组织情境下，从领导方式和组织文化两个组织情境视角研究各自对教师失范行为产生的影响，以及两者对教师失范行为影响的心理机制。

为此，本章的研究共计涉及四个研究问题：首先，从个体与组织互动的视角，研究个体道德推脱是否会对教师失范行为产生影响，以及这种影响是否会受到组织公平的调节；其次，从组织伦理文化的视角，研究组织伦理气氛在影响教师失范行为中个体的道德推脱是否会起到中介作用；再次，从学校领导方式的视角，研究伦理型领导是否会影响教师失范行为，以及组织伦理气氛在伦理型领导影响教师失范行为中是否会起着中介作用；最后，建构教师失范行为形成的综合模型，拟从伦理型领导（领导方式）、组织伦理气氛（组织文化）以及道德推脱（个体变量）三个方面来建构对教师失范行为形成的心理机制。

第一节　文献综述与问题提出

一、越轨行为研究的综述

（一）越轨行为的内涵与形式

失范行为与越轨行为（或偏差行为）多为社会学研究领域常用的概念，后被学者引入管理领域。西方学者用多种不同的术语尝试概括工作场所中存在着的一些消极的、违反组织规范的行为，如反生产行为、不当行为、越轨行为、失范行为、偏差行为、不道德行为等。为了进一步区分与认识这些多种多样的具体的越轨行为，格雷斯（Gruys）归纳出了 87 种 11 大类的越轨行为；杨杰等（2004）也列举出了 45 种越轨行为（黄瑛、裴利芳，2012）。这些存在于组织中的大大小小、各式各样的越轨行为不仅会减低组织的工作绩效，带来直接的经济损失，而且在一定程度上会带来组织形象与声誉的降低。例如，张季媛与王文宇（2008）调查发现了在我国企业中存在着程度不同的 13 种负面行为，并且各种负面行为之间存在相关性，比如，组织不公平会导致对组织信任度降低，员工觉得组织支持减少，压力增大，甚至变得愤世嫉俗，引发员工对单位不利的行为，如故意给上司制造麻烦、消极怠工、影响他人工作和经常中断工作等；或者通过占组织的便宜，采取各种方式弥补因分配不公或者待遇不公导致的心理上的不平衡（张季媛、王文宇，2008）。我们在这里对这些概念的使用不再详细区分，泛指个体在社会生活或工作中所表现出来的不合常规的消极行为。

所谓越轨行为，不同的学者给出了不同的解释。罗宾逊等（Robinson et al.，1995）将职场越轨行为定义为针对组织或组织员工有意或无意做出的背离组织规范，并带给组织或其员工利益损害的行为。这些行为是针对组织成员或组织的具有潜在身体、心理、情绪或经济伤害的行为（Robinson and O'Leary – Kelly，1998）。格雷斯和萨基特（Gruys and Sackett，2003）也认为职场越轨行为是任何一种对待组织或组织成员的有意行为，但这种行为违背了组织的本身利益。也有学者从社会价值观的角度定义职场越轨行为，如瓦尔迪和维纳（Vardi and Wiener，1996）将职场越轨行为定义为：雇员的任何一种故意违背企业通行的行为规范与期望，违反社会核心价值观以及通用社会行为准则的行为。工作场所的越轨行为具有以下特性：（1）外显性，但是诸如愤怒、敌对情绪等内在情绪状态不属于越轨行为；（2）主观性，但是诸如非个人所能控制的偶发性和不可抗拒所导致的行为不属于越轨行为；（3）危害性，越轨行为一定产生了危害（高日光等，2008）。

　　但是，个体在社会生活或工作中所表现出来的不合常规的行为中有些是积极的、正面的与创新性的，这种行为被称为建设性越轨行为。员工可能会在亲社会动机的驱动下主动地违反组织规则或规范，即表现出建设性越轨行为（李红、刘洪，2014）。尽管有学者将越轨行为分为建设性越轨和破坏性越轨，认为越轨行为除了对组织有危害外，也有些所谓的越轨行为为了改革与创新而违反了既定的组织规范与制度，有利于促进组织变革与发展，是对组织有积极影响的行为。但是绝大多数学者还是将破坏性的行为结果作为判定越轨行为的重要依据之一（黄瑛、裴利芳，2012）。

　　本章关注的仍然是消极性的越轨行为，即教师失范行为。教师失范行为是对学校组织发展不利的负面行为，也是学校组织中存在的一种越轨行为或者偏差行为。因此，学校组织中存在的教师失范行为也应该引起和得到管理界与学术界的重视，必须正确认识其存在的必然性与危害性。

（二）越轨行为产生的影响因素

　　纵观已有研究发现，生物学、心理学、犯罪学、法学等诸多学科都从不同的角度对越轨行为进行了解释。然而，以上学科大多忽视了个人与社会之间的互动关系，简单地将越轨行为归因为个体的心理失调或制度的缺失，缺乏将越轨行为嵌入在社会情境当中予以考察（谢宇，2018）。而员工的越轨行为并非天生的，而是后天观察他人行为（榜样）而获得的，榜样与情境对员工越轨行为影响极大（高日光等，2008）。由于越轨行为本质上是个人与社会互构关系的一种表现形式，而时空情境是越轨行为的发生场所。通过对时空情境的考察，越轨行为嵌入个人与社会互构的过程当中，为越轨行为的治理与预防提供一种时空维度（谢宇，2018）。因此，我们不仅要关注个体心理因素对个体越轨行为的影响机制方面的研究，更要从更加宏观的层面将越轨行为嵌入到社会情境中去研究，研究个人与社会之间互动关系对个体越轨行为的影响机制。

20 世纪 80 年代后，越来越多的学者开始从现代组织背景视角关注反生产行为，推动了反生产行为研究的迅速发展，提出了一系列新理论，并将这一研究领域带入了管理研究的主流之中（彭贺，2010）。反生产行为的前因变量是反生产行为理论研究和管理实践关注的焦点，只有找到引发员工反生产行为的影响因素，我们才能有的放矢地加以管理（张永军等，2012）。

张永军等（2012，2015）在文献回顾中发现，学者们主要是从个体变量和情境变量以及两者的交互作用来探讨一些因素对反生产行为的影响，其中个体变量主要有：个性变量（如大五模型），个体特质（如情感特质、自尊、控制点、自我监控、自我控制、道德发展阶段以及马基雅维利主义），人口统计学变量（如年龄、性别、婚姻状况、受教育程度以及工作年限）；情境变量主要有：工作特征（如工作压力、任务困难性），组织因素（如组织的反生产行为规则、组织的伦理气氛和伦理文化、绩效考核与薪酬管理），认知因素（如工作满意度、组织公平感、组织承诺、组织自尊、组织支持感以及心理契约破裂等），领导因素（如辱虐管理、伦理型领导）等，员工认知因素是反生产行为前因变量研究中被学者们探讨最多的一类情境因素。

尽管工作场所越轨行为的前期研究已经检验了人格或员工的情境

知觉与员工越轨行为的关系（Colbert et al.，2004）。但是，大多数理论依然要么采取情境视角，要么采取个体视角（彭贺，2010）。因此，需要加强从个体视角和情境视角两个方面来全面理解反生产行为（Sackett and DeVore，2001）。所以，本章将采用综合的研究视角，探讨在学校组织情境下伦理型领导（领导方式）和组织伦理气氛（组织文化）两类组织因素是如何通过教师个体的道德推脱（道德认知倾向）对教师的失范行为产生影响的。

二、道德推脱与越轨行为

教师道德一直是学界热切关注的话题，不同研究者理解教师道德的视角不同。教师道德，是指与教师相关的全部道德领域，是教师所应具备的道德品质的总和（邓晨、吴黛舒，2018）。为了进一步地阐述教师道德问题的产生机制，需要从哲学、社会学以及教育学的传统范式下引入道德心理学的研究范式，以便深入研究教师道德产生与发展的心理机制。道德心理学是研究人类道德的心理结构及其活动规律的学科。研究道德心理学对于正确分析和阐述各种道德现象、正确认识和理解道德意识、道德情感和道德意志产生和发展变化的规律，科学地掌握道德教育和道德修养的方法，自觉地培养高尚的道德品质，有着重要的意义（朱贻庭，2011）。为此，张添翼（2015）认为教师道德问题的解决需要深入心理层面，亟须关注教师的道德敏感性。个体的道德敏感性、价值取向、认知能力、移情能力、意志水平、角色意识、实践经验等因素影响其道德行为（王树洲，2007）。本章引入"道德推脱"这一变量来研究其对教师失范行为的影响。

（一）道德推脱研究的概述

道德推脱是认知失调理论在道德心理学中的一个运用，是班杜拉在社会认知理论下提出的一个重要概念。自班杜拉提出道德推脱以来，现有研究基本都是围绕青少年的道德推脱机制与不道德行为之间的关系进行了相关探讨，取得了非常丰富的研究成果（张艳清等，2016）。

所谓道德推脱，是指个体在行为中产生的一些特定的认知倾向，包括重新定义自己的行为使其伤害性显得更小、最大限度地减少自己在行为后果中的责任和降低对受伤者痛苦的认同（Bandura，1986，1990，1999，2002；王兴超和杨继平，2010；张艳清等，2016）。基于社会认知观点，道德推脱理论认为，个体是否做出道德行为主要受到两股力量的影响：道德机制和道德推脱。前者为道德向心力，抑制越轨行为，驱使个体做出道德行为；后者为道德离心力，促进越轨行为，引诱个体从事不道德行为（Bandura et al.，1996）。

班杜拉（Bandura，1986）认为道德推脱作为一种影响道德行为的机制与不道德行为存在着密切的关系，并试图运用道德推脱来解释不道德行为发生背后的潜在心理过程。当个体在道德上采纳推脱方式时，他就从内部切断了行为与其有害或不道德后果之间的因果联结。班杜拉认为，道德推脱主要是通过"道德辩护、委婉性措辞、掩饰性比较、责任推诿、责任分散、忽视或曲解结果、去人性化、责备归因"八个机制弱化与抑制个体的道德自我调节系统作用（见图5-1）。图5-1中表示的是各个道德推脱机制发生作用的示意图，但不是发生作用的时间先后顺序（McAlister et al.，2006）。

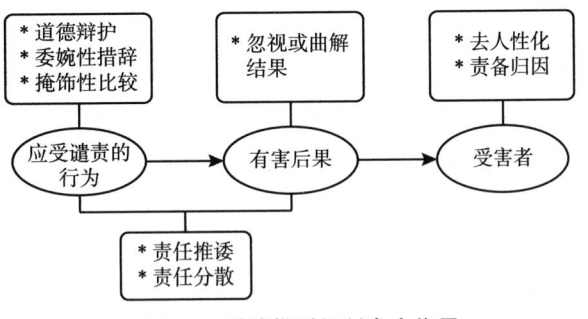

图 5-1　道德推脱机制发生作用

图5-1显示的各个道德推脱机制的存在，使得与更为罪恶昭彰的残忍行为相比较，那些不道德行为就可能看起来微不足道，甚至于会变得具有一定的正义性；或是当某种不道德行为产生于组织或团队中

时，个体往往会进行责任分散，这样的结果是，任何个体不用承担组织或团队行为造成不道德行为的责任；或是将受害方进行去人性化的认知，认为他们只能用粗鲁的方式对待对方。因此，根据社会认知理论，个体往往依据内在的道德标准来监控及评价自身的行为，当个体自我调节机制正常工作时，与其道德标准相一致的行为将会被强化，而与其内在道德标准相违背的行为则会被抑制（Bandura，1999）。

内在调控对人的行为的直接控制力量来自其本身，通过社会化和继续社会化，将一定的社会环境因素内化为符合社会需要的社会价值观念、健康的心理和正常的人格（杨隽，2001a）。在正常情况下，内部道德机制在抑制不道德行为与强化道德行为方面发挥着自我调节作用，使得个体行为符合内部道德标准要求。然而，道德推脱可使个体内部的道德机制失去自我调节作用，并心安理得地做出不道德行为（杨继平、王兴超，2015；杨继平等，2010）。由于个体道德行为发端于对道德情境的认知，在道德认识的基础上进行道德判断，并权衡利弊得失，作出道德抉择，产生道德行为意向并付之于实践，内部道德动机转化为外部的道德行为。因此，道德推脱作为一种个体特定的道德认知倾向，影响着个体的道德行为，也是认知失调理论在道理心理中的一个运用，会对员工的道德决策产生重要的影响（杨继平、王兴超，2012a）。

（二）道德推脱与越轨行为

道德推脱理论虽然被广泛应用于发展心理学和社会心理学领域的研究，并已有大量研究探讨了道德推脱与青少年不道德行为之间的关系（Bandura et al.，1996；Detert et al.，2008）。国内学者也已经开展了相关主题的研究，比如，道德推脱对大学生的网络偏差行为产生显著正向影响（杨继平等，2015），也会对大学生的攻击行为产生显著的正向影响（王兴超等，2012）；道德推脱对于青少年攻击行为有着显著的正向影响（杨继平、王兴超，2012b）；道德推脱与青少年攻击行为有着显著的正相关（孙丽君等，2017）；儿童的道德脱离不利于儿童社会行为和同伴关系的发展，因为：（1）儿童的道德脱离显著正向预测攻击性行为，而显著负向预测亲社会行为，并且道德脱离对于攻击性具有更大的预测作用；（2）儿童的道德脱离显著正向预测同伴拒斥，而显著负向预测同伴接纳，并且道德脱离对于同伴拒斥具有更大的预测作用（潘清泉、周宗奎，2011）。

尽管早已有研究从理论分析和实证考察了组织情境下不道德行为的普遍性，如偷窃、歧视、恐吓、欺骗、粗鲁、攻击、性骚扰、滥用物资、消极怠工、反生产行为、不道德决策、不端行为、侵犯性行为和偏差性行为等（张艳清等，2016）。但是，为什么工作场所中的不道德行为会屡屡发生？这是一直以来困扰管理实践者和学者们的难题。尽管学者们试图解释导致组织不道德行为出现的部分动机，如为了个人利益（Greenberg，2002），为了中伤组织（Skarlicki and Folger，1997）或者是为了伤害同事（Thau et al.，2007）。然而，不道德行为的产生往往比我们所能想象的要复杂得多。这是因为上述动机的研究缺乏一个合理解释这种行为普遍性存在的理论基础。而且即使个体在上述动机下作出不道德行为后，为何不会产生应有的心理内疚和自责的反应，反而是持续地发生这种不道德行为，这种道德感缺失背后到底是怎样的一种潜在心理机制发挥了作用？为此，社会认知理论视角下的道德推脱理论可为这一难题提供解释思路（张艳清等，2016）。

在已有的道德推脱研究中，学者们开始十分关注道德推脱对员工不道德行为的影响（杨继平、王兴超，2015），比较具体地研究了道德推脱与员工越轨行为的关系。如道德推脱对个体反生产行为具有正向预测作用（Fida et al.，2015）；道德推脱可显著正向预测员工不道德行为（Barsky，2011）；道德推脱与员工的道德行为之间有显著的负相关（Palmer，2013）等。同样，国内学者也开始研究道德推脱与员工越轨行为的关系。但是，道德推脱在组织管理领域仍然是一个相当新颖的构念（Samnani et al.，2014）。总之，道德推脱会增强人的越轨行为，即道德推脱水平越高的人，则更有可能采取不道德行为或者越轨行为。而有关道德推脱影响道德行为的研究主要分为两类：一是道德推脱与反社会行为关系的相关研究；二是道德推脱与亲社会行为关系的相关研究（刘珊、石人炳，2017）。本章关注的是前者，研究学校组织背景下教师的越轨行为，即教师失范行为。

那么，道德推脱是如何影响教师失范行为的呢？这可能是因为人们会采用道德推脱的各种方式削弱了可以制止个体从事不道德行为的内部道德机制的自我调节功能，使得人们摆脱了因违反自身道德标准而产生的内疚和自责情绪，进而心安理得地作出不道德行为（张艳清等，2016）。因此，道德推脱这一概念可以很好地解释为什么很多教师"好心办坏事"的现象。因为除了极个别的教师是因为自身的道德水平低下或者个人素质低下而对学生作出不符合教师职业规范的行为，但是大多数教师都是为了"学生好"或者"学校好"而作出的自认为正确的行为。

总之，道德推脱可以合理地切断个体道德决策或行为与其内部道德标准的联系，使得个体即使作出了不道德决策或行为也不会有明显的内疚与自责，故高道德推脱的个体更易于作出不道德决策（杨继平等，2010）。由于在工作场所的现实情境中，可以从员工个体和组织领导两方面来研究各自对应的组织情境因素通过道德推脱机制对不道德行为产生的影响（张艳清等，2016）。因此，在教师失范行为的形成机制中，本章从道德心理学视角引入了个体的道德认知倾向变量（道德推脱）与道德环境变量（伦理型领导与组织伦理气氛）。

三、组织情境与越轨行为

员工存在于组织，而环境会影响行为。已有文献表明员工的越轨行为会受到来自个体因素和环境因素的影响。而这一研究可以追溯到20世纪70年代，班杜拉用社会认知理论来解释了这一影响过程：个体对环境的反应是受到个人内在的认知因素影响。社会互构论认为个人与社会是互为前提、互为存在条件、不可分割的一体两面。越轨行为一方面是真实而又具体的个人行为，受个人意志的影响；另一方面，越轨行为如同其他人类行为一样是发生于社会环境之中的行为，越轨行为的产生与界定深受社会因素的作用。所以，对越轨行为的解释应当具有个人与社会的二元视角（谢宇，2018）。

基于社会控制理论，对员工反生产行为的早期研究证明了组织文化对员工反生产行为的影响作用，认为个体在组织中的行为会受到来自两方面力量的影响：一方面，组织成员会自觉地把其在社会生活中所积习的群体规范部分的内化用以约束和检点自己的行为，从而形成相应的内部控制机制；另一方面，组织成员的行为也需要通过各种外在力量加以调整和修正，即依靠所谓的外部控制机制（Hollinger and Clark，1982）。外部控制包括正式控制和非正式控制。而组织文化是非正式控制最主要的形式（刘文彬、井润田，2010；黄瑛、裴利芳，2012）。而在数量不多的探索导致员工反生产行为的主要因素的西方文献中，其焦点基本锁定在个体差异及其内部心理，却忽略了组织情境层面的影响因素（刘文彬、井润田，2010）。

从组织层面来看，特雷维诺（Trevino，1986）、维纳和瓦尔迪（Wiener and Vardi，1990）以及哈奇（Hatch，1993）等大量学者都认为：组织中的个体行为会受到在整个组织的价值体系中居于核心位置的组织文化的强烈影响（刘文彬、井润田，2010）。总之，现有越轨行为研究中存在的两大不足在于：（1）缺乏一个将个体与社会整合的视角对越轨行为进行解释；（2）缺乏对个人与社会互构过程背后的时空情境的考察（谢宇，2018）。因此，我们需要加强从组织情境的视角来展开研究员工越轨行为的形成机制。

尽管现阶段学者们探讨了员工个体道德推脱与不道德行为的关系，然而仍然不够充分，对于组织情境下的道德推脱与不道德行为之间关系的探讨较少（张艳清等，2016）。基本上都是将道德推脱视为过程因素，揭示了领导行为特征、员工个体特征以及工作环境特征等因素导致了道德推脱，而道德推脱又导致了员工不道德决策、欺骗、偏差行为、反生产行为等不道德行为。而基于社会认知理论提出的道德推脱更有可能发生在人与人相互交往的情境下（Bandura，1999）。摩尔等（Moore et al.，2012）指出在组织情境下开展道德推脱研究更具有现实价值。因此，在组织研究领域，从道德推脱视角解释个体行为是一种比较新的思考路径，尤其是用于解释组织中人际交往间发生的不道德行为（张艳清等，2016）。为此，本书拟选择组织公平、组织伦理气氛作为组织因素的文化变量，探究两者对教师失范行为的影响效应。

（一）组织公平与越轨行为

从古至今，公平问题一直都是备受人们关注的话题。心理学、社会学、哲学和法学等多学科都对公平进行了相关概念的界定和研究（殷晓彦，2015）。社会层面的公平关乎整个社会秩序的公正性和合理性，组织层面的公平涉及分配、激励等组织管理的方方面面，关系到组织的效能和竞争力（刘亚等，2003）。资源分配的公平与否直接影响着员工的工作满意度和积极态度，进而影响企业绩效和员工离职率（殷晓彦，2015）。近年来组织行为学和人力资源管理方面的有关公平的研究，更是激发了理论界探究的热情。

1. 组织公平研究的概述

组织行为学中对组织公平的探讨始于1965年的亚当斯对于分配公平问题的开创性研究。组织公平可分为两个层次。第一个层次是组织公平的客观状态。在这一层面上，人们通过不断地改善和发展各种组织制度、建立相应的政策和措施来达到组织中的公平。第二个层次是组织中成员对于组织公平的主观感受，也就是组织公平感。这两个层面有联系，但也存在着差别。由于绝对的组织公平是很难实现的，也很难有绝对意义上的公平，且一个"公平的制度"如果不被员工所认可和接纳，它对员工行为的影响力就不能得到充分的发挥。即使组织公平是客观的，但它需要通过员工的感受来体现。所以，所谓组织公平（organizational justice），是指个体或团体对组织对待他们公平性的知觉，其实是指员工对公平的判断、知觉和感受，即公平的知觉或公平感。因此，称之为"组织公平感"更为贴切（汪新艳、廖建桥，2007），即知觉到的组织公平（perceived organizational justice）。

亚当斯提出的公平理论（equity theory），强调了个体投入和所得到结果的等价性。根据该理论，人们在知觉一个结果是否公平时，首先会计算他们自己的贡献或投入与他们的产出之间的比率（相对报酬），然后把自己的这个比率同他人的比率进行比较，从而得出分配是否公平的结论。这里的比较对象可以是同一组织或团体的其他同事或者组织外从事相同工作的人，也可以是过去某个时期的自己。比较的结果会引发员工对公平的判断，如果两者的比率相同，就会获得公平的感觉，反之，则会产生不公平感。这种公平的比较被学界称为结果公平或者分配公平。

自从亚当斯提出"结果公平"的创新性研究后，利文撒尔（Leventhal）于 1980 年把程序公平的观点用到组织情境中，提出了程序公平的六项准则。从此，学者们逐渐将更多的注意力集中在"程序公平"的问题上来。同时，研究者们（诸如 Korsgaard et al.，1995；DeConinck and Stilwell，2004）的实证研究也都一致验证了这样的结论，即组织公平主要是由感知到的程序公平决定的，而并非由分配结果公平决定。1991 年，莫尔曼（Moorman）的研究指出组织公平是用来描述工作场所中员工是否被公正对待的变量，该变量会进一步影响其他与工作有关的变量。随着组织公正研究日趋成熟并逐步分化为对公正子维度（三维度或四维度）的研究（王宇清等，2012），比较流行的分类是把组织公平分为四个维度：分配公平、程序公平、互动公平（人际公平与信息公平）。组织公平其实是一个复杂、多构面的概念，以现有的公平理论分析，人们对于不公平的认知以及不公平引起的反应均具有不可测性，因此，也就出现了组织公平的二因素、三因素、六因素结构等（Alexander and Ruderman，1987）。

如果对目前有关组织公平的研究成果进行分析，将会发现当前的主流研究方向应该是支持涵盖了互动公平、程序公平以及分配公平三者的组织公平三因素结构（卞亚斌，2015）。其中，分配公平和程序公平是组织公平研究的两个最基本的维度（刘亚等，2003）。科尔奎特等将组织公平的内涵设定为对下列两种层面的主观认知：一是组织内结果分配的公平性，二是组织内结果分配所采取程序的公平性（卞亚斌，

2015）。尼霍夫和莫尔曼（Niehoff and Moorman，1993）也认为，研究有关组织公平的相关课题可从以下两个结构层面开始，即分配公平与程序公平。为此，本书选取了组织公正感中的比较经典的两个维度：分配公平与程序公平，来探究分配公平与程序公平是否会对教师失范行为产生影响。

那么，人们为什么会如此重视公平呢？从林德和泰勒（Lind，Tyler，1988）的程序公平理论可以看出，公平向人们体现了自己所在团体或组织中的地位，关系到自尊、成就感及满足感等因素。组织的公平不仅可以给员工带来工作的热情，拉近上级与员工之间、员工与员工之间的距离，更能增加经济效益。若情况与之相反，当人们感觉到自己不受上司的重视、同事的亲近，而常被忽略、贬低，甚至感觉同行高人一等时，那么他们的自尊心则会受到强烈的打击，从而产生怀疑自己的能力，甚至引发工作倦怠等问题。如果长时间有此心理状况则会造成极大的社会问题，影响社会进步和发展。可见，从关系模式的角度来说，即使公平不能给个体带来经济利益，他们也会重视公平。

总之，组织公平感是一种心理建构，是员工在组织内所体会到的主观公正感受（吕晓俊、严文华，2009）。也就是说，员工通常会根据自己是否感受到被公平对待来评价组织的公平程度，而不是依据自己实际上是否受到了公平对待。当前对组织公平感的研究主要集中在两个方面：一是组织公平感的结构，即组织公平感的主要构成及其相互之间的关系；二是组织公平感的效果，即组织公平感与员工行为之间的关系（李晔、龙立荣，2003）。

2. 组织公平与越轨行为

组织公平感作为个体对组织环境感知的重要变量，越来越受到研究的关注。其中，组织公平感与工作绩效间关系的研究是长期以来在这一领域的焦点内容（汪新艳、廖建桥，2007；吕晓俊、严文华，2009）。已有研究表明，组织公平感各个维度对绩效既存在直接的影响，也存在间接的影响（汪新艳、廖建桥，2007）。这些研究不仅研究了组织公平感与任务绩效的关系，也研究了组织公平感与周边绩效

（组织公民行为和反生产行为）的关系。如刘亚等（2003）的研究结果显示，组织公平感的各个因素对组织公民行为、组织承诺、薪酬满意度、领导满意度和离职意愿等组织效果变量有显著的预测，即员工的组织公平感能够预测与组织效能有关的员工的心理和行为；同时，领导公平对除薪酬满意度之外的各组织效果变量均有较强的预测力。阿里耶等（Aryee et al.，2004）以程序公平和组织政治为中介变量，在研究组织公平感与员工工作绩效的关系过程中，发现程序公平对组织成员关系绩效以及任务绩效均存在显著正相关关系。马斯特森等（Masterson et al.，2000）发现互动公平对员工工作绩效存在显著影响效应。吕晓俊和严文华（2009）研究了公务员的工作绩效，结果显示信息公平感对任务绩效和工作奉献具有预测效应；分配公平感和互动公平感对人际促进具有预测效应。刘涛和杨慧瀛（2019）研究认为组织公平不仅对员工工作绩效有显著的正向影响，而且组织公平通过负向影响员工倦怠感间接对工作绩效产生显著的正向影响。

李艳华和凌文辁（2006）总结了组织公平与工作场所中越轨行为的关系。认为工作场所中的越轨行为是一种重要的组织行为类型，对于理解组织与员工的行为等有极其重要的理论价值。现有研究表明，组织公平与工作场所中的越轨行为之间存在着负相关，组织内的三类不公平事件都可能引发员工的越轨行为。在反生产行为的影响因素中，组织公平感的作用最显著（蒋晚晴，2014）。近期国内学者关于组织公平与员工越轨行为关系的研究也表明：组织不公平感与反生产行为呈显著正相关（徐亚萍、王慈，2015）；组织公平感与反生产行为负相关，其中分配公平对指向人际的反生产行为有显著的预测力，而程序公平、互动公平对反生产行为各维度均有显著的预测力（郭文臣等，2015）；组织公平感与反生产行为显著负相关（何奎，2016）；当被试者面对组织不公平情境时，倾向于实施反生产行为（徐梦、李小平，2017）。

（二）组织伦理气氛与越轨行为

1. 组织伦理气氛研究的概述

组织伦理气氛与组织气氛的概念有着密切关系。组织气氛是一个组织与其他组织区分开来的相对稳定的内部环境特点，类似于组织的"人格"，是组织成员对组织客观特性的总体认知（王雁飞、朱瑜，2006）。施奈德（Schneider，1975）指出，组织气氛代表了共享认知的情况，它是一种对"心理层面复杂环境的描述"，具有系统的实践方式和过程，是企业相对稳定的内部环境特征。组织气氛使得企业能够强化其所鼓励的行为和活动，但其可能会因为个体、工作团队、雇用历史等因素的变化而产生变化（Victor and Cullen，1988）。

由于组织气氛意味着某些组织成员处理具体问题的方式和方法，所以组织气氛相对于组织文化更具体且更具操作性，因此对组织气氛的研究往往更适合于应用心理学和行为科学的相关领域（Denison，1996）。换句话说，组织气氛是一种比组织文化更容易准确测量的组织情境特征（刘文彬、井润田，2010）。其中，伦理气氛就是组织大气氛环境下的一个气氛组成部分（晁罡等，2013）。所以，从研究的可操作性角度来看，组织气氛对个体行为的影响要比组织文化对个体行为的影响更具有研究价值（刘文彬、井润田，2010）。

组织伦理气氛主要来自组织伦理的研究，是一种解决组织及个人伦理问题的非正式的系统（Falkenberg and Herremans，1995）。组织中的伦理问题已经成为组织成长中，继资本、技术和制度之后又一个受到关注的焦点，组织伦理环境对组织伦理决策过程有着重要影响，而组织伦理气氛则是组织伦理环境中的重要变量之一。多数研究者都认为，组织伦理气氛不是用来直接测量组织本身的道德或伦理水平高低的，而是对组织内占主导地位的伦理思维模式进行评估和描述的。也就是说，组织伦理气氛是指组织成员对组织伦理环境特性的一致性认知（王雁飞、朱瑜，2006），是组织成员在工作情境中面对他人和组织进行决策时所采用的主导性思维模式。这种思维模式会从整体上影响个体对待与伦理有关的问题的态度、信念、动机和行为，而因个体、工作团队以及功能等的相异而呈现出不同的组织伦理气氛。

因此，作为解决组织伦理问题的有效途径之一，近年来组织伦理气氛的理论与实践研究逐渐受到重视（王雁飞、朱瑜，2006）。组织伦理气氛不仅会影响组织成员的具体的伦理行为，也会影响员工的态度、信念和行为动机。而组织伦理气氛的概念最初由维克多和卡伦（Victor and Cullen，1987）提出，认为组织伦理气氛是组织在处理伦理问题上的特征，如果将伦理的理念纳入组织管理实践中，有助于形成组织伦理气氛，并认为组织伦理气氛是员工对组织伦理程序与政策所共同持有的一种稳定的认知与行为意向。温布什和谢波德（Wimbush and Shepard，1994）认为组织伦理气氛是员工如何看待与解决两难伦理问题的知觉，它不是情感或态度，而是全体员工共同体验和分享的知觉（shared perception），是组织及其成员伦理行为决策的重要依据。马洛伊和阿加瓦尔（Malloy and Agarwal，2001）认为，组织伦理气氛是组织成员对组织中什么是符合伦理行为的心理知觉结构，它使员工了解组织的共同价值观与目标，以及在此价值观与目标的背景下，哪些行为是符合伦理的，哪些行为则是不被允许的，伦理问题出现后应该如何处理和解决，谁应该负责任等问题的共同认知。

从道德角度来看，组织伦理气氛属于伦理行为的规范结构（normative structure），是伦理行为的非正式的规范体系（王雁飞、朱瑜，2006），但其影响甚至强于规范体系，有时被认为是非道德文化与道德文化产生的根源（石磊，2016），组织伦理气氛的影响力有时比正式伦理准则与规范系统更大（Falkenberg and Herremans，1995）。已有实证研究检验了组织伦理气氛与组织成员态度与行为、个体绩效与组织绩效等变量的关系，而如何运用中国背景下组织伦理气氛来影响组织成员的态度、行为以及个体和组织绩效，如何培育中国文化背景下积极的组织伦理气氛等都是值得深入探讨的问题（吴红梅，2005）。

尽管组织伦理气氛研究起源于企业组织，并逐渐扩展到非营利组织和政府组织，但目前仍以企业组织为主要研究对象。学校组织气氛是教师所体验到的学校环境中相对持久的品质，它是基于教师对学校的共同理解，影响着教师的行为，并可通过全体教师的知觉加以描述（陈志雄，2010）。罗森布拉特和佩雷德（Rosenblatt and Peled，2002）最早将伦理气氛理论引入学校组织的研究中，采用1988年版的ECQ量表对以色列教师群体进行调查，得出两种最主要的学校伦理氛围：规则和规范型（rules-and-code）和关怀型（caring）。范炽文和周宛蓉（2009）采用参考1987年版ECQ的自编量表对我国台湾地区国民小学教师群体的调查发现，国民小学组织伦理氛围由法律与专业、独立与规范、仁爱与关怀三个层面构成。邓聪（2020）编制了针对普通公办中小学教师的《学校伦理气氛问卷》，研究了学校伦理气氛在变革型领导对教师组织公民行为的影响中的中介效应。这些成果为学校组织伦理气氛的研究打下了良好基础。

2. 组织伦理气氛与越轨行为

作为一种价值观念，组织伦理气氛是组织员工如何界定行为、如何解决伦理困境或问题的共同观念，影响着员工的工作态度和行为的选择。如西姆斯和克罗克（Sims and Kroeck，1994）的研究结果表明，组织伦理气氛会显著影响员工的工作态度，组织伦理气氛较好的组织，员工符合伦理的行为较多且离职倾向较低；范丽群和石金涛（2006）通过研究组织伦理气氛与道德行为的关系，深入探讨了组织伦理气氛如何影响道德行为以及如何通过积极组织伦理气氛正向影响道德行为。因此，组织伦理气氛的塑造不仅有利于诱发与改善员工的伦理行为，提高员工的组织承诺和工作满意感，而且可以提高组织绩效，进而推动组织的可持续发展（王雁飞、朱瑜，2006）。

回顾以往的研究，理论界对企业非伦理行为成因的探讨先后经历了个体观、环境观、整合观以及社会互动观四个研究阶段，这四种形成观体现了学界对企业非伦理行为探索路径和关注重点的变化，虽然每一种形成观都具有一定的局限，但仍为后续的研究提供了丰富且具有启发性的研究视角（袁靖波，2016）。个体观基于"坏苹果"假说（bad apples argument），认为道德认知发展、价值观、控制点、马基雅维利主义、道德哲学以及人口统计学等个体特征是决定非伦理行为的重要变量（Hegarty and Sims，1978；Trevino and Youngblood，1990；Peer et al.，2014）；而环境观基于"坏桶"假说（bad barrels argument），认为组织环境中的一些因素比"坏苹果"更有害，这种观点把企业中的非伦理行为归因于竞争、管理中的结果导向、缺乏对道德行为的强制执行（Brenner and Molander，1977），同时，企业的道德准则、解聘威胁、对非伦理行为的直接惩罚会减少企业非伦理行为（Ferrell and Skinner，1988；DeConinck，1992；Joosten et al.，2014）。环境观关注了广泛的环境因素，增加了理论视角的解释力度。然而，基于个体观和环境观各自具有明显的局限，整合观开始出现，其主要观点认为个体特征、组织环境和伦理事件等因素共同决定了非伦理行为的发生（袁靖波，2016）。总之，组织情境的伦理特征是组织成员道德行为的重要制约因素，学校组织的伦理特征必然会影响教师的道德成长（杨炎轩，2011）。

但是，不同的组织伦理气氛与不同类型的反生产行为关系不同（Trevino et al.，2006）。如马璐等（2014）的研究表明，员工反伦理行为与关怀导向、独立判断导向和法律规则导向的组织伦理气氛呈显著负相关关系，而与功利导向的组织伦理气氛呈显著正相关关系；石磊（2016）研究的结果表明，自利维度对员工越轨行为具有正向的影响，关怀维度和规则维度对员工越轨行为具有负向的影响。但道德型领导会抑制员工对组织中自利气氛的感知，从而降低员工的越轨行为。余璇和陈维政（2015）的研究也表明：自利导向伦理气候对员工的工作偏离行为具有显著的正向影响，关怀导向和规则导向伦理气候对员工的工作偏离行为具有显著的负向影响。高洋洋与谭艳华（2016）的实证研究发现，独立判断导向和公司利益导向对组织越轨行为有负向影响，关怀导向、公司利益导向和法规导向对人际越轨行为有负向影响。尽管已有一些研究探索了伦理气氛对员工非伦理行为或反生产行为的直接影响，但还很少有学者探索伦理气氛与其他变量的交互作用对反生产行为的调节效应（刘文彬等，2020）。鉴于此，本书将道德推脱引入学校的组织环境中来探讨其对教师失范行为的影响机制。

四、伦理型领导与越轨行为

（一）伦理型领导研究的概述

伦理型领导，也称道德型领导，是指领导者通过自身行为和人际互动向下属表明在组织中什么是规范的、恰当的行为，并通过双向沟通、强化和制定决策的方式激发下属表现这类行为（Brown et al.，2005；石磊，2016；张永军等，2016）。伦理型领导概念一经提出，便引起众多学者的研究兴趣，在管理实践和研究领域得到了广泛的关注（张笑峰、席酉民，2014；王菁、徐小琴，2014）。

在学术领域，伦理型领导的发展经历了领导伦理、符合伦理的领导以及伦理型领导三个阶段。但是，这三个阶段并非更替式而是并存式发展的，从而形成了伦理型领导不同的研究取向（孙健敏、陆欣欣，2017）。琨提亚和苏阿尔（Khuntia and Suar，2004）认为，伦理型领导会将道德准则融入员工的观念、价值观和行为之中。布朗等（Brown et al.，2005）采用规范性视角和构成性取向，首次提出了伦理型领导的定义，并开发了伦理型领导的测量工具。至此，伦理型领导作为一种具有特定含义的独立领导风格得以确定，并在实证研究中得到了广泛的关注。总之，研究者从规范、哲学和实证等不同角度对伦理型领导进行了深入的探索（孙健敏、陆欣欣，2017）。

从领导理论的发展取向来看，学者们对领导问题的研究由原来侧重领导者性格和行为，转变为关注领导者的信念、价值观、伦理道德等精神层面（刘瑞瑞、陆晓，2010）。布朗等（Brown et al.，2005）认为，伦理领导是一种交互行为，它通过领导者与下属的交流，由领导强化和决策制定道德规范，激发下属的道德行为。该定义指出伦理领导不仅有利于个人的道德成长，还可以形成有道德的组织文化和伦理氛围。所以，伦理领导在实践中，不仅涉及领导者自身的伦理追求，还有被领导者响应伦理领导的程度，二者相互影响，促使个人道德和组织伦理共同发展，才能营造一个良好的组织伦理氛围，促进个体任务的完成和组织目标的实现。

总之，过往关于伦理型领导结果的实证研究发现，伦理型领导无论是在组织层面还是在员工个体层面都发挥了积极作用。在组织层面，伦理型领导能改善伦理文化、增强组织社会责任感、促进群体学习行为、营造组织公平氛围、提升组织绩效、增加组织公民行为；在个体层面，伦理型领导能提高员工积极工作态度（如组织认同、自我效能感、心理安全感等），增加积极工作行为（如组织公民行为、领导成员交换、建言行为等），减少员工消极行为（如不道德行为、反生产行为、关系冲突等）（李方君等，2018）。

（二）伦理型领导与越轨行为

伦理型领导者会通过道德的社会交换心理影响员工的道德行为（石磊，2016）。伦理型领导既是一个有道德的人，也是一个有道德的管理者，兼具变革型领导和交易型领导的部分特征（Brown and Trevino，2006；张永军等，2016）。当领导者展现出较强的伦理领导风格时，表明领导者同时扮演了道德个体与道德管理者的双重角色（Trevino et al.，2000）。伦理型领导通过展现高水平伦理行为，并在管理过程中运用沟通、决策机制来激发员工同类行为（Brown et al.，2005）。

近年来，伦理型领导和员工越轨行为受到了学术界的关注，两者的关系成为组织管理领域新兴起的课题。而有关领导伦理问题的探讨由来已久，但真正将这一问题概念化、可操作化，并形成特有的领导行为理论的是伦理型领导，该理论是近年来国内外理论界和实践界比较关心的热门话题之一（张永军等，2016）。伦理型领导能对自身提出较高的伦理要求，展现出诚实正直、公平决策、关怀下属等伦理行为，这使得伦理型领导成为一个有魅力与可信赖的行为模范，而下属员工往往通过观察与模仿模范人物的态度、价值观和行为进行社会学习（Brown and Trevirio，2006），从而表现出更少的针对组织或同事的越轨行为（章发旺、廖建桥，2016）。

　　国内外学者已经采用实证研究范式证实了伦理型领导与员工越轨行为二者间的负向联系（石磊，2016）。如多层线性模型分析结果表明，个体层面的伦理型领导对员工越轨行为具有显著负向影响，道德认同在二者关系间起负向调节作用（章发旺、廖建桥，2016）；此外，组织层面的伦理文化对伦理型领导与员工越轨行为之间关系具有跨层次的负向调节效应。研究结论表明，当组织尚未形成强有力的伦理文化或员工道德观念较为淡薄时，伦理型领导在减少员工越轨行为方面能够发挥更为突出的作用。因此，作为一种积极的领导方式，伦理型领导对激发员工积极行为和抑制反生产行为等都具有积极的影响（石磊，2016）。而通过对这一现象的深入剖析，可以为组织在如何营造积极的伦理情境、如何激发员工积极的工作态度和行为、减少非伦理行为等提供一些管理启示（张永军等，2016）。

　　总之，在组织活动中，伦理领导有两个方面的作用，一方面可以营造良好的组织伦理氛围，实现组织绩效，另一方面可以促进领导者与员工的有效沟通，形成良好的人际关系，提高员工在组织中的归属感和工作满意度，有利有效领导的实现（刘瑞瑞、陆晓，2010）。尽管学者们采用社会学习理论来解释伦理型领导的直接作用，而对伦理型领导究竟通过何种心理机制对员工行为产生影响缺乏研究（Brown and Trevirio，2006），也缺乏探讨伦理型领导对员工反生产行为产生影响的中介机制（张永军，2012）。为此，本章研究关注的重点是学校环境中的领导方式与组织文化是如何影响教师做出失范行为的，拟选择"伦理型领导""组织伦理气氛""组织公平"以及"道德推脱"作为教师失范行为的前因变量，并分析组织公平在道德推脱与教师失范行为间的调节作用，道德推脱在组织伦理气氛与教师失范行为间的中介作用，以及组织伦理气氛在伦理型领导与教师失范行为间的中介作用。最后，构建影响教师失范行为形成的综合模型，拟通过链式中介的实证检验，来分析伦理型领导通过组织伦理气氛与个体的道德推脱对教师失范行为的影响机制。

第二节　道德推脱、组织公平与教师失范行为

组织中的越轨行为或偏差行为是一直以来困扰组织管理实践者和学者们的难题。道德推脱从理论上解释了在没有明显认知压力的情况下，个体为何仍然从事越轨行为（Moore et al.，2012）。张艳清等（2016）认为，未来研究可以进一步深入探讨认知（如自我效能感、组织公平感知、组织政治知觉等）和情绪因素（如情绪耗竭、情绪劳动等）与道德推脱的交互作用对不道德行为产生影响的心理机制（张艳清等，2016）。为此，本节选择了道德推脱与组织公平感作为影响教师越轨行为的变量，探讨两者对教师失范行为的影响，并检验"组织公平感"作为道德推脱影响教师失范行为的调节效应，以深入探讨两者对教师失范行为交互作用的影响机制。

一、研究假设

（一）道德推脱与教师失范行为

员工在企业中的行为会主要受到两方面的影响：一是员工行为会受到自身内部价值标准的影响，二是员工行为还会受到外在的控制机制的影响（Hollinger and Clark，1982）。自身内部价值标准指的是员工所内化的社会行为准则以及自己内部所形成的一个评价、监督机制，这其中就包括了道德推脱的调节作用机制；而外在的控制机制是指员工在企业中的行为会受到的外部环境的各种因素的影响（马永杰，2015）。当内在监管机制失活时，也就意味着道德推脱的启动会增加员工的越轨行为（Christian and Ellis，2014）。

教师失范行为是教师在学校背景下的一种越轨行为，是教师在教学与管理中出现的一种越轨行为。尽管还没有研究探讨并检验教师道德推脱与教师失范行为间的关系，但是，道德推脱使得道德法则的激

活受到抑制，从而提升了个体在组织中从事非伦理行为、攻击行为和反生产行为的可能性（徐亚萍、王慈，2015）。如道德推脱与个体不道德决策有显著的正相关，道德推脱对个体不道德决策有显著的正向影响（Detert et al.，2008）。国内学者王兴超等（2014）做了一项元分析，结果表明道德推脱是攻击行为的有效预测变量。由此，提出研究假设 H1：道德推脱正向预测教师失范行为。

具体假设可分为以下三个研究假设：

H1a：道德推脱正向预测教师的情绪情感失范行为；

H1b：道德推脱正向预测教师的价值观念失范行为；

H1c：道德推脱正向预测教师的职业品德失范行为。

（二）组织公平感与教师失范行为

综合国内外关于组织公平感与反生产行为关系的研究，可以发现，员工在感到不公平后，为了恢复心理平衡，会想办法通过一些行为来减少或消除这些不公平感，这便给反生产行为的发生提供了可能（郭文臣等，2015）。尽管已有许多研究也证实了组织（不）公平对员工越轨行为或者反生产行为的影响。但是，关于学校组织公平感对教师越轨行为的研究还很少。不过国内已有学者关注了与教师反生产行为相对的另一个变量——组织公民行为，如学校组织公平感与中小学教师的组织公民行为有显著的正相关（王蕾，2008），且学校组织程序公平是教师组织公民行为的显著正向预测变量（王蕾，2008；潘孝富等，2010）。因此，提出研究假设 H2：组织公平感负向预测教师失范行为。

具体假设可分为以下三个假设：

H2a：组织公平感负向预测教师的职业品德失范行为；

H2b：组织公平感负向预测教师的价值观念失范行为；

H2c：组织公平感负向预测教师的情绪情感失范行为。

（三）组织公平感的调节作用

目前的文献更多是把组织公平感当作影响反生产行为的前因变量

或者中介变量，但对其调节作用的研究却较为忽略（徐双敏、王科，2018）。张艳清等（2016）认为在将来的研究中，可以更多地尝试去探讨可以弱化道德推脱与不道德行为之间正相关关系的调节变量，如谦卑型领导行为、组织公平、团队认同等。为此，本节将组织公平感作为调节变量引入研究模型中，以便从一个更广阔的视角去深化道德推脱对教师失范行为的影响研究。由此，提出研究假设 H3：组织公平感在道德推脱与教师失范行为之间起调节作用（见图 5 - 2）。

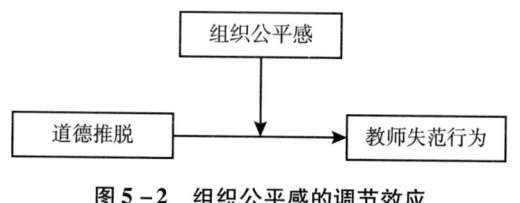

图 5 - 2　组织公平感的调节效应

具体假设可分为以下三个假设：

H3a：组织公平感在道德推脱与教师情绪情感失范行为之间起调节作用；

H3b：组织公平感在道德推脱与教师价值观念失范行为之间起调节作用；

H3c：组织公平感在道德推脱与教师职业品德失范行为之间起调节作用。

二、研究方法

（一）研究被试

为了保证参与研究教师的多样性，本节利用山东省名师名校长工程教师教育网为背景，以方便抽样的方式邀请多所中小学教师进行网上答卷。本节采用问卷星网上问卷的调查方式进行调查。最终获得 856 份问卷。然后对问卷进行质量评定，删除无效问卷，最终保留问卷 676

份，其中来自济南地区的有 420 人，青岛 256 人，问卷有效率为 78.97%。其中，中小学教师的年龄为 23 ~ 59 岁，平均年龄 39.16（±7.60）岁。在性别分类中，男教师 214 人（31.66%），女教师 462 人（68.34%）；在学段分类中，小学教师 168 人（24.85%），初中教师 164 人（24.26%），高中教师 344 人（50.89%）；在教龄分类中，教龄 1 ~ 5 年 130 人（19.23%），6 ~ 10 年 70 人（10.36%），11 ~ 15 年 96 人（14.20%），16 ~ 20 年 160 人（23.67%），21 年及以上的 220 人（32.54%）；在学历分类中，学历为大专（高中）及以下的有 21 人（3.11%），本科 590 人（87.28%），研究生 65 人（9.62%）；在学校所在地分类中，乡镇教师 246 人（36.39%），县城教师 257 人（38.02%），城市教师 173 人（25.59%）。

（二）研究工具

1. 道德推脱的测量

采用摩尔等（Moore et al., 2012）开发的道德推脱测量量表简洁版测量教师的道德推脱。该量表已经被国内学者张桂平（2016）、文鹏和陈诚（2016）以及张浩等（2018）等在研究中广泛使用。该量表包括 8 个题目，属于单维量表。量表采用李克特五点计分，得分越高表示中小学教师的道德推脱水平越高。

在效度检验方面，利用结构方程模型对道德推脱单维结构进行了 CFA，结果显示道德推脱单维结构的所有题目的因子负荷均超过了 0.50，介于 0.77 ~ 0.94，拟合指数为：$\chi^2/df = 3.165$，GFI = 0.982，AGFI = 0.960，CFI = 0.994，TLI = 0.989，RMSEA = 0.057，RMR = 0.010。这表明本研究中道德推脱量表具有较好的结构效度。在信度检验方面，本研究中量表的 α 系数为 0.953，这表明本研究所用的道德推脱量表具有较高的内部一致性信度水平。

2. 组织公平感的测量

采用尼霍夫和莫尔曼（Niehoff and Moorman, 1993）开发的组织公平量表，共计 20 个题目，包括分配公平、程序公平、互动公平三个维度。国内的研究大都只涉及分配公平（含奖惩公平）和程序公平两个维度（刘亚等，2003）。因此，本研究仅选取该量表中分配公平与程序公平两个维度进行测量，共计 11 个题目。量表采用李克特五点计分，得分越高，说明中小学教师对自身学校公平的感知水平越高。

在效度检验方面，利用结构方程模型对两维结构的组织公平感量表进行了 CFA，结果显示两维结构的组织公平感量表所有题目的因子负荷均超过了 0.50，介于 0.70 ~ 0.93，拟合指数为：$\chi^2/\mathrm{df} = 4.168$，GFI = 0.954，AGFI = 0.924，CFI = 0.982，TLI = 0.976，RMSEA = 0.073，RMR = 0.025。这表明本研究使用的组织公平感量表具有较好的结构效度。在信度检验方面，本研究中分配公平维度的 α 系数为 0.929，程序公平维度的 α 系数为 0.953，整体组织公平的 α 系数为 0.963。这表明本研究中组织公平感量表具有较高的内部一致性信度水平。

3. 教师失范行为结构的测量

采用自编的教师失范行为结构量表。本量表包含情绪情感失范行为、价值观念失范行为、职业品德失范行为等 3 个构面，45 个题目。量表采用李克特五点计分，得分越高表示中小学教师失范行为的水平越高。由于构成教师失范行为是由情绪情感失范（11 个题目）、价值观念失范（25 个题目）、职业品德失范（9 个题目）三个构面构成，且三个构面不能汇聚到一个更高阶的教师失范行为，所以，在进行教师失范行为研究时，需要从三个独立的维度分别进行研究。

在效度检验方面，情绪情感失范构面的二维结构拟合指数为：$\chi^2/\mathrm{df} = 4.392$，GFI = 0.954，AGFI = 0.922，CFI = 0.974，TLI = 0.963，RMSEA = 0.071，RMR = 0.024，各个题目的因子负荷介于 0.55 ~ 0.87，超过了 0.50；价值观念失范构面的四维结构拟合指数为：$\chi^2/\mathrm{df} = 3.336$，GFI = 0.905，AGFI = 0.879，CFI = 0.951，TLI = 0.942，RMSEA = 0.059，RMR = 0.033，各个题目的因子负荷介于 0.59 ~ 0.92，超过了 0.50；职业品德失范构面的二维结构拟合指数为：$\chi^2/\mathrm{df} = 6.627$，GFI = 0.957，AGFI = 0.908，CFI = 0.975，TLI = 0.958，RMSEA = 0.091，RMR = 0.049，各个题目的因子负荷介于 0.69 ~ 0.93，

超过了 0.50。这表明本研究使用的教师失范行为量表具有较好的结构效度。在信度检验方面，本研究中情绪情感失范、价值观念失范、职业品德失范等三个维度的内部一致性系数分别为 0.921、0.954、0.908。这表明本研究中教师失范行为量表具有较高的内部一致性信度水平。

（三）统 计 方 法

首先，本研究采用 AMOS 22.0 对量表的结构效度进行检验。其次，利用软件 SPSS 20.0 对变量进行描述性统计分析、信度分析以及层级回归分析。通过层级回归分析，分别检验道德推脱与组织公平感对教师失范行为的影响。最后，采用 Process 程序探究组织公平的调节效应。

（四）控 制 变 量

已有研究表明，在人口统计学变量方面，性别、年龄和受教育程度等是研究者极为重视的个人背景变量，而且，在众多理论研究中上述人口统计学变量通常都作为控制变量，说明这些变量与反生产行为存在相关关系（张永军等，2012）。为此，本研究借鉴以往国内学者在管理学（张永军，2012，2015；章发旺、廖建桥，2016；王德胜等，2020）与心理学（王永跃、祝涛，2014）方面关于员工越轨行为、反生产行为以及员工不道德行为等相关研究中的常用做法，拟选取教师的年龄、性别、学历、教龄 4 个人口统计学变量，以及选取教师所在的学校学段与学校类别（陈志雄，2010；刘文彬、井润田，2010）2 个人口统计学变量等作为控制变量。然而中小学教师的工作性质与企业的工作性质有着很大的不同，属于事业编的中小学教师的工作比较稳定，在学校间的人员流动性不强，因此随着教师年龄的增长其某个单位的工作年限（教龄）也在不断地增加，两者存在着很强的正相关。为了防止两者在回归中出现共线性问题，本研究只选用"年龄、性别、学历、学段、所在地"五个人口统计学变量为控制变量。在具体测量上，性别为 1 = 男，2 = 女；学历为 1 = 大专（高中）及以下，2 = 本科，3 = 研究生；学段为 1 = 小学教师，2 = 初中教师，3 = 高中教师；所在地为 1 = 乡镇教师，2 = 县城教师，3 = 城市教师。

三、研究结果

（一）共同方法偏差检验

首先利用 Harman 单因子检验法对共同方法偏差进行检验。通过主成分分析法对本节使用的道德推脱、组织公平感以及教师失范行为三个测量量表共计 64 个题目进行未旋转的探索性因子分析，其结果显示抽取出的最大因子的方差解释率为 37.90%，小于 40% 的临界值（或者小于 50%）（邓稳根等，2018），表明本研究不存在严重的共同方法偏差。以此数据得出的各变量间的关系是可靠的。

（二）描述统计分析

表 5 - 1 为各变量平均值、标准差与相关系数，从中可以看到：道德推脱与组织公平感的相关不显著（$r = 0.009$，$p > 0.05$），道德推脱与情绪情感、价值观念以及职业品德等三种教师失范行为的相关是显著的正相关，其相关系数分别为 0.342（$p < 0.01$）、0.335（$p < 0.01$）、0.329（$p < 0.01$），而组织公平感与情绪情感、价值观念以及职业品德等三种教师失范行为的相关则是显著的负相关，其相关系数分别为 −0.172（$p < 0.01$）、−0.291（$p < 0.01$）、−0.275（$p < 0.01$）。

另外，三种教师失范行为之间的相关系数都是显著的正相关关系，且相关系数都达到了高水平的正相关（0.670 ~ 0.842）。这些结果表明，教师个体的道德推脱与感知到的组织公平对其失范行为的影响是不同的。一方面，当教师个体的道德推脱水平愈高，其失范行为水平也会愈高；另一方面，则是当教师感知到的学校组织公平水平愈高，则其失范行为会愈低。

表5-1　　　　　　描述性统计结果与相关系数矩阵（n=676）

变量	M	SD	道德推脱	组织 公平感	情绪情感 失范	价值观念 失范
道德推脱	1.769	0.799				
组织公平感	3.399	0.949	0.009			
情绪情感失范	1.611	0.592	0.342**	-0.172**		
价值观念失范	1.650	0.574	0.335**	-0.291**	0.842**	
职业品德失范	1.535	0.644	0.329**	-0.275**	0.670**	0.776**

（三）回归分析

为了控制个人背景变量对因变量的影响，选取的控制变量为教师的年龄、性别、学历、学段、所在地5个人口学变量。

1. 道德推脱与教师失范行为

表5-2显示：道德推脱对情绪情感、价值观念以及职业品德等三种教师失范行为的预测是显著的，都是显著地正向预测这三种教师失范行为，其β系数分别为0.333（p<0.01）、0.316（p<0.01）、0.319（p<0.01）。这一结果分别验证了H1中的三个假设H1a、H1b、H1c。因此，研究假设H1：道德推脱正向预测教师失范行为，得到了研究结果的验证。

表5-2　　　　　道德推脱对教师失范行为的回归分析（n=676）

变量	情绪情感失范（β）		价值观念失范（β）		职业品德失范（β）	
	第一步	第二步	第一步	第二步	第一步	第二步
第一层控制变量						
年龄	0.007	0.026	0.028	0.046	-0.038	-0.020
性别	-0.115**	-0.062	-0.164**	-0.114**	-0.132**	-0.082*
学历	0.003	0.005	-0.001	0.001	-0.023	-0.021
学段	0.029	0.031	-0.018	-0.016	0.025	0.026
所在地	-0.024	-0.013	-0.047	-0.036	0.034	0.044

续表

变量	情绪情感失范（β）		价值观念失范（β）		职业品德失范（β）	
	第一步	第二步	第一步	第二步	第一步	第二步
第二层预测变量						
道德推脱		0.333 **		0.316 **		0.319 **
R^2	0.016	0.124	0.035	0.132	0.017	0.116
ΔR^2		0.108 **		0.098 **		0.099 **
F	2.202	15.764 **	4.820 **	16.992 **	2.386 *	14.676 **

2. 组织公平感与教师失范行为

表 5－3 显示回归分析的结果为：组织公平对情绪情感、价值观念以及职业品德三种教师失范行为的预测是显著的，可以显著地负向预测这三种教师失范行为，其标准化回归系数分别为 － 0.173（p < 0.01）、 － 0.295（p < 0.01）、 － 0.280（p < 0.01）。这一结果分别验证了 H2 中的三个假设 H2a、H2b、H2c。因此，研究假设 H2：组织公平感负向预测教师失范行为，得到了研究结果的验证。

表 5－3　　　　组织公平感对教师失范行为的回归分析

变量	情绪情感失范（β）		价值观念失范（β）		职业品德失范（β）	
	第一步	第二步	第一步	第二步	第一步	第二步
第一层控制变量						
年龄	0.007	0.004	0.028	0.023	－ 0.038	－ 0.043
性别	－ 0.115 **	－ 0.120 **	－ 0.164 **	－ 0.172 **	－ 0.132 **	－ 0.140 **
学历	0.003	0.001	－ 0.001	－ 0.006	－ 0.023	－ 0.027
学段	0.029	0.021	－ 0.018	－ 0.032	0.025	0.011
所在地	－ 0.024	－ 0.017	－ 0.047	－ 0.035	0.034	0.045
第二层预测变量						
组织公平感		－ 0.173 **		－ 0.295 **		－ 0.280 **
R^2	0.016	0.046	0.035	0.121	0.017	0.095

变量	情绪情感失范（β）		价值观念失范（β）		职业品德失范（β）	
	第一步	第二步	第一步	第二步	第一步	第二步
ΔR^2		0.030**		0.086**		0.078**
F	2.202	5.356**	4.820**	15.369**	2.386*	11.769**

（四）组织公平感的调节效应分析

调节效应应该检验交互因子的系数，当这个系数显著，就可以说明存在调节效应。在进行分析调节效应前，先对预测变量与调节变量进行中心化处理（方杰等，2015）。然后采用海斯（Hayes，2018）开发的 Process 3.3 统计程序中的模型 1 进行调节效应分析。本节在控制"年龄、性别、学历、学段、所在地"五个人口学变量的情况下，选择样本量为 5000 的 Bootsrap 设置，分别计算组织公平感在道德推脱影响三种教师失范行为的调节效应。

1. 对教师情绪情感失范行为关系的调节效应

表 5-4 的统计结果显示：首先，道德推脱对教师情绪情感失范行为影响是显著的，其非标准化系数为 0.288（t = 10.019，p < 0.001）；其次，交互项的非标准化系数也是显著的，其值为 -0.092（t = -3.642，p < 0.001），调节效应量为 $\Delta R^2 = 0.016$（p < 0.001）。这些结果说明组织公平感的调节作用是显著的，研究假设 H3a：组织公平感在道德推脱与教师情绪情感失范行为之间起调节作用，得到了研究结果的验证。

Bootsrap 法计算的高低组织公平感的斜率分别为：低组织公平感下的斜率 bsimple = 0.375（t = 8.542，p < 0.001），高组织公平感下的斜率为 bsimple = 0.201（t = 6.842，p < 0.001）。这一结果表明，高低组织公平感的调节效应都是显著的，调节效应见图 5-3。

表 5 - 4　　　　　　组织公平感在道德推脱与情绪情感失范
行为关系的调节效应分析

预测变量	B	SE	t	95% 的置信区间		R²	ΔR²	F
				LLCI	ULCI			
（常量）	1.651	0.214	7.732**	1.232	2.071			
第一层控制变量								
年龄	0.001	0.003	0.38	- 0.005	0.007			
性别	- 0.079	0.047	- 1.662	- 0.172	0.014			
学历	0.002	0.064	0.039	- 0.123	0.128			
学段	0.023	0.027	0.852	- 0.03	0.076			
所在地	- 0.004	0.028	- 0.131	- 0.059	0.051			
第二层预测变量						0.171**	0.016**	17.165**
道德推脱	0.288	0.029	10.019**	0.231	0.344			
组织公平	- 0.116	0.022	- 5.237**	- 0.16	- 0.073			
道德推脱 × 组织公平	- 0.092	0.025	- 3.642**	- 0.141	- 0.042			

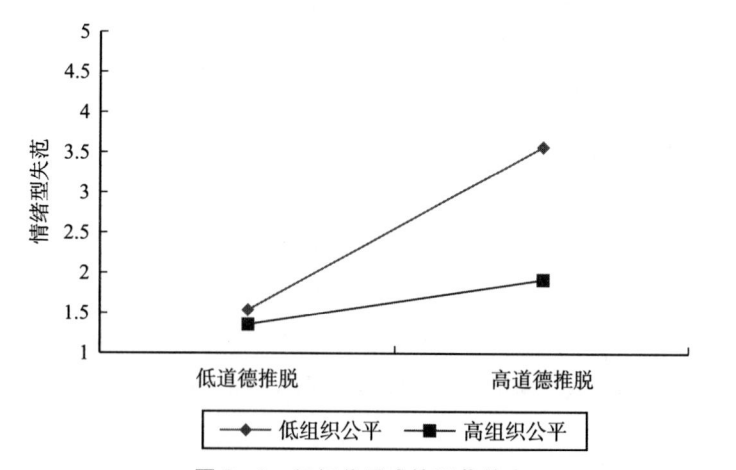

图 5 - 3　组织公平感的调节效应

根据自变量对因变量的影响是正向的，而交互项对因变量的影响是负向的，这说明了调节变量弱化了自变量对因变量影响的主效应，即组织公平感抑制了道德推脱对教师情绪情感失范行为的影响。从组织公平感的调节效应的斜率来看，组织公平感对道德推脱与情绪情感失范行为间的调节作用是负向的，即在高组织公平感下，道德推脱对情绪情感失范行为的影响会弱一些。但是，在低组织公平感的情况下，道德推脱对情绪情感失范行为的影响更强些。这一结果表明教师的情绪情感失范行为会受到教师道德推脱的正向影响，尤其是在低组织公平感下，道德推脱对情绪情感失范行为的影响更加强烈。

2. 对教师价值观念失范行为关系的调节效应

表5-5的统计结果显示：首先，道德推脱对教师价值观念失范行为影响是显著的，其非标准化系数为 0. 255（$t = 9. 483$，$p < 0.001$）；其次，交互项的非标准化系数也是显著的，其值为 -0. 059（$t = -2. 519$，$p < 0.001$），调节效应量为 $\Delta R^2 = 0. 007$（$p < 0.05$）。这些结果说明组织公平感的调节作用是显著的，研究假设 H3b：组织公平感在道德推脱与教师价值观念失范行为之间起调节作用，得到了研究结果的验证。

表5-5　　　　组织公平感在道德推脱与价值观念失范

行为关系的调节效应分析

预测变量	B	SE	t	95%的置信区间		R^2	ΔR^2	F
				LLCI	ULCI			
（常量）	1. 880	0. 200	9. 408 **	1. 487	2. 272			
第一层控制变量								
年龄	0. 003	0. 003	0. 971	-0. 003	0. 008			
性别	-0. 146	0. 044	-3. 300	-0. 233	-0. 059			
学历	-0. 007	0. 060	-0. 124	-0. 125	0. 110			
学段	-0. 017	0. 025	-0. 659	-0. 066	0. 033			

续表

预测变量	B	SE	t	95%的置信区间		R²	ΔR²	F
				LLCI	ULCI			
所在地	−0.017	0.026	−0.663	−0.069	0.034			
第二层预测变量								
道德推脱	0.255	0.027	9.483 **	0.202	0.308			
组织公平	−0.184	0.021	−8.877 **	−0.225	−0.143			
道德推脱 × 组织公平	−0.059	0.024	−2.519 *	−0.105	−0.013	0.227 **	0.007 **	24.504 **

Bootsrap 法计算的高低组织公平感的斜率分别为：低组织公平感下的斜率 bsimple = 0.311（t = 7.580，p < 0.001），高组织公平感下的斜率为 bsimple = 0.199（t = 7.230，p < 0.001）。这一结果表明，高低组织公平感的调节效应都是显著的，调节效应图见图 5 − 4 所示。根据自变量对因变量的影响是正向的，而交互项对因变量的影响是负向的，这说明了调节变量弱化了自变量对因变量影响的主效应，即组织公平感抑制了道德推脱对教师价值观念失范行为的影响。

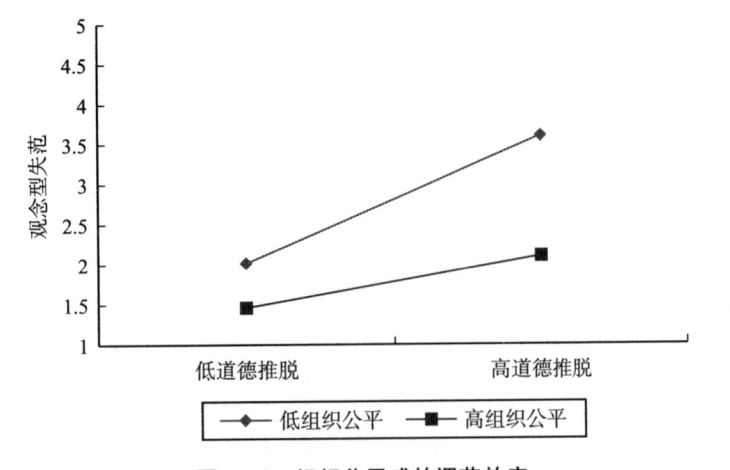

图 5 − 4　组织公平感的调节效应

从组织公平感的调节效应的斜率来看，组织公平感对道德推脱与价值观念失范行为间的调节作用是负向的，即在高组织公平感下，道德推脱对价值观念失范行为的影响会弱些，但是，在低组织公平感的情况下，道德推脱对价值观念失范行为的影响更强些。这一结果表明教师的价值观念失范行为会受到教师道德推脱的正向影响，尤其是在低组织公平感下，道德推脱对价值观念失范行为的影响更加强烈。

3. 对教师职业品德失范行为关系的调节效应

表 5-6 的统计结果显示：首先，道德推脱对教师职业品德失范行为影响是显著的，其非标准化系数为 0.292（t = 9.561，p < 0.001）；其次，交互项的非标准化系数也是显著的，其值为 - 0.077（t = -2.889，p < 0.01），调节效应量为 $\Delta R^2 = 0.010$（p < 0.01）。这些结果说明组织公平感的调节作用是显著的，研究假设 H3c：组织公平感在道德推脱与教师品德失范行为之间起调节作用，得到了研究结果的验证。

表 5-6　　　　　组织公平感在道德推脱与职业品德
失范行为关系的调节效应分析

预测变量	B	SE.	t	95% 的置信区间		R^2	ΔR^2	F
				LLCI	ULCI			
（常量）	1.815	0.227	7.982 **	1.369	2.262			
第一层控制变量								
年龄	- 0.003	0.003	- 0.877	- 0.009	0.003			
性别	- 0.119	0.050	- 2.352 *	- 0.218	- 0.020			
学历	- 0.047	0.068	- 0.698	- 0.181	0.086			
学段	0.016	0.029	0.544	- 0.041	0.072			
所在地	0.047	0.030	1.558	- 0.012	0.105			

续表

预测变量	B	SE.	t	95%的置信区间		R²	ΔR²	F
				LLCI	ULCI			
第二层预测变量								
道德推脱	0.292	0.031	9.561**	0.232	0.353			
组织公平	−0.197	0.024	−8.364**	−0.244	−0.151			
道德推脱 × 组织公平	−0.077	0.027	−2.889**	−0.130	−0.025	0.205**	0.010**	21.541**

　　Bootsrap 法计算的高低组织公平感的斜率分别为：低组织公平感下的斜率为 bsimple = 0.366（t = 7.833，p < 0.001），高组织公平感下的斜率为 bsimple = 0.219（t = 7.006，p < 0.001）。这一结果表明，高组织公平感与低组织公平感的调节效应都是显著的，调节效应见图 5 − 5。而根据自变量对因变量的影响是正向的，而交互项对因变量的影响是负向的，这说明了调节变量弱化了自变量对因变量影响的主效应，即组织公平感抑制了道德推脱对教师职业品德失范行为的影响。

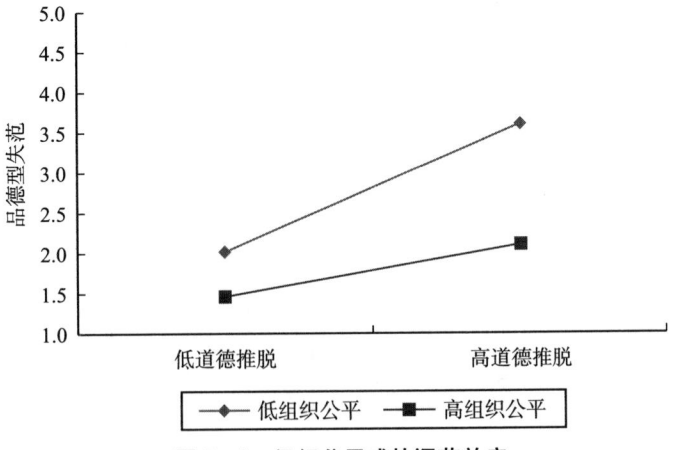

图 5 − 5　组织公平感的调节效应

从组织公平感的调节效应的斜率来看，组织公平感对道德推脱与职业品德失范行为间的调节作用是负向的，即在高组织公平感下，道德推脱对职业品德失范行为的影响会弱些；但是，在低组织公平感的情况下，道德推脱对职业品德失范行为的影响更强些。这一结果表明教师的职业品德失范行为会受到教师道德推脱的正向影响，尤其是在低组织公平感下，道德推脱对职业品德失范行为的影响更加强烈。

结合前面关于组织公平感调节效应的分析结果，本研究也表明了教师组织公平感在道德推脱与三种教师失范行为之间起着调节作用，这也充分验证了研究假设 H3：组织公平感在道德推脱与教师失范行为之间起调节作用。

四、分析讨论

本节选择道德推脱为个体变量、组织公平感为组织变量来研究两者与教师失范行为的关系。为此，本节从道德推脱、组织公平感以及两者的交互作用三个方面分别探讨了个体变量与组织变量两者对教师失范行为的影响效应。

（一）道德推脱、组织公平感与教师失范行为的关系

首先，从个体层面来讲，作为一种广泛存在于个体头脑中的不良道德认知倾向，道德推脱被认为是影响员工不道德行为的一个重要变量（杨继平、王兴超，2015）。本节通过实证调查检验了道德推脱对中小学教师失范行为的影响，研究结果表明道德推脱是中小学教师失范行为的重要影响因素（见表 5 - 2），即教师个体的道德推脱对其情绪情感失范（$\beta = 0.333$）、价值观念失范（$\beta = 0.316$）以及职业品德失范（$\beta = 0.319$）等三种教师失范行为具有显著的正向预测作用。而从国内已有的关于道德推脱对员工越轨行为影响的研究表明，道德推脱确实可以正向预测员工个体的越轨行为。例如，道德推脱会促进员工不道德行为的产生、抑制员工利他行为的出现（杨继平、王兴超，2015）；道德推脱与员工越轨行为显著正相关（马永杰，2015）；道德

推脱对职场不文明行为有正向预测作用（占小军等，2019）。因此，本节的研究结果与已有的相关研究结果具有一致性，进一步验证了道德推脱是理解职场阴暗面行为形成的一个重要机制（Fida et al., 2015）。

其次，从组织层面来讲，国内外学术界的许多研究验证了组织公平感及其各维度与反生产行为之间的关系（徐双敏、王科，2018）。组织不公平是导致员工产生反生产行为的重要因素之一，当被试面对组织不公平情境时，倾向于实施反生产行为（徐梦、李小平，2017）。本节的研究结果（见表5-3）显示，组织公平可以显著地负向预测情绪情感失范（β = -0.173）、价值观念失范（β = -0.295）以及职业品德失范（β = -0.280）等三种教师失范行为。本节的研究结果进一步验证了组织公平感与反生产行为的因果关系。而今后还需要进一步深入分析学校背景下不同的组织公平感对不同教师失范行为的影响效应，将会有助于理解组织公平感对教师失范行为的影响机制。

（二）组织公平感调节道德推脱与教师失范行为两者的关系

本节的假设认为，道德推脱与组织公平两者不仅都可以显著地预测教师失范行为，而且两者在影响教师失范行为中存在着交互作用。通过进一步的调节效应检验（见表5-4），结果验证了组织公平感的调节作用，即组织公平感在道德推脱影响教师失范行为中存在着显著的调节作用，负向调节道德推脱对教师失范行为的影响。这说明随着员工组织公平感的加强，由道德推脱所导致的教师失范行为将得到抑制。这一结果与徐双敏与王科（2018）以及何奎（2016）等学者的研究结果具有一致性。

具体来说，低组织公平感比高组织公平感下道德推脱对教师失范行为的影响更强烈，这说明了公平的组织文化环境对教师工作行为的影响具有重要作用，良好的组织公平感有利于抑制其道德推脱对教师失范行为的影响。从教师失范行为的具体类型来看：（1）教师的情绪情感失范行为会受到教师道德推脱的正向影响，在低组织公平环境下，道德推脱对情绪情感失范行为的影响更加严重；（2）教师的价值观念失范行为会受到教师道德推脱的正向影响，在低组织公平环境下，道德推脱对价值观念失范行为的影响更加严重；（3）教师的职业品德失范行为会受到教师道德推脱的正向影响，在低组织公平环境下，道德推脱对职业品德失范行为的影响更加严重。但是，今后还需要更加具体地探讨分配公平（结果公平）、程序公平、人际公平以及信息公平等不同性质的组织公平环境对教师失范行为的影响效应及其调节效应。

总之，经研究可以得出如下基本结论：（1）道德推脱正向预测教师失范行为；（2）组织公平感负向预测教师的失范行为；（3）组织公平感在道德推脱与教师失范行为之间起着负向调节作用，良好的组织公平感有利于抑制其道德推脱对教师失范行为的影响。这一结果表明道德推脱与组织公平感是教师失范行为的重要影响变量，且作用相反，其中道德推脱是教师失范行为的促进因素，而组织公平感则是教师失范行为的抑制因素，同时两者在对教师失范行为的影响中具有交互作用，具体来说，组织公平感在道德推脱与教师失范行为之间起着负向调节作用，即高组织公平感会降低道德推脱对教师失范行为的影响，而低组织公平感会增强道德推脱对教师失范行为的影响。研究表明，随着员工组织公平感的加强，由道德推脱所导致的教师失范行为将会得到抑制。

第三节 组织伦理气氛、道德推脱
与教师失范行为

组织成员的行为离不开其所处的组织环境。在学校中，教师个人的道德行为不仅受到个体心理变量（如个人素质或素养）的影响，而且受到组织情境变量，尤其是组织伦理的影响（杨炎轩，2011）。前期研究初步探讨了个体的人格特质与工作伦理（价值观）对教师失范行为的影响，以及组织伦理气氛与组织公平等组织情境因素对教师失范行为的影响。其中，教师感知到的组织伦理气氛会通过教师的工作伦理进而影响教师失范行为，而教师感知到的组织公平会分别通过工作满意度和心理契约破裂进而影响教师失范行为。但是，良好的组织伦理气氛是否会对教师个体的道德认知倾向产生影响，并进而影响教师的失范行为是一个需要深入探讨的课题。

一、研究假设

本章第二节利用重新修订的教师失范行为量表，探讨了教师个体的道德推脱（道德认知倾向）、教师的组织公平感（组织情境）以及教师失范行为的关系，结果显示，不仅教师的道德推脱和组织公平感能对教师失范行为产生预测作用，而且组织公平感在道德推脱影响教师失范行为中起到负向调节作用。这一结果说明，教师个体的道德推脱会促进教师失范行为的发生，而组织公平感则会抑制教师失范行为的发生，并且组织公平感能抑制道德推脱对教师失范行为的影响。本节将从组织情境入手进一步分析组织伦理气氛、道德推脱与教师失范行为的关系，并检验道德推脱在组织伦理气氛对教师失范行为影响中是否存在中介作用。

由于本章第二节已经检验了教师的道德推脱与教师失范行为的关系，为了进一步检验道德推脱在组织伦理气氛与教师失范行为之间是否起到中介作用，还需要检验三个研究假设：（1）组织伦理气氛与教师失范行为的关系，（2）组织伦理气氛与教师道德推脱的关系，（3）道德推脱的中介作用。

（一）组织伦理气氛与教师失范行为

组织情境中有诸多影响组织成员行为的因素，组织伦理气氛就是其中之一，它对组织成员作出道德或不道德行为产生显著影响（杨炎轩，2011）。在影响反生产行为中常见的组织因素包括组织反生产行为规则、组织的伦理气氛与伦理文化以及绩效考核与薪酬管理等（张永军等，2012），其中伦理文化往往决定着反生产行为是否会以群体形式爆发（张永军、赵国祥，2015）。在特雷维诺等（1990）对不道德决策行为进行研究时就发现，组织伦理气氛是影响员工进行道德决策的首要因素，他们认为员工的伦理行为与组织的伦理环境密切相关，而组织伦理气氛则是组织伦理环境的体现。

很多学者都证实了组织伦理气氛与员工不道德行为之间存在显著相关性（刘文彬、井润田，2010）。已经在前面探讨了组织伦理气氛与教师失范行为的关系（第三章第三节）。因此，本节以社会控制理论为基础从组织伦理气氛的视角探讨组织情境对教师失范行为的影响作用。已有研究表明伦理气氛对员工反生产行为有负向影响作用，如刘冰与曹梦雪（2015）的研究表明团队伦理气氛对员工反生产行为有负向影响作用。所以，基于对这些文献的分析，提出研究假设 H1：组织伦理气氛能显著预测教师失范行为。

已有相关实证研究表明，现实中存在五种组织伦理气氛，即工具主义的伦理气氛、关怀性的伦理气氛、独立性的伦理气氛、尊重组织规则的伦理气氛和尊重社会法律和规范的伦理气氛（范丽群、石金涛，2006）。在 1988 年，维克多和卡伦采用 ECQ 量表，对来自四个企业的872 名员工进行实证调查研究，通过因素分析得到五种伦理气氛，分别是工具主义导向（instrumentalism oriented）、关怀导向（caring oriented）、独立导向（independence oriented）、规则导向（rule oriented）以及法律与规范导向（law and code oriented）（Victor and Cullen，1988）。其中工具主义导向的伦理气氛是指在面临决策时，员工都只顾及个人自己利益的最大化；关怀导向的伦理气氛是指组织非常强调利他原则，让所有员工的利益最大化是管理者努力的方向，而每位员工都很关心彼此的利益；独立导向的伦理气氛是指组织尊重员工个人的判断能力，以其个人道德标准为依据，不受组织内外其他人的影响；组织规范导向的伦理气氛是指在面临决策时，通常只关注组织的整体利益；法律与规范导向的伦理气氛是指决策时根据组织内部的规范制度和职业准则，一切依法办事。

另外，阿加瓦尔和马洛伊（Agarwal and Malloy，1999）以非营利组织为研究对象的研究结果也表明在非营利组织中存在着多种组织伦理气氛，如适者生存导向（machiavellianism oriented）、个人关怀导向（individual caring oriented）、社会关怀导向（social caring orientod）、独立导向（independence oriented）和法律与规范导向（law and code oriented）。其中适者生存导向是指组织成员对在组织中竞争与职业发展环境的认知；个人关怀导向是指对个人的主观幸福感的关注；社会关怀导向是指组织对社会国民福利的关心而不是关注组织自身；独立导向是指对组织允许个人自由与为自己负责的认知；法律与规范导向是指对组织政策与法规驱动程度的认知。该研究结果说明，非营利组织伦理气氛的结构与营利组织的伦理气氛既有联系也有差异（王雁飞、朱瑜，2006）。

但是，不同的伦理气氛会导致员工产生不同的态度、信念、动机和行为。例如，温布什和谢波德（Wimbush and Shepard，1994）探讨了维克多所提出的组织伦理气氛的类型与伦理行为的关系，研究发现仁爱、关怀与规则导向的组织伦理气氛与组织及个人的伦理行为呈显著正相关，而基于利己主义导向的与工具主义导向的组织伦理气氛则容易导致不符合伦理的行为。洛克和康格（Loch and Conger，1996）的研究也发现组织伦理气氛中的仁爱关怀导向与组织积极伦理态度有着显著正相关。卡伦等（Cullen et al.，2003）通过调查发现，仁慈型的伦理气氛和组织承诺之间存在积极的关系，而自利型的伦理气氛对组织承诺具有消极的影响。特雷维诺等（Trevino et al.，2006）也指出伦理气氛和伦理文化都可以对员工的（非）伦理行为产生影响，在功利性、私利性伦理气氛下，员工从事反生产行为的可能性较高。因此，由于不同性质的组织伦理气氛对员工越轨行为存在不同的显著影响，本节的研究假设 H1（组织伦理气氛能显著预测教师失范行为）包含以下 12 个假设：

H1a：组织伦理气氛能显著预测教师的情绪情感失范行为：

H1a－1：自利导向伦理气氛能显著预测教师情绪情感失范行为；

H1a－2：规则导向伦理气氛能显著预测教师情绪情感失范行为；

H1a－3：关怀导向伦理气氛能显著预测教师情绪情感失范行为；

H1a-4：独立导向伦理气氛能显著预测教师情绪情感失范行为。

H1b：组织伦理气氛能显著预测教师的价值观念失范行为：

H1b-1：自利导向伦理气氛能显著预测教师价值观念失范行为；

H1b-2：规则导向伦理气氛能显著预测教师价值观念失范行为；

H1b-3：关怀导向伦理气氛能显著预测教师价值观念失范行为；

H1b-4：独立导向伦理气氛能显著预测教师价值观念失范行为。

H1c：组织伦理气氛能显著预测教师的职业品德失范行为：

H1c-1：自利导向伦理气氛能显著预测教师职业品德失范行为；

H1c-2：规则导向伦理气氛能显著预测教师职业品德失范行为；

H1c-3：关怀导向伦理气氛能显著预测教师职业品德失范行为；

H1c-4：独立导向伦理气氛能显著预测教师职业品德失范行为。

（二）组织伦理气氛与道德推脱

班杜拉等（1996）认为道德推脱是会受到组织环境的影响，非道德环境会引发道德推脱，即道德推脱能有效解释非伦理环境对非道德行为的影响。目前国内对组织伦理气氛与道德推脱之间关系的研究还比较少。目前仅有3篇期刊文章与4篇硕士论文涉及了组织伦理气氛与道德推脱之间关系的研究，如钟晓燕等（2019）的文章认为组织伦理气氛在心理集体主义与道德推脱倾向间呈部分中介效应；魏洋洋（2014）的研究结果显示，道德推脱在组织伦理气氛与伦理行为之间的关系间起到了部分中介的作用；马永杰（2015）的硕士论文的研究结果显示，积极性的组织伦理氛围（制度型、集体型、关怀型）与道德推脱、员工越轨行为负相关，消极性的组织伦理氛围（利润型、自利型）与道德推脱员工越轨行为正相关；道德推脱与员工越轨行为显著正相关；道德推脱在组织伦理气氛与员工越轨行为间起到了中介作用。因此，不同维度的组织伦理气氛对员工道德推脱存在不同的显著影响。

基于已有的研究文献，本节提出研究假设 H2：组织伦理气氛能显著预测教师道德推脱。具体假设包含以下四个研究假设：

H2a：自利导向伦理气氛能显著预测教师的道德推脱；

H2b：规则导向伦理气氛能显著预测教师的道德推脱；

H2c：关怀导向伦理气氛能显著预测教师的道德推脱；

H2d：独立导向伦理气氛能显著预测教师的道德推脱。

（三） 道德推脱的中介作用

班杜拉的社会认知理论认为，行为是在自我生成的影响和外在环境的共同影响下形成的。多数外在环境的影响通过作为中介作用的认知过程来影响人类的行为（马永杰，2015）。其中社会认知理论认为道德推脱是个体产生不道德行为的关键，而道德推脱作为一种认知变量，在个人特征与环境因素对不道德行为的影响过程中起到显著的中介作用（叶青青等，2015）。

已有研究已经检验了青少年的道德推脱对其行为影响的中介作用、调节作用以及有调节的中介效应。如在青少年外部问题行为与不良媒介接触之间，道德推脱起部分中介作用，个体通过道德推脱机制能够摆脱内疚和自责，进而出现更多的问题行为，而这一中介作用过程又受到移情水平的负向调节（刘裕等，2015）；青少年自身的道德推脱在父母冲突与青少年攻击行为之间起着部分中介作用，这一中介作用过程受到青少年道德判断的调节，即道德推脱对青少年攻击行为的影响是有调节的中介效应（杨继平、王兴超，2012b）；道德推脱在心理虐待与忽视和青少年攻击行为之间起着部分中介作用（孙丽君等，2017）；在班级环境（一种心理气氛）对中学生暴力行为的影响中，道德推脱在两者间起到中介作用（王磊等，2018）。

作为个体与环境相互作用的结果，道德推脱作用的变化往往需要恰当的情境刺激（Claybourn，2011）。如来自领导或同事的负向行为往往会强化员工的道德推脱倾向，而领导或同事的积极行为却往往能削弱员工的道德推脱倾向（Palmer，2013）；领导者对下属的偏恶对待会引发下属的腐败行为，因为领导者的偏恶行为会使下属为自己的腐败行为寻找各种借口，即产生所谓的道德推脱（Tang et al.，2018）。因此，有研究考察了道德推脱在个体与组织情境变量影响员工越轨行为的中介作用。在个体变量方面，有研究发现道德推脱是马基雅维利主义人格对道德行为决策影响的中介变量（王萍、朱进炎，2018），也是马基雅维利主义人格对员工伦理行为影响的中介变量（魏洋洋，2014）。

在组织情境变量方面，道德推脱在组织不公平感和反生产行为之间发挥着部分中介作用（徐亚萍、王慈，2015），道德推脱是组织伦理气氛对员工伦理行为影响的中介变量（魏洋洋，2014），道德推脱完全中介企业伪善对员工亲组织非伦理行为的正向影响（赵红丹、周君，2017），道德推脱中介了同事助人行为与职场不文明行为之间的关系（占小军等，2019），员工道德推脱在领导非权变惩罚与员工越轨行为之间起部分中介作用（张浩等，2018），道德推脱完全中介职场排斥与员工反生产行为间关系（杜星铖、郑亭亭，2018），等等。

这些研究都说明了道德推脱在组织情境变量影响员工越轨行为的中介作用。然而，组织伦理气氛也会通过道德推脱影响员工越轨行为（马永杰，2015）。所以，基于上述的文献分析提出研究假设 H3：道德推脱在组织伦理气氛与教师失范行为之间起到中介作用（见图 5-6）。具体研究假设可分为四个：

H3a：道德推脱在自利导向伦理与教师失范行为之间起到中介作用；

H3b：道德推脱在规则导向伦理与教师失范行为之间起到中介作用；

H3c：道德推脱在关怀导向伦理与教师失范行为之间起到中介作用；

H3d：道德推脱在独立导向伦理与教师失范行为之间起到中介作用。

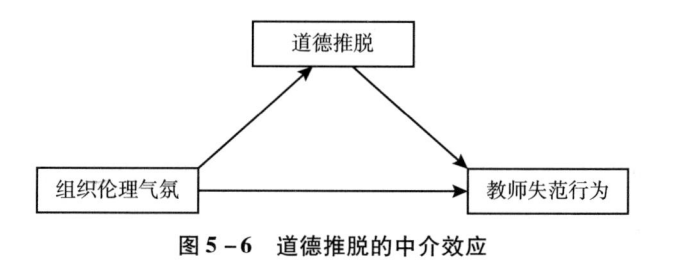

图 5-6 道德推脱的中介效应

二、研究方法

（一） 研究被试

为了保证参与研究教师的多样性，本节利用山东省名师名校长工程教师教育网为背景，以方便抽样的方式邀请多所中小学教师进行网上答卷。本节采用问卷星网上问卷的调查方式进行调查。最终获得 856份问卷。然后对问卷进行质量评定，删除无效问卷，最终保留问卷 676份，其中来自济南地区的有 420 人，青岛 256 人，问卷有效率为78.97%。参与答卷的中小学教师年龄为 23~59 岁，平均年龄 39.16（±7.60）岁。在性别分类中，男教师 214 人（31.66%），女教师 462人（68.34%）；在学段分类中，小学教师 168 人（24.85%），初中教师 164 人（24.26%），高中教师 344 人（50.89%）；在教龄分类中，教龄 1~5 年 130 人（19.23%），6~10 年 70 人（10.36%），11~15年 96 人（14.20%），16~20 年 160 人（23.67%），21 年及以上的 220人（32.54%）；在学历分类中，学历为大专（高中）及以下的有 21 人（3.11%），本科 590 人（87.28%），研究生 65 人（9.62%）；在学校所在地分类中，乡镇教师 246 人（36.39%），县城教师 257 人（38.02%），城市教师 173 人（25.59%）。

（二） 研究工具

1. 学校伦理气氛的测量

采用由邓聪（2020）针对普通公办中小学教师修订的《组织伦理气氛问卷》而成的《学校伦理气氛问卷》。该问卷有 19 个题目，包含规则导向的学校气氛、独立导向的学校气氛、关怀导向的学校气氛、自利导向的学校气氛四个维度。量表采用李克特五点计分，得分越高说明学校伦理气氛越高。

在效度检验方面，利用结构方程模型对学校组织伦理气氛的四维结构进行了 CFA，模型拟合指数为：$\chi^2/df = 4.694$，GFI $= 0.911$,

AGFI = 0.871，CFI = 0.955，TLI = 0.941，RMSEA = 0.074，RMR = 0.068，各个题目的因子负荷介于 0.60 ~ 0.92，超过了 0.50。这表明学校伦理气氛的测量量表具有较好的结构效度。在信度检验方面，规则导向、独立导向、关怀导向以及自利导向等四种伦理气氛的 α 系数分别为 0.937、0.880、0.892、0.893。这表明本研究所用的学校组织伦理气氛量表具有较高的内部一致性信度水平。

2. 道德推脱的测量

采用摩尔等（Moore et al.，2012）开发的道德推脱测量量表简洁版测量教师的道德推脱。该量表已经被国内学者张桂平（2016）、文鹏和陈诚（2016）以及张浩等（2018）等在研究中广泛使用。该量表包括八个题目，属于单维量表。量表采用李克特五点计分，得分越高表示中小学教师的道德推脱水平越高。

在效度检验方面，利用结构方程模型对道德推脱单维结构进行了 CFA，结果显示道德推脱单维结构的所有题目的因子负荷均超过了 0.50，介于 0.77 ~ 0.94，拟合指数为：$\chi^2/df = 3.165$，GFI = 0.982，AGFI = 0.960，CFI = 0.994，TLI = 0.989，RMSEA = 0.057，RMR = 0.010。这表明道德推脱量表具有较好的结构效度。在信度检验方面，量表的 α 系数为 0.953，这表明本研究所用的道德推脱量表具有较高的内部一致性信度水平。

3. 教师失范行为结构的测量

采用自编的教师失范行为结构量表。本量表包含情绪情感失范行为、价值观念失范行为、职业品德失范行为等 3 个构面，45 个题目。量表采用李克特五点计分，得分越高表示中小学教师失范行为的水平越高。

在效度检验方面，情绪情感失范构面的二维结构拟合指数为：$\chi^2/df = 4.392$，GFI = 0.954，AGFI = 0.922，CFI = 0.974，TLI = 0.963，RMSEA = 0.071，RMR = 0.024，各个题目的因子负荷介于 0.55 ~ 0.87，超过了 0.50；价值观念失范构面的四维结构拟合指数为：$\chi^2/df = 3.336$，GFI = 0.905，AGFI = 0.879，CFI = 0.951，TLI = 0.942，RM-

SEA = 0.059，RMR = 0.033，各个题目的因子负荷介于 0.59 ~ 0.92，超过了 0.50；职业品德失范构面的二维结构拟合指数为：χ^2/df = 6.627，GFI = 0.957，AGFI = 0.908，CFI = 0.975，TLI = 0.958，RMSEA = 0.091，RMR = 0.049，各个题目的因子负荷介于 0.69 ~ 0.93，超过了 0.50。这表明教师失范行为量表具有较好的结构效度。在信度检验方面，情绪情感失范、价值观念失范、职业品德失范三个维度的内部一致性系数分别为 0.921、0.954、0.908。这表明本研究所用教师失范行为量表具有较高的内部一致性信度水平。

（三）统计方法

首先，采用 AMOS 22.0 对量表的结构效度进行检验，其次，利用软件 SPSS 20.0 对变量进行描述性统计分析、信度分析以及层级回归分析。通过层级回归分析，分别检验组织伦理气氛与道德推脱对教师失范行为的影响，以及组织伦理气氛对道德推脱的影响。最后，采用 AMOS 22.0 的路径分析探究道德推脱的中介效应。

（四）控制变量

为了控制个人背景变量对因变量的影响，选取的控制变量为教师的年龄、性别、学历、学段、所在地 5 个人口学变量。

三、研究结果

（一）共同方法偏差检验

首先利用 Harman 单因子检验法对共同方法偏差进行检验。通过主成分分析法对本节研究中使用的学校组织伦理气氛、道德推脱以及教师失范行为三个测量量表共计 72 个题目进行未旋转的探索性因子分析，其结果显示抽取出的最大因子的方差解释率为 34.80%，小于40%的临界值（或者小于50%）（邓稳根等，2018），表明研究中不存在严重的共同方法偏差。以此数据得出的各变量间的关系是可靠的。

（二）描述统计分析

表 5 - 7 是各个变量的描述性统计结果。首先，道德推脱与情绪情感、价值观念以及职业品德三种教师失范行为的相关都是显著的正相关，其相关系数分别为 0.342（$p < 0.01$）、0.335（$p < 0.01$）、0.329（$p < 0.01$）；道德推脱与自利导向伦理的关系是显著的正相关（$r = 0.370$，$p < 0.01$），而与规则导向伦理的关系是显著的负相关（$r = -0.141$，$p < 0.01$），但是道德推脱与关怀导向伦理和独立导向伦理两者的相关不显著，其相关系数分别为 0.034（$p > 0.05$）、0.050（$p > 0.05$）。这些结果说明了不同性质的组织伦理气氛与道德推脱的关系是不同的。

表 5 - 7　　　　　　研究变量的描述统计（N = 676）

变量	M	SD	1	2	3	4	5	6	7
1. 道德推脱	1.769	0.799							
2. 规则导向	4.281	0.668	-0.141**						
3. 关怀导向	3.610	0.898	0.034	0.624**					
4. 独立导向	3.718	0.890	0.050	0.569**	0.695**				
5. 自利导向	2.666	0.970	0.370**	-0.132**	-0.092*	0.041			
6. 情绪情感失范	1.611	0.592	0.342**	-0.268**	-0.199**	-0.170**	0.141**		
7. 价值观念失范	1.650	0.574	0.335**	-0.340**	-0.312**	-0.234**	0.179**	0.842**	
8. 职业品德失范	1.535	0.644	0.329**	-0.341**	-0.293**	-0.238**	0.155**	0.670**	0.776**

其次，不同性质的组织伦理气氛与教师失范行为的关系也是不同的，具体来说：规则导向、关怀导向以及独立导向的伦理气氛分别与三种教师失范行为都是显著的负相关，相关系数介于 -0.170 ~ -0.341（$p < 0.01$），而自利导向的伦理气氛则与三种教师失范行为的相关都是显著的正相关，相关系数介于 0.141 ~ 0.179（$p < 0.01$）。另外，不同性质的组织伦理气氛之间的相关关系也是不同的，其中规则导向、关怀导向以及独立导向三种伦理气氛的两两相关都是显著的正

相关，相关系数介于 0.569 ~ 0.695（p < 0.01），而自利导向伦理气氛分别与规则导向（r = − 0.132，p < 0.01）和关怀导向（r = − 0.092，p < 0.05）的伦理气氛之间是显著的负相关，但是其与独立导向伦理气氛的相关不显著（r = 0.041，p > 0.05）。

最后，三种教师失范行为之间的相关关系呈现出高的正相关，相关系数都达到了 0.6 以上。

（三）回归分析

1. 组织伦理气氛与教师失范行为

在控制人口学变量的前提下做层级回归分析，第一层为五个人口学变量，第二层为预测变量组织伦理气氛，因变量为教师失范行为。表 5 − 8 的统计结果显示：组织伦理气氛可以显著预测教师失范行为（$\Delta R^2 = 0.078$，p < 0.01；$\Delta R^2 = 0.139$，p < 0.01；$\Delta R^2 = 0.133$，p < 0.01），但是，自利导向伦理、关怀导向伦理、规则导向伦理以及独立导向伦理等四种组织伦理气氛分别对三种教师失范行为的影响作用是不同的。

表 5 − 8　　组织伦理气氛对教师失范行为的回归分析（N = 676）

变量	情绪情感失范（β）		价值观念失范（β）		职业品德失范（β）	
	第一步	第二步	第一步	第二步	第一步	第二步
第一层控制变量						
年龄	0.007	0.022	0.028	0.039	− 0.038	− 0.029
性别	− 0.115 **	− 0.081 *	− 0.164 **	− 0.132 **	− 0.132 **	− 0.098 *
学历	0.003	− 0.002	− 0.001	− 0.008	− 0.023	− 0.031
学段	0.029	0.025	− 0.018	− 0.022	0.025	0.017
所在地	− 0.024	− 0.011	− 0.047	− 0.030	0.034	0.048
第二层预测变量						
自利导向伦理		0.107 **		0.126 **		0.110 **
规则导向伦理		− 0.200 **		− 0.200 **		− 0.218 **

续表

变量	情绪情感失范（β）		价值观念失范（β）		职业品德失范（β）	
	第一步	第二步	第一步	第二步	第一步	第二步
第二层预测变量						
关怀导向伦理		– 0.048		– 0.178 **		– 0.130 *
独立导向伦理		– 0.022		0.004		– 0.030
R^2	0.016	0.094	0.035	0.174	0.017	0.150
ΔR^2		0.078 **		0.139 **		0.133 **
F	2.202	7.652 **	4.820 **	15.585 **	2.386 *	13.088 **

在组织伦理气氛对教师情绪情感失范行为的影响中，自利导向伦理正向预测情绪情感失范行为（$\beta = 0.107$，$p < 0.01$），规则导向伦理负向预测情绪情感失范行为（$\beta = -0.200$，$p < 0.01$），而关怀导向伦理与独立导向伦理都不能显著预测情绪情感失范行为，其标准化回归系数分别为 $\beta = -0.048$（$p > 0.05$），$\beta = -0.022$（$p > 0.05$）。这些结果说明，研究假设 H1a – 1（自利导向伦理能显著预测教师情绪情感失范行为）和 H2a – 2（规则导向伦理能显著预测教师情绪情感失范行为）得到了研究结果的验证。但是，研究假设 H2a – 3（关怀导向伦理能显著预测教师情绪情感失范行为）与研究假设 H2a – 4（独立导向伦理能显著预测教师情绪情感失范行为）都没有得到研究结果的验证。因此，研究假设 H1a（组织伦理气氛能显著预测教师的情绪情感失范行为）得到了部分验证。

在组织伦理气氛对教师价值观念失范行为的影响中，自利导向伦理正向预测价值观念失范行为（$\beta = 0.126$，$p < 0.01$），规则导向伦理负向预测价值观念失范行为（$\beta = -0.200$，$p < 0.01$），关怀导向伦理负向预测价值观念失范行为（$\beta = -0.178$，$p < 0.01$），但是，独立导向伦理对价值观念失范行为没有显著影响（$\beta = 0.004$，$p > 0.05$）。这些结果说明，研究假设 H1b – 1（自利导向伦理能显著预测教师价值观念失范行为）、H1b – 2（规则导向伦理能显著预测教师价值观念失范行为）和 H1b－3（关怀导向伦理能显著预测教师价值观念失范行为）得到了研究结果的验证，但是，研究假设 H1b－4（独立导向伦理能显著预测教师价值观念失范行为）没有得到研究结果的验证。因此，研究假设 H1b（组织伦理气氛能显著预测教师的价值观念失范行为）得到了部分验证。

在组织伦理气氛对教师职业品德失范行为的影响中，自利导向伦理正向预测职业品德失范行为（$\beta = 0.110$，$p < 0.01$），规则导向伦理负向预测职业品德失范行为（$\beta = -0.218$，$p < 0.01$），关怀导向伦理负向预测职业品德失范行为（$\beta = -0.130$，$p < 0.05$）。然而，独立导向伦理对职业品德失范行为没有显著影响（$\beta = -0.030$，$p > 0.05$）。这些结果说明了研究假设 H1c－1（自利导向伦理能显著预测教师职业品德失范行为）、H1c－2（规则导向伦理能显著预测教师职业品德失范行为）以及 H1c－3（关怀导向伦理能显著预测教师职业品德失范行为）得到了研究结果的验证。但是，研究假设 H1c－4（独立导向伦理能显著预测教师职业品德失范行为）没有得到研究结果的验证。因此，H1c（组织伦理气氛能显著预测教师的职业品德失范行为）得到了部分验证。

从另一个角度来看，表 5－8 显示：（1）自利导向伦理可以分别显著正向预测情绪情感、价值观念和职业品德等三种教师失范行为，标准化回归系数分别为 0.107（$p < 0.01$）、0.126（$p < 0.01$）、0.110（$p < 0.01$）。这说明学校组织中自利导向伦理气氛越高，可能会引发越多的教师失范行为。（2）规则导向伦理可以显著负向预测情绪情感、价值观念和职业品德等三种教师失范行为，标准化回归系数分别为 -0.200（$p < 0.01$）、-0.200（$p < 0.01$）、-0.218（$p < 0.01$）。这说明学校组织中规则导向伦理气氛越高，可能会更多地抑制教师失范行为的发生。然而在（3）关怀导向伦理只能显著负向预测价值观念失范和职业品德失范这两种教师失范行为，标准化回归系数分别为 -0.178（$p < 0.01$）、-0.130（$p < 0.01$）。这说明学校组织中关怀导向伦理气氛越高，教师的价值观念失范行为和职业品德失范行为出现的可能就

越少。(4)独立导向伦理对三种教师失范行为没有显著影响。因此，这些结果表明学校中不同的组织伦理气氛对教师失范行为的影响方向是不同的，且不同的伦理气氛对教师失范行为的影响效应也存在很大的差异。

总之，根据以上对研究结果的分析，本节提出的研究假设 H1（组织伦理气氛能显著预测教师失范行为），得到了部分验证。

2. 组织伦理气氛与道德推脱

在控制人口学变量的前提下做层级回归分析，第一层为五个人口学变量，第二层为预测变量组织伦理气氛，因变量为道德推脱。表 5-9 的统计结果显示：组织伦理气氛可以显著预测教师个体的道德推脱（$\Delta R^2 = 0.156$，$p < 0.01$），但是四种不同伦理气氛对道德推脱的影响作用是不同的，其中自利导向伦理正向预测道德推脱（$\beta = 0.350$，$p < 0.01$），规则导向伦理负向预测道德推脱（$\beta = -0.211$，$p < 0.01$），关怀导向伦理正向预测道德推脱（$\beta = 0.168$，$p < 0.01$），而独立导向伦理对道德推脱没有预测作用（$\beta = 0.043$，$p > 0.05$）。这些结果说明了研究假设 H2a（自利导向伦理气氛能显著预测教师的道德推脱）、H2b（规则导向伦理气氛能显著预测教师的道德推脱）以及 H2c（关怀导向伦理气氛能显著预测教师的道德推脱）得到了研究结果的验证。而研究假设 H2d（独立导向伦理气氛能显著预测教师的道德推脱）没有得到研究结果的验证。因此，本节提出的研究假设 H2（组织伦理气氛能显著预测教师的道德推脱）得到了部分验证。

（四）中介效应分析

按照温忠麟等（2004）提出的"三步骤中介回归分析法"进行中介效应假设检验。由表 5-8 的回归分析结果显示独立导向伦理对三种教师失范行为都没有影响，并且表 5-9 的回归分析结果显示独立导向伦理对道德推脱也没有显著影响。因此，本节不再进一步分析研究假设 H3d（道德推脱在独立导向伦理与教师失范行为之间起到中介作用），所以，研究假设 H3d 没有得到本节研究结果的验证。

表 5 – 9　　　　组织伦理气氛对道德推脱的回归分析（N = 676）

	第一层（β）	第二层（β）
第一层控制变量		
年龄	– 0.056	0.004
性别	– 0.157 **	– 0.097 **
学历	– 0.007	– 0.006
学段	– 0.004	0.018
所在地	– 0.033	– 0.004
第二层预测变量		
自利导向伦理		0.350 **
规则导向伦理		– 0.211 **
关怀导向伦理		0.168 **
独立导向伦理		0.043
R^2	0.026	0.182
ΔR^2		0.156 **
F	3.636 **	16.475 **

　　而根据前面回归分析的结果（见表 5 – 8）显示性别是教师失范行为的重要影响变量，因此，在控制人口学变量"性别"的基础上，本节利用 AMOS 软件建构自利导向、规则导向以及关怀导向三种伦理气氛通过道德推脱影响教师失范行为的全模型，即所有影响路径都连起来，结果显示，自利导向伦理对情绪情感失范、价值观念失范以及职业品德失范三种教师失范行为的直接影响路径是不显著的，路径系数分别是 – 0.013（p > 0.05）、0.021（p > 0.05）和 – 0.002（p > 0.05）。因此去掉这三条路径后再进行路径分析，结果显示保留的各个路径系数都是显著的（见表 5 – 10），各个变量间的路径图见图 5 – 7 所示。中介模型的拟合指数比较理想（χ^2/df = 4.469，GFI = 0.989，AGFI = 0.942，CFI = 0.989，TLI = 0.955，RMSEA = 0.072，RMR = 0.014）。

表 5 - 10　　　　　　　　　　各个变量间的路径系数

变量	道德推脱	情绪情感失范	价值观念失范	职业品德失范
预测变量				
自利导向伦理	0.360 **			
规则导向伦理	- 0.222 **	- 0.139 **	- 0.133 *	- 0.167 **
关怀导向伦理	0.205 **	- 0.125 **	- 0.243 **	- 0.201 **
道德推脱		0.320 **	0.309 **	0.305 **

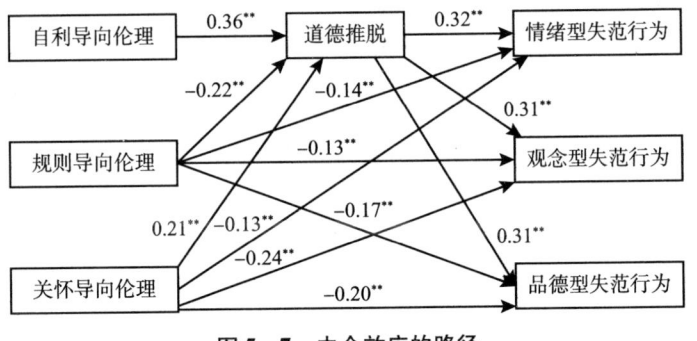

图 5 - 7　中介效应的路径

图 5 - 7 所示所有路径系数都达到了 0.01 水平上的显著,而变量间的影响效应见表 5 - 11 所示。这一结果部分验证了研究假设 H3:道德推脱在组织伦理气氛与教师失范行为之间起到中介作用。具体来说,道德推脱在自利导向伦理气氛影响情绪情感、价值观念以及职业品德三种教师失范行为中都起着完全中介作用。而道德推脱在规则导向伦理以及关怀导向伦理分别影响三种教师失范行为中都起到部分中介作用,其中道德推脱在规则导向伦理影响情绪情感、价值观念以及职业品德三种教师失范行为中的间接效应占总效应的比值分别为 33.97%、33.83%、28.94%;但是,道德推脱在通过关怀导向伦理影响教师情绪情感失范行为、价值观念失范行为以及职业品德失范行为中的间接效应出现了掩蔽效应,不再报告间接效应占总效应的比值,可以报告间接效应与直接效应的比例的绝对值 $|ab/c'|$,此时,道德推脱在关怀

表 5-11　变量间标准化的总效应、直接效应及间接效应

变量	总效应				直接效应				间接效应		
	道德推脱	情绪失范	观念失范	品德失范	道德推脱	情绪失范	观念失范	品德失范	情绪失范	观念失范	品德失范
预测变量											
自利伦理	0.360	0.115	0.111	0.110	0.360				0.115	0.111	0.110
规则伦理	-0.222	-0.209	-0.201	-0.235	-0.222	-0.139	-0.133	-0.167	-0.071	-0.068	-0.068
关怀伦理	0.205	-0.059	-0.179	-0.139	0.205	-0.125	-0.243	-0.201	0.066	0.063	0.063
道德推脱		0.320	0.309	0.305		0.320	0.309	0.305			

导向伦理影响情绪情感、价值观念以及职业品德三种教师失范行为中的间接效应与直接效应的比例的绝对值分别为 52.80%、25.93%、31.34%。

基于对以上统计结果的分析可得，研究假设 H3a（道德推脱在自利导向伦理与教师失范行为之间起到中介作用）、H3b（道德推脱在规则导向伦理与教师失范行为之间起到中介作用）以及 H3c（道德推脱在关怀导向伦理与教师失范行为之间起到中介作用）都得到了研究结果的验证，但是，研究假设 H3d（道德推脱在独立导向伦理与教师失范行为之间起到中介作用）没有得到本节研究结果的验证。因此，本节提出的研究假设 H3（道德推脱在组织伦理气氛与教师失范行为之间起到中介作用），得到了部分验证。这说明道德推脱对三种组织伦理气氛与教师失范行为的关系具有中介效应，也就是说，组织伦理气氛既可以通过道德推脱这一中介变量对教师失范行为产生间接影响，也可以直接对教师失范行为产生影响。

四、分析讨论

教师职业本身就是一种道德实践活动，而组织环境中的组织伦理气氛对组织成员作出道德或不道德行为产生显著影响（杨炎轩，2011）。本节检验了组织伦理气氛、道德推脱与教师失范行为三者的关系，前面关于道德推脱与教师失范行为关系的研究结果显示，道德推脱是中小学教师失范行为的重要影响因素（见表 5-2）。这里进一步检验组织伦理气氛与教师失范行为的关系，以及组织伦理气氛与教师道德推脱的关系。

（一）组织伦理气氛、道德推脱与教师失范行为的关系

首先，经过对组织伦理气氛与教师失范行为的关系进行检验，研究结果表明不同的组织伦理气氛对教师失范行为的影响效应不同。（1）自利导向伦理显著正向影响三种教师失范行为，规则导向伦理则显著负向影响三种教师失范行为，这两个研究结果与余璇和陈维政

（2015）的研究结果一致，即自利导向伦理气候对员工的工作偏离行为具有显著的正向影响，规则导向伦理气候对员工的工作偏离行为具有显著的负向影响。（2）关怀导向伦理仅仅显著负向影响价值观念与职业品德这两种教师失范行为，与余璇和陈维政（2015）以及高洋洋和谭艳华（2016）的研究结果具有相似性，余璇和陈维政（2015）的研究结果表明关怀导向对员工的工作偏离行为具有显著的负向影响，而高洋洋和谭艳华（2016）研究结果表明关怀导向对人际越轨行为有负向影响，但是与组织越轨行为没有影响。（3）独立导向伦理对三种教师失范行为没有影响。这一结果与高洋洋和谭艳华（2016）的研究结果具有相似性，即独立判断导向对组织越轨行为有负向影响，而对人际越轨行为没有影响。这些研究结果的不一致性还需要进一步检验。

其次，经过对组织伦理气氛与教师道德推脱的关系进行检验，研究结果表明不同的组织伦理气氛对教师道德推脱的影响效应不同。其中，自利导向伦理和关怀导向伦理都能显著正向预测教师的道德推脱，规则导向伦理能显著负向预测教师的道德推脱，独立导向伦理不能预测教师的道德推脱。而马永杰（2015）的研究结果则表明积极性的组织伦理氛围（制度型、集体型、关怀型）与道德推脱负相关，消极性的组织伦理氛围（利润型、自利型）与道德推脱正相关（马永杰，2015）。因此，该研究结果与马永杰（2015）的部分研究结果一致。共同之处是，都认为自利导向伦理与道德推脱是正向关系，规则导向伦理气氛与道德推脱是负向关系。但是，两者不一致的地方是，马永杰（2015）的结果显示关怀型与道德推脱是显著的负相关。从"关怀导向伦理"与"独立导向伦理"的定义来看，可能研究结果是成立的。比如，关怀导向的伦理气氛是指组织非常强调利他原则，让所有员工的利益最大化是管理者努力的方向，而每位员工都很关心彼此的利益。这可能促使教师们出于亲组织的利他行为而产生了道德推脱，导致关怀导向伦理能显著正向预测教师的道德推脱。独立导向的伦理气氛是指组织尊重员工个人的判断能力，以其个人道德标准为依据，不受组织内外其他人的影响。这可能导致独立导向伦理对教师道德标准的影响是有限的，员工多出于自己的个人道德标准为依据来开展工作，进而导致组织的独立导向伦理气氛不能够影响教师的道德推脱水平。不过，这一解释是否成立还需要今后研究的进一步验证。

从前面的分析来看，本节的结论与已有的研究既具有一定的一致性，又具有一定的差异性。造成这一现象的原因可能是因为教师失范行为与营利性组织中员工越轨行为在内涵与特征上存在着差异，也可能是由于学校组织伦理气氛的特点与其他组织的不同，这些因素可能是导致在企业背景与学校背景两种不同背景下所研究结果的不一致性。比如，阿加瓦尔和马洛伊在 1999 年以非营利组织为研究对象，对维克多和卡伦（Victor and Cullen，1988）在 1988 年提出的组织伦理气氛的结构进行了验证，也得到了与维克多和卡伦不同的研究结果（Agarwal and Malloy，1999）。总之，本节的研究结果也进一步说明，不同的组织伦理气氛对教师道德推脱的影响效应不同。

（二）道德推脱中介组织伦理气氛与教师失范行为的关系

社会学习理论认为，人的行为是个人认知、行为与环境因素三者交互作用的结果。这分别对应于本节所涉及的道德推脱、员工越轨行为、组织伦理气氛，它们三者构成了动态交互关系，这三者间任意两个因素之间双向互动的方式和强度，都伴随彼此的不同而发生一定程度的变化。在消极性的组织伦理气氛中，员工容易推卸自己应有的责任，对自己的攻击行为和不道德行为不进行自我谴责，更多用道德推脱来减少自己的负罪感。而在积极性的组织伦理气氛中，员工对自己的不良行为会承担责任，道德推脱水平较低，从而较少的做出越轨行为（马永杰，2015）。

本节检验了道德推脱在组织伦理气氛影响教师失范行为中的中介作用，通过结构方程模型的路径分析部分验证了道德推脱在组织伦理气氛与教师失范行为之间起到的中介作用。具体来说，道德推脱在自利导向伦理气氛影响情绪情感、价值观念以及职业品德等三种教师失范行为中都起着完全中介作用。而道德推脱在规则导向伦理与关怀导向伦理分别影响三种教师失范行为中都起到部分中介作用。这一结果与马永杰（2015）和魏洋洋（2014）的研究具有一致性。马永杰（2015）探讨了五种组织伦理气氛、道德推脱与员工越轨行为的关系，结果表明道德推脱在不同类型的组织伦理气氛对员工越轨行为的影响过程中起到了中介作用。不同的组织伦理气氛不仅会直接影响员工越轨行为，而且会通过道德推脱的中介作用来间接影响员工越轨行为。魏洋洋（2014）利用结构方程模型检验了道德推脱的中介作用，结果也表明道德推脱对组织伦理气氛影响伦理行为的中介作用显著。

本节的基本结论是：（1）不同的组织伦理气氛对教师失范行为的影响不同。规则导向的伦理气氛负向预测三种教师失范行为、自利导向的伦理气氛正向预测三种教师失范行为、独立导向的伦理气氛不能预测三种教师失范行为，但是，关怀导向的伦理气氛负向预测价值观念与职业品德两种教师失范行为。（2）道德推脱在自利导向、规则导向以及关怀导向等三种组织伦理气氛影响教师失范行为中起到中介作用。

总之，基于对已有文献的分析，我们将组织伦理气氛与员工伦理行为间关系的研究借鉴或者说扩展到教师失范行为的层面上来，而这种借鉴和扩展为我们在组织层面研究文化对教师失范行为的影响提供了一个全新的视角和有效的途径。因此，该研究结果可以给学校管理带来一种新的管理思路，即学校管理者不仅可以通过教育或者培训等手段来改变教师的道德认知倾向而降低其道德推脱水平，进而抑制教师的失范行为，而且还可以通过创造积极的组织伦理气氛来降低教师的失范行为。其中学校管理者创造良好的组织伦理气氛则具有更重要的影响作用。良好的组织伦理气氛在直接影响教师失范行为的同时，其还可以间接影响教师失范行为，即通过改变教师的道德推脱水平而抑制教师失范行为。

然而，道德推脱不仅仅会发挥中介作用，也可能会给组织营造出一种不和谐的情境，进而会强化或弱化组织中某些因素与不道德行为之间的关系，起到调节作用。综观已有文献，莎玛里等（Samnani et al.,

2014）探讨了道德推脱和性别的交互作用对负面情感与不道德行为之间正向预测关系的影响。由此可见，道德推脱本身可能就是某些因素与不道德行为之间关系的调节变量（张艳清等，2016）。因此，未来在研究教师失范行为的影响机制时，可以进一步深入探讨认知变量（如自我效能感、组织公平感知、组织政治知觉等）和情绪变量（如情绪耗竭、情绪劳动等）与道德推脱的交互作用对教师失范行为产生影响的心理机制，以检验道德推脱是否强化或弱化组织中某些因素与教师失范行为之间的关系。

第四节　伦理型领导、组织伦理气氛与教师失范行为

学校组织伦理气氛的形成会受到多方面因素的影响，其中学校领导方式将会是一个非常重要的影响变量。本章第三节探讨了组织伦理气氛、道德推脱与教师失范行为的关系，研究结果进一步验证了学校组织伦理气氛是教师失范行为的重要影响变量，而且学校组织气氛还可以通过降低教师的道德推脱而抑制教师失范行为的发生。本节将重点探讨伦理型领导（领导方式）、组织伦理气氛与教师失范行为的关系。

一、研究假设

伦理型领导对员工行为具有重要的影响作用。以往研究表明，领导行为是影响员工越轨行为的重要前因，包括高度关注伦理实践的伦理领导行为（张永军等，2012），且实证研究证实伦理型领导显著负向影响员工越轨行为，能够有效抑制工作场所中的员工越轨行为（章发旺、廖建桥，2016）。但目前学术界对二者关系的作用机制的考察相对较少（石磊，2016）。本章第三节已经检验了学校组织伦理气氛与教师失范行为的关系。但是，组织伦理气氛在伦理型领导与教师失范行为之间是否起到中介作用，还需要逐步检验三个研究假设：（1）伦理型

领导与教师失范行为的关系；（2）伦理型领导与组织伦理气氛的关系；（3）组织伦理气氛的中介作用。

（一）伦理型领导与教师失范行为

领导者的行为方式对教师工作行为有着重要的影响作用。在伦理领导实施的过程中，领导者的角色对其追随者有示范作用，通过伦理领导，不仅提高领导者的道德水平，还能使员工受到潜移默化的影响（刘瑞瑞、陆晓，2010）。伦理型领导有助于促进员工谏言行为（Walumbwa and Schaubroeck，2009），提升员工的主动性行为（Brown et al.，2005）。国内外学者采用实证研究范式证实了伦理型领导与员工越轨行为二者间的负向联系，如已有研究表明伦理型领导对员工反生产行为有负向影响作用（刘冰、曹梦雪，2015）；伦理型领导行为同员工组织公民行为正相关，同员工偏差行为负相关（Avey et al.，2011）。总之，伦理型领导通过社会交换、内在动机、社会学习等过程能够减少员工的消极行为，诸如非道德行为、反馈规避行为和越轨行为等（Mayer et al.，2012）。由此，本节提出研究假设 H1：伦理型领导负向预测教师失范行为。

具体包含以下三个研究假设：

H1a：伦理型领导负向预测教师的情绪情感失范行为；

H1b：伦理型领导负向预测教师的价值观念失范行为；

H1c：伦理型领导负向预测教师的职业品德失范行为。

（二）伦理型领导与组织伦理气氛

领导行为无疑是影响组织伦理气氛最重要的因素。不少研究表明组织管理者极大地影响了工作环境的伦理气氛的形成（Schminke et al.，2005；Trevino et al.，2000）。如伦理型领导对团队伦理气氛产生正向影响作用（刘冰、曹梦雪，2015）；伦理型领导对塑造良好的伦理气氛有显著的正影响（王菁、徐小琴，2014）。而在工作实践中，领导者可以通过多种方式影响组织伦理气氛（王雁飞、朱瑜，2006）。首先，领导者面对伦理困境时考虑的因素以及解决不同类型伦理问题的方式是组织成员效仿的榜样（Nielsen，1989）；其次，领导者伦理与非伦理行为观念对下属形成相应的观念也有着重要影响（Brief et al.，2000）；最后，伦理型领导行为通过"个人行为"和"人际关系"影响组织成员（Brown et al.，2005）。由此，提出研究假设 H2：伦理型领导能显著预测学校组织伦理气氛。

具体可分为以下四个研究假设：

H2a：伦理型领导正向预测规则导向伦理气氛；

H2b：伦理型领导负向预测自利导向伦理气氛；

H2c：伦理型领导正向预测关怀导向伦理气氛；

H2d：伦理型领导正向预测独立导向伦理气氛。

（三）组织伦理气氛的中介作用

领导因素影响越轨行为或偏差行为的机制中涉及的中介变量较多。基于不同理论基础的研究发现，关系认同和组织认同（Zhu et al.，2015）、心理安全感与责任知觉（梁建，2014）、自我效能和自我影响力（Chen and Hou，2016）等变量均在伦理型领导与越轨行为的关系中起中介作用（王永跃等，2017）。而如何从领导视角和组织文化视角两个方面探索教师失范行为形成的心理机制？为回答这一问题，本节选用伦理型领导（领导方式）和组织伦理气氛（组织文化）两个变量，研究它们对教师失范行为的影响效应，并进一步探讨组织伦理气氛在伦理型领导对教师失范行为的影响中是否会起到中介作用。进而建构影响教师失范行为形成的路径图，以探索影响教师失范行为形成的心理机制。

组织伦理气氛是研究员工越轨行为影响因素中组织层面的重要变量。组织伦理气氛是员工关于相关道德问题共识的汇总，受到组织中伦理型领导的影响，同时也影响着员工的越轨行为（石磊，2016）。综上所述，伦理型领导对员工越轨行为不仅有直接的影响，也可产生间接的影响。比如，学校伦理气氛在变革型领导对教师组织公民行为的影响中的中介效应（邓聪，2020）；伦理型领导能够有效减少员工越轨行为，且组织伦理气氛在伦理型领导与员工越轨行为之间起到了部分中介作用（石磊，2016）；团队伦理气氛在伦理型领导与员工反生产行为之间起到了部分中介作用（刘冰、曹梦雪，2015）；组织伦理气氛对伦理型领导与企业社会责任的影响过程中起部分中介作用（王菁、徐小琴，2014）；组织伦理气氛，包括自利导向、关怀导向和规则导向的组织伦理气氛，在伦理型领导对员工不道德行为的影响过程中起着中介作用。这说明伦理型领导可以通过组织伦理气氛而间接影响员工不道德行为（祝涛，2015）。由此，提出研究假设 H3：组织伦理气氛在伦理型领导与教师失范行为之间起中介作用（见图 5 - 8）。

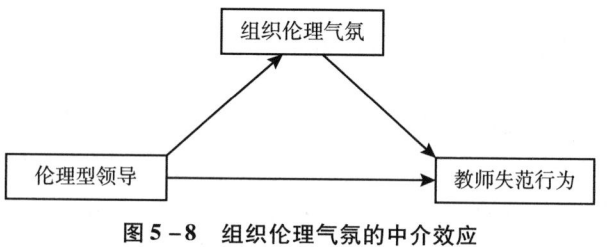

图 5 - 8　组织伦理气氛的中介效应

具体可分为以下四个研究假设：

H3a：规则导向伦理气氛在伦理型领导与教师失范行为之间起中介作用；

H3b：关怀导向伦理气氛在伦理型领导与教师失范行为之间起中介作用；

H3c：独立导向伦理气氛在伦理型领导与教师失范行为之间起中介作用；

H3d：自利导向伦理气氛在伦理型领导与教师失范行为之间起中介作用。

二、研究方法

（一）研究被试

为了保证参与研究教师的多样性，本节的研究利用山东省名师名校长工程教师教育网为背景，以方便抽样的方式邀请多所中小学教师进行网上答卷。本节的研究采用问卷星网上问卷的调查方式进行调查。最终获得856份问卷。然后对问卷进行质量评定，删除无效问卷，最终保留问卷676份，其中来自济南地区的有420人，青岛256人，问卷有效率为78.97%。其中，中小学教师的年龄为23~59岁，平均年龄39.16（±7.60）岁。在性别分类中，男教师214人（31.66%），女教师462人（68.34%）；在学段分类中，小学教师168人（24.85%），初中教师164人（24.26%），高中教师344人（50.89%）；在教龄分类中，教龄1~5年130人（19.23%），6~10年70人（10.36%），11~15年96人（14.20%），16~20年160人（23.67%），21年及以上的220人（32.54%）；在学历分类中，学历为大专（高中）及以下的有21人（3.11%），本科生590人（87.28%），研究生65人（9.62%）；在学校所在地分类中，乡镇教师246人（36.39%），县城教师257人（38.02%），城市教师173人（25.59%）。

（二）研究工具

1. 伦理型领导的测量

采用布朗等（Brown et al.，2005）编制的伦理型领导量表（ELS），共10个题目，属于单维量表，且该量表被后续学者在实证研究中证实具有很好的信度和效度。因此该量表得到了广泛的认可。量表采用李克特五点计分，得分越高表示学校领导的伦理水平越高。

在效度检验方面，本节利用结构方程模型对伦理型领导单维结构进行了CFA。由于题目"我的领导会惩罚不遵守道德规范的下属"题目的因子负荷为0.41，低于0.50，为此删除了该题。然后再进行

CFA, 伦理型领导单维结构的所有题目的因子负荷均超过了 0.50, 介于 0.78 ~ 0.94, 拟合指数为: $\chi^2/df = 3.668$, GFI = 0.973, AGFI = 0.946, CFI = 0.992, TLI = 0.987, RMSEA = 0.063, RMR = 0.017。这表明本研究中伦理型领导量表具有较好的结构效度。在信度检验方面, ELS 量表的 α 系数为 0.968, 这表明在本研究中 ELS 量表具有较高的内部一致性信度水平。

2. 学校伦理气氛的测量

采用由邓聪 (2020) 针对普通公办中小学教师修订的《组织伦理气氛问卷》而成的《学校伦理气氛问卷》。该问卷有 19 个题目, 包含规则导向的学校气氛、独立导向的学校气氛、关怀导向的学校气氛、自利导向的学校气氛四个维度。量表采用李克特五点计分, 得分越高说明学校伦理气氛越高。

在效度检验方面, 利用结构方程模型对学校组织伦理气氛的四维结构进行了 CFA, 模型拟合指数为: $\chi^2/df = 4.694$, GFI = 0.911, AGFI = 0.871, CFI = 0.955, TLI = 0.941, RMSEA = 0.074, RMR = 0.068, 各个题目的因子负荷介于 0.60 ~ 0.92, 超过了 0.50。这表明在本研究中学校伦理气氛的测量量表具有较好的结构效度。在信度检验方面, 规则导向、独立导向、关怀导向以及自利导向等四种伦理气氛的 α 系数分别为 0.937、0.880、0.892、0.893。这表明在本研究中学校组织伦理气氛量表具有较高的内部一致性信度水平。

3. 教师失范行为结构的测量

采用自编的教师失范行为结构量表, 本量表包含情绪情感失范行为、价值观念失范行为、职业品德失范行为三个构面, 45 个题目。量表采用李克特五点计分, 得分越高表示中小学教师失范行为的水平越高。

在效度检验方面, 情绪情感失范构面的二维结构拟合指数为: $\chi^2/df = 4.392$, GFI = 0.954, AGFI = 0.922, CFI = 0.974, TLI = 0.963, RMSEA = 0.071, RMR = 0.024, 各个题目的因子负荷介于 0.55 ~ 0.87, 超过了 0.50; 价值观念失范构面的四维结构拟合指数为: $\chi^2/df =$

3.336，GFI = 0.905，AGFI = 0.879，CFI = 0.951，TLI = 0.942，RM-SEA = 0.059，RMR = 0.033，各个题目的因子负荷介于 0.59 ~ 0.92，超过了 0.50；职业品德失范构面的二维结构拟合指数为：χ^2/df = 6.627，GFI = 0.957，AGFI = 0.908，CFI = 0.975，TLI = 0.958，RM-SEA = 0.091，RMR = 0.049，各个题目的因子负荷介于 0.69 ~ 0.93，超过了 0.50。这表明在本研究中使用的教师失范行为量表具有较好的结构效度。在信度检验方面，在本研究中情绪情感失范、价值观念失范、职业品德失范等三个维度的内部一致性系数分别为 0.921、0.954、0.908。这表明教师失范行为量表具有较高的内部一致性信度水平。

（三）统计方法

首先，采用 AMOS 22.0 对量表的结构效度进行检验。其次，利用软件 SPSS 20.0 对变量进行描述性统计分析、信度分析以及层级回归分析。通过层级回归分别检验伦理型领导与组织伦理气氛对教师失范行为的影响，以及伦理型领导对组织伦理气氛的影响。最后，采用 AMOS 22.0 的路径分析探究学校伦理气氛的中介效应。

（四）控制变量

为了控制个人背景变量对因变量的影响，选取的控制变量为教师的年龄、性别、学历、学段、所在地五个人口学变量。

三、研究结果

（一）共同方法偏差检验

首先利用 Harman 单因子检验法对共同方法偏差进行检验。本节使用了伦理型领导、组织伦理气氛以及教师失范行为三个测量量表（共计 73 个题目）对研究变量进行测量。通过主成分分析法对 73 个测量题目进行未旋转的探索性因子分析，其结果显示抽取出的最大因子的方差解释率为 34.29%，小于 40% 的临界值（或者小于 50%）（邓稳根等，2018），表明研究不存在严重的共同方法偏差。以此数据得出的各变量间的关系是可靠的。

（二）描述统计

表5-12是各变量的描述性统计结果。首先，伦理型领导与情绪情感、价值观念以及职业品德三种教师失范行为的相关都是显著的负相关，相关系数分别为-0.153（p<0.01）、-0.256（p<0.01）、-0.252（p<0.01）；伦理型领导与自利导向伦理气氛的相关是显著的负相关（r=-0.178，p<0.01），而与规则导向伦理、关怀导向伦理以及独立导向伦理的相关都是相关的正相关，相关系数分别为0.576（p<0.01）、0.736（p<0.01）、0.552（p<0.01）。这说明了伦理型领导对不同性质的组织伦理气氛的关系是不同的，伦理型领导水平越高，则组织的自利导向伦理气氛愈低，而规则导向伦理、关怀导向伦理以及独立导向伦理三种组织伦理气氛则愈高。

表5-12　研究变量的平均数、标准差以及变量间相关系数（N=676）

变量	M	SD	1	2	3	4	5	6	7
1. 伦理型领导	3.490	1.024							
2. 规则导向	4.281	0.668	0.576**						
3. 关怀导向	3.610	0.898	0.736**	0.624**					
4. 独立导向	3.718	0.890	0.552**	0.569**	0.695**				
5. 自利导向	2.666	0.970	-0.178**	-0.132**	-0.092*	0.041			
6. 情绪情感失范	1.611	0.592	-0.153**	-0.268**	-0.199**	-0.170**	0.141**		
7. 价值观念失范	1.650	0.574	-0.256**	-0.340**	-0.312**	-0.234**	0.179**	0.842**	
8. 职业品德失范	1.535	0.644	-0.252**	-0.341**	-0.293**	-0.238**	0.155**	0.670**	0.776**

其次，不同性质的组织伦理气氛与教师失范行为的关系也是不同的，具体来说：规则导向、关怀导向以及独立导向的伦理气氛分别与三种教师失范行为都是显著的负相关，相关系数介于-0.170～-0.341

（p < 0.01），而自利导向的伦理气氛则与三种教师失范行为的相关都是显著的正相关，相关系数介于 0.141 ~ 0.179（p < 0.01）。这说明了不同性质的组织伦理气氛对不同的教师失范行为的影响效应也是不同的，有着本质上的区别，其中自利导向伦理气氛是正向影响着教师的三种失范行为，而关怀导向伦理、独立导向伦理以及规则导向伦理则是负向影响着教师的三种失范行为。

再次，不同性质的组织伦理气氛之间的相关关系也是不同的。其中规则导向、关怀导向以及独立导向等三种伦理气氛的两两相关都是显著的正相关，相关系数介于 0.569 ~ 0.695（p < 0.01），而自利导向伦理气氛分别与规则导向（r = -0.132，p < 0.01）和关怀导向（r = -0.092，p < 0.05）的伦理气氛之间是显著的负相关，但是其与独立导向伦理气氛的相关不显著（r = 0.041，p > 0.05）。

最后，三种教师失范行为之间的相关关系呈现出高的正相关，相关系数达到了 0.6 以上。

（三）回归分析

1. 伦理型领导与教师失范行为

在控制人口学变量的前提下做层级回归分析，第一层为人口学变量，第二层为预测变量伦理型领导，因变量为教师失范行为，统计分析结果见表 5 - 13。

表 5 - 13　　伦理型领导对教师失范行为的回归分析（N = 676）

变量	情绪情感失范（β）		价值观念失范（β）		职业品德失范（β）	
	第一步	第二步	第一步	第二步	第一步	第二步
第一层控制变量						
年龄	0.007	0.005	0.028	0.024	-0.038	-0.042
性别	-0.115**	-0.118**	-0.164**	-0.168**	-0.132**	-0.137**
学历	0.003	0.001	-0.001	-0.005	-0.023	-0.026

变量	情绪情感失范（β）		价值观念失范（β）		职业品德失范（β）	
	第一步	第二步	第一步	第二步	第一步	第二步
第一层控制变量						
学段	0.029	0.026	− 0.018	− 0.024	0.025	0.018
所在地	− 0.024	− 0.018	− 0.047	− 0.037	0.034	0.043
第二层预测变量						
伦理型领导		− 0.153 **		− 0.257 **		− 0.255 **
R^2	0.016	0.039	0.035	0.101	0.017	0.082
ΔR^2		0.023 **		0.066 **		0.065 **
F	2.202	4.574 **	4.820 **	12.486 **	2.386 *	10.014 **

表 5 – 13 的回归分析结果显示：伦理型领导对情绪情感、价值观念以及职业品德三种教师失范行为的预测是显著的，可以显著地负向预测这三种教师失范行为，标准化回归系数分别为 − 0.153（p < 0.01）、− 0.257（p < 0.01）、− 0.255（p < 0.01）。这些结果分别验证了三个研究假设 H1a：伦理型领导负向预测教师的情绪情感失范行为；H2b：伦理型领导负向预测教师的价值观念失范行为；以及 H3c：伦理型领导负向预测教师的职业品德失范行为，得到了研究结果的验证。因此，本节的研究结果验证了研究假设 H1：伦理型领导负向预测教师失范行为。

2. 伦理型领导与组织伦理气氛

在控制人口学变量的前提下做层级回归分析，第一层为人口学变量，第二层为预测变量伦理型领导，因变量为组织伦理气氛。统计分析结果见表 5 – 14。

表 5 – 14　　　伦理型领导对组织伦理气氛的回归分析（N = 676）

变量	规则导向伦理（β）		关怀导向伦理（β）		自利导向伦理（β）		独立导向伦理（β）	
	第一步	第二步	第一步	第二步	第一步	第二步	第一步	第二步
第一层控制变量								
年龄	0.058	0.066 *	− 0.069	− 0.057 *	− 0.087 *	− 0.090 *	− 0.135 **	− 0.126 **
性别	0.133 **	0.144 **	− 0.026	− 0.012	− 0.079 *	− 0.083 *	0.001	0.011
学历	− 0.018	− 0.010	− 0.019	− 0.009	0.001	− 0.002	− 0.045	− 0.038
学校学段	− 0.048	− 0.034	− 0.027	− 0.008	− 0.074	− 0.079	− 0.051	− 0.037
学校类别	0.029	0.007	0.011	− 0.017	− 0.067	− 0.060	− 0.022	− 0.043
第二层预测变量								
伦理型领导		0.576 **		0.735 **		− 0.180 **		0.551 **
R^2	0.023	0.354	0.006	0.545	0.019	0.051	0.021	0.323
ΔR^2		0.331 **		0.539 **		0.032 **		0.302 **
F	3.126 *	61.079 **	0.758	133.316 **	2.530	5.993 **	2.809 *	53.149 **

表 5 – 14 的结果显示：伦理型领导对规则导向伦理、自利导向伦理、关怀导向伦理以及独立导向伦理等四种组织伦理气氛的预测都是显著的，但是预测效应不同，标准化回归系数分别为 0.576（p < 0.01）、− 0.180（p < 0.01）、0.735（p < 0.01）、0.551（p < 0.01）。这些结果说明领导的伦理水平越高，则会促进组织形成越高的规则导向伦理气氛、关怀导向伦理气氛以及独立导向伦理气氛，但是会减少自利导向型组织伦理气氛的形成。这些结果表明了本节提出的研究假设 H3a：伦理型领导正向预测规则导向伦理气氛，H3b：伦理型领导负向预测自利导向伦理气氛，H3c：伦理型领导正向预测关怀导向伦理气氛，以及 H3d：伦理型领导正向预测独立导向伦理气氛，都得到了研究结果的验证。因此，本节的研究结果验证了研究假设 H3：伦理型领导能显著预测学校的组织伦理气氛。

（四）中介效应分析

经过前面对组织伦理气氛对教师失范行为影响的回归分析，以及伦理型领导对组织伦理气氛影响的回归分析，不难发现不同组织伦理气氛具有不同的性质，不能简单地归为一种伦理气氛来进行研究，因此，这四种组织伦理气氛起到的中介作用应该也会具有不同的效应。

因此，在控制人口学变量"性别"后，本节利用 AMOS 22.0 构建伦理型领导、四种组织伦理气氛以及三种教师失范行为之间中介关系的路径分析的全模型，然后选择样本量为 2000 的 bootstrap 进行数据分析，依次删除路径系数不显著的路径，最后中介效应的路径分析结果（见表 5 – 15 和图 5 – 9）说明，模型的拟合指数比较理想（$\chi^2/df =$ 3.379，RMR = 0.010，RMSEA = 0.059，GFI = 0.990，AGFI = 0.956，CFI = 0.992，TLI = 0.974）。变量间的影响效应见表 5 – 16 所示。

表 5 – 15　　　　　　　　中介效应的路径系数（直接效应）

变量	规则导向伦理	自利导向伦理	关怀导向伦理	情绪情感失范	价值观念失范	职业品德失范
预测变量						
伦理型领导	0.576 **	– 0.178 **	0.736 **			
规则导向伦理				– 0.245 **	– 0.226 **	– 0.254 **
自利导向伦理				0.103 **	0.129 **	0.107 **
关怀导向伦理				– 0.133 **		– 0.104 **

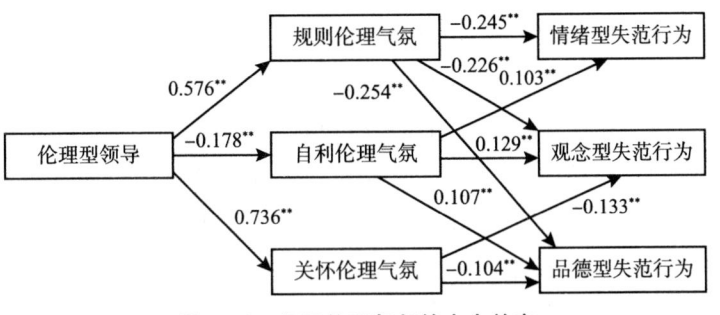

图 5 – 9　组织伦理气氛的中介效应

表 5 - 16			变量间标准化的总效应与间接效应		
变量	规则导向伦理	自利导向伦理	关怀导向伦理	品德型失范	观念型失范	情绪情感失范
预测变量						
伦理型领导	0.576	-0.178	0.736	-0.242	-0.251	-0.159
规则导向伦理				-0.254	-0.226	-0.245
自利导向伦理				0.107	0.129	0.103
关怀导向伦理				-0.104	-0.133	

四、分析讨论

（一）伦理型领导、组织伦理气氛与教师失范行为

本章第三节研究了组织伦理气氛、道德推脱以及教师失范行为的关系，不仅验证了组织伦理气氛对教师失范行为的直接影响，而且验证了道德推脱在组织伦理气氛与教师失范行为关系中的中介作用。且研究结果显示，这四种组织伦理气氛分别对三种教师失范行为的影响作用是不同的。有的标准化回归系数是正的（如自利导向伦理），有的标准化回归系数是负的（如规则导向伦理），尤其是独立导向伦理气氛对三种教师失范行为的影响作用不显著，这说明独立导向伦理气氛不能显著预测教师失范行为。这里将进一步研究自利导向、规则导向、关怀导向以及独立导向四种组织伦理气氛在伦理型领导影响教师失范行为中的中介作用。

通过层级回归分析，研究结果表明伦理型领导不仅显著负向影响三种教师失范行为（见表 5 - 13），而且伦理型领导对组织伦理气氛的影响也是显著的（见表 5 - 14）。但是，伦理型领导对四种组织伦理气氛的影响效应是不同的，其中，领导的伦理水平越高，则会促进组织形成越高的规则导向伦理、关怀导向伦理以及独立导向三种组织气氛，但是会减少自利导向组织伦理气氛的形成。

（二） 组织伦理气氛中介伦理型领导与教师失范行为的关系

由于不同组织伦理气氛具有不同的性质，不能简单地归为一种伦理气氛来进行研究，为此，本节通过结构方程模型的路径分析技术检验这四种组织伦理气氛是否在伦理型领导影响教师失范行为中都起到中介作用。而中介效应的路径分析结果显示（见图 5－9）：（1）自利导向伦理气氛在伦理型领导影响情绪情感失范、价值观念失范以及职业品德失范三种教师失范行为中都起到完全中介作用；（2）规则导向伦理气氛在伦理型领导影响情绪情感失范、价值观念失范以及职业品德失范三种教师失范行为中都起到完全中介作用；（3）关怀导向伦理气氛在伦理型领导影响价值观念失范与职业品德失范等两种教师失范行为中都起到完全中介作用；（4）独立导向伦理气氛在伦理型领导影响教师失范行为中不存在中介作用。

为此，本节的基本结论可以归纳为：伦理型领导与组织伦理气氛都是教师失范行为形成的重要影响因素，而且组织伦理气氛在伦理型领导对教师失范行为的影响中起着中介作用。具体来说：（1）伦理型领导负向预测教师的失范行为，但是其对不同的组织伦理气氛形成的影响作用不同。伦理型领导分别正向预测规则导向的伦理气氛、独立导向的伦理气氛、关怀导向的伦理气氛，但是，伦理型领导则是负向预测自利导向的伦理气氛。（2）不同的组织伦理气氛在伦理型领导对教师失范行为的影响中所起的中介效应不同。其中规则导向的伦理气氛、关怀导向的伦理气氛、自利导向的伦理气氛三种组织伦理气氛在两者之间具有中介作用，但是独立导向伦理气氛在两者之间不具有中介作用。

该研究结果有助于提升学校管理者的管理理念，即学校管理者通过提高伦理型领导水平来抑制或减少教师失范行为，伦理型领导水平的提高不仅可以直接影响教师失范行为，而且还可以通过提高组织伦理气氛进一步抑制或减少教师失范行为。总之，在学校管理中，需要加强伦理型领导行为以增强学校的组织伦理气氛，减少教师失范行为。

第五节　建构教师失范行为形成的综合模型

至此，本书已经研究的教师失范行为的形成机制，多是从中介作用与调节作用的视角分析影响教师失范行为形成的简单心理机制，并没有从整合或者综合的视角研究教师失范行为形成的心理机制。比如，本书在前面（见第三章）初步分析了人格特质、工作伦理、组织伦理气氛、组织公平感、工作满意度、心理契约破裂以及婚姻满意度等多个个体变量、组织变量以及家庭变量对教师失范行为的影响，并进一步分别检验了工作伦理、工作满意度、心理契约破裂以及婚姻满意度的中介效应。而在本章中则进一步分析了道德推脱、组织公平感、组织伦理气氛以及伦理型领导等变量与教师失范行为的关系，结果显示：组织公平感在道德推脱影响教师失范行为中起到负向调节作用（本章第二节），而道德推脱在组织伦理气氛影响教师失范行为中起到中介作用（本章第三节），组织伦理气氛则在伦理型领导影响教师失范行为中起到中介作用（本章第四节）。但是，我们有必要从更加复杂的视角来分析影响教师失范行为的形成机制。为此，本节将以前面的研究为基础，从个体心理视角与组织情境视角相结合的整体视角来探讨组织情境与个体心理是如何在教师失范行为的形成中发挥影响作用的，以便于构建一个综合的教师失范行为形成的理论模型。

一、研究假设

迄今为止，有关道德推脱的研究主要集中在道德推脱对其后果变量的影响上，但是对道德推脱的影响因素的研究却了解甚少。现有的研究仅涉及人口统计学变量、个体特征变量和个体所处环境的部分变量。这些研究为继续探讨道德推脱的影响因素模型奠定了一定的理论基础。但未来研究还需要进一步关注个体层面（如道德意识、人格、动机）、家庭层面（如父母教养方式、亲子关系）、组织层面（如组织气氛、从事的工作性质、领导者的道德判断能力）以及社会环境层面（如社会气氛、社会道德判断标准）对道德推脱的影响，构建道德推脱的影响因素模型并明确其作用机制（杨继平等，2010）。

前面的研究分别验证了组织伦理气氛与道德推脱的中介作用，一方面，道德推脱在组织伦理气氛影响教师失范行为中起到中介作用；另一方面，组织伦理气氛则在伦理型领导影响教师失范行为中起到中介作用。但是，这两条路径是否可以统一到一个整体模型中是一个值得探索的问题，即在伦理型领导影响教师失范行为中，组织伦理气氛与道德推脱是否会起到链式中介作用。如果可行的话，则更加有利于从整体上深入解释教师失范行为的产生机制。因此，基于前面的研究结果及已有研究文献的分析，在此可以建构一个影响教师失范行为形成的作用机制模型（见图 5 - 10）。

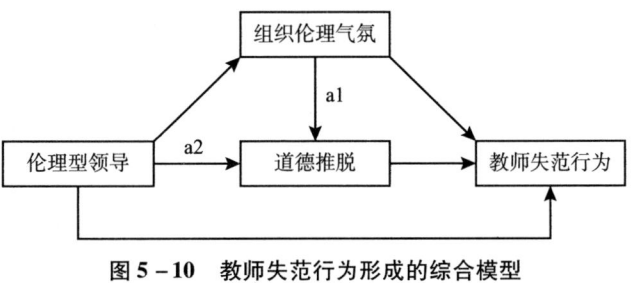

图 5 - 10   教师失范行为形成的综合模型

本章前面的研究已经证明了道德推脱在组织因素（伦理气氛）影响教师失范行为中起到中介作用。那么，是否道德推脱在伦理型领导与组织伦理气氛影响教师失范行为中分别都起着中介作用值得深入研究。基于社会认知理论，有人提出了德行领导会通过道德推脱的中介作用影响员工偏差行为的理论构想（Liu et al.，2012）。随后，帕尔默（Palmer，2013）的研究结论进一步证实了道德推脱对领导行为与员工的不道德行为和道德行为发挥了中介作用。国内的研究也说明了德行领导不仅会抑制员工不道德行为的产生，同时德行领导也可以通过道德推脱的完全中介作用负向影响员工的不道德行为（杨继平、王兴超，2015）。因此，伦理型领导也可能会通过道德推脱影响教师失范行为（见图 5 - 10 所示的 a2）。同时，本节提出一个领导方式（伦理型领导）、组织文化（组织伦理气氛）以及个体心理（道德推脱）等变量对教师失范行为影响的综合作用机制模型（见图 5 - 10 所示的a1），以阐明内外变量对教师失范行为的影响机制。

二、研究方法

（一）研究被试

为了保证参与研究教师的多样性，本节的研究通过两个渠道获得被试，一是利用山东省名师名校长工程教师教育网为背景，以方便取样的方式邀请多所中小学教师进行网上答卷；二是通过全国和省级教师培训与交流的机会对中小学教师进行问卷调查。共计调查了1157人，保留有效问卷974份，有效率为84.18%。被试主要来自济南（423人）、青岛（257人）、泰安（84人）、滨州（76人）、厦门（60人）、邯郸（44人）及其他地区（30人）。

为了方便问卷的发放与回收，本节的研究采用问卷星网上问卷的调查方式进行调查。参与调查的中小学教师的年龄为23~59岁，平均年龄为38.81（±7.68）岁。其中，男教师为325人（33.37%），女教师为649人（66.63%）；小学教师有274人（28.13%），初中教师有242人（24.85%），高中的教师有458人（47.02%）；具有中专（高中）及以下学历的教师有9人（0.92%），大专学历的教师有51人（5.24%），本科学历的教师有835人（85.73%），研究生学历的教师有79人（8.11%）；教龄为1~5年的教师有194人（19.92%），教龄为6~10年的教师有115人（11.81%），教龄为11~15年的教师有140人（14.37%），教龄为16~20年的教师有239人（24.54%），教龄为21年及以上的教师有286人（29.36%）；来自乡镇或农村的教师有399人（40.97%），来自县城的教师有369人（37.89%），来自城市的教师有206人（21.15%）。

（二）研究工具

1. 伦理型领导的测量

采用布朗等（Brown et al., 2005）编制的伦理型领导量表（ELS），共 10 个题目，量表采用李克特五点计分，得分越高表示学校领导的伦理水平越高。在效度检验方面，利用结构方程模型对伦理型领导单维结构进行了 CFA。由于题目"我的领导会惩罚不遵守道德规范的下属"题目的因子负荷为 0.39，低于 0.50，为此删除了该题。然后再进行 CFA，伦理型领导单维结构的所有题目的因子负荷均超过了 0.50，介于 0.80 ~ 0.94，拟合指数为：$\chi^2/\text{df} = 3.548$，RMR $= 0.016$，GFI $= 0.981$，AGFI $= 0.964$，CFI $= 0.994$，TLI $= 0.991$，RMSEA $= 0.051$。这表明在本研究中伦理型领导量表具有较好的结构效度。在信度检验方面，伦理型领导量表的 α 系数为 0.967。这表明在本研究中所使用的伦理型领导量表的内部一致性信度水平较高。

2. 组织伦理气氛的测量

选用由邓聪（2020）编制的《学校伦理气氛问卷》，得分越高，说明学校伦理气氛越高。在效度检验方面，利用结构方程模型对学校组织伦理气氛的四维结构进行了 CFA，模型拟合指数为：$\chi^2/\text{df} = 6.598$，RMR $= 0.064$，GFI $= 0.912$，AGFI $= 0.873$，CFI $= 0.953$，TLI $= 0.940$，RMSEA $= 0.076$，各个题目的因子负荷介于 0.60 ~ 0.94，超过了 0.50。这表明在本研究中学校伦理气氛量表具有较好的结构效度。在信度检验方面，规则导向、独立导向、关怀导向以及自利导向四种伦理气氛的 α 系数分别为 0.941、0.874、0.897、0.901。这表明在本研究中所使用的学校伦理气氛量表的内部一致性信度水平较高。

3. 道德推脱的测量

选用摩尔等（Moore et al., 2012）开发的道德推脱测量量表，得分越高，表示中小学教师的道德推脱水平越高。在效度检验方面，利用结构方程模型对道德推脱单维结构进行了 CFA，结果显示道德推脱单维结构的所有题目的因子负荷均超过了 0.50，介于 0.77 ~ 0.93，拟合指数为：$\chi^2/df = 3.107$，RMR $= 0.010$，GFI $= 0.988$，AGFI $= 0.972$，CFI $= 0.996$，TLI $= 0.993$，RMSEA $= 0.047$。这表明在本研究中道德推脱量表具有较好的结构效度。在信度检验方面，道德推脱量表的 α 系数为 0.956。这表明在本研究中道德推脱量表的内部一致性信度水平较高。

4. 教师失范行为结构的测量

选用自编《中小学教师失范行为量表》，得分越高，表示中小学教师的失范行为水平越高。在效度检验方面，情绪情感失范行为构面的二维结构拟合指数为：$\chi^2/df = 3.517$，RMR $= 0.015$，GFI $= 0.982$，AGFI $= 0.958$，CFI $= 0.990$，TLI $= 0.981$，RMSEA $= 0.051$，各个题目的因子负荷介于 $0.54 \sim 0.88$，超过了 0.50；价值观念失范行为构面的四维结构拟合指数为：$\chi^2/df = 3.673$，RMR $= 0.030$，GFI $= 0.930$，AGFI $= 0.907$，CFI $= 0.963$，TLI $= 0.955$，RMSEA $= 0.052$，各个题目的因子负荷介于 $0.60 \sim 0.88$，超过了 0.50；职业品德失范行为构面的二维结构拟合指数为：$\chi^2/df = 6.538$，RMR $= 0.029$，GFI $= 0.971$，AGFI $= 0.938$，CFI $= 0.983$，TLI $= 0.971$，RMSEA $= 0.075$，各个题目的因子负荷介于 $0.73 \sim 0.92$，超过了 0.50。这表明在本研究中教师失范行为量表具有较好的结构效度。在信度检验方面，情绪情感失范、价值观念失范、职业品德失范等三个构面的 α 系数为分别为 0.926、0.956、0.910。这表明在本研究中教师失范行为量表的内部一致性信度水平较高。

（三）统计方法

首先，本节的研究采用 AMOS 22.0 对量表的结构效度进行检验，其次，利用软件 SPSS 20.0 对变量进行描述性统计分析、信度分析以及层级回归分析。通过层级回归分析，分别检验伦理型领导、组织伦理气氛、道德推脱等各自对教师失范行为的影响，以及伦理型领导对组织伦理气氛和组织伦理气氛对道德推脱的影响。最后，采用 AMOS 22.0 的路径分析探究组织伦理气氛与道德推脱的链式中介效应。

（四） 控制变量

为了控制个人背景变量对因变量的影响，选取的控制变量为教师的年龄、性别、学历、学段、所在地 5 个人口学变量。

三、研究结果

（一） 共同方法偏差检验

首先利用 Harman 单因子检验法对共同方法偏差进行检验。使用了伦理型领导、组织伦理气氛、道德推脱以及教师失范行为等四个心理学量表（共计 81 个题目）对研究变量进行测量。通过主成分分析法对所有 81 个测量题目进行未旋转的探索性因子分析，其结果显示抽取出的最大因子的方差解释率为 33.21%，小于 40% 的临界值（或者小于50%）（邓稳根等，2018），表明本节的研究不存在严重的共同方法偏差。以此数据得出的各变量间的关系是可靠的。

（二） 描述统计

利用 SPSS 计算图 5 – 10 所示的研究模型中各个变量的均值、标准差和相关系数的结果见表 5 – 17 所示。首先，统计结果显示：伦理型领导与道德推脱的相关不显著，两者的相关系数仅为 – 0.013（p > 0.05），这一结果说明两者之间几乎没有任何联系，是两个相对独立的变量；其次，道德推脱与自利导向伦理气氛的相关是显著的正相关（r = 0.373，p < 0.01），而与规则导向伦理的相关是显著的负相关（r = – 0.171，p < 0.01），但是道德推脱与关怀导向伦理和独立导向伦理的相关不显著，相关系数分别为 0.015（p > 0.05）、0.028（p > 0.05）。其他变量间的相关分析不再详细论述（见表 5 – 17）。

表 5-17　　各个变量的均值、标准差和相关系数（n=974）

变量	1	2	3	4	5	6	7	8	9
1. 伦理型领导	(0.967)								
2. 自利伦理	-0.204**	(0.901)							
3. 规则伦理	0.573**	-0.143**	(0.941)						
4. 关怀伦理	0.733**	-0.103*	0.612**	(0.897)					
5. 独立伦理	0.544**	0.040	0.565**	0.708**	(0.874)				
6. 道德推脱	-0.013	0.373**	-0.171**	0.015	0.028	(0.956)			
7. 情绪失范	-0.171**	0.208**	-0.285**	-0.218**	-0.172**	0.410**	(0.926)		
8. 观念失范	-0.285**	0.236**	-0.353**	-0.335**	-0.255**	0.363**	0.833**	(0.956)	
9. 品德失范	-0.277**	0.197**	-0.343**	-0.317**	-0.233**	0.331**	0.663**	0.743*	(0.910)
M	3.580	2.645	4.307	3.661	3.749	1.774	1.604	1.709	1.630
SD	1.025	1.001	0.677	0.910	0.893	0.815	0.611	0.603	0.730

(三) 链式中介模型分析

由于伦理型领导与道德推脱的相关不显著（见表 5 - 17），并且在控制年龄、性别、学历、学段以及所在地等人口学变量的基础上，进一步做伦理型领导对道德推脱影响的回归分析，结果显示伦理型领导对道德推脱的预测作用不显著（$\beta = -0.013$，$p > 0.05$），说明图 5 - 10 所示的 a2 路径不存在。同时，本章第三节的研究结果显示道德推脱在组织伦理气氛与教师失范行为之间起着中介作用，说明图 5 - 10 所示的 a1 路径是存在的。据此，将建构的综合理论模型（见图 5 - 10）修改为图 5 - 11 所示的研究模型。

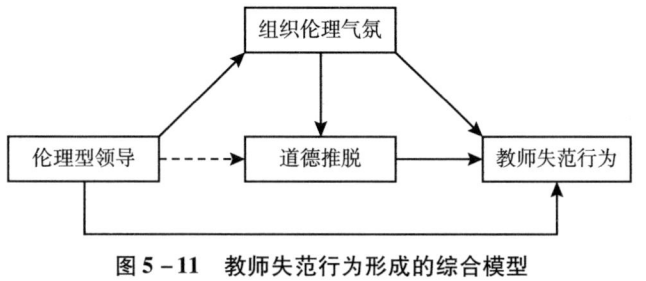

图 5 - 11 教师失范行为形成的综合模型

由于教师失范行为和组织伦理气氛都是多维度变量，不能通过简单计算总分来表示总体的教师失范行为与学校组织伦理气氛。因此，需要使用 AMOS 软件进行路径分析，以便检验多个预测变量对因变量的影响。而根据本章第三节的研究结果（见图 5 - 7），道德推脱仅在自利导向伦理、规则导向伦理以及关怀导向伦理等三种伦理气氛影响教师失范行为中起到中介作用，为此，在控制人口学变量"性别"后，仅检验伦理型领导、自利导向伦理、规则导向伦理以及关怀导向伦理等组织因素与道德推脱个体因素对三种教师失范行为影响的综合模型，路径分析的结果见图 5 - 12 所示。模型的拟合指数比较理想（$\chi^2/df = 5.084$，RMR = 0.017，RMSEA = 0.065，GFI = 0.986，AGFI = 0.949，CFI = 0.987，TLI = 0.962），每条路径系数见表 5 - 18 所示，变量间的总效应与间接效应见表 5 – 19 所示。

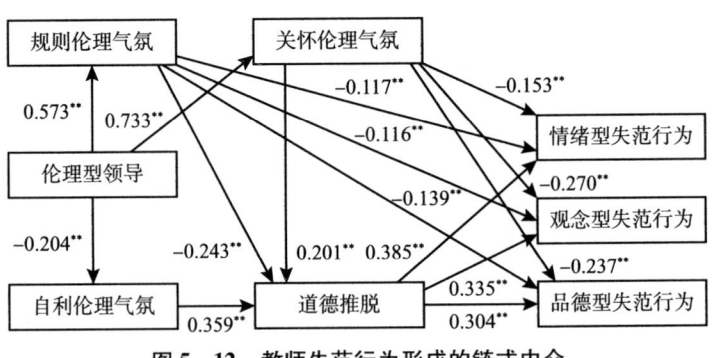

图 5 – 12　教师失范行为形成的链式中介

表 5 – 18　　　　　　　　　模型的路径系数/直接效应

变量	自利伦理	规则伦理	关怀伦理	道德推脱	情绪型失范	观念型失范	品德型失范
预测变量							
伦理型领导	– 0. 204 **	0. 573 **	0. 733 **				
自利导向伦理				0. 359 **			
规则导向伦理				– 0. 243 **	– 0. 117 **	– 0. 116 **	– 0. 139 **
关怀导向伦理				0. 201 **	– 0. 153 **	– 0. 270 **	– 0. 237 **
道德推脱					0. 385 **	0. 335 **	0. 304 **

根据图 5 – 12 显示：伦理型领导对教师失范行为的影响中存在着链式中介作用，即分别可以通过三条伦理气氛影响教师的道德推脱水平，然后再通过教师道德推脱影响其失范行为。其中：（1）伦理型领导可以通过负向影响组织中的自利导向伦理气氛而影响教师个体的道德推脱水平，进而影响教师失范行为；（2）伦理型领导可以通过正向影响组织中的规则导向伦理气氛而影响教师个体的道德推脱水平，进而影响教师的失范行为；（3）伦理型领导可以通过正向影响组织中的关怀导向伦理气氛而影响教师个体的道德推脱水平，进而影响教师的失范行为。

表 5 - 19　标准化的总效应与间接效应

预测变量	变量			总效应				间接效应			
	自利伦理	规则伦理	关怀伦理	道德推脱	情绪型失范	观念型失范	品德型失范	道德推脱	情绪型失范	观念型失范	品德型失范
伦理型领导	-0.204	0.573	0.733	-0.065	-0.204	-0.286	-0.273	-0.065	-0.204	-0.286	-0.273
自利导向伦理				0.359	0.139	0.120	0.109		0.139	0.120	0.109
规则导向伦理				-0.243	-0.210	-0.198	-0.213		-0.094	-0.081	-0.074
关怀导向伦理				0.201	-0.075	-0.203	-0.176		0.078	0.067	0.061
道德推脱					0.385	0.335	0.304				

四、分析讨论

纵观全球，因领导者道德缺失而导致的社会负面事件时有发生，而且破坏性极大（黄静、文胜雄，2016）。领导行为是影响员工越轨行为的重要前因，包括高度关注伦理实践的伦理领导行为（张永军等，2012），个体层面的伦理型领导对员工越轨行为具有显著负向影响（章发旺、廖建桥，2016）。从前面的研究结果来看，教师失范行为受到来自伦理型领导（见表5-13）、组织伦理气氛（见表5-8）以及道德推脱（见表5-2）三个方面的直接影响。

尽管国内还没有学者研究伦理型领导对员工行为影响的链式中介关系，但是已有研究表明领导对员工行为的影响是一个多渠道的，既可以直接影响员工的行为，还可以通过其他变量间接影响员工行为。比如，牛莉霞等（2019）的研究认为，辱虐型领导不仅直接正向预测工作偏离行为，且通过三条路径间接影响员工工作偏离行为：组织认知的中介作用、工作倦怠的中介作用及组织认知与工作倦怠的链式中介作用。为此，改善领导风格、提升员工的组织认知能力、减少员工工作倦怠能够有效防控员工工作偏离行为，降低公司损失。本节关注的重点是伦理型领导对教师失范行为影响的链式中介。

为了检验所提出的链式中介模型是否能够成立，利用 AMOS 的路径进行分析检验，路径分析结果显示，伦理型领导对教师失范行为的影响中存在着链式中介，即分别通过自利导向伦理、规则导向伦理以及关怀导向伦理等三条伦理气氛影响教师的道德推脱水平，然后再通过教师道德推脱影响其失范行为。具体来说：（1）伦理型领导可以通过负向影响组织中的自利导向伦理气氛而影响教师个体的道德推脱水平，进而影响教师的失范行为；（2）伦理型领导可以通过正向影响组织中的规则导向伦理气氛而影响教师个体的道德推脱水平，进而影响教师的失范行为；（3）伦理型领导可以通过正向影响组织中的关怀导向伦理气氛而影响教师个体的道德推脱水平，进而影响教师的失范行为。这些研究结果进一步说明了组织伦理气氛的不同具体成分对教师失范行为的影响效应是不同的。从总体来看，本节通过结构方程模型分析了伦理型领导对教师失范行为影响的链式中介模型。链式中介效应的检验结果可以通过图 5 - 13 来表示。具体来说：（1）个体的道德推脱直接影响教师失范行为；（2）组织伦理气氛既可以直接影响教师失范行为，而且也可以通过个体的道德推脱进而间接影响教师失范行为；（3）伦理型领导只能通过两条路径间接影响教师失范行为，其一是通过组织伦理气氛间接影响教师失范行为，其二是通过影响组织伦理气氛与道德推脱进而影响教师失范行为（链式中介）。

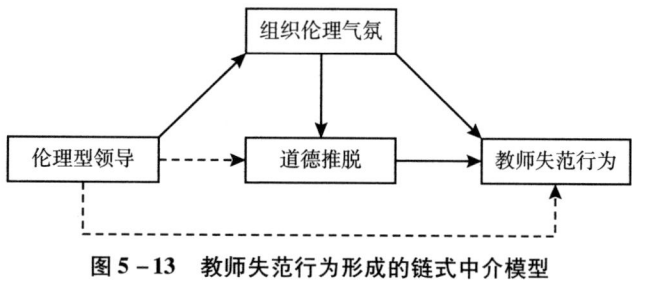

图 5 - 13　教师失范行为形成的链式中介模型

表 5 - 13 的结果显示伦理型领导负向预测教师失范行为，然而，图 5 - 13 的路径分析结果显示伦理型领导对教师失范行为的影响是间接的，伦理型领导不能直接影响教师失范行为。这说明伦理型领导可能在接触中发生作用和传递影响（黄静、文胜雄，2016）。不同层面的伦理型领导在被感知模式上存在显著差异，且相互之间存在层递影响效应（Brown et al.，2005）。例如，麦尔等（Mayer et al.，2009）提出了一个跨层的道德领导模型，即高层道德影响力并不能直接影响到基层员工，最大程度上只能从组织文化对员工形成影响。相比之下，中层道德影响力对基层员工的影响更为显著。因此，本节验证了麦尔等（Mayer et al.，2009）提出的跨层次道德领导模型，即伦理型领导通过影响组织伦理气氛进而影响教师失范行为。

伦理型领导通过自身的榜样作用能够对下属产生积极影响，伦理型领导对下属的积极影响表现为有助于提高员工效能感与满意感、额外的工作努力与投入、主动报告问题的行为等；伦理型领导也提高了领导者对员工的关怀行为、互动公平和领导诚信（黄静、文胜雄，2016）。因此，学校需要加强学校的伦理型领导建设，促进形成有利于组织发展的伦理气氛，如规则导向伦理与关怀导向伦理。章发旺和廖建桥（2016）的研究结果表明，组织层面的伦理文化对伦理型领导与员工越轨行为之间关系具有跨层次的负向调节效应。这表明当组织尚未形成强有力的伦理文化或员工道德观念较为淡薄时，伦理型领导在减少员工越轨行为方面能够发挥更为突出的作用。总之，伦理型领导作为下属道德行为学习的榜样，其道德性的领导行为的吸引力和真诚是影响下属行为的关键。通过学习，员工逐渐了解什么是组织成员可接受的或不可接受的行为，并且以这些行为来指导和规范自己行为。

第六节　研究结论与展望

一、研究结论

由于越轨行为在本质上是个人与社会互构关系的一种表现形式。时空情境是越轨行为的发生场所。通过对时空情境的考察，越轨行为嵌入个人与社会互构的过程当中，为越轨行为的治理与预防提供一种时空维度（谢宇，2018）。大量研究发现，影响越轨行为的因素既有个人因素和情境因素，其中情境因素中又包括了组织因素和工作因素（黄瑛、裴利芳，2012）。因此，我们不仅要关注个体心理因素对个体越轨行为的影响机制方面的研究，更要从更加宏观的层面将越轨行为嵌入到社会情境中去研究，研究个人与社会之间互动关系对个体越轨行为的影响机制。为此，本章从道德心理学视角，引入了个体的道德认知倾向变量（道德推脱）和道德环境变量（伦理型领导与组织伦理气氛），以深入分析教师失范行为的形成机制。

首先，在个体层面（本章第二节），选用个体认知中的道德推脱

（道德认知倾向）和组织公平感（对组织公平环境的感知）两个变量，研究它们对教师失范行为的影响机制。其次，从内外因素互动的视角研究教师失范行为的形成（本章第三节），选用组织伦理气氛（组织情境因素）是如何通过影响道德推脱（道德认知倾向）进而影响教师失范行为的。再次，在组织层面研究领导方式对教师失范行为的影响（本章第四节），选用伦理型领导（领导方式）和组织伦理气氛（组织情境因素）两个变量，研究它们对教师失范行为的影响机制。最后，从整体视角建构影响教师失范行为形成的路线图（本章第五节），研究领导方式、组织情境以及个体的道德认知倾向等内外因素是如何影响教师失范行为的，即选用伦理型领导、组织伦理气氛以及道德推脱等变量，以探明影响教师失范行为形成的心理机制。总之，本章选择教师的道德推脱、学校的伦理气氛、组织的公平环境以及伦理型领导方式作为中小学教师失范行为的重要影响变量，深入分析了这些内外因素对教师失范行为的影响机制。

（一）个体因素对教师失范行为形成的影响

道德推脱影响着个体的道德行为。本章首先研究了道德推脱与教师失范行为的关系，并分析了组织公平环境对两者之间关系的调节作用。研究结果显示道德推脱可以正向影响教师失范行为，并且组织公平感负向调节道德推脱与教师失范行为的关系，即高组织公平感会抑制道德推脱对教师失范行为的正向影响，而低组织公平感会增强道德推脱对教师失范行为的正向影响。这一结果表明道德推脱与组织公平是教师失范行为的重要影响变量，且作用相反。总之，道德推脱是教师失范行为的促进因素，而组织公平则是教师失范行为的抑制因素，两者在对教师失范行为的影响中具有交互作用。研究表明，随着教师组织公平感的增强，由道德推脱所导致的教师失范行为将会得到抑制。学校良好的组织公平环境，会让教师产生良好的组织公平感，这将有利于抑制其道德推脱对教师失范行为的正向影响。

（二） 组织情境对教师失范行为形成的影响

组织伦理气氛是一个重要的道德环境变量。组织气氛作为一个更容易准确测量的组织情境特征已经被广泛应用于组织行为与管理心理学方面的研究，其中组织伦理气氛则是组织伦理环境的体现（Trevino，Youngblood，1990）。而学校伦理气氛则反映了学校重要的道德和社会价值观（Luo et al.，2007）。

然而，组织或群体中可能会存在多种类型的伦理气氛，单一伦理气氛类型的组织是几乎不存在的。与此同时，不同类型的组织伦理气氛又存在强度上的区别。而根据维克多和卡伦（Victor and Cullen，1988）的解释，自利导向的组织伦理气氛是消极的，而规则导向和关怀导向的组织伦理气氛则是积极的。本章选择了邓聪（2020）修订的关于普通公办中小学教师的《学校伦理气氛问卷》，包含自利导向、规则导向、独立导向、关怀导向等四种组织伦理气氛。调查结果显示：（1）自利导向伦理可以分别显著正向预测情绪情感失范、价值观念失范和职业品德失范等三种教师失范行为；（2）规则导向伦理可以显著负向预测情绪情感失范、价值观念失范和职业品德失范等三种教师失范行为；（3）关怀导向伦理只能显著负向预测价值观念失范和职业品德失范这两种教师失范行为；（4）独立导向伦理对所研究的三种教师失范行为都没有显著影响。

这一结果进一步说明了不同类型的组织伦理气氛对越轨行为的影响效应是不同的。研究结果显示，学校组织中的自利导向伦理气氛与三种教师失范行为有着正向的关系，自利导向伦理气氛越高，可能会引发越多的教师失范行为；学校组织中的规则导向伦理气氛与三种教师失范行为有着负向的关系，规则导向伦理气氛越高，可能会抑制更多的教师失范行为的发生；学校组织中的关怀导向伦理气氛与两种教师失范行为有着负向的关系，关怀导向伦理气氛越高，教师的价值观念失范行为和职业品德失范行为出现的可能就越少，但是关怀导向伦理气氛不会影响其情绪情感失范行为；另外，独立导向伦理气氛则对三种教师失范行为没有影响。

通过进一步的中介效应检验，结果显示道德推脱在自利导向伦理气氛影响情绪情感失范、价值观念失范以及职业品德失范等三种教师失范行为中都起着完全中介作用；道德推脱在规则导向伦理气氛以及关怀导向伦理气氛分别影响这三种教师失范行为中都起到部分中介作用。因此，道德推脱在自利导向、规则导向以及关怀导向等三种组织伦理气氛影响教师失范行为中起着中介作用。

总之，本章在第三节实证检验了组织伦理气氛、道德推脱以及教师失范行为的关系，研究结果显示，组织伦理气氛不仅可以直接影响教师失范行为，而且还可以通过道德推脱间接影响教师失范行为。因此，良好的组织伦理气氛在直接影响教师失范行为的同时，其还可以间接影响教师失范行为，即通过改变（增强或者降低）教师的道德推脱水平而影响教师失范行为。

（三） 领导方式对教师失范行为形成的影响

为了多层面揭示教师失范行为形成的影响机制，本章第四节实证检验了伦理型领导、组织伦理气氛与教师失范行为的关系。作为一个重要的道德环境变量，伦理型领导，也称道德型领导，是指领导者通过自身行为和人际互动向下属表明在组织中什么是规范的、恰当的行为，并通过双向沟通、强化和制定决策的方式激发下属表现这类行为（石磊，2016；张永军等，2016）。

研究结果显示，伦理型领导不仅可以直接影响教师失范行为（伦理型领导→教师失范行为），而且还可以通过组织伦理气氛间接影响教师失范行为（伦理型领导→组织伦理气氛→教师失范行为）。另外，层级回归分析的结果表明伦理型领导不仅显著负向影响三种教师失范行为，而且伦理型领导对组织伦理气氛的影响也是显著的。但是，伦理型领导对四种组织伦理气氛的影响效应是不同的。其中，伦理型领导正向预测规则导向伦理气氛、关怀导向伦理气氛以及独立导向的伦理气氛，而负向预测自利导向伦理气氛。这说明学校领导者的伦理水平越高，则会促进学校形成越高的规则导向伦理、关怀导向伦理以及独立导向伦理三种组织气氛，但是会抑制自利导向组织伦理气氛的形成。

通过结构方程模型的路径分析技术检验了组织伦理气氛在伦理型领导与教师失范行为关系中的中介作用，中介效应分析的结果显示，不同的组织伦理气氛在伦理型领导对教师失范行为形成的影响中所起的中介效应不同。具体来说：（1）自利导向伦理气氛在伦理型领导影响情绪情感失范、价值观念失范以及职业品德失范等三种教师失范行为中都起到完全中介作用；（2）规则导向伦理气氛在伦理型领导影响情绪情感失范、价值观念失范以及职业品德失范等三种教师失范行为中都起到完全中介作用；（3）关怀导向伦理气氛在伦理型领导影响价值观念失范与职业品德失范等两种教师失范行为中都起到完全中介作用；（4）独立导向伦理气氛在伦理型领导影响教师失范行为中不存在中介作用。

总之，本章的结论为：伦理型领导与组织伦理气氛都是教师失范行为形成的重要影响因素，而且规则导向伦理气氛、关怀导向伦理气氛、自利导向伦理气氛三种组织伦理气氛在伦理型领导对教师失范行为的影响中起着中介作用。

（四）教师失范行为形成的链式中介效应

最后，为了探索教师失范行为形成的多因素影响机制，本章第五节提出以组织伦理气氛和道德推脱为中介变量的链式中介模型，以深入研究教师失范行为形成的影响机制。该模型涉及领导方式（伦理型领导）、组织文化（组织伦理气氛）、个体的道德认知倾向（道德推脱）以及越轨行为（教师失范行为），其基本逻辑为：伦理型领导→组织伦理气氛→道德推脱→教师失范行为。根据理论上的分析，伦理型领导除了直接影响教师失范行为外，其间接影响教师失范行为的逻辑路线中应该存在三种路径：第一种：伦理型领导→组织伦理气氛→教师失范行为；第二种：伦理型领导→道德推脱→教师失范行为；第三种：伦理型领导→组织伦理气氛→道德推脱→教师失范行为。

经过对调查数据的统计分析，结果显示伦理型领导只能通过两条路径间接影响教师失范行为。其一，是通过组织伦理气氛间接影响教师失范行为，即第一种所示的路径。这条路径所展示的变量间的逻辑关系在本章第三节已经得到了验证。其二，是伦理型领导通过影响组织伦理气氛与个体的道德推脱进而影响教师失范行为，即第三种所示的路径。这条路径的存在，说明该部分所探讨的组织伦理气氛和道德推脱为中介变量的链式中介效应是存在的，即伦理型领导对教师失范行为的影响中存在着链式中介，即分别通过自利导向伦理、规则导向伦理以及关怀导向伦理三条伦理气氛影响教师的道德推脱水平，然后再通过教师道德推脱影响其失范行为。具体来说，伦理型领导分别通过三种组织伦理气氛来间接影响教师的道德推脱，进而影响教师失范行为：（1）伦理型领导可以通过负向影响组织中的自利导向伦理气氛而影响教师个体的道德推脱水平，进而影响教师失范行为；（2）伦理型领导可以通过正向影响组织中的规则导向伦理气氛而影响教师个体的道德推脱水平，进而影响教师失范行为；（3）伦理型领导可以通过正向影响组织中的关怀导向伦理气氛而影响教师个体的道德推脱水平，进而影响教师失范行为。

这一结果说明了领导者要善于建立积极向上的有利于组织发展的伦理气氛，如规则导向伦理气氛与关怀导向伦理气氛，这样才有助于降低教师道德推脱水平，进一步抑制教师失范行为的发生。然而，第二种路径是不存在的。这条路径的不成立，说明了伦理型领导不能直接影响教师的道德推脱水平，但是可以通过其自身营造的组织伦理气氛间接影响教师个体的道德推脱水平。

总之，本章对教师失范行为的研究是立足于定量研究且着重于教师失范行为形成机制的实证性量化研究，旨在探明影响教师失范行为形成的心理机制。

首先，基于社会认知理论，本章研究了道德推脱与组织公平感对教师失范行为的影响。研究结果表明：（1）道德推脱与教师感知到的组织公平都是影响教师失范行为形成的重要变量，但是，道德推脱正向预测三种教师失范行为，而组织公平感则是负向预测三种教师失范行为。（2）组织公平感在道德推脱影响教师失范行为中起着显著的调节作用。这也从一个侧面说明了教师个体对学校公平环境感知的重要性。

其次，研究了学校领导方式与组织文化对教师失范行为的影响。选择伦理型领导方式与学校组织伦理气氛（组织文化）来研究组织情境因素对教师失范行为的影响。研究结果表明：（1）伦理型领导和学校组织伦理气氛都是影响教师失范行为形成的重要变量，其中伦理型领导负向预测三种教师失范行为，但是，规则导向、自利导向、独立导向以及关怀导向四种不同的组织伦理气氛对教师失范行为的影响效应是不同的，有的是正向影响（如自利导向伦理），有的是负向影响（如规则导向伦理、关怀导向伦理），有的没有影响（如独立导向伦理）。这对我们充分理解组织文化对教师失范行为形成具有重要的意义。（2）学校组织伦理气氛是伦理型领导影响教师失范行为的中介变量，即伦理型领导不仅可以直接影响教师的失范行为，而且还可以通过塑造学校的组织伦理气氛间接影响教师的失范行为。

最后，建构了教师失范行为形成的综合模型。基于理论分析，构建了一个包含伦理型领导、组织伦理气氛、道德推脱以及教师失范行为的综合模型。路径分析的结果显示：伦理型领导不会直接影响教师的道德推脱（道德认知倾向），但是可以通过影响组织伦理气氛而间接影响教师的道德推脱，并进而影响教师的失范行为（见图 5 - 13）。伦理型领导对教师失范行为的影响存在一个链式中介效应。这一结论对正确和深入认识教师失范行为的形成具有重要的理论意义和现实指导意义。

二、研究展望

尽管本章对中小学教师失范行为做了一些量化的实证研究，研究结果丰富了教师越轨行为（偏差行为）的研究内容，为我国学校管理实践提供了一定的参考建议，但是，对教师失范行为的研究还存在一些不足之处。

（一）需扩大教师群体研究样本，更新研究方法

本章研究采用的教师样本多来自山东地区的教师，主要选取来自济南与青岛地区的教师，只有少量教师样本来自山东之外的中小学教师。因此，教师样本的代表性还不够多样，未来可扩大中小学教师的调查样本，选取更广区域或地区的中小学教师为调查对象，进一步验证研究结论是否成立，以及检验研究结论的可靠性。另外，目前有关教师越轨行为的量化研究大多采用了横断面设计。横断面研究设计使变量间的因果关系的验证受到影响。虽然有良好的理论基础，但很难从逻辑上推断出变量间的因果关系。因此，未来研究可考虑采用实验研究、时间序列设计或者纵向研究设计，以确定研究变量间的因果关系，深入探究教师失范行为的形成机制。

（二）需扩大研究教师失范行为形成的影响因素

由于教师失范行为不仅仅是一个教育学或者心理学问题，而是一个多元语境下多种因素作用的结果。在运用多学科视角进行研究时，不能忘记研究对象的整体性，不能以学科为据点分割性地看待问题。我们应该把教师失范行为这个领域当作一个整体，去寻找通过多元视角将研究者结合在一起的有效方法，而不是仅仅以角度为中心，为了开拓新的角度而重复研究（孙铁成、孙伦轩，2013）。

本章从教师个体因素（道德推脱）、组织因素（组织伦理气氛、组织公平）以及领导因素（伦理型领导）等多个层面探讨了中小学教师失范行为的影响因素，这对我们理解教师失范行为的成因提供了一些有力的证据。但是，本章仅从伦理型领导以及组织伦理气氛等组织层面的变量研究其对教师失范行为的影响，而其他组织层面的因素是否对其产生影响还有待今后系统深入研究。例如，张艳清等（2016）回顾了关于组织情境下道德推脱与不道德行为之间关系的研究，认为有必要厘清员工个体和组织领导在道德推脱中各自角色定位及发挥的作

用，未来的研究应该在已有框架下继续扩展道德推脱的前因变量的研究，如管理者人格特性、交易型和变革型领导行为方式，员工个体心理成熟度、心理资本、婚姻和家庭状况、组织气氛、行业差别等。因此，这些影响道德推脱的影响因素是否会进一步影响教师失范行为也是值得今后研究的课题。

（三）需深入分析教师失范行为形成的作用机制

已有研究认为导致反生产行为产生的原因变量主要可分为个体变量与组织变量两大类因素，并且国外学者已经开始从多层次的角度来探索预防和控制反生产行为的策略，并证实了领导行为在此过程中的重要作用（刘文彬等，2020）。伦理型领导应当包括个体层面领导（影响他人）与组织层面领导（影响组织）两个层面的内涵（Enderle，1987；莫申江、王重鸣，2010）。但是，以往有关伦理型领导与员工反生产行为关系的研究并不多见，更缺乏探讨不同层次伦理型领导对员工反生产行为的作用机制（张永军、赵国祥，2015）。而探讨不同层次伦理型领导对员工反生产行为的作用机制，不仅可以丰富和发展伦理型领导与反生产行为的理论体系，对组织如何培养和指导伦理型领导工作也可以提供有效的策略和方法（张永军、赵国祥，2015）。为此，未来研究需要立足于中国特有的文化背景和社会现实，进一步从多层次视角探讨伦理型领导对教师失范行为的作用机制。

总之，尽管本章从个体认知视角和组织伦理视角两个方面探索了教师失范行为形成的心理机制，但是，这还不能全面解释影响教师失范行为的形成机制。这里仅考虑伦理型领导与教师失范行为之间的中介因素，后续研究还应考虑伦理型领导对教师失范行为影响过程中的边界条件（如组织公平感、道德认同），将中介变量与调节变量一并纳入研究框架。因此，今后不仅需要进一步研究教师的个体特征与组织环境及其交互作用对失范行为的影响，而且还需要深入的实证研究来探索社会宏观环境对教师失范行为的影响过程。

第六章

研究总结与政策建议

第一节　研究总结

　　目前教师失范行为是人们比较关注的社会问题之一，而如何减少或者降低教师失范行为的发生，则是一直困扰学术界与管理实践界的话题。由于教师失范行为存在的形式是多种多样的，产生的机制是复杂的，对其解释的角度也是各种各样的，因此，我们需要从多个视角与多个层面来理解与阐述教师失范行为的发生机制，明确教师失范行为形成的心理机制，进而深入分析导致教师失范行为产生的体制机制等因素。然而，关于教师失范行为的已有研究仅仅描述了教师失范行为的某些特征和教师失范行为的常见类型，但关于教师失范行为的解释则是较为空洞的。而由于对教师失范行为解释的表面化，从而导致建立的消除教师失范行为的管理手段与策略失效，这些管理措施与方法对教师失范行为的矫正并未起到很大的作用，教师失范行为依然存在。为此，本书通过实证调查的量化分析法，深入揭示了影响中小学教师失范行为形成的个体因素、家庭因素以及组织因素，为制定有效的教师失范行为的管理措施提供重要的理论依据与实证研究的支持。

　　有关失范行为的理论解释较为复杂，涉及生物学、心理学、社会学等诸多学科，需要加以合理的借鉴和运用（李国强、龚跃华，2005；

申明，2009）。本书则从心理学视角作为解释教师失范行为产生的理论依据，回顾了国内外关于教师失范行为的研究现状，并从缺乏对教师失范行为的实证量化研究、缺乏对教师失范行为结构的构建研究、缺乏对教师失范行为的心理视角研究以及缺乏对教师失范行为的形成机制研究四个方面指出了目前教师失范行为研究中存在的不足。然后通过一系列实证研究对这些存在的问题做了一些有益的探索，从个体因素、家庭因素以及组织因素等层面综合分析了影响教师失范行为的形成机理。

总体来看，本书对中小学教师失范行为的研究大致可以分为两个阶段：第一个阶段为初步探索阶段，时间大致为2010年9月到2015年8月。主要工作是初步开发《中小学教师失范行为量表》，并以此为测量工具进行了一些有关教师失范行为影响因素的实证研究。第二个阶段为拓展阶段，时间是从2015年9月到2021年8月。期间开展了一系列相关研究工作，最后形成了以2020年6月编制的《中小学教师失范行为结构量表》为标志。这两个阶段的研究重点探讨了教师失范行为的基本结构与特点，以及从伦理型领导、组织伦理气氛、组织公平、工作满意度、心理契约破裂、婚姻满意度、道德推脱、工作伦理以及人格特质九个方面分析了这些内外因素与教师失范行为的关系，在一定程度上揭示了中小学教师失范行为形成的心理机制，得出了一些有价值的结论，为做好学校管理工作提供了重要的理论支持。

首先梳理与定义了教师失范行为的内涵与类型，并通过量化分析建构了教师失范行为的基本结构，然后利用本课题组开发的《中小学教师失范行为结构量表》为测量工具，分别从教师个体、家庭因素、组织情境以及领导方式等多个层面研究了这些内外因素与教师失范行为的关系，最后，通过结构方程模型建构了教师失范行为形成的链式中介模型。

一、教师失范行为的结构与特点

基于理论分析，首先界定了情绪情感、价值观念、职业品德等三种典型的教师失范行为；其次，编制教师失范行为量表题目；最后，通过探索性因素分析（EFA）与验证性因素分析（CFA）对量表题目进行筛选与结构检验，确定了一个在信度与效度上都符合心理测量学要求的教师失范行为结构的测量量表。

（一） 教师失范行为的内涵

通过对教师失范行为概念的梳理，最终归纳出了三类教师失范行为，即情绪情感型教师失范行为、价值观念型教师失范行为以及职业品德型教师失范行为。所谓情绪情感失范行为，是指教师为了满足自己生理、心理或情感上的需要而做出的不当行为。这些不当行为的共同特征是其行为的目的既非功利性的，也非价值取向方面的不当行为，而是由于个体需求没有得到满足或者自己的某种想法受挫而引起的失范行为。所谓价值观念失范行为，是指教师在价值观念或价值取向方面的失范行为。是指教师没有主观上的失范意愿，而是由于其教师职业价值观与国家主导的教育观念相背离而产生的有违当代教师职业规范的不当行为。这些行为多是教师本人自认为是正确的，但是却不符合国家主导的教育理念的不当行为。所谓职业品德失范行为，是指教师在职业品德方面的失范行为，是指教师为了从严执教而采用的有违教师职业操守的不当行为，或者采取有违教师职业道德的手段以谋取自身（或学校）功利性利益的不当行为。

（二） 教师失范行为的结构探索

首先，在研究的第一阶段，尝试把教师失范行为理解为一种单一的不当教师行为，然后进行量表的测量题项的问题设计与结构分析。通过 EFA 与 CFA 分析，结果表明中小学教师失范行为不仅是一个一阶三因素的结构，而且还可以是一个二阶潜因子结构。结果验证了中小学教师失范行为是一个三因素结构，形成了一个包含三个维度 16 个题目的测量工具《中小学教师失范行为量表》。其中三个维度分别被命名为情绪情感失范行为、价值取向失范行为、职业品德失范行为。

　　其次，在研究的第二阶段，通过进一步对中小学教师失范行为的文献梳理，发现教师失范行为应该是一个多元成分的概念，而不仅仅是一个概念下的三个维度。为此，通过梳理国内学者对教师失范行为的理论研究与实证调查，然后通过理论建构、量表的编制以及实证检验等过程，建构了一个包含三个成分（构面）的教师失范行为模型，最终研制了一个具有一定心理学测量信度与效度的《中小学教师失范行为结构量表》。该量表可以为今后对教师失范行为的定量研究提供一个测量工具。该量表有 45 个题目构成，包含情绪情感失范行为、价值观念失范行为、职业品德失范行为等三个构面。其中，情绪情感失范行为构面（情绪型失范）包含 11 个题目，两个因子：漠视学生（7 个题目）和偏爱学生（4 个题目）；价值观念失范行为构面（观念型失范）包含 25 个题目，4 个因子：教育观念失范（10 个题目）、教育方式失范（6 个题目）、教学态度失范（5 个题目）以及职业认知失范（4 个题目）；职业品德失范行为构面（品德型失范），包含 9 个题目，两个因子：以教谋私（6 个题目）和有偿活动（3 个题目）。

　　通过两个阶段的研究，编制了两个教师失范行为的测量量表，但是，从教师失范行为的丰富性来看，第二个阶段编制的《中小学教师失范行为结构量表》更具有代表性。尽管区分了三类中小学教师失范行为，然而在现实的教学与管理实践中，表现出来的教师失范行为显然要比这要复杂得多，有的失范行为可能兼具不同类型的成分（申明，2009），既有类型的差异，也存在着程度的差异（彭康清、曾雪琴，2011）。因此，今后在使用中小学教师失范行为测量工具进行研究时，既不能过度解释研究的结果，也不能盲目扩大研究的结论。

　　总之，教师失范行为是一个包含着不同成分的构念。因此，今后在进行教师失范行为研究时，不能仅仅把教师失范行为简单化地作为一个单一概念来理解与研究，需要从多元概念的角度加以分析，以便能够深入而全面地理解中小学教师失范行为。

（三）教师失范行为的现状

　　本书利用编制的《中小学教师失范行为结构量表》探讨了目前中

小学教师失范行为的现状与特点。总体来看，目前中小学教师的失范行为并不严重，但是男教师的失范行为水平高于女教师的失范行为。而在不同学段、不同教龄以及城乡差异方面，不同类型的教师失范行为则表现为不同的特点。

首先，在情绪情感方面，教师总体的情绪情感失范行为以及漠视学生与偏爱学生两个因子在不同教龄教师和城乡教师身上都没有差异，偏爱学生因子在不同学段的教师身上也没有差异，但是，漠视学生因子和总体的情绪情感失范行为在不同学段的教师身上有差异。

其次，在价值观念方面，教师总体的价值观念失范行为在不同学段与不同教龄教师身上存在差异，但是在城乡教师身上没有显著差异。然而，具体到价值观念的四个因子则情况比较复杂：（1）教育观念因子在不同学段的教师身上存在显著差异，在不同教龄和城乡教师身上不存在差异；（2）教育方式因子在不同学段教师和城乡教师身上没有差异，但是在不同教龄教师身上有差异；（3）教学态度因子在不同学段教师身上存在显著差异，在不同教龄和城乡教师身上不存在差异；（4）职业认知因子在不同学段、不同教龄及城乡教师之间都存在差异。

最后，在职业品德方面，教师总体的职业品德失范行为在学段与教龄上存在差异，但是在城乡方面不存差异；具体到职业品德的两个因子来看，以教谋私因子在不同学段、不同教龄以及城乡教师身上都没有显著差异，但是，有偿活动因子却在不同学段、不同教龄以及城乡教师身上都有着显著差异。

二、教师失范行为形成的心理机制

教师失范行为是教师在教学与管理中存在的不当行为，尽管大多数不属于违法行为，但是它们大多数属于中小学教师表现出来的失范行为，甚至是越轨行为（偏差行为）。已有研究表明影响员工的越轨行为或者偏差行为的因素主要有个体方面的因素与组织方面的因素，甚至工作—家庭关系也会影响到员工越轨行为的发生。为此，通过两个阶段的研究，分别探索了教师个体、学校组织以及家庭等多视角多层面的影响因素对教师失范行为形成的影响效应。

（一）教师的个体因素与教师失范行为的关系

1. 人格特质与教师失范行为的关系

人格特质是个体具有的内在的稳定不易改变的个性心理特征。人格特质是影响员工越轨行为的重要的个人因素，其中五大人格中的尽责性、宜人性、情绪稳定性是主要的影响因素（Berry et al.，2007）。为此，采用初步编制的《中小学教师失范行为量表》，重点探讨了尽责性、宜人性、神经质（情绪稳定性）3 种人格特质与教师失范行为的关系，研究结果显示：人格特质与教师失范行为及其三个维度（情绪情感失范、价值取向失范、职业品德失范）之间的相关系数都是显著的，但是这三种人格特质对教师失范行为的预测力是不同的，其中，尽责性负向预测教师失范行为，神经质正向预测教师失范行为，而宜人性不能预测教师失范行为。

2. 工作伦理与教师失范行为的关系

工作伦理体现了个体内在的具有道德美德的积极工作价值观（Mohapatra and Sharma，2010；Shamsudin et al.，2010）。已有研究分别检验了工作伦理对任务绩效、组织公民行为、反生产行为的影响效应。

我们的研究结果显示：目标追求、行为品质、工作意义三种工作伦理分别与这三种工作绩效的相关都是显著的，但是相关的方向不同，即教师工作伦理分别与教师的任务绩效和组织公民行为呈现显著的正相关关系，而与教师失范行为则是显著的负相关关系。从多元回归的结果来看，三种教师工作伦理对任务绩效、组织公民行为以及教师失范行为的预测力是不同的。

本书利用布德斯库（Budescu，1993）提出的优势分析技术，进一步检验了三种工作伦理对教师不同工作绩效影响的相对重要性，结果显示：工作伦理的目标追求维度对教师任务绩效的预测力最强，工作意义维度对教师组织公民行为的预测力最强，而行为品质维度对教师失范行为的预测力最强。因此，我们初步的研究结果说明工作伦理是教师失范行为的影响因素，负向预测教师失范行为，尤其行为品质维度是教师失范行为的核心预测变量，并在三种工作伦理影响教师失范行为中其可以占到解释教师失范行为变异量的61.80%。

随后，使用AMOS路径分析技术考察了教师工作伦理的中介效应。结果显示：工作伦理在人格特质变量影响教师失范行为中起到中介作用。但是，在人格特质对教师失范行为的影响中，不同工作伦理所起的中介作用是不同的。从人格特质对教师失范行为的影响来看，目标追求、工作意义和行为品质三种工作伦理在宜人性影响教师失范行为中都起着完全中介作用；目标追求、工作意义和行为品质三种工作伦理在神经质影响教师失范行为中都起着部分中介作用；但是，行为品质工作伦理在尽责性影响教师失范行为中具有完全中介作用，工作意义和目标追求这两种工作伦理在其中起到的则是部分中介效应。

3. 道德推脱与教师失范行为的关系

道德推脱是个体在行为中产生的一些特定的认知倾向，包括重新定义自己的行为使其伤害性显得更小，以最大限度地减少自己在行为后果中的责任和降低对受伤者痛苦的认同（Bandura，1986，1990，1999，2002；王兴超、杨继平，2010；张艳清等，2016）。在组织行为研究领域，从道德推脱视角解释个体行为是一种比较新的思考路径（张艳清等，2016）。本书通过实证调查检验了道德推脱对中小学教师失范行为的影响，研究结果表明道德推脱是中小学教师失范行为的重要影响因素，而且道德推脱与教师失范行为的关系会受到组织公平感的负向调节。

（二） 教师对组织的感知与教师失范行为的关系

员工与组织是互动的。在组织管理中，员工会对组织的规章制度、管理措施、任务结果以及所处的组织环境都会形成自己的认知。而这些认知结果往往比客观的实际环境对个体行为的影响更为重要。这是因为人们都是生活在自己的知觉世界里的，人们对客观世界都有着自己独特的认知。

1. 组织公平感与教师失范行为的关系

作为一种心理建构，组织公平感是员工在组织内所体会到的主观的公正感受（吕晓俊、严文华，2009）。长期以来，组织公平感与工作绩效间关系的研究是这一领域的焦点内容（吕晓俊、严文华，2009）。本书主要探讨了组织公平感对教师失范行为影响的心理机制，涉及两个重要的中介变量，一个是认知类的变量——心理契约破裂；另一个是态度类的变量——工作满意度。

工作满意度是组织管理中的一个基本变量。教师工作满意度是指教师对其工作整体以及工作不同方面的满意程度。组织公平感对员工的工作态度有着重要影响（蒋春燕，2007），是提升员工工作满意度的关键因素之一（彭征安等，2015）。本书通过调查研究发现：教师的组织公平感显著正向预测其工作满意度，工作满意度则显著负向预测其教师失范行为，教师的工作满意度在组织公平感和教师失范行为之间起着完全中介作用。这一结果说明，如果教师感受到较高的组织公平，教师就会产生较高的工作满意度，而高的工作满意度则会降低教师失范行为的产生，相反，教师在工作过程中感受到较低的工作满意度则会引发教师失范行为的产生。

心理契约破裂对员工工作态度和行为的影响业已成为以往实证研究的一个非常鲜明的主线，其会对雇员情感、态度和行为产生广泛的负性影响（石晶、崔丽娟，2011）。通过调查研究，我们发现：组织公平感负向显著预测心理契约破裂，心理契约破裂正向显著预测教师失范行为，且心理契约破裂在组织公平感和教师失范行为之间起完全中介作用。这一结果说明，如果教师感受到较高的组织公平，教师就会在工作过程中降低对心理契约破裂的认知水平，而低的心理契约破裂水平则会降低教师失范行为的产生，相反，如果教师在工作过程中感受到较强的心理契约破裂，就会促发教师失范行为的产生。

总之，本书检验了组织公平是教师失范行为的重要影响变量。组织的公平环境不仅可以通过影响教师的工作满意度进而影响教师失范行为，而且还可以通过影响教师的心理契约进而影响教师失范行为。

2. 组织伦理气氛与教师失范行为的关系

学校伦理气氛反映了学校重要的道德和社会价值观（Luo et al.，2007）。本书不管是采用单维构念的教师失范行为量表，还是采用多维构念的教师失范行为量表的调查结果都表明：学校伦理气氛是教师失范行为的重要影响变量，但是不同的组织伦理对教师失范行为的影响效应是不同的。具体来说：

（1）采用单一构念的中小学教师失范行为量表的研究。我们调查了1233名中小学教师，研究了组织伦理气氛、工作伦理以及教师失范行为的关系。研究结果显示：关怀导向、规则导向和自利导向等三种组织伦理气氛与教师失范行为及其三个维度（情绪情感失范、价值取向失范、职业品德失范）之间都存在着显著的相关关系；层级回归分析的结果表明规则导向组织伦理气氛负向预测教师失范行为，而自利导向组织伦理气氛则是正向预测教师失范行为，而关怀导向伦理气氛不能负向预测教师失范行为。进一步的中介效应分析的结果说明，目标追求、工作意义和行为品质三种工作伦理在关怀导向伦理气氛影响教师失范行为中都起着完全中介作用；目标追求、工作意义和行为品质三种工作伦理在自利导向伦理气氛影响教师失范行为中都起着部分中介作用；然而，对于规则导向伦理气氛来讲，行为品质工作伦理在规则导向伦理气氛影响教师失范行为中具有完全中介作用，工作意义和目标追求这两种工作伦理起到的则是部分中介效应。这一结果表明工作伦理在组织伦理气氛影响教师失范行为的过程中起着中介作用。

（2）采用多维构念的中小学教师失范行为结构量表的研究。我们调查了676名中小学教师，研究了组织伦理气氛、道德推脱以及教师失范行为的关系。研究结果显示：规则导向、关怀导向以及独立导向等组织伦理气氛分别与情绪情感失范、价值取向失范、职业品德失范三种教师失范行为都是显著的负相关，而自利导向组织伦理气氛则与这三种教师失范行为都是显著的正相关。但是，在控制人口学变量的前提下，层级回归分析的结果却显示：规则导向伦理气氛负向预测这三种教师失范行为，这说明学校中的规则导向伦理气氛有助于抑制教师失范行为的发生；自利导向伦理气氛正向预测这三种教师失范行为，这说明学校中的自利导向伦理气氛会促发教师失范行为；关怀导向伦理气氛只能负向预测价值观念与职业品德这两种教师失范行为，这说明学校中的关怀导向伦理气氛有助于降低教师的价值观念型失范行为和职业品德型失范行为；独立导向伦理气氛不能预测这三种教师失范行为，这说明学校中的独立导向伦理气氛与教师失范行为形成的关系不大。因此，自利导向伦理、关怀导向伦理以及规则导向伦理3种不同性质的组织伦理气氛与三种教师失范行为的相关关系是不同的，且分别对教师失范行为的影响作用也是不同的。进一步的中介效应分析的结果说明：道德推脱分别在自利导向、规则导向以及关怀导向三种组织伦理气氛影响教师失范行为中起着中介作用。因此，今后在学校层面要重点树立或者塑造规则导向伦理与关怀导向伦理以抑制教师失范行为。

　　总之，这两项研究都证明了学校的组织伦理气氛是教师失范行为的一个重要影响变量，并且进一步验证了不同的组织伦理气氛对员工越轨行为——教师失范行为——的影响效应是不同的。这种不同不仅仅是伦理气氛对教师失范行为影响效应大小的不同，而且是影响的方向也不同，诸如，某些组织伦理气氛（如规则导向伦理气氛、关怀导向伦理气氛）是负向影响教师失范行为，某些组织伦理气氛（如独立导向伦理气氛）对教师失范行为没有影响，甚至某些组织伦理气氛（如自利导向伦理气氛）是正向影响教师失范行为。因此，今后学校需要建立有利于组织发展的伦理气氛，即增强学校组织中的规则导向伦理与关怀导向伦理，而减少学校组织中的自利导向伦理气氛。

（三）工作与家庭的互动关系与教师失范行为的关系

　　工作与家庭的互动关系也是组织行为学关注的一个重要研究领域，其中工作和婚姻有着密不可分的联系，彼此相互影响。而目前在工作与家庭关系的研究中主要有工作—家庭冲突（WFC/ FWC）的消极视角和工作—家庭增益（WFE/FWE）的积极视角（马红宇等，2014）。

消极视角的研究结果显示 WFC 和 FWC 均对工作绩效有显著的负向影响，而积极视角的研究结果显示 WFE 和 FWE 均对工作绩效有显著的正向影响（陈耘等，2017）。

本书选择了工作满意度与婚姻满意度分别作为工作与家庭领域的研究变量，以研究两者与教师失范行为的关系。调查结果显示：工作满意度与教师失范行为是显著的负相关，负向预测了教师失范行为，这说明当教师对于工作满意度下降时，更容易出现教师失范行为；婚姻满意度与教师失范行为也是显著的负相关关系，负向预测了教师失范行为，即当教师对于婚姻的满意度下降时，更容易出现教师失范行为。另外，工作满意度与婚姻满意度之间是显著的正相关，这说明当教师对于工作的满意度越高，其会促进教师个体婚姻满意度的提升。工作满意度对教师婚姻满意度的正向影响，说明工作与家庭的关系具有增益性，需要教师更加关注工作与家庭的平衡，有利于教师进行家庭与工作之间关系的调适，使家庭婚姻生活与工作两者之间和谐统一。

而进一步中介效应分析的结果显示：婚姻满意度在工作满意度影响教师失范行为中起着完全中介作用，即在工作与家庭的互动中，工作满意度有助于提高婚姻满意度，而婚姻满意度越高越有助于抑制教师失范行为的发生。这一结果说明了中小学教师体验到的工作满意度会影响他们的家庭关系以及婚姻质量，而良好的家庭关系产生的积极的婚姻体验又会进一步影响到他们的工作行为表现，降低教师失范行为的发生。

（四）学校领导者的领导方式与教师失范行为的关系

首先，本书第二阶段的研究选择了伦理型领导这一变量作为教师失范行为形成的一个组织变量。调查研究的结果显示：伦理型领导显著负向影响三种教师失范行为；学校伦理气氛在伦理型领导对教师失范行为的影响中起着中介作用。具体来说，不同的学校伦理气氛在伦理型领导与教师失范行为之间所起的中介效应不同，其中规则导向的学校气氛、关怀导向的学校气氛、自利导向的学校气氛三种学校伦理气氛在两者之间都具有中介作用，但是，独立导向的学校气氛在两者之间不具有中介作用。

其次，本书通过结构方程模型的路径分析技术，从整体视角分析了伦理型领导对教师失范行为的影响。结构方程模型的检验结果显示：伦理型领导只能通过两条路径间接影响教师失范行为，其一是通过组织伦理气氛间接影响教师失范行为（简单中介）；其二是通过影响组织伦理气氛与个体的道德推脱进而影响教师失范行为（链式中介）。具体来说，在链式中介的关系中：（1）伦理型领导可以通过负向影响学校的自利导向的学校气氛而影响教师个体的道德推脱，进而影响教师失范行为；（2）伦理型领导可以通过正向影响学校的规则导向的学校气氛而影响教师个体的道德推脱，进而影响教师失范行为；（3）伦理型领导可以通过正向影响学校的关怀导向的学校气氛而影响教师个体的道德推脱，进而影响教师失范行为。

上面两个研究结果表明：伦理型领导正向预测规则导向的学校气氛、独立导向的学校气氛以及关怀导向的学校气氛，但是，伦理型领导则是负向预测自利导向的学校气氛。这说明学校气氛中不同的具体的伦理气氛对教师失范行为的影响机制是不同的。因此，我们认为伦理型领导会促进学校的规则导向的学校气氛、关怀导向的学校气氛以及独立导向的学校气氛三种学校组织气氛的形成，但是会减少自利导向学校气氛的形成。所以说，学校管理者可以通过提高伦理型领导水平以抑制或减少教师失范行为，并且伦理型领导水平的提高不仅可以直接影响教师失范行为，而且还可以通过影响组织伦理气氛与道德推脱等变量，进一步抑制或减少教师失范行为。

总起来看，本书采用心理学的研究范式对教师失范行为的基本结构及其形成机制进行了实证研究，量化分析了教师个体变量与组织变量对教师失范行为的影响，从多视角多层面揭示了影响教师失范行为形成的关键变量和关键路径。

从个体视角来看，道德推脱可能是教师失范行为频繁发生的一个重要的心理机制。这是因为道德推脱机制的存在可能会使教师不认为自己的失范行为是有问题的或者是不当的，即使教师认为自己的行为有些欠妥当，也会使用道德推脱来合理化自己的行为，即通过道德推脱机制来解释自己的行为是基于某些合理化的目的而做出的。例如，某些教师会认为自己打骂学生是为了学生好，是为了督促学生好好学习。因此，由于教师个体对自己所做的失范行为有着自己的解释，即从道德推脱的角度认为自己的行为是合理的，尤其是做了一些有违教师职业道德规范的行为，而道德推脱机制的存在会使从事失范行为的教师不会感到自己的行为是失范的、不当的或者错误的。

从组织视角来看，优秀的领导者，尤其是伦理型领导是减少或抑制教师失范行为的重要变量。伦理型领导者不仅可以直接影响教师失范行为的减少，而且可以通过营造学校组织中良好的伦理气氛而间接抑制教师失范行为的发生。从组织的整体视角，实证检验了教师失范行为的形成机制，验证了教师失范行为形成的路径：伦理型领导→组织伦理气氛→道德推脱→教师失范行为。这一教师失范行为形成的路径丰富了教师越轨行为（或者偏差行为）的研究视角和研究内容。

正如我们所了解的那样，政治、经济、历史、文化等社会现实条件都会制约人类的每一项活动。同样，教师行为也会受到这些诸多因素的影响。我们不应把教师失范行为的产生仅仅归咎于教师个人的问题，比如人格、道德品性等心理方面的因素，而且也应全面而深刻地剖析教师失范行为产生的客观环境等外在因素，从制度或体制机制等层面来深度剖析导致教师失范行为产生的深层原因。比如，从宏观来看，国家与各级政府都会发布一些关于学校管理、教师行为管理以及学生行为管理的相关政策；从微观来看，教师所在的学校也会根据他们自身的情况制定一些规章制度和管理方法，而这些宏观与微观环境都会对教师行为产生影响。尤其是学校微观环境对教师行为的影响会更加直接，教师所处的工作环境、工作条件和学校学风都会影响到教师的教学设计和教学方法的选择等具体行为上。如果这些因素处理不当，都有可能会导致教师失范行为现象的增加。因此，从组织层面去挖掘教师失范行为的前因变量，是现在和未来研究教师失范行为的重点之所在。

总之，本书正是基于这一新的研究视角，探索了作为重要组织情境的领导方式与组织气氛（文化）是如何通过个体的内在心理而影响教师失范行为的过程，从而为学校从制度设计和文化建构等组织层面抑制教师失范行为提供有效的理论基础和政策建议。然而，本书还存在着一些不足和局限，我们希望在后续研究中能够不断引入先进的研究方法，引入更有效的解释变量等措施对教师失范行为的形成机制做更深入的分析。

第二节　政　策　建　议

师者，所以传道授业解惑也。我国中小学教师的失范行为是师德师风建设的焦点与难点问题。每当我们提到教师与教学，我们总会自然而然地把教师与知识传授、能力培养、品德熏陶结合起来。所以，对于教师的行为表现，我们总是习惯于从理想的、美好的以及道德的一面来理解，很少去思考教师在日常教学行为当中存在的一些行为失范，比如教师在教学工作中的消极怠工、对课堂教学敷衍了事、不认真备课、作业批改简单随意、体罚或变相体罚学生、社会价值观念发生扭曲等。教师的这些不良或者不当行为都违背了教育部门对教师们关于教育教学规律和教师职业道德的基本要求，在一定程度上都是属于教师失范行为的范畴。当前更是随着媒体技术的发展，也使得越来越多的教师失范行为更容易暴露在公众面前，进而引起社会的议论。

我们通过两个阶段的研究，重点探讨了教师失范行为的基本结构，并从伦理型领导、组织伦理气氛、组织公平感、工作满意度、心理契约破裂、婚姻满意度、道德推脱、工作伦理以及人格特质九个方面分析了这些内外因素与教师失范行为的关系，在一定程度上揭示了中小学教师失范行为形成的心理机制，得出了一些有价值的结论。这些有价值性的结论为我们做好学校管理工作提供了重要的理论支持。

下面将基于我们两个阶段对教师失范行为形成机制的研究结论，提出一些有建设性的政策建议，为减少或抑制教师失范行为的产生提供一个理论上的参考框架。

一、加强教师的职业伦理培训，提升教师专业修养

师德建设无疑是中小学最重要的工作之一，但是，受师德建设传统思路的影响，师德建设脱离了教师的整个专业发展，脱离了学校日常化领导和管理措施，大多走向虚化或形式主义（杨炎轩，2012）。而随着教师专业伦理研究的深入和人们认识水平的提高，国家教师职业道德规范的体系越来越完善，包括大中小学（幼儿园）教师道德行为规范；教师职业道德规范的可操作性也越来越强，如制定了大中小学教师违反职业道德行为处理办法（杨炎轩、蔡颖，2021）。客观公正地讲，绝大多数教师的个人道德素质还是比较好的，但现实中仍然有相当一部分教师在教育教学活动中并没有表现出与其道德素质或素养要求相一致的教育行为，甚至出现集体不负责的现象（杨炎轩，2011）。本书显示教师自身的工作伦理观与道德推脱是其教师失范行为的重要影响因素。因此，从本书的研究结果来看，至少可以从两个方面来强化中小学教师的自我修养：一是培养教师树立正确的工作伦理观，二是矫正教师对失范行为的错误归因。

（一）培养教师树立自身正确的工作伦理观

专业伦理在教师发展领域逐渐受到重视，而教师专业伦理建构面临着诸多的困境（杨炎轩、蔡颖，2021）。在国内外教师专业化过程中，"传统师德向专业伦理的转换成为一个重要的趋势"（徐廷福，2005）。牛利华（2008）与毛菊（2009）两位学者分别阐述了教师职前培养与职后培养中专业伦理教育的缺失与对策，系统论述了专业伦理教育对教师培养的重要性。教师专业伦理素养的养成是教师专业化进程中不可或缺的环节，教师专业发展要从"职业道德"向"专业伦理"转换（牛利华，2008）。教师专业伦理是经验型教师发展为专业型

教师的必然要求，是教师专业化过程中不可或缺的重要组成部分，对教师的专业发展意义重大（毛菊，2009）。尽管学校所开展的师德建设措施越来越全面，惩防并举，一方面通过培训或经验交流提升教师的专业伦理素养，另一方面又通过划定师德红线或推行一票否决来评价教师的专业伦理精神或素养。然而，教师的师德失范现象仍时有发生，既有显性的师德失范行为，如教师行为失当、失职和渎职等教师失范行为；也有隐性的师德失范行为，如表现为"平庸之恶"、工作"不出错"等教师失范行为。

当前在教师专业发展研究中有一种倾向，即过于强调教师专业知识与专业技能在其专业成长中的作用，而对教师的专业精神、专业情感、服务理念等专业伦理方面的关注和重视不够，"呈现出一种'技术化'驱动'专业化'"的现象（杨晓平、刘义兵，2011）。为此，笔者在 2013 年就撰文论述了我国教师专业化背景下教师专业伦理教育的必要性，认为教师专业伦理教育是教师专业化发展的核心部分（魏祥迁等，2013）。因此，教师专业伦理是教师专业发展中的应有之义，专业知识、技能、伦理构成了对教师行业的基本要求（毛菊，2009）。在倡导教师专业化发展的大背景下，注重专业伦理建设是教师专业发展研究的一种范式转换（杨晓平、刘义兵，2011）。比如，某些教师对于教师职业并不热爱，而是由于教育事业的工作较为稳定以及教师的生活方式才让他们选择了教师这一职业，而不是因为敬业精神；某些教师对于自己的能力和自我都缺乏正确的客观的评价，不满足于"平凡"的教师工作，产生换一个"更赚钱"或"社会地位更高"的工作的想法，这样就会导致某些教师辞职换工作，但更可怕的是有些教师仍然是保留教师工作岗位，但是已经"人在曹营心在汉"，不再有以往的崇高职业道德，也不再追求职业理想，本着无所谓的态度，对于工作草草了事；有些青年教师由于父母要求、逃避升学等各种原因而选择了教师这一职业，而这其中就会有些教师虽然文化课成绩过关，但综合素质却较低，对工作懒怠、进取心极弱、人际沟通能力较差、责任心不强，甚至有些教师的心理健康都有问题，极易出现失范行为。本书认为，这些情况的出现是因为教师专业伦理教育依然是外显的师德建设，依然很难将其内化到教师的价值观体系中，进而使其成为自觉影响教师行为的内在推动力。

从概念的外延看，商业伦理包括组织伦理和工作伦理两个层面。组织伦理是指组织从事商业活动、处理组织内外关系时所应遵守的行为准则和伦理规范，工作伦理是指员工在工作情境中对待工作、他人和环境时所应遵循的伦理规范。从概念的层次结构上看，工作伦理包括个体对待工作的一般价值观、态度和行为；从涉及内容的形成过程来看，它是个体在社会化过程中所习得的，受到社会文化、社会经济、家庭抚养等多方面的影响，其中最核心的是个体对工作意义的价值判断，它决定了个体在工作场所中对职权工作和人际关系所运用的积极态度与良好行为（王明辉等，2010）。因此，工作伦理的研究与传统的工作价值观的研究是既有联系又有区别的一个重要价值观研究取向。

工作伦理是职业道德的核心。工作伦理不仅有助于员工解决自我伦理冲突以及与他人或环境之间的伦理冲突，提升员工个体工作价值观和工作绩效，而且还有利于组织进行人员选拔和职业培训（Hill，Petty，1995；McCortney，Engels，2003）。为此，笔者在2013年提出了教师工作伦理的概念。教师工作伦理与教师专业伦理的内涵与外延是不同的。深入理解教师工作伦理的内涵、结构及其影响机制对现代学校人力资源管理具有重要的理论价值和实践意义。所谓教师专业伦理，是指教师在从事教育教学专业工作中所形成的基本伦理关系与应该遵守的基本伦理精神、规范以及在此基础上形成的素养（杨炎轩、蔡颢，2021）。而所谓工作伦理，是指个人价值观在工作行为中的表现（Hill and Petty，1995），体现了个体内在的道德美德的积极的工作价值观（Mohapatra and Sharma，2010；Shamsudin et al.，2010）。

现代中国社会经济发展较快，导致社会大众比较关注经济利益对自己生活与社会地位的影响。如果说现代社会最显著的特征是什么，那就是资本的垄断统治。资本垄断一切导致个人道德、社会公正、世界和平、生态系统被严重侵蚀。因此，这些以经济利益为主导的价值取向，使得部分教师们不再满足于现状，不再将更多的精力放在日常的教学活动上，而是开始过多注重经济利益，使其价值观念发生了偏移，进而不断寻找机会谋取私利来获得自我满足，致使一些教师放松对自己的职业理想的追求，放松对自己行为的自我管理与约束，导致教师行为失范现象频繁出现在报纸或网络等媒体上。而教师专业伦理行为的改变不是自发的过程，而是需要外在的刺激及教师教育体系的有力支撑（毛菊，2009）。

教师在具体的教育教学实践过程中，基本职业道德要求是他们行为的"指挥棒"，只要每一位教师在"指挥棒"的指导下严格要求自己，坚持教师的各项行为准则，就能很好地将规范要求转化为实际的职业行为。但是，这种要求以及规范的转化往往是比较理想化的。这是因为每个人都是社会化的个体，其行为必然会受到来自外界多方面因素的干扰。此时，就需要不断加强对教师行为的外部监控与内部自律。而本书的研究结果表明，工作伦理不仅是教师失范行为的影响因素，负向预测教师失范行为，高的工作伦理有助于抑制教师失范行为的发生，而且工作伦理也是人格特质与组织伦理气氛影响教师失范行为的中介变量。因此，培养教师树立正确的工作伦理观是减少或防止教师失范行为产生的重要举措。

（二）矫正教师对失范行为的道德推脱机制

从教育组织行为学的角度来看，教师道德成长是教师道德行为的结果，要想促进教师道德成长，必须激发教师的道德行为（杨炎轩，2012）。而教师的行为表现是道德行为还是非道德行为，有时很难界定。比如，教师延长放学时间为同学补课，就很难界定为是道德行为还是非道德行为；学生犯了错误是该管还是不管，不管的话肯定是不合适的，但是如果管的不好或不当，可能会惹火烧身，甚至丢掉了饭碗。这时教师对自身行为的道德解释或者道德归因就非常重要。

而社会认知理论认为道德推脱是个体产生不道德行为的关键。班杜拉（1999）认为，道德推脱是一种认知过程，它通过一系列的内在心理机制，在认知上将不道德行为重建为道德行为，最大限度地减少自己在行为后果中的责任，忽视或扭曲不道德行为的后果，并减少对受伤者痛苦的认同（叶青青等，2015）。道德推脱作为一种影响道德行为的机制与不道德行为存在着密切的关系。由于道德推脱机制的存在，教师本人看不到自身行为的失范性。因此，应当防止教师对自身失范行为的不当归因，增强对自身行为的道德敏感性，减少其对自身失范行为的道德推脱。而教师道德推脱产生的根本原因是人的自律机制的失效（叶青青等，2015）。

个体往往根据内在的道德标准来监控及评价自身的行为，当个体自我调节机制正常工作时，与其道德标准相一致的行为将会被强化，而与其内在道德标准相违背的行为则会被抑制（Bandura，1999）。而道德推脱主要是通过"道德辩护，委婉性措辞，掩饰性比较，责任推诿，责任分散，忽视或曲解结果，去人性化，责备归因"八个机制弱化与抑制个体的道德自我调节系统作用。当个体在道德上采纳推脱方式时，他就从内部切断了行为与其有害或不道德后果之间的因果联结。

从逻辑上看，个体的道德敏感性是其道德行为发生的逻辑起点，但是个体对自己行为是否道德的认知与解释也是不道德行为发生的重要机制。因此，在教师职前培养与职后培养中都要加强对教师道德行为的训练与体验，让其真正意识到哪些教师行为表现应该是正确的，哪些教师行为表现应该是错误的或者不当的，并进一步让教师认识到正确与错误行为的表现形式、可能带来的后果，以及如何解释这些行为，尤其应通过认知训练让教师增强自身行为的道德敏感性，降低对其不当行为的道德推脱。为此，我们需要加强对教师职业发展的伦理培训，提升教师的自身修养。

教师专业伦理教育是道德教育的一种，而实践和反思是教师道德修养实现的关键。当下，教师职后教育的培养模式多种多样，但是，对教师专业伦理的培训需要跳出以学科教育、开办讲座的方式单纯传递师德知识的泥淖，而给教师更多体验、处理教师职业道德困境的机会，可将伦理、道德融入知识、技能的培训过程中（毛菊，2009）。而案例教学的情境性恰好能为教师提供这样的平台。因此，对于教师道德行为最好的培训方式是体验式的案例教学法。实践证明，道德教育的实效是在体验中发生的，只有诱发和唤醒了体验者的道德体验，才能对其生存实践和生命健康成长发挥实际的促进作用，道德教育才能有效（毛菊，2009）。因此，让教师能够清醒地意识到自己身上存在的失范行为会对学生们产生巨大的消极影响，由此去反思自身对于教育事业上一直以来的盲区和教学品质的欠缺，正确认识教师行为所具有的德性与伦理性，增强教师对教学中的伦理问题的敏感性与省思力，减少使用道德推脱机制来为自己的失范行为寻找必要的借口。学会更好地做学生的良师益友，做到更加有效地进行教学工作，与学生共进步同成长。

总之，对于教师失范行为防控需要从内部与外部、宏观与微观等多层面、多视角来加强管理。但是，由于教师在教学中的行为具有很强的自主性和随意性，其自身主导着自己的教学活动，别人是很难在当场加以干预的。正是因为教师作为一个学校组织中工作的主体和能动者，与其他组织中的员工一样也有自己的主观态度和价值追求，有着自己对教师工作的理解和认识，有着自己独特的行为方式。因此，在加强外部管理和宏观调控的基础上，更应该加强对教师自身素质的培养和调适，从内在的价值观、个性特质、心理状态等方面加强教师队伍的建设。在对教师物质和精神投入的同时，应该注重对教师人生观和心理状态的考察（许健、崔楠，2011）。

通过加强教师个体内在的工作态度、工作价值观及道德认知的体验与反思教育，将有助于抑制或防止教师失范行为的发生。而本书的研究发现，道德推脱不仅是中小学教师失范行为的重要影响因素，而且道德推脱与教师失范行为的关系会受到组织公平感的负向调节。而且道德推脱还是组织伦理气氛影响教师失范行为的中介变量。因此，本书的研究结果可以给学校管理带来一种新的管理思路，即学校管理者不仅可以通过教育或者培训等手段来改变教师的道德认知倾向而降低其道德推脱水平，进而抑制教师的失范行为，而且还可以通过创造积极的组织伦理气氛来降低教师的失范行为。因此，加强教师教育，丰富教师的教育情怀，提升教师的道德认知水平，促进教师工作伦理观的形成，是提升教师的专业修养的重要途径。

二、有效促进工作与家庭平衡，提高教师生活质量

双职工家庭的普现、人口老龄化的上升、出生率的下降以及员工角色内外绩效的诉求，使得工作—家庭关系日益成为学术界研究的热点（Koubova，Buchko，2013）。工作和家庭领域的诸多方面均受到工作—家庭关系的影响（Carlson et al.，2009），其不仅关乎个体的身心健康、职业发展、家庭幸福和工作满意，还关乎组织绩效和社会和谐（赵简等，2013）。因此，工作与家庭的互动关系已成为组织行为学关注的一个重要研究领域。已有的关于工作和家庭关系的两种研究视角都表明工作与家庭关系对工作绩效有显著的影响，其中，冲突的消极视角的研究结果显示 WFC 和 FWC 均对工作绩效有显著负向影响，而增益的积极视角的研究结果显示 WFE 和 FWE 均对工作绩效有显著正向影响（陈耘等，2017）。

本书的研究结果显示：（1）工作满意度与婚姻满意度是显著的正相关关系，这说明当教师对于工作的满意度越高，其会促进教师个体婚姻满意度的提升。工作满意度对教师婚姻满意度的正向影响，说明工作与家庭的关系具有增益性，工作满意度有助于促进家庭婚姻生活和谐与平衡。（2）婚姻满意度与工作满意度都是教师失范行为的重要影响因素，两者都可以负向预测教师失范行为。这说明来自家庭与工作两个方面的满意度都有利于抑制教师失范行为。（3）婚姻满意度在工作满意度影响教师失范行为中起着完全中介作用，即在工作与家庭的互动中，工作满意度有助于提高婚姻满意度，而婚姻满意度越高越有助于抑制教师失范行为。这说明中小学教师体验到的工作满意度会影响他们的家庭关系以及婚姻质量，而良好的家庭关系产生的积极的婚姻体验又会进一步影响到他们的工作行为表现，降低教师失范行为。

因此，从学校层面来讲，对教师的管理不能仅仅直接关注其工作

状态，也要间接关注其家庭关系。学校管理者不仅要为教职员工提供优越的工作条件，以便于提高教师的工作满意度，同时，也可以为员工提供重要的工作与家庭平衡的条件，促进工作对家庭的增益作用，促进和谐的家庭氛围，提高教师自身的婚姻满意度，并进而进一步抑制教师失范行为。

三、创建良好组织环境，抑制教师失范行为的形成

已有研究证实组织公平是解释员工偏差行为发生的主要变量（Berry et al.，2007），当员工感知到被不公平对待时，他们会趋向于发生更多的偏差行为（Ambrose et al.，2002）。本书研究了组织公平感对教师失范行为影响的心理机制，涉及两个重要的中介变量：一个是认知类的变量——心理契约破裂，一个是态度类的变量——工作满意度。研究结果表明，不仅组织公平感可以直接负向影响教师失范行为，而且组织公平感还可以分别通过影响工作满意度与心理契约破裂而间接影响教师失范行为，另外，组织公平感还可以作为环境变量负向调节道德推脱对教师失范行为的影响。因此，构建公平性的组织环境为教师工作与发展提供有力的组织支持，是抑制教师失范行为的重要措施。

（一）建立公平公正的工作环境

自古以来，公平就被作为衡量道德水平和价值观的重要标准，尤其是近年来组织行为学和人力资源管理学中有关公平的研究，更是激发了理论界探究的热情。从国家层面来说，资源分配的平衡是促进社会和谐、改善人民生活和稳定市场经济健康发展的重要保障；从组织层面来说，资源分配的公平与否直接影响着员工的工作满意度和积极态度，进而影响企业绩效和员工离职率。不管是采用组织公平的视角还是采用组织不公平的视角来研究组织公平（感）与反生产行为的关系，结果都表明组织公平（或不公平）是反生产行为的重要影响因素，如组织公平负向影响反生产行为（何奎，2016；徐双敏、王科，2018），而组织不公平则是正向影响反生产行为（徐亚萍、王慈，

2015；徐梦、李小平，2017）。因此，分配公平、程序公平以及互动公平等三类组织公平的违背（不公平）都可以作为员工越轨行为预测因子（李艳华、凌文辁，2006）。

而组织中产生不公平的因素主要是由于组织制度体系的不健全或者不完善导致的，尤其是薪酬管理中公平的分配制度与公平的评价程序。其中，工作绩效评价的公平性与合理性决定了绩效在薪酬管理上的参考价值。建立完善而科学的工作绩效考核制度不仅能提高工作绩效评价的可操作性和可参考性，也能够提高教师对薪酬的可接受度。所以，完善学校的工作绩效评估制度并严格执行是保证薪酬管理公平的一个重要环节。它涉及工作中各项指标标准，需要通过实践加以确定，以保证指标的真实可靠性，然后依据标准可以执行一系列的具体操作实行考核，如评测教师的工作量、合格率打分等。另外，如果要对教师工作进行不定期评价，也要建立合理的评价项目与具体评价指标，明确教师的职责和工作要求，对教师在一段时间内的工作表现作出科学的反映。

因此，组织公平所要解决的重要问题是如何看待和处理教师之间的利益关系，而教师之间的利益关系最突出的是表现在物质生活方面的经济利益关系。学校要重视薪酬管理的公平性，实现工作绩效与薪酬管理的有效性。总之，在工作评价中，作为职位评价的主要考核依据，评价结果要与职位相联系，从而体现分配结果的公平性与评价过程的公平性，促进形成公平的组织环境。

（二）提高教师的工作满意度

工作满意度是组织管理中的一个基本变量。教师工作满意度是影响教师专业发展的重要因素，并已成为教师心理与教育研究的前沿领域。所谓教师工作满意度，是指教师对所从事的职业、工作条件与状况的一种总体感受与看法（Rodgers - Jenkinson and Chapman，1990）。教师工作满意度影响着教师工作的积极性，进而对学校教育成效产生重要影响（徐志勇、赵志红，2012）。然而，工作满意度也是预测员工越轨行为的有效因素。高工作满意度可以减少工作场所中的越轨行为发生率。而低工作满意度与分配不公平感有可能直接驱使员工做出越轨行为（李艳华、凌文辁，2006）。本书的研究结果表明，工作满意度是教师失范行为的抑制因素，其显著负向预测教师失范行为。

教师的工作满意度受到多种外在因素的影响，比如，姜勇等（2006）的研究显示组织氛围、课改参与性是教师工作满意度的直接影响因素，其对教师工作满意度的作用是正向的；柯惠玲（1995）的研究表明国民小学初任教师以人际互动的满意度最高，工作环境的满意度最低，学校组织文化的知觉愈明显，则初任教师的工作满意度愈高。本书的研究结果表明，工作满意度是组织公平感影响教师失范行为的中介变量，即组织公平感可以正向影响教师的工作满意度，并进而通过教师工作满意度进而影响教师失范行为。所以说，研究教师工作满意度一方面可以为提高学校效能提供依据，另一方面还可为提高教师的工作生活质量提供建议。

不可否认，学校的人力资源管理是专业性很强的实践活动。随着新课程改革的展开、学校规模的扩大和管理对象的日趋复杂，要求学校管理更加科学化、专业化、人性化。教师的工作满意度与教师的管理密切相关，通过教师工作满意度的研究，学校管理者可以更好地了解教师的工作满意度基本情况，了解教师群体的激励的关键因素和迫切需求，从而提供人力资源管理的依据，还可以帮助学校管理者发现管理中诸如薪酬制度、绩效考核、确定人事编制等方面存在的问题。学校管理者只有通过深入、持续不断地研究，明确把握教师在工作中满意与不满意的内容、程度、影响因素，才能采取有效的改进措施、激发教师的工作热情、调动教师的工作积极性、发挥教师的能动性和创造性（李秀一等，2010）。

（三）构建与维护教师的心理契约

心理契约已被视为法定契约之外的雇佣关系所隐含的一个核心要素（白艳莉，2013）。组织越来越多地依赖心理契约作为一种有效的方式，来保持雇佣关系的平衡（张生太等，2016）。经过国内外的实践证明，心理契约对组织管理的作用远远超过规章制度本身，具有无形的凝聚功能、激励和约束功能（阿拉坦巴根，2015）。作为一种主观契约的形式（王浩、罗军，2009），心理契约是联系员工与组织之间的心理纽带（邹苏，2003）。为了有效地调整和控制组织行为，使组织效率好，员工满意感高，构建和谐的劳动关系，研究组织中的心理契约可以是一条有效的途径（魏峰、张文贤，2004），有助于推进组织形成和谐的劳动关系、完善人力资源战略、制定薪酬福利政策、改进招聘及培训等（王浩、罗军，2009）。

教师的心理契约是教师聘任合同的"副本"，是一种无形的"合同"，是学校与教师双方关于权利、义务与责任的相互期望（胡永新，2007）。由于形成契约的双方都不可能是孤立存在的。因此，在组织中要构建心理契约管理的模式，对员工进行心理契约管理，就必然牵涉这两个主体的心理感知、相互期望和责任。这种感知可以来自对正式协议的感受，可以隐含于各种期望之中（李静，2011）。所以，心理契约作为教师和学校之间对彼此双方的责任和义务进行规定的内隐性契约，与教师的职业发展具有重要相关性（胡平、刘俊，2007），加强教师心理契约管理是教育改革发展的需要（解小娟，2011）。

而心理契约的形成不是一成不变的，从员工角度看，随着社会及组织环境的变化和工作阶段的不同，组织/雇主履责情况的反馈等均会对员工的心理图式产生影响（王盛等，2014）。在教师职业生涯发展的不同阶段，其心理契约的形成、建立、违背和调整过程都呈现不同的特点（胡平、刘俊，2007）。然而，由于心理契约具有形式的内隐性、认知的主观性、内容的丰富性、存续的不确定性、主体的差异性、价值取向的纯洁性等特征，学校管理者应根据这些特征进行有效维护与构建（胡永新，2007）。在学校组织中进行教师心理契约的维护，既包括对已有良好心理契约的维持与保护，也包括对心理契约出现的裂痕进行修复、改善或重新构建。它涉及学校和教师两个主体，但这毕竟是存在于组织与其成员之间的互动关系。教师与学校之间建立心理契约可以实现人的自主能动性的开发，避免学校与教师之间由于信息不对称所带来的工作效率的缺失（欧晓霞，2009）。

　　心理契约破裂的研究起源于心理契约的研究。心理契约破裂会对雇员情感、态度和行为产生广泛的负向影响，因此，成为国外心理契约研究领域的重要课题（石晶、崔丽娟，2011）。目前，教师的社会理论地位和实际地位的反差、社会的高要求与教师的低待遇的反差，以及实际成就与所得报酬的反差，使得部分教师产生了心理契约背离，造成教书育人的责任感和使命感不强。而心理契约的破裂与违背存在着时间上的先后，破裂更多的是一种"认知评价"，而违背则是一种情绪体验（杨杰等，2003）。违背心理契约会对员工态度和行为产生负面影响，从而进一步造成组织效益的损失（王浩、罗军，2009）。由于雇员与组织关系的变化，雇员更可能对组织产生误解，即使客观上组织履行了其责任与义务，雇员也可能主观认为是心理契约破裂（Morrison and Robinson，1997）。

　　虽然心理契约破裂是个体的主观知觉，雇员对组织的认知也带有主观色彩，但是客观的组织因素及组织外因素也会对心理契约破裂的后果具有重要的调节作用。比如组织文化（家庭式的组织文化和层级式的组织文化）、工会组织以及社会经济环境的变化（经济危机）等，都可能影响雇员对心理契约破裂的解释以及调节其心理契约破裂的后果，同时可以为组织进行心理契约的管理提供更易操作的建议（石晶、崔丽娟，2011）。本书的研究结果显示，心理契约破裂是教师失范行为的重要影响变量，其不仅是教师失范行为的直接影响因素，可以正向预测教师失范行为，而且也是组织公平感影响教师失范行为的中介变量。这说明了心理契约破裂是教师失范行为的一个重要影响因素，加强中小学教师的心理契约破裂的预防与管理具有重要的现实意义。

　　总之，建立良好心理契约的最大得益者是学校。所以，无论从管理目的、管理职能或可能性等方面考量，学校在维护心理契约方面都应起主导作用，教师方面的心理契约需要学校主动引导与调节（胡永新，2007）。为此，学校领导者要加强维护教师的心理契约，防止教师心理契约破裂将有助于教师职业生涯管理。建立基于心理契约的教师职业生涯管理体系，不论对教师个体的职业发展，还是对学校人力资源的有效管理都具有重要的理论和实践意义（胡平、刘俊，2007）。

四、建设有利于促进教师道德行为成长的伦理文化

社会控制理论认为个体在组织中的行为会受到来自外部控制机制和内部控制机制两方面力量的影响，而外部控制与内部控制的界限是相对的，两者可以相互渗透和转化（刘文彬、井润田，2010）。对于正式组织而言，管理者要解决的主要问题就是外部控制机制的建立及其实施问题（Hollinger and Clark，1982）。从外部控制的形式来看，主要有正式控制和非正式控制，其中组织文化是非正式控制最主要的形式（刘文彬、井润田，2010；黄瑛、裴利芳，2012）。毋庸置疑，正式控制（即规章制度）对于减少员工的反生产行为具有显著作用，但是非正式控制更是意义重大（Hollinger and Clark，1982）。如国内学者张志学等（2006）认为，在环境变化迅速的今天，组织文化往往比规章制度具有更强的适应性和更好的控制效果：首先，当今企业员工的受教育程度越来越高，也越来越追求自主性，所以依靠制度进行强制化约束越来越不合时宜；其次，文化的弹性和无处不在的特点使得员工能够自主并自发地参与解决组织所面临的问题，从而避免了制度控制的后摄性和回应性缺陷。

组织情境的伦理特征是组织成员道德行为的重要制约因素，从学校组织伦理角度来研究教师道德成长，不仅是教师道德成长的内在要求，也是教师专业发展的现实需要（杨炎轩，2011）。比如，组织伦理气氛是影响员工道德决策和不道德行为的重要因素，如果组织的伦理气氛发生改变，组织成员与伦理有关的行为也会随之改变（刘文彬、井润田，2010）。有学者指出，组织成员的行为离不开其所处的组织环境。组织环境中有诸多影响组织成员行为的因素，其中伦理型领导与组织伦理气氛两个重要变量对组织成员作出道德或不道德行为产生显著影响。而本书的研究结果显示：伦理型领导不仅显著负向影响三种

教师失范行为，而且伦理型领导对组织伦理气氛的影响也是显著的；不同的组织伦理气氛对教师失范行为的影响效应不同，其中规则导向伦理气氛与关怀导向伦理气氛可以负向预测教师失范行为，但是自利导向伦理气氛正向预测三种教师失范行为。总之，伦理型领导可通过组织伦理制度的制定和执行来影响组织伦理的构建。在学校管理中，需要加强伦理型领导的行为管理，并通过创造良好的组织伦理气氛减少教师失范行为。

（一）营造学校良好组织伦理气氛

作为组织文化的一部分，组织伦理气氛直接影响着道德行为的发生（范丽群、石金涛，2006），是影响员工道德决策和不道德行为的重要因素（刘文彬、井润田，2010）。在制约教师道德发展的诸因素中，学校组织伦理的缺失是根本原因。而学校组织伦理对教师道德的影响表现为以下三个方面：教育规范内化为教师德性需要学校组织伦理的支助；教师德性展现为教师德行需要学校组织伦理的支持；教师德性与教师人格、教师知能、教师专业发展的共进，需要学校组织伦理的支撑（杨炎轩，2011）。因此，组织和员工伦理行为的改善不仅与组织的规章制度、教育培训、企业文化的建设有着密切的关系，也与组织是否存在塑造、支持与鼓励伦理行为的组织气氛密切相关（王雁飞、朱瑜，2006）。杨炎轩（2011）认为学校组织结构和组织文化的伦理性表明，高度分工、弱关系的学校组织结构不利于教师道德成长，制度滞后的学校组织文化不利于教师道德成长。要促进教师的道德成长，就必须对学校组织结构和组织文化的伦理性特征进行改造。因而，组织结构重构与组织文化重建是改变组织情境伦理特征的根本，也是营造有利于组织成员道德行为的组织伦理气氛的核心（杨炎轩，2011）。

有学者从组织情境和个体特征两个角度区分了主动伦理行为（如组织公民行为、建言行为）的影响因素。情境因素有组织氛围（如伦理氛围、威胁与报复、组织支持感、组织信任感）、领导特征（如主管的支持、伦理型领导）以及与犯错者的接近程度等；个体特征包括人口统计学特征、人格、认知风格、道德发展水平、控制点、自我强度、心理安全感、道德哲学等。瓦尔迪（Vardi，2001）发现，组织伦理氛围不仅影响组织成员伦理方面的行为，而且影响组织成员的离职、欺骗等不当行为。既然组织伦理气氛极大地影响着组织成员的道德行为，那么减少组织成员不道德行为或者增加组织成员道德行为的办法，就是需要营造一种鼓励道德行为的组织伦理氛围。

改变组织伦理气氛的策略主要包括两类：一类是通过改变组织特征（包括组织结构和组织文化）来改变组织情境的伦理特征；另一类是通过影响组织成员对组织情境的知觉来改变组织成员的组织伦理感受。而从根本上看，改变组织情境的伦理特征是本，改变组织成员的组织伦理感受是末（杨炎轩，2011）。本书的研究结果显示：伦理型领导对组织伦理气氛的影响是显著的，不同的组织伦理气氛对教师失范行为的影响不同，并且组织伦理气氛是伦理型领导影响教师失范行为的中介变量。这说明具有不同伦理气氛的组织促进道德行为发生的可能性是完全不同的。因此，理解不同性质的伦理气氛和道德行为的关系有助于帮助学校管理者诊断伦理气氛状况，强化或改进组织伦理气氛，从而改变教师行为、促进教师道德行为的发生。

总之，建立学校的良好组织伦理气氛有助于促进教师道德行为的形成，越是积极的组织伦理氛围越能促进组织成员的道德行为（吴红梅，2005）。所以，可以通过加强学校的伦理型领导建设，加强良好组织伦理气氛（如规则导向伦理与关怀导向伦理）的建设，进而减少或抑制教师失范行为。

（二） 加强学校的伦理型领导建设

领导者应该是员工的伦理指导的关键源泉（潘清泉、韦慧民，2014）。伦理型领导既是一个有道德的人，也是一个有道德的管理者，兼具变革型领导和交易型领导的部分特征（Brown and Trevino，2006；张永军等，2016）。组织行为学研究表明，组织中的领导方式或者领导类型是员工行为与员工绩效的重要影响变量，其不仅会直接影响员工的各种行为表现与结果，而且其领导行为所产生的示范效应导致的组织心理气氛能更好地在更广泛的意义上影响员工的行为表现，尤其是在组织伦理气氛的形成和强化过程中，领导者的作用不言而喻。因为组织领导者不但创建了组织的伦理气氛，形成组织的核心伦理价值观，而且起着行为示范作用，直接影响着下属和其他组织员工的伦理价值观和道德行为（范丽群、石金涛，2006）。因此，领导方式已成为研究员工越轨行为的重要变量。

而伦理型领导是近年来国内外理论界和实践界比较关心的热门话题之一。金杨华和黄珺君（2013）在梳理已往文献的基础上，以伦理型领导对组织伦理影响的渗透过程模型为基础，归纳总结了伦理型领导塑造组织伦理的三条基本路径：价值建构、角色模范和制度激励。第一，伦理型领导通过构建组织伦理价值体系，在组织内建构起一种共享的伦理价值观以规范和指导下属行为；第二，伦理型领导通过角色模范向组织成员传递组织伦理价值观，并使其形成处理各种伦理问题的规范模式；第三，完善的伦理制度体系为组织伦理的建构和维持提供了保障，伦理制度将通过强制性和规范性作用，塑造组织成员的共享伦理观念和行为规范。总之，在组织伦理建设中，伦理型领导通过这三条基本路径，协调互补，塑造良好的组织伦理。

凌文轮等（1987）指出，中国人一直重视人的"德行"，因而有必要在评价领导行为的时候纳入领导者的个人品德。例如，研究表明，家长式领导中的德行领导维度发挥着核心作用，变革型领导的理想化影响维度也包括了伦理的成分，强调引导下属和自己的价值观系统趋向重要的道德伦理原则以激发下属，领导者也应该展现出高标准的伦理行为，成为下属效仿的道德角色榜样。但是，伦理型领导与家长式领导、CPM领导、变革型领导以及真实型领导等领导方式所强调的伦理内涵的不同之处在于，伦理型领导要求领导者不仅具有正直的特征，也不仅仅是基于伦理价值激励员工，还包括常被忽视的交易性成分，如使用沟通、奖惩制度去引导下属的伦理性行为（潘清泉、韦慧民，2014）。所以，学校领导者应该公开赞同并强烈表示对道德行为的认同，而且组织的最高领导者最好亲自负责组织道德建设和各项伦理项目的实施。如果学校领导者支持伦理项目的实施，那么组织伦理气氛的形成和强化则变得简单而易行。

领导者的伦理思考和道德认知发展对伦理型领导的产生具有积极的影响，领导者如果能在一个更高的道德认知发展阶段进行思考，那么就更可能被视为伦理型领导。而伦理型领导者则会通过道德的社会交换心理影响员工的道德行为（石磊，2016）。道德认知发展高的领导者不仅会对事件有较高的伦理思考，也会把这种伦理思考应用到交流和行动中去影响下属对他的看法（Jordan et al.，2013）。并且此类领导会关心下属的需求，重视下属的观点，公平对待下属，因此，更可能被看作是有伦理的领导者（李方君等，2018）。伦理型领导无论是在组织层面还是在员工个体层面都发挥了积极作用。在组织层面，伦理型领导改善伦理文化、增强组织社会责任感、促进群体学习行为、营造组织公平氛围、提升组织绩效、增加组织公民行为；在个体层面，伦理型领导提高员工积极工作态度（如组织认同、自我效能感、心理安全感等），增加积极工作行为（如组织公民行为、领导成员交换、建言行为等），减少员工消极行为（如不道德行为、反生产行为、关系冲突等）（李方君等，2018）。伦理型领导还可以通过各种领导方式，包括变革型领导或交易型领导，借助树立标准，绩效评价，奖励与惩罚等措施，影响和控制下属对伦理行为负责（潘清泉、韦慧民，2014）。因此，作为一种积极的领导方式，伦理型领导对激发员工积极行为，抑制反生产行为等方面都具有积极的影响（石磊，2016）。

总之，通过对组织伦理气氛与伦理型领导现象的深入剖析，可以为组织在如何营造积极的伦理情境、如何激发员工积极的工作态度和行为，减少非伦理行为等提供一些管理启示（张永军等，2016）。杨炎轩（2011）认为，学校组织的伦理化主要解决的是如何用有利于教师间团队合作的伦理道德观念和原则来分析现有学校组织结构和文化的道德性问题，而学校伦理的组织化则主要解决怎样用有利于教师道德成长的团队合作的伦理道德观念和原则来重构学校组织结构和重建学校组织文化。总体而言，伦理型领导在组织中建立伦理规范，并将其内化为自身价值，进而在决策制定和执行过程中激励和引导下属伦理行为（金杨华、黄珺君，2013）。因此，通过优秀的领导行为来构建优秀的校园文化对于塑造学校领导与教师的道德行为至关重要。

总体来说，教师失范行为是一种客观现象，它只会减少不会消失。面对教师失范行为的逐渐凸显和增多，并给教学和学生的身心健康发展带来了负面影响的现象，研究者应以教师失范行为研究为出发点，对教师失范行为的产生作出一定的理论解释，并通过进一步的研究给教师失范行为的理论研究提供新的思路，丰富教师管理的理论。而教师失范行为或者问题行为的产生必然有其内外的主客观因素，主要受到教师的角色迷失、教师的素质、学校管理因素、教师的人格、教师的内部压力、社会背景因素等因素的影响（叶金辉、彭康清，2011），也可能与教育观念与教育态度问题、教师角色期望与自我价值观的冲突、职业道德的缺失、教师心理素质与心理健康问题、缺乏科学的教育理念与方法、社会支持系统乏力等内外因素有关（叶金辉、彭康清，2011）。怎样在短时期内合理规范教师行为是当今教育界的一件大事，否则，这些行为将会制约教育的发展速度与趋势并影响总体的教育质量。

参 考 文 献

［1］阿拉坦巴根：《心理契约研究进展及发展趋势》，载于《民族高等教育研究》2015 年第 5 期。

［2］艾旭：《论社会转型时期的社会失范》，载于《内蒙古农业大学学报（社会科学版）》2011 年第 1 期。

［3］白铭欣：《论教师的伦理责任》，载于《北京教育学院学报》1996 年第 1 期。

［4］白艳莉：《心理契约破裂对员工工作行为的影响：组织犬儒主义的中介作用》，载于《财经问题研究》2013 年第 9 期。

［5］卞亚斌：《伦理型领导对工作场所员工越轨行为的影响研究》，中央财经大学学位论文，2015。

［6］曹科岩、龙君伟：《教师组织公民行为：结构与影响因素的研究》，载于《心理发展与教育》2007 年第 1 期。

［7］晁罡、熊吟竹、王磊、李登月：《组织伦理气氛对工作满足感和员工越轨行为的影响研究》，载于《管理学报》2013 年第 11 期。

［8］陈纯槿：《中学教师工作满意度影响因素的实证研究——基于 PISA2015 教师调查数据的分析》，载于《教师教育研究》2017 年第 2 期。

［9］陈芳、李晓波、曹辉：《教师惩戒失范的心理学反思》，载于《教育探索》2011 年第 2 期。

［10］陈桂生：《"师德"研究》，载于《教育研究与实验》2001 年第 3 期。

［11］陈林：《教学效能感对小学教师问题行为的影响研究》，喀什大学学位论文，2020 年。

［12］陈悦：《组织公平感、组织支持感与组织公民行为的关系研

究》，南京航空航天大学学位论文，2011 年。

[13] 陈耘、赵富强、罗奎、张光磊：《工作－家庭关系对工作绩效的影响：交叉观还是匹配观？——来自元分析的证据》，载于《中国人力资源开发》2017 年第 12 期。

[14] 陈志雄：《学校组织气氛与教师组织承诺的关系》，载于《中国临床心理学杂志》2010 年第 3 期。

[15] 陈忠卫、田素芹、汪金龙：《工作家庭冲突双向性与离职倾向关系研究》，载于《软科学》2014 年第 8 期。

[16] 程灶火、谭林湘、杨英、林晓虹、周岱、蒋小娟、苏艳华、赵勇、尉迟西翎：《中国人婚姻质量问卷的编制和信效度分析》，载于《中国临床心理学杂志》2004 年第 3 期。

[17] 邓晨、吴黛舒：《教师道德边界模糊化现象研究》，载于《教育发展研究》2018 年第 10 期。

[18] 邓聪：《变革型领导对教师组织公民行为的影响：学校伦理氛围的中介效应》，华东师范大学学位论文，2020 年。

[19] 邓稳根、黎小瑜、陈勃、罗坤、曾小燕：《国内心理学文献中共同方法偏差检验的现状》，载于《江西师范大学学报（自然科学版）》2018 年第 5 期。

[20] 丁秀玲、李文杰：《组织公民行为和反生产行为前因变量的对比研究》，载于《南京财经大学学报》2011 年第 3 期。

[21] 杜星铖、郑亭亭：《职场排斥对员工反生产行为的影响：道德推脱的中介作用》，载于《现代经济信息》2018 年第 12 期。

[22] 范炽文、周宛蓉：《国民小学组织伦理气候之研究》，载于《学校行政》2009 年第 63 期。

[23] 范丽群、石金涛：《组织伦理气氛与道德行为关系的理论分析》，载于《华东经济管理》2006 年第 7 期。

[24] 范丽群、周祖城：《企业伦理气氛与不道德行为关系的实证研究》，载于《软科学》2006 年第 4 期。

[25] 方杰、温忠麟、梁东梅、李霓霓：《基于多元回归的调节效

应分析》，载于《心理科学》2015 年第 3 期。

[26] 风笑天、易松国：《城市居民家庭生活质量：指标及其结构》，载于《社会学研究》2000 年第 4 期。

[27] 冯俭、毛竹：《苛责管理对员工不道德行为影响的双路径模型研究——情绪劳动和辩证思维的作用》，载于《四川大学学报（哲学社会科学版）》2021 年第 3 期。

[28] 冯江平：《中小学教师的问题行为及其改进》，载于《云南师范大学学报》2000 年第 6 期。

[29] 冯鑫、李文慧：《心理契约破裂的中介作用及交换意识的调节作用视角下的组织政治知觉对工作投入的影响》，载于《生产力研究》2015 年第 8 期。

[30] 傅道春：《新课程与教师行为的变化》，载于《人民教育》2001 年第 12 期。

[31] 高国希：《转型社会的制度规整——〈社会失范论〉解读》，载于《哲学动态》2001 年第 6 期。

[32] 高日光、孙健敏：《破坏性领导对员工工作场所越轨行为的影响》，载于《理论探讨》2009 年第 5 期。

[33] 高日光、杨杰、王碧英：《预防和控制工作场所越轨行为》，载于《中国人力资源开发》2008 年第 5 期。

[34] 高晓然、么加利：《审视与反思：忽视教师行为失范引发的社会隐患》，载于《继续教育研究》2011 年第 6 期。

[35] 高洋洋、谭艳华：《组织伦理氛围和员工越轨行为的关系研究：工作满意度的中介作用》，载于《重庆科技学院学报（社会科学版）》2016 年第 11 期。

[36] 高中华、赵晨：《工作家庭两不误为何这么难？——基于工作家庭边界理论的探讨》，载于《心理学报》2014 年第 4 期。

[37] 弓青峰：《影响教师教学行为的因素分析及对策》，载于《教育理论与实践》2006 年第 1 期。

[38] 郭维哲、方聪安：《学校组织公平对教师组织公民行为影响

之研究》,载于《教育经营与管理研究集刊》2005 年第 2 期。

[39] 郭文臣、杨静、付佳:《以组织犬儒主义为中介的组织支持感、组织公平感对反生产行为影响的研究》,载于《管理学报》2015 年第 4 期。

[40] 郭晓冉:《高校部分教师道德失范行为的伦理审视》,载于《思想政治教育研究》2017 年第 1 期。

[41] 郭晓薇、严文华:《国外反生产行为研究述评》,载于《心理科学》2008 年第 4 期。

[42] 郭星华:《社会失范与越轨行为》,载于《淮阴师范学院学报(哲学社会科学版)》2002 年第 1 期。

[43] 郭颖:《教师失范行为及干预策略》,载于《温州师范学院学报(哲学社会科学版)》2004 年第 6 期。

[44] 何奎:《组织认同对新生代员工反生产行为的影响——基于组织公平感调节作用分析》,载于《人民论坛·学术前沿》2016 年第 23 期。

[45] 何漂:《组织氛围、工作伦理与工作投入的关系研究》,浙江工商大学学位论文,2010 年。

[46] 何智明、杜学元:《我国义务教育教师失范行为探析》,载于《当代教育论坛(学科教育研究)》2007 年第 10 期。

[47] 何智明:《多维社会学理论视角下教师失范行为的原因与对策》,载于《学理论》2009 年第 28 期。

[48] 洪瑞斌、刘兆明:《工作价值观研究之回顾与前瞻》,载于《应用心理学研究》2003 年第 19 期。

[49] 胡平、刘俊:《心理契约发展与教师职业生涯管理》,载于《清华大学教育研究》2007 年第 4 期。

[50] 胡姗姗、吴明霞、张大均、李娜、欧阳益、朱毅:《中学教师工作绩效、社会支持与心理幸福感的关系》,载于《内蒙古师范大学学报(教育科学版)》2008 年第 10 期。

[51] 胡永新:《教师聘任合同的"副本":心理契约》,载于《教

育发展研究》2007 年第 12 期。

[52] 黄发政:《论教师道德行为控制》,载于《贵州师范大学学报(社会科学版)》1994 年第 2 期。

[53] 黄洁、王晓静:《企业员工社会责任对组织公民行为的影响研究:基于心理契约的中介作用》,载于《山东社会科学》2016 年第 2 期。

[54] 黄静、文胜雄:《道德领导的本土化研究综述与展望》,载于《中国人力资源开发》2016 年第 3 期。

[55] 黄瑛、裴利芳:《工作场所越轨行为的影响因素和组织控制策略》,载于《中国人力资源开发》2012 年第 11 期。

[56] 黄攸立、梁超:《马基雅维利主义人格特质对反生产行为的影响研究:工作满意度的中介作用》,载于《西北工业大学学报(社会科学版)》2014 年第 3 期。

[57] 纪晓丽、陈逢文:《工作压力对高校教师工作绩效的作用机制研究》,载于《统计与决策》2009 年第 16 期。

[58] 贾高建:《社会转型中的失范问题》,载于《理论前沿》2003 年第 15 期。

[59] 姜超、邬志辉:《农村教师工作满意度形成机制分析:以亚当斯公平理论为框架》,载于《教育导刊》2015 年第 7 期。

[60] 姜勇、钱琴珍、鄢超云:《教师工作满意度的影响因素结构模型研究》,载于《心理科学》2006 年第 1 期。

[61] 蒋春燕:《员工公平感与组织承诺和离职倾向之间的关系:组织支持感中介作用的实证研究》,载于《经济科学》2007 年第 6 期。

[62] 蒋晚晴:《知识员工组织公平感、工作控制感对反生产行为的影响研究》,南京师范大学学位论文,2014 年。

[63] 解小娟:《教师心理契约管理策略研究》,载于《教学与管理》2011 年第 18 期。

[64] 金芳、但菲、陈玲:《心理授权对幼儿园教师组织公民行为的影响:心理契约的中介作用》,载于《学前教育研究》2020 年第 5 期。

[65] 金芳、姚芳玉、张珊珊、李盛男:《变革型领导对幼儿园教

师组织承诺的影响：心理契约的中介作用》，载于《中国特殊教育》2020 年第 7 期。

［66］金杨华、黄珺君：《伦理型领导对组织伦理的影响》，载于《管理现代化》2013 年第 1 期。

［67］柯惠玲：《国民小学组织文化与初任教师工作满意度关系之研究》，高雄师范大学学位论文，1995 年。

［68］兰惠敏：《国外教师工作满意度的研究综述》，载于《教育探索》2007 年第 6 期。

［69］乐国安：《越轨行为诱因辨析》，载于《社会学研究》1994 年第 5 期。

［70］李保明、李雪丽：《反生产行为结构研究回顾》，载于《商业时代》2012 年第 19 期。

［71］李方君、熊玉双、李斌：《伦理型领导产生机制及影响因素》，载于《心理科学进展》2018 年第 5 期。

［72］李国强、龚跃华：《教师反学校文化现象浅析》，载于《教师教育研究》2005 年第 4 期。

［73］李红、刘洪：《组织中的建设性越轨行为研究回顾与展望》，载于《外国经济与管理》2014 年第 8 期。

［74］李虹、陈启芳：《Kansas 婚姻满意感量表的北京和香港常模》，载于《心理发展与教育》2002 年第 4 期。

［75］李吉：《教师课堂教学失范行为分析》，载于《教学与管理》2016 年第 21 期。

［76］李金波、许百华、陈建明：《影响员工工作投入的组织相关因素研究》，载于《应用心理学》2006 年第 2 期。

［77］李静：《教师管理中的心理契约研究》，载于《教学与管理》2011 年第 3 期。

［78］李强：《公平敏感性视角下组织公平感与员工绩效的关系研究》，载于《武汉大学学报（哲学社会科学版)》2009 年第 3 期。

［79］李群、杨东涛、卢锐：《组织公平对新生代农民工留职意向的

影响：工作满意度的中介效应》，载于《华东经济管理》2015 年第 7 期。

[80] 李秀一、孔寅平、陈毅文：《教师工作满意度及其影响因素研究综述》，载于《人类工效学》2010 年第 2 期。

[81] 李彦良：《教师行为失范的表现及其原因探析》，载于《齐齐哈尔大学学报（哲学社会科学版）》2013 年第 4 期。

[82] 李艳华、凌文辁：《谈组织公平与工作场所中越轨行为的关系》，载于《商业时代》2006 年第 16 期。

[83] 李晔、龙立荣：《组织公平感研究对人力资源管理的启示》，载于《外国经济与管理》2003 年第 2 期。

[84] 李一飞、王烈：《工作－家庭冲突对教师工作满意度的影响：心理授权的中介作用》，载于《中国卫生统计》2019 年第 2 期。

[85] 梁建：《道德领导与员工建言：一个调节－中介模型的构建与检验》，载于《心理学报》2014 年第 2 期。

[86] 梁丽、郭成：《高校已婚青年教师的婚姻满意度与成人依恋》，载于《中国心理卫生杂志》2014 年第 11 期。

[87] 林立新：《福建省中小学体育教师行为失范研究》，福建师范大学学位论文，2007 年。

[88] 林立新：《中小学体育教师行为失范量表的初步编制》，载于《体育科学研究》2009 年第 2 期。

[89] 林正范、贾群生：《教师行为研究：课程与教学论的重要研究方向》，载于《教育研究》2006 年第 10 期。

[90] 凌文辁、陈龙、王登：《CPM 领导行为评价量表的建构》，载于《心理学报》1987 年第 2 期。

[91] 刘冰、曹梦雪：《伦理型领导、团队伦理气氛与员工反生产行为》，载于《山东社会科学》2015 年第 10 期。

[92] 刘豆豆、陈宇帅、杨安、叶茂林、吴丽君：《中学教师工作狂类型与工作绩效的关系研究：基于潜在剖面分析》，载于《心理科学》2020 年第 1 期。

[93] 刘芳：《阳曲县农村中学体育教师失范行为研究》，中北大学

学位论文，2015年。

　　[94] 刘娟娟：《教师失范行为及其矫正》，载于《淮阴师范学院教育科学论坛》2008年第3期。

　　[95] 刘启珍、明庆华：《教师问题心理与行为研究》，四川教育出版社1999年版。

　　[96] 刘瑞瑞、陆晓：《伦理型领导及其对组织管理的启示》，载于《南阳理工学院学报》2010年第3期。

　　[97] 刘珊、石人炳：《青少年道德推脱与亲社会行为》，载于《青年研究》2017年第5期。

　　[98] 刘松博、梁丹宁，杜晓琳：《非道德行为概念辨析及相关研究进展》，载于《经济理论与经济管理》2010年第7期。

　　[99] 刘涛、杨慧瀛：《组织公平、劳动关系氛围与倦怠感对员工工作绩效的影响：一个有调节的中介模型》，载于《贵州财经大学学报》2019年第5期。

　　[100] 刘文彬、井润田：《组织文化影响员工反生产行为的实证研究：基于组织伦理气氛的视角》，载于《中国软科学》2010年第9期。

　　[101] 刘文彬、唐超、唐杰：《差序式领导对员工反生产行为的影响机制：基于多理论视角的探索性研究》，载于《运筹与管理》2020年第11期。

　　[102] 刘文彬：《组织伦理气氛与员工越轨行为间关系的理论与实证研究》，厦门大学学位论文，2009年。

　　[103] 刘亚、龙立荣、李晔：《组织公平感对组织效果变量的影响》，载于《管理世界》2003年第3期。

　　[104] 刘裕、唐薇、张媛、刘芳：《道德推脱对青少年外部问题行为的影响：有调节的中介效应》，载于《心理与行为研究》2015年第2期。

　　[105] 柳恒超、金盛华、赵开强：《中国文化下组织政治技能对个体自身的影响作用》，载于《心理学探新》2012年第1期。

　　[106] 柳珺：《小学教师课堂教学失范行为研究》，陕西师范大学

学位论文，2012 年。

[107] 卢淑华、文国锋：《婚姻质量的模型研究》，载于《妇女研究论丛》1999 年第 2 期。

[108] 路红、王笑天：《广州市中小学教师问题行为现状分析》，载于《广州大学学报（自然科学版）》2012 年第 5 期。

[109] 路红、吴伟炯、吴宇驹：《教师问题行为的组织影响因素及其控制策略》，载于《现代教育管理》2012 年第 4 期。

[110] 吕晓俊、严文华：《组织公平感对工作绩效的影响研究》，载于《上海行政学院学报》2009 年第 1 期。

[111] 马和民：《新编教育社会学》，华东师范大学出版社 2002 年版。

[112] 马红宇、申传刚、杨璟、唐汉瑛、谢菊兰：《边界弹性与工作－家庭冲突、增益的关系：基于人－环境匹配的视角》，载于《心理学报》2014 年第 4 期。

[113] 马会梅：《教师教学失范行为与教育控制》，载于《贵州工业大学学报（社会科学版）》2007 年第 1 期。

[114] 马娟、陈旭、赵慧：《师德发展的影响因素及其作用机制》，载于《教师教育研究》2004 年第 6 期。

[115] 马璐、杜明飞、韦慧民：《西方组织伦理氛围的理论与研究述评》，载于《商业时代》2014 年第 18 期。

[116] 马晓春：《浅析中小学教师的问题行为》，载于《山东教育科研》2001 年第 Z2 期。

[117] 马晓春：《我国教师问题行为研究现状述评》，载于《临沂师范学院学报》2004 年第 5 期。

[118] 马晓春、张爱宁：《中小学教师问题行为调查》，载于《当代教育科学》2005 年第 19 期。

[119] 马永杰：《组织伦理气氛与员工越轨行为：道德推脱、离职倾向的影响》，山西大学学位论文，2015 年。

[120] 毛华配、郑全全：《中学教师职业压力对其问题行为的影响

研究》，载于《中国临床心理学杂志》2006 年第 6 期。

[121] 毛菊：《教师职后培养中专业伦理教育的缺失及对策》，载于《集美大学学报（教育科学版）》2009 年第 4 期。

[122] 莫申江、王重鸣：《国外伦理型领导研究前沿探析》，载于《外国经济与管理》2010 年第 2 期。

[123] 牛莉霞、刘勇、李乃文：《辱虐型领导对员工工作偏离行为的影响：有链式中介调节模型》，载于《中国安全科学学报》2019 年第 7 期。

[124] 牛利华：《教师职前培养中专业伦理教育的缺失与对策》，载于《教育发展研究》2008 年第 24 期。

[125] 欧晓霞：《聘任制背景下中小学教师管理心理契约研究》，载于《潍坊教育学院学报》2009 年第 4 期。

[126] 潘清泉、韦慧民：《伦理型领导及其影响机制研究评介与启示》，载于《商业经济与管理》2014 年第 2 期。

[127] 潘清泉、周宗奎：《4－6 年级儿童道德脱离及其与同伴关系和社会行为的关系》，载于《中国临床心理学杂志》2011 年第 2 期。

[128] 潘孝富、秦启文、谭小宏：《学校组织气氛与教师工作绩效的关系分析》，载于《心理科学》2006 年第 6 期。

[129] 潘孝富、谭小宏、秦启文、王蕾：《教师组织公平感与组织公民行为：工作倦怠的中介作用》，载于《心理发展与教育》2010 年第 4 期。

[130] 彭贺：《反生产行为理论研究综述》，载于《管理学报》2010 年第 6 期。

[131] 彭康清：《教师问题行为对学生心理健康影响的研究》，载于《南昌教育学院学报》2015 年第 5 期。

[132] 彭康清、曾雪琴：《关于教师问题行为的研究》，载于《南昌教育学院学报》2011 年第 4 期。

[133] 彭文波、刘电芝：《中小学教师工作满意度与教学动机的关系》，载于《心理发展与教育》2012 年第 6 期。

[134] 彭征安、刘鑫、杨东涛：《组织公平与工作满意度：自我建构的调节作用》，载于《南京社会科学》2015 年第 2 期。

[135] 骈世琦：《中小学教师不当言行现状调查及干预》，华中师范大学学位论文，2017 年。

[136] 齐军：《从失范到规范：教师教学生活的社会学审视》，载于《教育理论与实践》2012 年第 31 期。

[137] 齐琳、刘泽文：《心理契约破坏对员工态度与行为的影响》，载于《心理科学进展》2012 年第 8 期。

[138] 秦兰岚、王争艳、刘斯漫、卢英华：《职业母亲工作满意度、婚姻质量与养育压力的关系调查》，载于《中国妇幼保健》2019 年第 3 期。

[139] 任国华、刘继亮：《大五人格和工作绩效相关性研究的进展》，载于《心理科学》2005 年第 2 期。

[140] 申明：《师德失范的制度原因及其重建》，载于《广西师范大学学报（哲学社会科学版）》2009 年第 4 期。

[141] 沈杰、郑全全、蒋为民、赖亚琴：《中学教师问题行为的初步调查》，载于《教育探索》2005 年第 1 期。

[142] 沈伊默、袁登华：《心理契约破坏研究现状与展望》，载于《心理科学进展》2006 年第 6 期。

[143] 施湘元、张天艺、徐微：《大学教师反生产行为的结构与测量》，载于《长沙理工大学学报（社会科学版）》2019 年第 2 期。

[144] 石晶、崔丽娟：《国外心理契约破坏及结果变量与调节变量：述评与展望》，载于《心理科学》2011 年第 2 期。

[145] 石磊：《道德型领导与员工越轨行为关系的实证研究：一个中介调节作用机制》，载于《预测》2016 年第 2 期。

[146] 石鸥：《教学病理学》，湖南教育出版社 1999 年版。

[147] 石鸥：《教学病理学基础》，山东人民出版社 2006 年版。

[148] 孙煌明：《试谈儿童的问题行为》，载于《南京师大学报（社会科学版）》1982 年第 4 期。

［149］孙健敏、陆欣欣：《伦理型领导的概念界定与测量》，载于《心理科学进展》2017 年第 1 期。

［150］孙健敏、王震：《工作越轨行为的结构与组织公民行为的关系：一项实证检验》，载于《心理学探新》2011 年第 4 期。

［151］孙丽君、杜红芹、牛更枫、李俊一、胡祥恩：《心理虐待与忽视对青少年攻击行为的影响：道德推脱的中介与调节作用》，载于《心理发展与教育》2017 年第 1 期。

［152］孙丽岩、王建辉、吴友军：《当前我国婚姻满意度的状况分析》，载于《学术探索》2002 年第 4 期。

［153］孙铁成、孙伦轩：《多学科视角中的教师问题行为》，载于《当代教育科学》2013 年第 12 期。

［154］谭亚莉、廖建桥、王淑红：《工作场所员工非伦理行为研究述评与展望》，载于《外国经济与管理》2012 年第 3 期。

［155］汪向东、王希林、马弘：《心理卫生评定量表手册（增订版)》，中国心理卫生杂志 1999 年版。

［156］汪新艳、廖建桥：《组织公平感对员工工作绩效的影响机制研究》，载于《江西社会科学》2007 年第 9 期。

［157］王斌华：《关于称职教师与不称职教师的研究》，载于《外国教育资料》1996 年第 6 期。

［158］王琛、陈维政：《工作场所反生产行为的形成机制及管理策略研究》，载于《生产力研究》2009 年第 20 期。

［159］王存同、余姣：《中国婚姻满意度水平及影响因素的实证分析》，载于《妇女研究论丛》2013 年第 1 期。

［160］王大伟：《论教师犯罪人》，载于《中国人民公安大学学报》2003 年第 6 期。

［161］王德胜、韩杰、李婷婷：《真实型领导如何抑制员工反生产行为：领导－成员交换的中介作用与自我效能感的调节作用》，载于《经济与管理研究》2020 年第 7 期。

［162］王登峰、崔红：《领导干部的人格特点与工作绩效的关系：

QZPS 与 NEO PI－R 的比较》，载于《心理学报》2008 年第 7 期。

[163] 王浩、罗军:《心理契约研究综述与展望》，载于《科技进步与对策》2009 年第 9 期。

[164] 王菁、徐小琴:《伦理与社会责任——来自企业层面的实证分析》，载于《伦理学研究》2014 年第 6 期。

[165] 王磊、邢诗怡、徐月月、陈娟:《班级环境对中学生暴力行为的影响:道德推脱的中介作用》，载于《教育研究与实验》2018 年第 5 期。

[166] 王蕾:《学校组织公平与教师组织公民行为的关系分析》，载于《中国临床心理学杂志》2008 年第 4 期。

[167] 王明辉、郭玲玲、赵国祥、凌文辁:《企业员工工作伦理的结构》，载于《心理学报》2009 年第 9 期。

[168] 王明辉、郭玲玲、赵娟娟:《员工工作伦理对其行为和绩效的影响》，载于《心理研究》2010 年第 6 期。

[169] 王萍、朱进炎:《马基雅维利主义人格对道德行为决策影响的研究:以道德推脱为中介变量》，载于《人类工效学》2018 年第 5 期。

[170] 王清平:《课堂教学道德失范与教学伦理的思考》，载于《上海教育科研》2017 年第 10 期。

[171] 王盛、石建伟、周萍:《雇佣关系中员工心理契约的形成研究及其管理启示》，载于《华东师范大学学报（哲学社会科学版)》2014 年第 6 期。

[172] 王树洲:《试论道德行为产生的心理机制》，载于《江南大学学报（人文社会科学版)》2007 年第 4 期。

[173] 王兴超、杨继平、刘丽、高玲、李霞:《道德推脱对大学生攻击行为的影响:道德认同的调节作用》，载于《心理发展与教育》2012 年第 5 期。

[174] 王兴超、杨继平、杨力:《道德推脱与攻击行为关系的元分析》，载于《心理科学进展》2014 年第 7 期。

[175] 王兴超、杨继平:《中文版道德推脱问卷的信效度研究》，

载于《中国临床心理学杂志》2010年第2期。

［176］王雁飞、朱瑜：《组织伦理气氛的理论与研究》，载于《心理科学进展》2006年第2期。

［177］王叶飞、蔡太生、邓黎：《情绪智力、组织公平感与工作满意度关系的研究》，载于《中国临床心理学杂志》2010年第2期。

［178］王永跃、段锦云：《人力资源实践对员工创新行为的影响：心理契约破裂的中介作用及上下级沟通的调节作用》，载于《心理科学》2014年第1期。

［179］王永跃、葛菁青、柴斌锋：《伦理型领导影响员工建言的多重中介效应比较研究》，载于《心理科学》2017年第3期。

［180］王永跃、朱玥、王铜安：《心理契约破裂、工作满意度与建言行为：神经质的调节作用》，载于《心理科学》2013年第6期。

［181］王永跃、祝涛：《伦理型领导、工具主义伦理气氛与员工不道德行为：内部人身份感知的调节作用》，载于《心理科学》2014年第6期。

［182］王宇清、龙立荣、周浩：《消极情绪在程序和互动不公正感与员工偏离行为间的中介作用：传统性的调节机制》，载于《心理学报》2012年第12期。

［183］魏峰、张文贤：《国外心理契约理论研究的新进展》，载于《外国经济与管理》2004年第2期。

［184］魏祥迁：《教师工作伦理及其对教师失范行为的影响》，华中师范大学学位论文，2013年。

［185］魏祥迁：《教师工作伦理及对教师失范行为的作用机制研究》，世界图书出版公司2013年版。

［186］魏祥迁、马红宇、刘腾飞：《论我国教师专业化背景下教师专业伦理教育》，载于《山东行政学院学报》2013年第2期。

［187］魏洋洋：《共情、马基雅维利主义、组织伦理气氛对员工伦理行为的影响：道德推脱的中介作用》，河南大学学位论文，2014年。

［188］温忠麟、张雷、侯杰泰、刘红云：《中介效应检验程序及其

应用》，载于《心理学报》2004 年第 5 期。

［189］文鹏、陈诚：《非伦理行为的"近墨者黑"效应：道德推脱的中介过程与个体特质的作用》，载于《华中师范大学学报（人文社会科学版）》2016 年第 4 期。

［190］吴爱惠：《上海市中小学教师问题行为和心理健康状况的调查研究》，上海师范大学学位论文，2005 年。

［191］吴爱惠、周家骥：《中小学教师问题行为现状的分析研究》，载于《上海师范大学学报（哲学社会科学．基础教育版）》2005 年第 1 期。

［192］［美］奥林奇著：《塑造教师：教师如何避免易犯的 25 个错误》，吴海玲译，中国轻工业出版社 2002 年版。

［193］吴红梅：《西方组织伦理氛围研究探析》，载于《外国经济与管理》2005 年第 9 期。

［194］吴明隆：《结构方程模型：AMOS 的操作与应用（第二版）》，重庆大学出版社 2010 年版。

［195］吴明隆：《问卷统计分析实务：SPSS 操作与应用》，重庆大学出版社 2010 年版。

［196］吴宗宪：《西方犯罪学史（第二版）》，法律出版社 1997 年版。

［197］武敏娟：《新生代员工工作满意度与反生产行为关系研究》，陕西科技大学学位论文，2019 年。

［198］夏小红：《教师失范行为的自我检视与问题规避》，载于《教学与管理》2019 年第 26 期。

［199］夏玉珍：《转型期中国社会失范与控制》，载于《华中师范大学学报（人文社会科学版）》2002 年第 5 期。

［200］肖美艳：《我国中小学教师教学行为失范问题研究》，四川师范大学学位论文，2006 年。

［201］肖美艳、曾令泰：《中小学教师教学行为失范现象的成因分析》，载于《当代教育论坛（学科教育研究）》2007 年第 4 期。

［202］谢宇：《时空情境视角下的越轨行为及治理》，载于《广东

社会科学》2018 年第 5 期。

［203］胥兴春、张大均：《教师工作价值观与工作绩效的关系研究》，载于《心理科学》2011 年第 4 期。

［204］胥兴春、张大均：《教师职业价值观与其工作满意度的关系：工作绩效的中介作用分析》，载于《西南大学学报（自然科学版）》2012 年第 4 期。

［205］徐安琪、叶文振：《婚姻质量：度量指标及其影响因素》，载于《中国社会科学》1998 年第 1 期。

［206］徐富明、相鹏、李斌：《中小学教师的自我职业生涯管理及与职业满意度、工作绩效的关系》，载于《教育研究与实验》2014 年第 3 期。

［207］徐梦、李小平：《组织不公平与反生产行为的关系》，载于《心理与行为研究》2017 年第 2 期。

［208］徐双敏、王科：《辱虐管理与公务员反生产行为关系研究：以组织公平感为调节变量》，载于《安徽大学学报（哲学社会科学版）》2018 年第 3 期。

［209］徐廷福：《教师专业伦理建设探微》，载于《教育评论》2005 年第 4 期。

［210］徐亚萍、王慈：《组织不公平感与员工反生产行为关系的调节性中介模型》，载于《人类工效学》2015 年第 1 期。

［211］徐志勇、赵志红：《北京市小学教师工作满意度实证研究》，载于《教师教育研究》2012 年第 1 期。

［212］许健、崔楠：《论教师失范行为对未成年人的影响》，载于《青少年犯罪问题》2011 年第 3 期。

［213］薛振东：《体育教师行为失范研究》，载于《教学与管理》2010 年第 15 期。

［214］闫艳玲、周二华、刘婷：《职场排斥与反生产行为：状态自控和心理资本的作用》，载于《科研管理》2014 年第 3 期。

［215］杨桂华：《转型社会控制论》，山西教育出版社 1998 年版。

［216］杨继平、王兴超：《道德推脱对员工道德决策的影响：德行领导的调节作用》，载于《心理科学》2012 年第 3 期。

［217］杨继平、王兴超：《道德推脱对青少年攻击行为的影响：有调节的中介效应》，载于《心理学报》2012 年第 8 期。

［218］杨继平、王兴超：《德行领导与员工不道德行为、利他行为：道德推脱的中介作用》，载于《心理科学》2015 年第 3 期。

［219］杨继平、王兴超、高玲：《道德推脱的概念、测量及相关变量》，载于《心理科学进展》2010 年第 4 期。

［220］杨继平、王兴超、高玲：《道德推脱对大学生网络偏差行为的影响：道德认同的调节作用》，载于《心理发展与教育》2015年第 3 期。

［221］杨杰、凌文辁、方俐洛：《工作场所中越轨行为的定义、特性与分类体系解析》，载于《心理科学进展》2004 年第 3 期。

［222］杨杰、凌文辁、方俐洛：《心理契约破裂与违背刍议》，载于《暨南学报（哲学社会科学版）》2003 年第 2 期。

［223］杨金国：《河北省中小学教师职业道德失范的调查研究》，辽宁师范大学学位论文，2004 年。

［224］杨隽：《社会转型期的越轨行为和社会调控》，载于《武警学院学报》2001 年第 2 期。

［225］杨隽：《越轨：一种新的视阈——从社会差别的角度看越轨》，载于《吉林大学社会科学学报》2001 年第 3 期。

［226］杨晓平、刘义兵：《论教师专业伦理建设》，载于《中国教育学刊》2011 年第 12 期。

［227］杨炎轩、蔡颢：《教师专业伦理及其建构》，载于《教育研究与实验》2021 年第 2 期。

［228］杨炎轩：《教师道德行为与道德成长：组织公民行为理论的视角》，载于《教育发展研究》2012 年第 24 期。

［229］杨炎轩：《学校组织伦理视角下的教师道德成长》，载于《中国教育学刊》2011 年第 9 期。

［230］杨振福：《失范行为社会学的基本框架》，载于《社会科学辑刊》1995 年第 4 期。

［231］杨振福：《失范行为社会学的现状与前瞻》，载于《中共沈阳市委党校学报》2000 年第 6 期。

［232］叶金辉、彭康清：《教师问题行为产生的因素探究》，载于《江西教育学院学报》2011 年第 1 期。

［233］叶青青、李林青、许慧：《道德推脱的心理机制、影响因素及中介作用》，载于《教育评论》2015 年第 3 期。

［234］易松国：《影响城市婚姻质量的因素分析——根据武汉千户问卷调查》，载于《人口研究》1997 年第 5 期。

［235］殷晓彦：《组织公平感的概念、结构和实证研究结果》，载于《管理现代化》2015 年第 4 期。

［236］于颖：《中小学教师言语道德失范的表征、成因及转化策略》，载于《教学与管理》2019 年第 33 期。

［237］于志苗：《领导风格、工作伦理与工作绩效关系研究》，曲阜师范大学学位论文，2012 年。

［238］余璇、陈维政：《组织伦理气候对员工工作场所行为的影响研究——以工作疏离感为中介变量》，载于《大连理工大学学报（社会科学版）》2015 年第 4 期。

［239］袁靖波：《企业非伦理行为的形成机制研究：一个整合的理论模型》，载于《外国经济与管理》2016 年第 1 期。

［240］曾练平、田丹丹、黄亚夫、赵守盈：《中小学教师人格类型及其对工作家庭平衡与工作绩效关系的调节作用》，载于《心理与行为研究》2021 年第 2 期。

［241］曾练平、曾冬平、屈家宁、佘爱、燕良轼：《中小学教师工作家庭平衡的异质性：基于潜在剖面分析》，载于《中国临床心理学杂志》2021 年第 1 期。

［242］占小军、陈颖、罗文豪、郭一蓉：《同事助人行为如何降低职场不文明行为：道德推脱的中介作用和道德认同的调节作用》，载于

《管理评论》2019 年第 4 期。

[243] 张宝明、张智：《应高度关注教师的问题行为》，载于《云南师范大学学报（哲学社会科学版）》2003 年第 5 期。

[244] 张桂平：《职场排斥对员工亲组织性非伦理行为的影响机制研究》，载于《管理科学》2016 年第 4 期。

[245] 张浩、丁明智、张正堂：《领导非权变惩罚、员工道德推脱与越轨行为——基于中和技术理论》，载于《当代财经》2018 年第 11 期。

[246] 张季媛、王文宇：《我国工作场所中负面行为调查及分析》，载于《财贸研究》2008 年第 6 期。

[247] 张继培：《国外教师工作满意度的研究综述》，载于《重庆工学院学报（社会科学）》2008 年第 10 期。

[248] 张建琼：《国内外课堂教学行为研究之比较》，载于《外国教育研究》2005 年第 3 期。

[249] 张建卫、刘玉新：《反生产行为的理论述评》，载于《学术研究》2008 年第 12 期。

[250] 张生太、张永云、杨蕊：《心理契约破裂对组织公民行为的影响研究》，载于《北京邮电大学学报（社会科学版）》2016 年第 3 期。

[251] 张苏串：《新教工作伦理及其中国情境下的比较研究》，山西大学学位论文，2012 年。

[252] 张添翼：《教师道德敏感性：概念、框架、问题与改善》，载于《教育发展研究》2015 年第 18 期。

[253] 张莞莎、周雪婷：《教育信息化背景下外语教师的反生产行为研究》，载于《牡丹江大学学报》2015 年第 9 期。

[254] 张晓峰：《教师组织公民行为：一种建构性分析及未来研究建议》，载于《教育理论与实践》2016 年第 25 期。

[255] 张笑峰、席酉民：《伦理型领导：起源、维度、作用与启示》，载于《管理学报》2014 年第 1 期。

［256］张璇、龙立荣、夏冉：《心理契约破裂和员工沉默行为：一个被调节的中介作用模型》，载于《工业工程与管理》2017 年第 5 期。

［257］张艳清、王晓晖、王海波：《组织情境下的不道德行为现象：来自道德推脱理论的解释》，载于《心理科学进展》2016 年第 7 期。

［258］张艺铭、刘万海：《国内近十年来教师教学失范行为研究综述》，载于《现代教育科学》2014 年第 8 期。

［259］张艺铭：《中小学青年教师教学失范行为的现状与改进研究》，渤海大学学位论文，2015 年。

［260］张永军、江晓燕、赵国祥：《伦理氛围与亲组织非伦理行为：道德辩护的中介效应》，载于《心理科学》2017 年第 5 期。

［261］张永军、廖建桥、赵君：《国外反生产行为研究回顾与展望》，载于《管理评论》2012 年第 7 期。

［262］张永军：《伦理型领导对员工反生产行为的影响：基于社会学习与社会交换双重视角》，载于《商业经济与管理》2012 年第 12 期。

［263］张永军：《伦理型领导对员工反生产行为的影响：基于组织的自尊的中介检验》，载于《中国管理科学》2015 年第 S1 期。

［264］张永军、赵国祥：《伦理型领导对员工反生产行为的影响机制：多层次视角》，载于《心理科学进展》2015 年第 6 期。

［265］张永军、赵国祥、于瑞丽：《伦理型领导研究中的前沿问题：现状与趋势》，载于《中国人力资源开发》2016 年第 3 期。

［266］张永军：《组织政治知觉对员工反生产行为的影响：心理契约破裂的中介检验》，载于《商业经济与管理》2013 年第 10 期。

［267］张志学、鞠冬、马力：《组织行为学研究的现状：意义与建议》，载于《心理学报》2014 年第 2 期。

［268］张志学、张建君、梁钧平：《企业制度和企业文化的功效：组织控制的观点》，载于《经济科学》2006 年第 1 期。

［269］章发旺、廖建桥：《伦理型领导与员工越轨行为——一个多层次的调节模型》，载于《工业工程与管理》2016 年第 3 期。

[270] 章婧：《国内外关于教师不当教学行为的研究综述》，载于《教育学术月刊》2011年第2期。

[271] 赵红丹、周君：《企业伪善、道德推脱与亲组织非伦理行为：有调节的中介效应》，载于《外国经济与管理》2017年第1期。

[272] 赵红利、王成全：《教师不良教育行为的类型及矫正》，载于《信阳师范学院学报（哲学社会科学版）》2000年第2期。

[273] 赵宏玉、齐婷婷、张晓辉、间邱意淳：《免费师范生的教师职业认同：结构与特点实证研究》，载于《教师教育研究》2011年第6期。

[274] 赵简、孙健敏、张西超：《工作要求－资源、心理资本对工作家庭关系的影响》，载于《心理科学》2013年第1期。

[275] 赵君、廖建桥、张永军：《评估式绩效考核对职场偏差行为的影响：探讨工作满意度和马基雅维利主义的作用》，载于《经济管理》2014年第3期。

[276] 钟晓燕、姚丽伟、李霞萍、严水兰：《手术室护士心理集体主义对道德推脱倾向的影响及组织伦理气氛在其间的中介效应》，载于《护理与康复》2019年第5期。

[277] 周成海：《教师不当行为类型与矫治之策》，载于《中国教育学刊》2010年第6期。

[278] 朱建民、陈洪伟、沈杰、郑全全：《教师问题行为的初步探索》，载于《心理科学》2009年第2期。

[279] 朱力：《失范的三维分析模型》，载于《江苏社会科学》2006年第4期。

[280] 朱力：《失范范畴的理论演化》，载于《南京大学学报（哲学·人文科学·社会科学版）》2007年第4期。

[281] 朱贻庭：《伦理学大辞典》，上海辞书出版社2011年版。

[282] 朱永新：《教师是教育之本》，载于《中国教育报》2011年11月17日。

[283] 祝涛：《伦理型领导对员工不道德行为的影响机制研究》，

浙江工商大学学位论文，2015 年。

［284］Agarwal J. , Malloy D. C. . Ethical Work Climate Dimensions in a Not – For – Profit Organization: An Empirical Study. *Journal of Business Ethics*, Vol. 20, No. 1, 1999, pp. 1 – 14.

［285］Alexander S. and Ruderman M. . The Role of Procedural and Distributive Justice in Organizational Behavior. *Social Justice Research*, Vol. 1, No. 2, 1987, pp. 177 – 198.

［286］Ambrose M. L. , Seabright M. A. and Schminke M. . Sabotage in the Workplace: The Role of Organizational Injustice. *Organizational Behavior & Human Decision Processes*, Vol. 89, No. 1, 2002, pp. 947 – 965.

［287］Aryee S. , Chen Z. X. and Budhwar P. S. . Exchange Fairness and Employee Performance: An Examination of the Relationship Between Organizational Politics and Procedural Justice. *Organizational Behavior & Human Decision Processes*, Vol. 94, No. 1, 2004, pp. 1 – 14.

［288］Avey J. B. , Palanski M. E. and Walumbwa F. O. . When Leadership Goes Unnoticed: The Moderating Role of Follower Self-esteem on the Relationship between Ethical Leadership and Follower Behavior. *Journal of Business Ethics*, Vol. 98, No. 4, 2011, pp. 573 – 582.

［289］Azen R. and Budescu D. V. . The Dominance Analysis Approach for Comparing Predictors in Multiple Regression. *Psychological Methods*, Vol. 8, No. 2, 2003, pp. 129 – 148.

［290］Bandura A. , Barbaranelli C. , Caprara G. V. and Pastorelli C. . Mechanisms of Moral Disengagement in the Exercise of Moral Agency. *Journal of Personality and Social Psychology*, Vol. 71, No. 2, 1996, pp. 364 – 374.

［291］Bandura A. . Fearful Expectations and Avoidant Actions as Coeffects of Perceived Self-inefficacy. *American Psychologist*, Vol. 41, No. 12, 1986, pp. 1389 – 1391.

［292］Bandura A. . Moral Disengagement in the Perpetration of Inhumanities. *Personality & Social Psychology Review*, Vol. 3, No. 3, 1999, pp. 193 – 209.

[293] Bandura A.. Selective Activation and Disengagement of Moral Control. *Journal of Social Issues*, Vol. 46, No. 1, 1990, pp. 27 – 46.

[294] Bandura A.. Selective Moral Disengagement in the Exercise of Moral Agency. *Journal of Moral Education*, Vol. 31, No. 2, 2002, pp. 101 – 119.

[295] Barrett D. E., Headley K. N., Stovall B. and Witte J. C.. Teachers' Perceptions of the Frequency and Seriousness of Violations of Ethical Standards. *Journal of Psychology*, Vol. 140, No. 5, 2006, pp. 421 – 433.

[296] Barrick M. R. and Mount M. K.. The Big Five Personality Dimensions and Job Performance: A Meta-analysis. *Personnel Psychology*, Vol. 44, No. 1, 1991, pp. 1 – 27.

[297] Barrick M. R., Mount M. K. and Judge T. A.. Personality and Performance at the Beginning of the New Millennium: What do We Know and Where do We Go Next?. *International Journal of Selection and Assessment*, Vol. 9, No. 1 – 2, 2001, pp. 9 – 30.

[298] Barsky A.. Investigating the Effects of Moral Disengagement and Participation on Unethical Work Behavior. *Journal of Business Ethics*, Vol. 104, No. 1, 2011, pp. 59 – 75.

[299] Bennett R. J. and Robinson S. L.. Development of a Measure of Workplace Deviance. *Journal of Applied Psychology*, Vol. 85, No. 3, 2000, pp. 349 – 360.

[300] Berry C. M., Ones D. S. and Sackett P. R.. Interpersonal Deviance, Organizational Deviance, and Their Common Correlates: A Review and Meta-analysis. *Journal of Applied Psychology*, Vol. 92, No. 2, 2007, pp. 410 – 424.

[301] Bogler R. and Somech A.. Influence of Teacher Empowerment

on Teachers' Organizational Commitment, Professional Commitment and Organizational Citizenship Behavior in Schools. *Teaching & Teacher Education*, Vol. 20, No. 3, 2004, pp. 277 – 289.

［302］Bogler R. and Somech A.. Organizational Citizenship Behavior in School: How does it Relate to Participation in Decision Making? . *Journal of Educational Administration*, Vol. 43, No. 5, 2005, pp. 420 – 438.

［303］Bogt T. T. , Raaijmakers Q. and Wel F. V.. Socialization and Development of the Work Ethic among Adolescents and Young Adults. *Journal of Vocational Behavior*, Vol. 66, No. 3, 2005, pp. 420 – 437.

［304］Borman W. C. , Penner L. A. , Allen T. D. and Motowidlo S. J.. Personality Predictors of Citizenship Performance. *International Journal of Selection and Assessment*, Vol. 9, No. 1 – 2, 2001, pp. 52 – 69.

［305］Bragger J. D. , Rodriguez – Srednicki O. , Kutcher E. J. , Indovino L. and Rosner E.. Work – family Conflict, Work – family Culture, and Organizational Citizenship Behavior among Teachers. *Journal of Business and Psychology*, Vol. 20, No. 2, 2005, pp. 303 – 324.

［306］Brenner S. N. and Molander E. A. Is the Ethics of Business Changing? . *Harvard Business Review*, Vol. 55, No. 1 – 2, 1977, pp. 57 – 71.

［307］Brief A. P. , Dietz J. , Cohen R. R. , Pugh S. D. and Vaslow J. B.. Just Doing Business: Modern Racism and Obedience to Authority as Explanations for Employment Discrimination. *Organizational Behavior and Human Decision Processes*, Vol. 81, No. 6, 2000, pp. 72 – 97.

［308］Brown M. E. and Trevino L. K.. Ethical Leadership: A Review and Future Directions. *Leadership Quarterly*, Vol. 17, No. 6, 2006, pp. 595 – 616.

［309］Brown M. E. , Trevino L. K. and Harrison D. A. Ethical Leadership: A Social Learning Perspective for Construct Development and Testing. *Organizational Behavior and Human Decision Processes*, Vol. 97, No. 2, 2005, pp. 117 – 134.

［310］Budescu D. V.. Dominance Analysis: A New Approach to the Problem of Relative Importance of Predictors in Multiple Regression. *Psychological Bulletin*, Vol. 114, No. 3, 1993, pp. 542 – 551.

［311］Carlson D. S., Ferguson M., Kacmar K. M., Grzywacz J. G. and Whitten D.. Pay it Forward: the Positive Crossover Effects of Supervisor Work-family Enrichment. *Journal of Management*, Vol. 37, No. 3, 2011, pp. 770 – 789.

［312］Carlson D. S., Grzywacz J. G. and Zivnuska S.. Work-family Balance: Is Work-family Balance More than Conflict and Enrichment?. *Human relations*, Vol. 62, No. 10, 2009, pp. 1459 – 1486.

［313］Chanzanagh H. E. and Nejat J.. Values and Work Ethic in Iran: A Case Study on Iranian Teachers. *Procedia – Social and Behavioral Sciences*, Vol. 5, 2010, pp. 1521 – 1526.

［314］Chen A. S. Y. and Hou Y. H.. The Effects of Ethical Leadership, Voice Behavior and Climates for Innovation on Creativity: A Moderated Mediation Examination. Leadership Quarterly, Vol. 27, No. 1, 2016, pp. 1 – 13.

［315］Christian J. S. and Ellis A.. The Crucial Role of Turnover Intentions in Transforming Moral Disengagement into Deviant Behavior at Work. *Journal of Business Ethics*, Vol. 119, No. 2, 2014, pp. 193 – 208.

［316］Claybourn M.. Relationships between Moral Disengagement, Work Characteristics and Workplace Harassment. *Journal of Business Ethics*, Vol. 100, No. 2, 2011, pp. 283 – 301.

［317］Clay – Warner J., Reynolds J. and Roman P.. Organizational Justice and Job Satisfaction: A Test of Three Competing Models. *Social Justice Research*, Vol. 18, No. 4, 2005, pp. 391 – 409.

［318］Colbert A. E., Mount M. K., Harter J. K., Witt L. A. and Barrick M. R.. Interactive Effects of Personality and Perceptions of the Work Situation on Workplace Deviance. *Journal of Applied Psychology*, Vol. 89,

No. 4, 2004, pp. 599 – 609.

[319] Corbett K. , Gentry C. S. and Pearson W. . Sexual Harassment in High School. *Youth & Society*, Vol. 25, No. 1, 1993, pp. 93 – 103.

[320] Cullen J. B. , Parboteeah K. P. and Victor B. . The Effects of Ethical Climates on Organizational Commitment: A Two-study Analysis. *Journal of Business Ethics*, Vol. 46, No. 2, 2003, pp. 127 – 141.

[321] Dalal R. S. . A Meta-analysis of the Relationship between Organizational Citizenship Behavior and Counterproductive Work Behavior. *Journal of Applied Psychology*, Vol. 90, No. 6, 2005, pp. 1241 – 1255.

[322] DeConinck J. B. and Stilwell C. D. . Incorporating Organizational Justice, Role States, Pay Satisfaction and Supervisor Satisfaction in a Model of Turnover Intentions. *Journal of Business Research*, Vol. 57, No. 3, 2004, pp. 225 – 231.

[323] DeConinck J. B. . How Sales Managers Control Unethical Sales Force Behavior. *Journal of Business Ethics*, Vol. 11, No. 10, 1992, pp. 789 – 798.

[324] Denison D. R. . What is the Difference between Organizational Culture and Organizational Climate? A Native's Point of View on a Decade of Paradigm Wars. *Academy of Management Review*, Vol. 21, No. 3, 1996, pp. 619 – 654.

[325] Detert J. R. , Trevino L. K. and Sweitzer V. L. . Moral Disengagement in Ethical Decision Making: A Study of Antecedents and Outcomes. *Journal of Applied Psychology*, Vol. 93, No. 2, 2008, pp. 374 – 391.

[326] Dose J. J. . Work Values: An Integrative Framework and Illustrative Application to Organizational Socialization. *Journal of Occupational and Organizational Psychology*, Vol. 70, No. 3, 1997, pp. 219 – 240.

[327] Eisenberger R. and Shank D. M. . Personal Work Ethic and Effort Training Affect Cheating. *Journal of Personality and Social Psychology*,

Vol. 49, No. 2, 1985, pp. 520 – 528.

[328] Enderle G.. Some Perspectives of Managerial Ethical Leadership. *Journal of Business Ethics*, Vol. 6, No. 8, 1987, pp. 657 – 663.

[329] Falkenberg L. and Herremans I.. Ethical Behaviours in Organizations: Directed by the Formal or Informal Systems? . *Journal of Business Ethics*, Vol. 14, No. 2, 1995, pp. 133 – 143.

[330] Ferrell O. C. and Skinner S. J.. Ethical Behavior and Bureaucratic Structure in Marketing Research Organizations. *Journal of Marketing Research*, Vol. 25, No. 1, 1988, pp. 103 – 109.

[331] Fida R. , Paciello M. , Tramontano C. , Fontaine R. G. , Barbaranelli C. , and Farnese M. L.. An Integrative Approach to Understanding Counterproductive Work Behavior: The Roles of Stressors, Negative Emotions, and Moral Disengagement. *Journal of Business Ethics*, Vol. 130, No. 1, 2015, pp. 131 – 144.

[332] Fox S. , Spector P. E. , and Miles D.. Counter-productive Work Behavior (CWB) in Response to Job Stressors and Organizational Justice: Some Mediator and Moderator Tests for Autonomy and Emotions. *Journal of Vocational Behavior*, Vol. 59, No. 3, 2001, pp. 291 – 309.

[333] Goldberg L. R.. The Development of Markers for the Big – Five Factor Structure. *Psychological Assessment*, Vol. 4, No. 1, 1992, pp. 26 – 42.

[334] Greenberg J.. Who Stole the Money, and When? Individual and Situational Determinants of Employee Theft. *Organizational Behavior & Human Decision Processes*, Vol. 89, No. 1, 2002, pp. 985 – 1003.

[335] Greenhaus J. H. and Powell G. N.. When Work and Family are Allies: A Theory of Work – family Enrichment. *Academy of Management Review*, Vol. 31, No. 1, 2006, pp. 72 – 92.

[336] Gruys M. L. and Sackett P. R.. Investigating the Dimensionality

of Counterproductive Work Behavior. *International Journal of Selection & Assessment*, *Vol.* 11, No. 1, 2003, pp. 30 – 42.

[337] Hatcher T.. From Apprentice to Instructor: Work Ethic in Apprenticeship Training. *Journal of Industrial Teacher Education*, Vol. 33, No. 1, 1995, pp. 24 – 25.

[338] Hatch M. J.. The Dynamics of Organizational Culture. *Academy of Management*, Vol. 18, No. 4, 1993, pp. 657 – 693.

[339] Hegarty W. H. and Sims H. P.. Some Determinants of Unethical Decision Behavior: An Experiment. *Journal of Applied Psychology*, Vol. 63, No. 4, 1978, pp. 451 – 457.

[340] Hill R. B. and Petty G. C.. A New Look at Selected Employability Skills: A Factor Analysis of the Occupational Work Ethic. *Journal of Vocational Education Research*, Vol. 20, No. 4, 1995, pp. 59 – 73.

[341] Hill R. B.. Demographic Differences in Selected Work Ethic Attributes. *Journal of Career Development*, Vol. 24, No. 1, 1997, pp. 3 – 23.

[342] Hollinger R. and Clark J.. Formal and Informal Social Controls of Employee Deviance. *Sociological Quarterly*, Vol. 23, No. 3, 1982, pp. 333 – 343.

[343] Joosten A., Dijke M. V., Hiel A. V. and Cremer D. D.. Being "in control" May Make You Lose Control: the Role of Self-regulation in Unethical Leadership Behavior. *Journal of Business Ethics*, Vol. 121, No. 1, 2014, pp. 147 – 147.

[344] Jordan J., Brown M. E., Trevino L. K. and Finkelstein S.. Someone to Look Up to: Executive-follower Ethical Reasoning and Perceptions of Ethical Leadership. *Journal of Management*, Vol. 39, No. 3, 2013, pp. 660 – 683.

[345] Katz D. and Kahn R. L.. *The Social Psychology of Organization* (*2nd Ed*), New York: John Wiley, 1978.

[346] Kearney P., Plax T. G. and Allen T. H.. Understanding Student

Reactions to Teachers Who Misbehave. In J. L. Cheseboro and J. C. McCros-key (eds.), *Communication for Teachers*. Boston, MA: Allyn & Bacon, 2002, pp. 127 – 149.

[347] Kearney P. , Plax T. G. , Hayes E. R. and Ivey M. J. . College Teacher Misbehaviours: What Students don't Like About What Teachers Say and Do. *Communication Quarterly*, Vol. 39, No. 4, 1991, pp. 325 – 340.

[348] Kelloway E. K. , Loughlin C. , Barling J. and Alison N. . Self-reported Counterproductive Behaviors and Organizational Citizenship Behaviors: Separate but Related Constructs. *International Journal of Selection and Assessment*, Vol. 10, No. 1 – 2, 2002, pp. 143 – 151.

[349] Khuntia R. and Suar D. . A Scale to Assess Ethical Leadership of Indian Private and Public Sector Managers. *Journal of Business Ethics*, Vol. 49, No. 1, 2004, pp. 13 – 26.

[350] Korsgaard M. A. , Schweiger D. M. and Sapienza H. J. . Building Commitment, Attachment, and Trust in Strategic Decision-making Teams: The Role of Procedural Justice. *Academy of Management Journal*, Vol. 38, No. 1, 1995, pp. 60 – 84.

[351] Koubova V. and Buchko A. A. . Life – work Balance: Emotional Intelligence as a Crucial Component of Achieving both Personal Life and Work Performance. *Management Research Review*, Vol. 36, No. 7, 2013, pp. 700 – 719.

[352] Lau V. , Au W. and Ho J. . A Qualitative and Quantitative Review of Antecedents of Counterproductive Behavior in Organizations. *Journal of Business and Psychology*, Vol. 18, No. 1, 2003, pp. 73 – 99.

[353] Lee K. and Allen N. J. Organizational Citizenship Behavior and Workplace Deviance: The Role of Affect and Cognitions. *Journal of Applied Psychology*, Vol. 87, No. 1, 2002, pp. 131 – 142.

[354] Leung A. S. M. . Matching Ethical Work Climate to In-role and Extra-role Behaviors in a Collectivist Work Setting. *Journal of Business Eth-*

ics, Vol. 79, No. 1 –2, 2008, pp. 43 –55.

[355] Leventhal G. S.. What Should be Done with Equity Theory: NewApproaches to the Study of Fairness in Social Relationships. In K. J. Gergen, M. S. Greenberg, R. H. Willis (eds.), *Social exchange: Advances in theory and research*. Plenum Press, 1980, pp. 27 –55.

[356] Lind E. A. and Tyler T. R.. *The Social Psychology of Pocedural Justice*. New York: Plenum, 1988.

[357] Liu Y. , Lam L. W. and Loi R.. Ethical Leadership and Workplace Deviance: The Role of Moral Disengagement. *Advances in Global Leadership*, Vol. 7, No. 7, 2012, pp. 37 –56.

[358] Loch K. D. and Conger, S.. Evaluating Ethical Decision Making and Computer Use. *Communications of the ACM*, 39, No. 7, 1996, pp. 74 –83.

[359] Luo M. C. , Huang W. M. and Najjar L.. The Relationship between Perceptions of a Chinese High School's Ethical Climate and Students' School Performance. *Journal of Moral Education*, Vol. 36, No. 1, 2007, pp. 93 –111.

[360] Luthans F. , Norman S. M. , Avolio B. J. and Avey J. B.. The Mediating Role of Psychological Capital in the Supportive Organizational Climate: Employee Performance Relationship. *Journal of Organizational Behavior*, Vol. 29, No. 2, 2008, pp. 219 –238.

[361] Malloy D. C. and Agarwal J.. Ethical Climate in Nonprofit Organizations: Propositions and Implications. *Nonprofit Management and Leadership*, Vol. 12, No. 1, 2001, pp. 39 –54.

[362] Marcus B. and Schuler H.. Antecedents of Counterproductive Behavior at Work: A General Perspective. *Journal of Applied Psychology*, Vol. 89, No. 4, 2004, pp. 647 –660.

[363] Martinko M. , Gundlach M. J. and Douglas S. C.. Toward an Integrative Theory of Counterproductive Workplace Behavior: A Causal Rea-

soning Perspective. *International Journal of Selection and Assessment*, Vol. 10, No. 1 – 2, 2002, pp. 36 – 50.

［364］ Masterson S. S. , Lewis K. , Goldman B. M. and Taylor M. S. . Integrating Justice and Social Exchange: The Differing Effects of Fair Procedures and Treatment on Work Relationships. *Academy of Management Journal*, Vol. 43, No. 4, 2000, pp. 738 – 748.

［365］ Mayer D. M. , Aquino K. , Greenbaum R. L. and Kuenzi M. . Who Displays Ethical Leadership, and Why does it Matter? an Examination of Antecedents and Consequences of Ethical Leadership. *Academy of Management Journal*, Vol. 55, No. 1, 2012, pp. 151 – 171.

［366］ Mayer D. M. , Kuenzi M. , Greenbaum R. , Bardes M. and Salvador R. . How Low does Ethical Leadership Flow? Test of a Trickle-down Model. *Organizational Behavior and Human Decision Processes*, Vol. 108, No. 1, 2009, pp. 1 – 13.

［367］ McAlister A. L. , Bandura A. and Owen S. V. . Mechanisms of Moral Disengagement in Support of Military Force: The Impact of Sept. 11. *Journal of Social & Clinical Psychology*, Vol. 25, No. 2, 2006, pp. 141 – 165.

［368］ McCortney A. L. and Engels D. W. . Revisiting the Work Ethic in America. *Career Development Quarterly*, Vol. 52, No. 2, 2003, pp. 132 – 140.

［369］ McFarlin D. B. and Sweeney P. D. . Distributive and Procedural Justice as Predictors of Satisfaction with Personal and Organizational Outcomes. *Academy of Management Journal*, Vol. 35, No. 3, 1992, pp. 626 – 637.

［370］ McNichols C. W. , Stahl M. J. and Manley T. R. . A Validation of Hoppock's Job Satisfaction Measure. *Academy of Management Journal*, Vol. 21, No. 4, 1978, pp. 737 – 742.

［371］ Meier L. L. and Spector P. E. . Reciprocal Effects of Work Stressors and Counterproductive Work Behavior: A Five-wave Longitudinal Study. *Journal of Applied Psychology*, Vol. 98, No. 3, 2013, pp. 529 – 539.

[372] Meriac J. P.. Work Ethic and Academic Performance: Predicting Citizenship and Counterproductive Behavior. *Learning and Individual Differences*, Vol. 22, No. 4, 2012, pp. 549 – 553.

[373] Merton, R. K.. Social Structure and Anomie. *American Sociological Review*, Vol. 3, No. 5, 1938, pp. 672 – 682.

[374] Miller M. J., Woehr D. J. and Hudspeth N.. The Meaning and Measurement of Work Ethic: Construction and Initial Validation of a Multidimensional Inventory. *Journal of Vocational Behavior*, Vol. 60, No. 3, 2002, pp. 451 – 489.

[375] Mohapatra M. and Sharma B. R.. Study of Employee Engagement and Its Predictors in an Indian Public Sector Undertaking. *Global Business Review*, Vol. 11, No. 2, 2010, pp. 281 – 301.

[376] Moore C., Detert J. R., Trevino L. K., Baker V. L. and Mayer D. M.. Why Employees do Bad Things: Moral Disengagement and Unethical Organizational Behavior. *Personnel Psychology*, Vol. 65, No. 1, 2012, pp. 1 – 48.

[377] Moorman R. H.. Relationship between Organizational Justice and Organizational Citizenship Behaviors: Do Fairness Perceptions Influence Employee Citizenship. *Journal of Applied Psychology*, Vol. 76, No. 6, 1991, pp. 845 – 855.

[378] Morrison E. W. and Robinson S. L.. When Employees Feel Betrayed: A Model of How Psychological Contract Violation Develops. *Academy of Management Review*, Vol. 22, No. 1, 1997, pp. 226 – 256.

[379] Mount M., Ilies R. and Johnson E.. Relationship of Personality Traits and Counterproductive Work Behaviors: The Mediating Effects of Job Satisfaction. *Personnel Psychology*, Vol. 59, No. 3, 2006, pp. 591 – 622.

[380] Ngunia S., Sleegers P. and Denessen E.. Transformational and

Transactional Leadership Effects on Teachers' Job Satisfaction, Organizational Commitment, and Organizational Citizenship Behavior in Primary Schools: The Tanzanian Case. *School Effectiveness & School Improvement*. Vol. 17, No. 2, 2006, pp. 145 – 177.

[381] Niehoff B. P. and Moorman R. H.. Justice as a Mediator of the Relationship between Methods of Monitoring and Organizational Citizenship Behavior. *Academy of Management Journal*, Vol. 36, No. 3, 1993, pp. 527 – 556.

[382] Nielsen R. P. Changing Unethical Organizational Behavior. *Academy of Management Executive*, Vol. 3, No. 2, 1989, pp. 123 – 130.

[383] Nojani M. I., Arjmandnia A. A., Afrooz G. A. and Rajabi M.. The Study on Relationship between Organizational Justice and Job Satisfaction in Teachers Working in General, Special and Gifted Education Systems. *Procedia – Social and Behavioral Sciences*, Vol. 46, No. 1, 2012, pp. 2900 – 2905.

[384] Ones D. S. and Viswesvaran C.. Integrity Tests and Other Criterion-focused Occupational Personality Scales (COPS) Used in Personnel Selection. *International Journal of Selection and Assessment*, Vol. 9, No. 1 – 2, 2001, pp. 31 – 39.

[385] Oplatka I.. Going beyond Role Expectations: Toward an Understanding of the Determinants and Components of Teacher Organizational Citizenship Behavior. *Educational Administration Quarterly*, Vol. 42, No. 3, 2006, pp. 385 – 423.

[386] Organ D. W. and Konovsky M.. Cognitive versus Affective Determinants of Organizational Citizenship Behavior. *Journal of Applied Psychology*, Vol. 74, No. 1, 1989, pp. 157 – 164.

[387] Organ D. W. and Ling L. A.. Personality, Satisfaction, and Organizational Citizenship Behavior. *Journal of Social psychology*, Vol. 135, No. 3, 1995, pp. 339 – 350.

［388］ Organ D. W.. Organizational Citizenship Behavior: It's Construct Clean-up Time. *Human Performance*, Vol. 10, No. 2, 1997, pp. 85 – 97.

［389］ Organ D. W.. *Organizational Citizenship Behavior: The Good Soldier Syndrome*. Lexington, MA: Lexington Books, 1988, p. 4.

［390］ Palmer N. F.. The Effects of Leader Behavior on Follower Ethical Behavior: Examining the Mediating Roles of Ethical Efficacy and Moral Disengagement. Doctoral Dissertation, The University of Nebraska, Lincoln, 2013.

［391］ Payne S. L. Organizational Ethics and Antecedents to Social Control Processes. *Academy of Management Review*, Vol. 5, No. 2, 1980, pp. 409 – 414.

［392］ Peer E., Acquisti A. and Shalvi S.. I Cheated, but Only a Little: Partial Confessions to Unethical Behavior. *Journal of Personality & Social Psychology*, Vol. 106, No. 2, 2014, pp. 202 – 217.

［393］ Peterson D. K.. Deviant Workplace Behavior and the Organization's Ethical Climate. *Journal of Business and Psychology*, Vol. 17, No. 1, 2002, pp. 47 – 61.

［394］ Pogson C. E., Cober A. B., Doverspike D. and Rogers J. R.. Differences in Self-reported Work Ethic across Three Career Stage. *Journal of Vocational Behavior*, Vol. 62, No. 1, 2003, pp. 189 – 201.

［395］ Robertson I. T. and Kinder A.. Personality and Job Competences: The Criterion-related Validity of Some Personality Variables. *Journal of Occupational and Organizational Psychology*, Vol. 66, No. 3, 1993, pp. 225 – 244.

［396］ Robinson S. L. and Bennett R. J.. A Typology of Deviant Workplace Behaviors: A Multidimensional Scaling Study. *Academy of Management Journal*, Vol. 38, No. 2, 1995, pp. 555 – 572.

［397］ Robinson S. L. and Greenberg J.. Employees Behavior Badly:

Dimensions, Determinates and Dilemma as in the Study of Workplace Deviance. *Trends in Organizational Behavior*, Vol. 5, No. 1, 1998, pp. 1 – 29.

[398] Robinson S. L. and O'Leary – Kelly A. M. Monkey See Monkey Do: The Influence of Work Groups on the Antisocial Behavior of Employees. *Academy of Management Journal*, Vol. 41, No. 6, 1998, pp. 658 – 672.

[399] Rodgers – Jenkinson F. and Chapman D. . Job Satisfaction of Jamaican Elementary School Teachers. *International Review of Education*, Vol. 36, No. 3, 1990, pp. 299 – 313.

[400] Rosenblatt Z. and Peled D. . School Ethical Climate and Parental Involvement. *Journal of Educational Administration*, Vol. 40, No. 4, 2002, pp. 349 – 367.

[401] Rotundo M. and Sackett P. R. . The Relative Importance of Task, Citizenship and Counterproductive Performance to Global Ratings of Job Performance: A Policy-capturing Approach. *Journal of Applied Psychology*, Vol. 87, No. 1, 2002, pp. 66 – 80.

[402] Sackett P. R. and DeVore C. J. . Counterproductive Behaviors at Work. In N. Anderson, D. Ones, H. Sinangil and C. Viswesvaran (eds.), *International Handbook of Work Psychology*. London: Sage Publications. 2001.

[403] Sagnak M. . The Relationship between Transformational School Leadership and Ethical Climate. *Educational Sciences: Theory & Practice*, Vol. 10, No. 2, 2010, pp. 1135 – 1152.

[404] Salgado J. F. . Predicting Job Performance by FFM and Non – FFM Personality Measures. *Journal of Occupational and Organizational Psychology*, Vol. 76, No. 3, 2003, pp. 323 – 346.

[405] Salgado J. F. . The Big Five Personality Dimensions and Counterproductive Behaviors. *International Journal of Selection and Assessment*, Vol. 10, No. 1 – 2, 2002, pp. 117 – 125.

［406］ Samnani A. K. , Salamon S. D. and Singh P. . Negative Affect and Counterproductive Workplace Behavior: The Moderating Role of Moral Disengagement and Gender. *Journal of Business Ethics*, Vol. 119, No. 2, 2014, pp. 235 – 244.

［407］ Saul G. K. . Business Ethics: Where are We Going? . *Academy of Management Review*, Vol. 6, No. 2, 1981, pp. 269 – 276.

［408］ Schminke M. , Ambrose M. L. and Neubaum D. O. . The Effect of Leader Moral Development on Ethical Climate and Employee Attitudes: Science Direct. *Organizational Behavior and Human Decision Processes*, Vol. 97, No. 2, 2005, pp. 135 – 151.

［409］ Schneider B. . Organizational Climate: An Essay. *Personnel Psychology*, Vol. 28, No. 3, 1975, pp. 447 – 479.

［410］ Schonfeld I. S. . An Updated Look at Depressive Symptoms and Job Satisfaction in First-year Women Teachers. *Journal of Occupational and Organizational Psychology*, Vol. 73, No. 3, 2000, pp. 363 – 371.

［411］ Schulte L. E. , Thompson F. , Talbott J. , Luther A. , Garcia M. , Blanchard S. , Conway L. and Mueller M. . The Development and Validation of the Ethical Climate Index for Middle and High Schools. *School Community Journal*, Vol. 12, No. 2, 2002, pp. 117 – 132.

［412］ Shamsudin A. S. , Kassim A. W. M. , Hassan M. G. and Johari N. A. . Preliminary Insights on the Effect of Islamic Work Ethic on Relationship Marketing and Customer Satisfaction. *Journal of Human Resource and Adult Learning*, Vol. 6, No. 1, 2010, pp. 106 – 114.

［413］ Sheikh S. and Janoff – Bulman R. . Tracing the Self-regulatory Bases of Moral Emotions. *Emotion Review*, Vol. 2, No. 4, 2010, pp. 386 – 396.

［414］ Shek D. , Lam M. , Tsoi K. and Lam C. . The Development of the Chinese Version of the Kansas Marital Satisfaction Scale in Hong Kong. *Unpublished manuscript*, 1992.

[415] Sims R. L. and Kroeck K. G.. The Influence of Ethical Fit on Employee Satisfaction, Commitment and Turnover. *Journal of Business Ethics*, Vol. 13, No. 12, 1994, pp. 939 – 947.

[416] Skarlicki D. P. and Folger R.. Retaliation in the Workplace: The Roles of Distributive, Procedural and Interactional Justice. *Journal of Applied Psychology*, Vol. 82, No. 3, 1997, pp. 734 – 443.

[417] Spector P. E., Bauer J. A. and Fox S.. Measurement Artifacts in the Assessment of Counterproductive Work Behavior and Organizational Citizenship Behavior: Do We Know What We Think We Know. *Journal of Applied Psychology*, Vol. 95, No. 4, 2010, pp. 781 – 790.

[418] Spector P. E., Fox S., Penney L. M., Bruursema K., Goh A. and Kessler S.. The Dimensionality of Counterproductivity: Are All Counterproductive Behaviors Created equal. *Journal of Vocational Behavior*, Vol. 68, No. 3, 2006, pp. 446 – 460.

[419] Tang Y. Z., Zhan X. M. and Chen K.. Differential Leadership and Organizational Corruption in China: Mediating Role of Moral Disengagement and Moderating Role of Organizational Justice. *Chinese Management Studies*, Vol. 12, No. 4, 2018, pp. 795 – 811.

[420] Thau S., Aquino K. and Wittek R.. An Extension of Uncertainty Management Theory to the Self: the Relationship between Justice, Social Comparison Orientation, and Antisocial Work Behaviors. *Journal of Applied Psychology*, Vol. 92, No. 1, 2007, pp. 250 – 258.

[421] Tremblay M. and Roussel P.. Modelling the Role of Organizational Justice: Effects on Satisfaction and Unionization Propensity of Canadian. *International Journal of Human Resource Management*, Vol. 12, No. 5, 2001, pp. 717 – 737.

[422] Trevino L. K. and Youngblood S. A.. Bad Apples in Bad Barrels: A Causal Analysis of Ethical Decision-making Behavior. *Journal of Applied Psychology*, Vol. 75, No. 4, 1990, pp. 378 – 385.

[423] Trevino L. K. , Hartman L. P. and Brown M. . Moral Person and Moral Manager: How Executives Develop a Reputation for Ethical Leadership. *California management review*, Vol. 42, No. 4, 2000, pp. 128 – 142.

[424] Trevino L. K. , Weaver G. R. and Reynolds S. J. . Behavioral Ethics in Organizations: A Review. *Journal of Management*, Vol. 32, No. 6, 2006, pp. 951 – 990.

[425] Turnley W. H. and Feldman D. C. . Re-examining the Effects of Psychological Contract Violations: Unmet Expectations and Job Dissatisfaction as Mediators. *Journal of Organizational Behavior*, Vol. 21, No. 1, 2000, pp. 25 – 42.

[426] Vardi Y. and Wiener Y. . Misbehavior in Organizations: A Motivational Framework. *Organization Science*, Vol. 7, No. 2, 1996, pp. 151 – 165.

[427] Vardi Y. . The Effects of Organizational and Ethical Climates on Misconduct at Work. *Journal of Business Ethics*, Vol. 29, No. 4, 2001, pp. 325 – 337.

[428] Victor B. and Cullen J. B. . A Theory and Measure of Ethical Climate in Organizations. *Research in Corporate Social Performance and Policy*, Vol. 9, No. 2, 1987, pp. 51 – 71.

[429] Victor B. and Cullen J. B. . The Organizational Bases of Ethical Work Climates. *Administrative Science Quarterly*, Vol. 33, No. 1, 1988, pp. 101 – 125.

[430] Vos A. D. and Meganck A. . What HR Managers do versus What Employees Value: Exploring both Parties' Views on Retention Management from a Psychological Contract Perspective. *Personnel Review*, Vol. 38, No. 1 – 2, 2009, pp. 45 – 60.

[431] Walumbwa F. O. and Schaubroeck J. . Leader Personality Traits and Employee Voice Behavior: Mediating Roles of Ethical Leadership and

Work Group Psychological Safety. *Journal of Applied Psychology*, Vol. 94, No. 5, 2009, pp. 1275 – 1286.

［432］Wei X. Q. and Feng X.. Influence of Teachers' Organizational Justice on Teachers' Anomie Behaviors: The Mediating Effect of the Psychological Contract Breach. *Proceedings of 1st International Symposium on Innovation and Education, Law and Social Sciences (IELSS 2019)*, January 2019.

［433］Wei X. Q.. Research on the Influence of Work Ethics on Job Performance based on Dominance Analysis Approach. *Test Engineering and Management*, Vol. 83, No. 5 – 6, 2020, pp. 20300 – 20308.

［434］Wiener Y. and Vardi Y.. Relationships between Organizational Culture and Individual Motivation and a Conceptual Integration. *Psychological Reports*, Vol. 67, No. 1, 1990, pp. 295 – 306.

［435］Wimbush J. C. and Shepard J. M.. Toward an Understanding of Ethical Climate: Its Relationship to Ethical Behavior and Supervisory Influence. *Journal of Business Ethics*, Vol. 13, No. 8, 1994, pp. 637 – 647.

［436］Yousef D.. The Islamic Work Ethic as a Mediator of the Relationship between of Control, Role Conflict and Role Ambiguity: A Study in an Islamic Country Setting. *Journal of Managerial Psychology*, Vol. 15, No. 4, 2000, pp. 283 – 302.

［437］Zainalipour H. , Fini A. and Mirkamali S. M.. A study of Relationship between Organizational Justice and Job Satisfaction among Teachers in Bandar Bbbas Middle School. *Procedia – Social and Behavioral Sciences*, Vol. 5, No. 4, 2010, pp. 1986 – 1990.

［438］Zhang L. , Lin Y. and Wan F.. Social Support and Job Satisfaction: Elaborating the Mediating Role of Work-family Interface. *Current Psychology*, Vol. 34, No. 4, 2015, pp. 781 – 790.

［439］Zhang Q.. Teacher Misbehaviors as Learning Demotivators in College Classrooms: A Cross-cultural Investigation in China, Germany, Japan, and the United States. *Communication Education*, Vol. 56, No. 2, 2007, pp. 209 – 227.

[440] Zhao H. , Wayne S. J. , Glibkowski B. C. and Bravo J. . The Impact of Psychological Contract Breach on Work-related Outcomes: A Meta-analysis. *Personnel Psychology*, Vol. 60, No. 3, 2010, pp. 647 – 680.

[441] Zhu W. , He H. , Trevino L. K. , Chao M. M. and Wang W. . Ethical Leadership and Follower Voice and Performance: The Role of Follower Identifications and Entity Morality Beliefs. *Leadership Quarterly*, Vol. 26, No. 5, 2015, pp. 702 – 718.

附录

附录一：教师失范行为量表初步编制的题目

一、情绪情感失范行为：21 题

Q046：学习好的学生上课迟到了一会儿是可以原谅的。

Q054：有些老师为维护自己的权威而对学生的提问不懂装懂。

Q058：教师对学生的偏爱是正常的，无须刻意改变。

Q060：教师应经常给后进生一些鼓励，希望他们能够取得进步。

Q061：教师不应该和那些表现差的学生多讲道理。

Q062：只要学生学习好，学生就是犯点错也无所谓。

Q069：教师应公平对待每一位学生，不论他们学习成绩的好坏。

Q079：如果那些成绩好的学生上课随便讲话，教师可以不加以制止。

Q091：班级活动分组时，应把表现差的学生分在一起，以免影响别人。

Q093：差生只要不过分捣蛋，一般就随他们去。

Q109：教师的威信很重要，即使错了教师也不必向学生道歉。

Q114：如果刚上课时教室纪律差，会影响整堂课的教学心情。

Q138：把一个破坏纪律的差生留在教室里，会影响其他学生的学习。

Q141：对待行为恶劣的学生不能太顾及他们的面子，就是要让他在同学面前丢脸。

Q143：学生多次犯错误，我会说下次再犯，我会把你交给学校处理或送回家去。

Q147：那些学习不好，表现又不活跃的学生被老师忽略也是情有可原的。

Q148：对那种对他人进行人身攻击甚至出手伤人的学生，最好采用以牙还牙的方法处理。

Q150：如果课堂上有同学严重违反课堂纪律，我会停课，让他们班干部整顿班风。

Q152：教师对学生说"你呀就是不如某某"，有助于学生奋起直追，提高成绩。

Q153：平时一贯表现不好的学生，突然取得较好的成绩，是令人怀疑的。

Q170：教师要对学生吹毛求疵、见错必惩。

二、价值观念失范行为：52 题

Q030：作为班主任可以挤占其他学科的课时。

Q032：教师只需关心学生学习，不需要关心其他方面。

Q037：学习不努力的学生很难被调动起积极性来。

Q038：学生们的主意通常很多，但多是不切实际的。

Q039：只要不影响我的教学进度，课堂上学生们想说什么就说什么。

Q041：我觉得学生只需要按教师的要求去做，就一定能取得好成绩。

Q042：我觉得教师备课是否充分与上课好坏没有直接关系。

Q044：教师的任务是教学，学校其他的事情与教师个人关系不大。

Q049：教师要能镇住学生，首先必须拥有绝对的权威。

Q052：教师对熟悉的教学内容，不需要经常上网或去图书馆查找教学资料。

Q063：指定班干部比让学生自己评选更让我放心。

Q066：上级教育部门组织的进修我认为没有多大意思。

Q086：大部分时候，我真觉得批评比表扬的效果更直接，更明显。

Q087：学校组织的公开课都是形式主义。

Q094：我说话的时候，不喜欢学生插嘴。

Q106：教师使用罚站可以有效对付不听管教的学生。

Q111：对某些表现好的同事，会不服气。

Q118：罚跑、罚扫地等只是教育学生的一种手段，目的还是为学生好。

Q119：如果学生不听话，教师对学生所做的一切常常是白费的。

Q121：学生上课分心时，大声斥责"XXX 你给我站起来"是必要的。

Q122：在课余时间对学生进行思想教育还不如让他们多做几道题。

Q137：教师受到太多的束缚，所以不能最大限度发挥其才能。

Q156：有时候少数学生犯错误而责备全班学生，有助于起到教育全班同学的目的。

Q158：学生是未成年的孩子，自我控制能力差，对教师言听计从是非常必要的。

Q161：学生之间的矛盾该由他们自己去解决，教师不要多听他们解释。

Q177：让一部分本来可以及格的调皮学生不及格，这能引起他们对学习的重视。

Q056：有的教师为了激励某个学生说"像你这样考上大学才怪呢"等话语是必要的。

Q057：有的学生屡教不改，让其他学生不理他，这有利于他改进错误。

Q059：平时成绩不好的学生是很难取得重大进步的。

Q108："教不严，师之惰"，教师可对学生采取一些严厉的手段，如"打骂"。

Q110：只要学生成绩提高，教师不管使用什么方法都可以。

Q116：学生举了手却没有答对，这是非常让人气愤的。

Q117：只要能上好课就行，教师没必要再花时间去进修。

Q123：学生成绩差是因为他们智力不好、学得不好，而不是教师教得不好。

Q125：对差生就应该以严厉的方式对待，即使打骂也无妨。

Q146：教师讥讽、嘲笑屡教不改的差生，有益于他们彻底改正。

Q050：在课堂上讲授一个知识点，有学生表示怀疑时，我会感到不舒服。

Q072：当学生与我争执时，我总是设法压过他，这是保持教师威信的原则。

Q078：教师按成绩排座位，有利于激发学生的上进心。

Q082：教师不应花太多的时间来整顿课堂纪律，不认真的学生批评了也没有用。

Q083：我觉得现在的孩子能力太差，做什么事情教师都要事先安排好。

Q085：凡是学生作业中与教师的标准答案不符的，就应给它打"×"。

Q089：如果已经对学生解释过某个问题，我就不愿意重复解释。

Q098：教育理论中所讲的那一套，在教育实践中是行不通的。

Q099：我觉得探索新的教学方法有风险，不如使用熟悉的教学方法保险。

Q101：只要课上得好，教师就没必要每节课都备课。

Q126：被领导责备时，我会认为别人在背后捣乱。

Q129：如果让教师再选择，我想大多数人不会再选择当教师。

Q131：有时候为了自己的利益，教师之间互相排挤也是正常的。

Q132：当教师没前途，再努力也是这个样子。

Q133：周围很多教师都在混日子，我个人也没必要太认真。

Q134：重复的教学让人感到厌烦。

三、职业品德失范行为：14 题

Q029：我平时很少主动与家长联系和沟通，学生犯错误时才请家长。

Q033：教师对学生搞收费性辅导是一种知识收费，不需要大惊小怪。

Q034：因家长的职务、职业、经济状况不同会对家长采取不同态度。

Q071：有些不重要的考试，监考时不要太严格。

Q135：补课拿酬金是理所当然的。

Q142：对待那些不尊敬自己的学生或其家长，对他们的要求往往置之不理。

Q145：在年级竞赛时，向学生透露自己所知道的信息，有助于提高学生的自信心。

Q163：教师不应常为一点小事就请学生家长到校。

Q164：节假日时，教师可以用行动或语言暗示学生或家长送礼。

Q165：让学生给教师做私事或通过学生家长的关系办私事，是非常正常的事情。

Q166：教师为了生计可以从事第二职业，如从事有偿家教、公司兼职等。

Q167：我认为在教师抽出时间从事有偿的经济活动是正常的。

Q168：教师私自向学生征订学习材料是必要的。

Q171：逢年过节学生或家长给老师送点小礼品，是人之常情。

附录二：教师失范行为量表的结构与题目

第一个构面：11 个题目，情绪情感失范行为，包含 2 个因子

因素一：漠视学生，7 题

Q147：那些学习不好，表现又不活跃的学生被老师忽略也是情有可原的。

Q152：教师对学生说"你呀就是不如某某"，有助于学生奋起直追，提高成绩。

Q138：把一个破坏纪律的差生留在教室里，会影响其他学生的学习。

Q148：对那种对他人进行人身攻击甚至出手伤人的学生，最好采用以牙还牙的方法处理。

Q153：平时一贯表现不好的学生，突然取得较好的成绩，是令人怀疑的。

Q141：对待行为恶劣的学生不能太顾及他们的面子，就是要让他在同学面前丢脸。

Q170：教师要对学生吹毛求疵、见错必惩。

因素二：偏爱学生，4 题

Q062：只要学生学习好，学生就是犯点错也无所谓。

Q079：如果那些成绩好的学生上课随便讲话，教师可以不加以制止。

Q061：教师不应该和那些表现差的学生多讲道理。

Q058：教师对学生的偏爱是正常的，无须刻意改变。

第二个构面：25 个题目，价值观念失范行为，包含 4 个因子

因素一：教育观念型，10 题

Q146：教师讥讽、嘲笑屡教不改的差生，有益于他们彻底改正。

Q125：对差生就应该以严厉的方式对待，即使打骂也无妨。

Q057：有的学生屡教不改，让其他学生不理他，这有利于他改进错误。

Q108："教不严，师之惰"，教师可对学生采取一些严厉的手段，如"打骂"。

Q056：有的教师为了激励某个学生说"像你这样能考上大学才怪呢"等话语是必要的。

Q059：平时成绩不好的学生是很难取得重大进步的。

Q123：学生成绩差是因为他们智力不好、学得不好，而不是教师教得不好。

Q116：学生举了手却没有答对，这是非常让人气愤的。

Q110：只要学生成绩提高，教师不管使用什么方法都可以。

Q117：只要能上好课就行，教师没必要再花时间去进修。

因素二：教育方式型，6 题

Q083：我觉得现在的孩子能力太差，做什么事情教师都要事先安排好。

Q099：我觉得探索新的教学方法有风险，不如使用熟悉的教学方法保险。

Q085：凡是学生作业中与教师的标准答案不符的，就应给它打"×"。

Q078：教师按成绩排座位，有利于激发学生的上进心。

Q101：只要课上得好，教师就没必要每节课都备课。

Q082：教师不应花太多的时间来整顿课堂纪律，不认真的学生批评了也没有用。

因素三：教学态度型，5 题

Q032：教师只需关心学生学习，不需要关心其他方面。

Q030：作为班主任可以挤占其他学科的课时。

Q039：只要不影响我的教学进度，课堂上学生们想说什么就说什么。

Q044：教师的任务是教学，学校其他的事情与教师个人关系不大。

Q042：我觉得教师备课是否充分与上课好坏没有直接关系。

因素四：职业认知型，4 题

Q129：如果让教师再选择，我想大多数人不会再选择当教师。

Q134：重复的教学让人感到厌烦。

Q126：被领导责备时，我会认为别人在背后捣乱。

Q087：学校组织的公开课都是形式主义。

第三个构面：9 个题目，职业品德失范行为，包含 2 个因子

因素一：以教谋私，6 题

Q164：节假日时，教师可以用行动或语言暗示学生或家长送礼。

Q165：让学生给教师做私事或通过学生家长的关系办私事，是非常正常的事情。

Q168：教师私自向学生征订学习材料是必要的。

Q171：逢年过节学生或家长给老师送点小礼品，是人之常情。

Q071：有些不重要的考试，监考时不要太严格。

Q142：对待那些不尊敬自己的学生或其家长，对他们的要求往往置之不理。

因素二：有偿活动，从事有偿经济活动，3 题

Q167：我认为在教师抽出时间从事有偿的经济活动是正常的。

Q166：教师为了生计可以从事第二职业，如从事有偿家教、公司兼职等。

Q135：补课拿酬金是理所当然的。

附录三：教师失范行为的效标变量

效标一：道德推脱量表

1. 为了保护你在乎的人，传播谣言是没有关系的。

2. 如果你刚借过这个东西，就可以不经过物主同意而再拿走它。

3. 考虑到人们常极力伪装自己，夸大自己的资历也不是什么错误。

4. 如果人们做的事是权威人物让做的，那么他们不应该承担责任。

5. 如果一个人在技术上犯错误是因为他的朋友们都这么做，那么不该责怪这个人。

6. 将别人的想法归功于自己不是什么大事。

7. 对那些感觉不到受伤害的人就要狠一点。

8. 被欺负的人通常是自作自受。

效标二：反生产行为量表

1. 在工作中，以令人不愉快的态度对待他人。

2. 在工作中，试图伤害他人。

3. 在工作中，批评他人的观点或意见。

4. 在工作中，只与自己圈子里的人打交道。

5. 在背后讲同事或领导的坏话。

6. 没有全力以赴的完成自己的本职工作。

7. 工作时间做其他事（如网购、聊天、炒股、看视频等）。

8. 批评学校的制度和政策。

9. 工作中做无必要的休息停顿。

10. 故意放慢工作速度。

11. 利用学校的各种资源达成私人之便。

12. 向外界表达一些不利于学校的个人想法，不注意维护学校形象

附录四：教师失范行为研究调查问卷

中小学教师学校状况感知及工作行为调查

第一部分　问卷填写说明

敬爱的老师：

您好，非常感谢您能在百忙之中抽出宝贵时间参与本次调查。本次调查是关于一项教育部人文社科基金项目的调查问卷。答题前，请先阅读下面的问卷填写说明。

调查对象：因研究需要，调查对象为普通公办学校的中小学教师。

保密性：本问卷仅用于本课题研究，为匿名填写，对您提供的信息严格保密。本研究只对结果做整体性分析，不会涉及具体学校和老师，请您放心并真实地作答。

答题要求：请您抽出相对集中的时间，在较少受到干扰的环境下完成问卷调查。整个问卷大概需要 8 ~ 10 分钟的时间。答案无好坏、对错之分，只要求能如实填写您的看法或感受。

本次调查共涉及 5 个方面的问题，请您依次逐题回答。您的真实回答对于我们的研究非常重要。

（以上为第 1 页）

第二部分　　问卷调查内容

问题一：伦理型领导量表（5级量表）

每个单位的领导者的领导风格各异，我们列举了一些可能的领导行为，请您根据您的真实感受选择相应的选项。

1. 我的领导总会认真听取下属的合理意见。

2. 我的领导会惩罚不遵守道德规范的下属。

3. 我的领导在日常生活中会用伦理道德规范要求自己。

4. 我的领导会将员工最大的利益诉求记在心里。

5. 我的领导进行决策时公正、公平。

6. 我的领导是个可信赖的人。

7. 我的领导会经常和我们一起探讨伦理道德或价值观的问题。

8. 我的领导在工作中为我们树立了伦理道德的榜样。

9. 我的领导认为成功不仅看重结果，还看重过程。

10. 我的领导做决策时会考虑"做什么才符合道德规范"。

问题二：学校组织公平感量表（5级量表）

请将下列陈述与自己在单位里的真实感受相比较，选择您最同意的一个选项。

11. 我的工作安排是公平的。

12. 我认为我得到的薪资报酬是公平的。

13. 我认为我的工作量是很公平的。

14. 总之，我得到的奖励是公平的。

15. 我感到我所承担的工作责任是公平的。

16. 单位的工作决策是基于一种无偏见的方式制定出来的。

17. 领导制定工作决策前会听取员工的意见和看法。

18. 为制定一个正式的工作决策，领导会收集全面又准确的信息。

19. 领导会向员工阐明工作决策，并向员工提供所需信息。

20. 所有的工作决策对所有的有关员工一视同仁。

21. 员工有权对单位的决策提出挑战或申诉。

问题三：学校组织伦理气氛量表（5 级量表）

以下是关于学校工作气氛的陈述，请您根据贵校的实际情况，选出对各项陈述的同意程度。

22. 我校希望教师严格依照法律或职业规范行事。

23. 我校希望教师行事时首先遵守教育相关法律和教师职业规范。

24. 教育相关法律或教师职业伦理准则是我校行事时考虑的主要因素。

25. 我校作任何决策前首先都会考虑它是否合乎法律法规。

26. 我校希望每位教师都能遵守学校的规章制度。

27. 对我校教师而言，遵守学校的规章制度非常重要。

28. 我校教师普遍都严格遵守学校的规章制度。

29. 我校相当重视教师个人的是非观念。

30. 我校希望教师能依照自己的道德信念来做事。

31. 我校教师依据自己的伦理价值观行事。

32. 我校教师可以自行判断或决定事情的对错。

33. 我校很重视所有教师的整体权益。

34. 对每位教师都最有利的情况，是我校的主要考虑因素。

35. 我校教师之间相互关心。

36. 我校教师总是先考虑对其他同事最有利的情况。

37. 我校教师基本上只为自己着想。

38. 我校教师将维护自己的个人利益放在首位。

39. 我校教师个人的道德观念和价值判断是不被重视的。

40. 我校希望教师为了学校的利益做任何事，而不顾后果如何。

问题四：道德推脱量表（5 级量表）

下列各项表述符合您的真实情况吗？请根据您的实际情况选择您最同意的一个选项。

41. 为了保护你在乎的人，传播谣言是没有关系的。

42. 如果你刚借过这个东西，就可以不经过物主同意而再拿走它。

43. 考虑到人们常极力伪装自己，夸大自己的资历也不是什么错误。

44. 如果人们做的事是权威人物让做的，那么他们不应该承担责任。

45. 如果一个人在技术上犯错误是因为他的朋友们都这么做，那么就不该责怪这个人。

46. 将别人的想法归功于自己不是什么大事。

47. 对那些感觉不到受伤害的人就要狠一点。

48. 被欺负的人通常是自作自受。

问题五：教师失范行为结构量表（5级量表）

以下各项陈述在多大程度上符合您工作的实际情况？选择您最同意的一个选项。

49. 老师忽略那些学习不好，表现又不活跃的学生也是情有可原的。

50. 教师对学生说"你呀就是不如某某"，有助于学生奋起直追，提高成绩。

51. 把一个破坏纪律的差生留在教室里，会影响其他学生的学习。

52. 对那种对他人进行人身攻击甚至出手伤人的学生，最好采用以牙还牙的方法处理。

53. 平时一贯表现不好的学生，突然取得较好的成绩，是令人怀疑的。

54. 对待行为恶劣的学生不能太顾及他们的面子，就是要让他在同学面前丢脸。

55. 教师要对学生吹毛求疵、见错必惩。

56. 只要学生学习好，学生就是犯点错也无所谓。

57. 教师应公平对待每一位学生，不论他们学习成绩的好坏。（反向计分题）

58. 那些成绩好的学生上课随便讲话，教师可以不加以制止。

59. 教师不应该和那些表现差的学生多讲道理。

60. 对学生的偏爱是正常的，无须刻意改变。

61. 应经常给后进生一些鼓励，希望他们能够取得进步。（反向计分题）

62. 教师讥讽、嘲笑屡教不改的差生，有益于他们彻底改正。

63. 差生就应该以严厉的方式对待，即使打骂也无妨。

64. 有的学生屡教不改，让其他学生不理他，这有利于他改进错误。

65. "教不严，师之惰"，教师可对学生采取一些严厉的手段，如"打骂"。

66. 有的教师为了激励某个学生说"像你这样考上大学才怪呢"等话语是必要的。

67. 平时成绩不好的学生是很难取得重大进步的。

68. 学生成绩差是因为他们智力不好、学得不好，而不是教师教得不好。

69. 学生举了手却没有答对，这是非常让人气愤的。

70. 只要学生成绩提高，教师不管使用什么方法都可以。

71. 只要能上好课就行，教师没必要再花时间去进修。

72. 我觉得现在的孩子能力太差，做什么事情教师都要事先安排好。

73. 我觉得探索新的教学方法有风险，不如使用熟悉的教学方法保险。

74. 凡是学生作业中与教师的标准答案不符的，就应给它打"×"。

75. 教师按成绩排座位，有利于激发学生的上进心。

76. 只要课上得好，教师就没必要每节课都备课。

77. 教师不应花太多的时间来整顿课堂纪律，不认真的学生批评了也没有用。

78. 教师只关心学生学习，不需要关心其他方面。

79. 作为班主任可以挤占其他学科的课时。

80. 只要不影响我的教学进度，课堂上学生们想说什么就说什么

81. 教师的任务是教学，学校其他的事情与教师个人关系不大。

82. 我觉得教师备课是否充分与上课好坏没有直接关系。

83. 如果让教师再选择，我想大多数人不会再选择当教师。

84. 重复的教学让人感到厌烦。

85. 被领导责备时，我会认为别人在背后捣乱。

86. 学校组织的公开课都是形式主义。

87. 节假日时，教师可以用行动或语言暗示学生或家长送礼。

88. 让学生给教师做私事或通过学生家长的关系办私事，是非常正常的事情。

89. 教师私自向学生征订学习材料是必要的。

90. 逢年过节学生或家长给老师送点小礼品，是人之常情。

91. 有些不重要的考试，监考时不要太严格。

92. 对待那些不尊敬自己的学生或其家长，对他们的要求往往置之不理。

93. 我认为教师抽出时间从事有偿的经济活动是正常的。

94. 教师为了生计可以从事第二职业，如从事有偿家教、公司兼职等。

95. 补课拿酬金是理所当然的。

第三部分　个人基本资料

最后，希望您能如实填写有关您个人的一些基本资料。这些资料仅供研究分析使用，不会公开给其他无关人员。

96. 您的年龄（岁）_____

97. 您的性别：①男　②女

98. 您的学历：①中专（高中）及以下　②大专　③本科　④研究生

99. 您任教的学段：①小学　②初中　③高中　④其他

100. 您的教龄：①1～5 年　②6～10 年　③11～15 年　④16～20年　⑤21 年及以上

101. 您所在的学校位于：①乡镇或农村　②县城　③城市

问卷到此结束，再次感谢您的参与和支持！